고대 지중해 세계사

— 청동기 시대는 왜 멸망했는가? —

제임스 물리(James D. Muhly) 선생님께
이 책을 바칩니다.
선생님께서는 거의 반 세기 동안
이 책의 주제에 대해서 연구를 하셨고
학생들을 이끌어 주셨습니다.

이 책의 한국어판 저작권은 EYA(Eric Yang Agency)를 통해 Princeton University Press와 독점계약한 (주)소와당에 있습니다. 저작권법에 의하여 보호를 받는 저작물이므로 무단전재와 복제를 금합니다.

Korean translation copyright ⓒ 2017 by Sowadang
Korean translation rights arranged with Princeton University Press
through EYA(Eric Yang Agency).

Copyright ⓒ 2014 by Eric H. Cline

All rights reserved. No Part of this book may be reproduced or transmitted in any form or by any means, electronic or mechanical, including photocopying, recording or by any information storage and retrieval system, without permission in writing from the Publisher.

이 책의 국립중앙도서관 출판예정도서목록(CIP)은 서지정보유통지원시스템 홈페이지(http://seoji.nl.go.kr)와 국가자료공동목록시스템(http://www.nl.go.kr/kolisnet)에서 이용하실 수 있습니다. (CIP제어번호: CIP2016030290)

고대 지중해 세계사

― 청동기 시대는 왜 멸망했는가? ―

에릭 클라인 지음 / 류형식 옮김

소와당

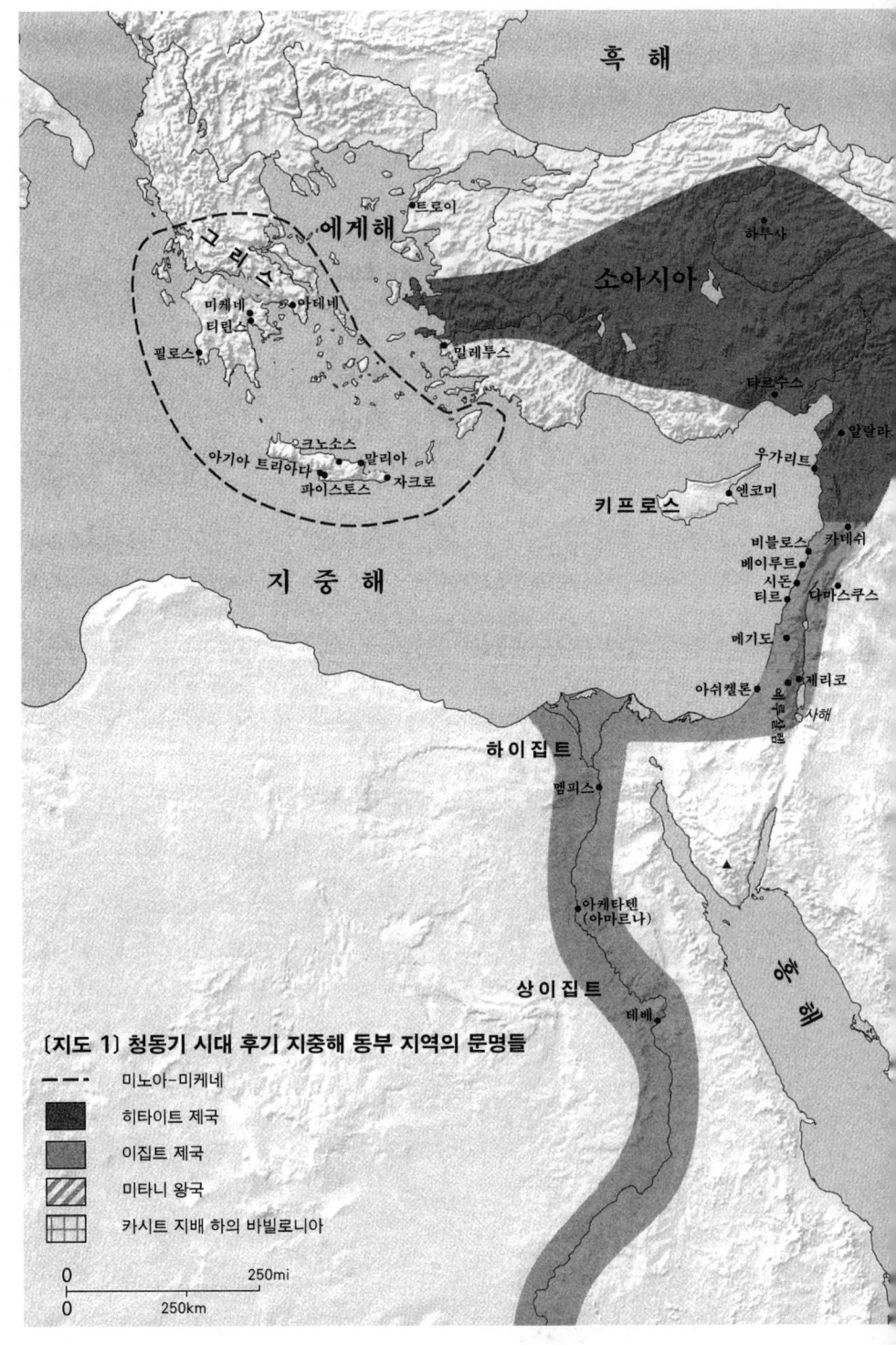

[지도 1] 청동기 시대 후기 지중해 동부 지역의 문명들

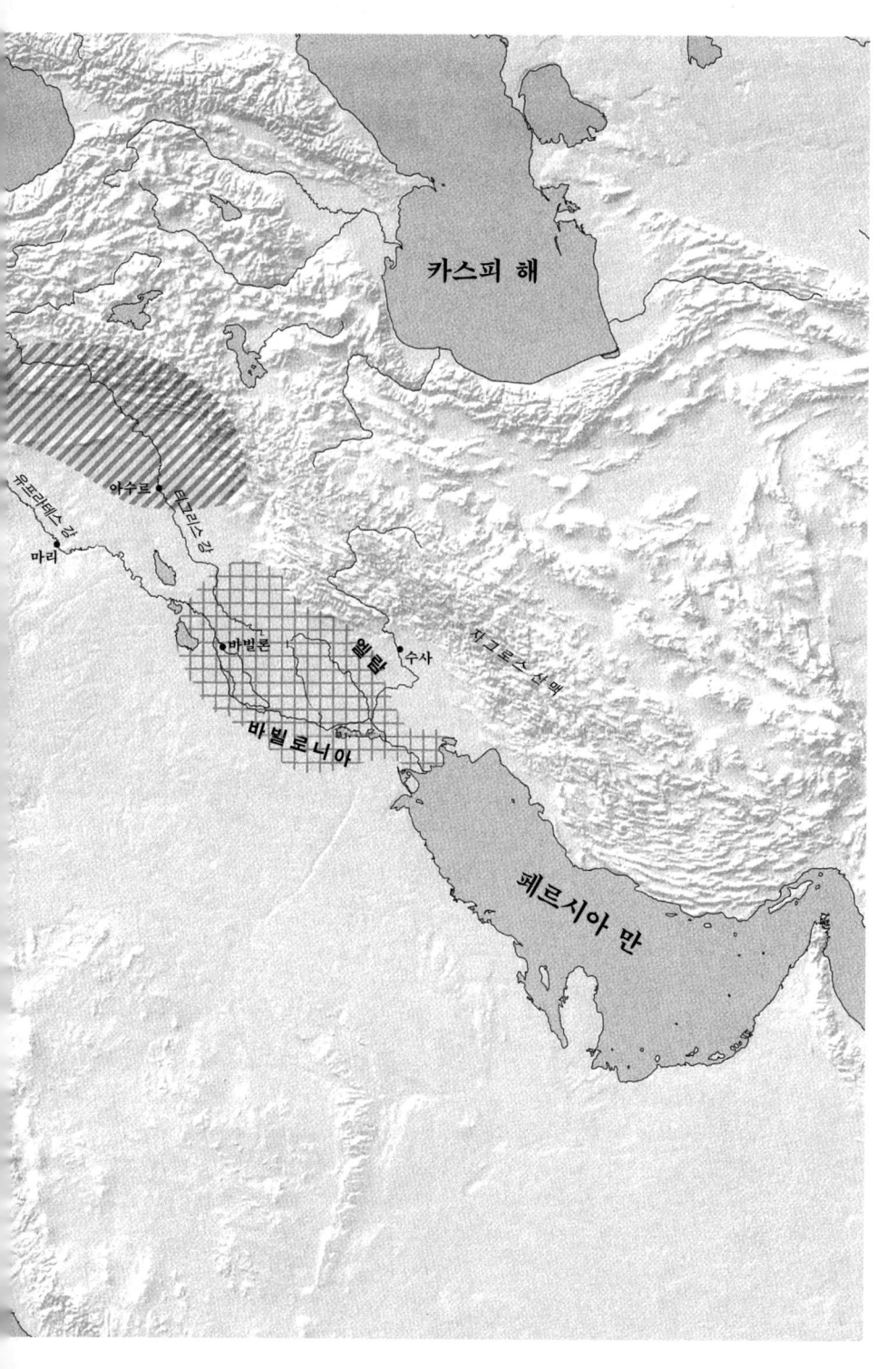

차례

도판목록   7
편집자 서문 _ 고대사의 터닝 포인트   9
저자 서문 _ 청동기 시대의 종말   12

서막 _ 문명의 붕괴 : 기원전 1177년   17
제1막 _ 고대의 민족들과 무기 : 기원전 15세기   39
제2막 _ 기억해야 할 사건 : 기원전 14세기   87
제3막 _ 신과 나라를 위하여 : 기원전 13세기   135
제4막 _ 시대의 종말 : 기원전 12세기   183
제5막 _ 퍼펙트 스톰   241
후기 _ 재앙의 여파   293

등장인물   305
미주   310
참고문헌   338
찾아보기   377

도판 목록

[지도 1] 청동기 시대 후기 지중해 동부 지역의 문명들　　4
[지도 2] 기원전 1200년경 파괴된 도시들　　198

[그림 1] 메디넷 하부에 그려진 해양민족 포로의 모습　　21
[그림 2] 메디넷 하부에 그려진 해양민족과의 해상전투　　25
[그림 3] 베니 하산의 "아시아인처럼 보이는" 사람들　　44
[그림 4] 렉마이어의 무덤에 그려져 있는 에게 해 지역 사람들　　58
[그림 5a] 멤논의 콜로서스　　88
[그림 5b] 석상 받침돌과 〈에게 해 목록〉　　92
[그림 6] 아멘호텝 3세의 이름이 새겨진 장식판　　99
[그림 7] 아마르나 편지를 통해 확인된 사회관계망　　107
[그림 8] 울루부룬 난파선 재구성　　136
[그림 9] 우르테누 아카이브 왕실 편지의 관계망　　193
[그림 10] 람세스 3세의 이름이 새겨진 필통　　207

[표 1] 현대 지명과 청동기 시대 후기 추정 지명　　36
[표 2] 청동기 시대 후기 이집트와 근동 지역 통치자　　37

편집자 서문 — 고대사의 터닝 포인트

이 책은 〈고대사의 터닝 포인트〉 시리즈(프린스턴 대학 출판부)의 첫번째 책이다. 시리즈의 취지는 고대 세계사에서 결정적인 사건 혹은 핵심적인 순간을 돌이켜보자는 것이다. 그 시점은 언제나 일촉즉발의 순간이며, 드라마틱한 이야기가 들어 있다. 거기서부터 역사는 새로운 방향으로 나아간다. 그 중에는 유명한 사건도 있고 잘 알려지지 않은 경우도 있지만, 중요성 면에서는 모두가 간과할 수 없는 시점들이다. 우리는 그것이 언제였는가뿐만 아니라, 왜 그리고 어떻게 사건이 벌어졌는지에 중점을 두고자 한다. 시리즈에 참여하는 저자들은 이야기를 어떻게 풀어나가야 할지 잘 아는 학자들이며, 최근 연구를 주도하고 있는 분들이다.

〈고대사의 터닝 포인트〉 시리즈는 세계사에 관한 폭넓은 연구 성과를 반영하고자 한다. 우리는 고고학적 성과와 문헌 자료를 모두 살펴볼 것이다. 즉 물질문화와 문자문화를 다같이 근거로 삼고자 한다. 또한 사회 지도층뿐만 아니라 평범한 사람들의 일상도 함께 살펴보고자 한다. 아무래도 이 시리즈에서는 그리스-로마 세계가 중심이 되기는 하겠지만, 논의의 범위를 국한시키지는 않을 것이다. 그리스-로마의 이웃 사람들, 그리스-로마 세계 속의 이방인들, 동양과 서양 모두를 포괄하는 고대 세계의 문명과 사람들을 아울러 살펴볼 것이다.

이번 책에서 다루는 내용은 고대사에서 매우 흥미진진한 시기이다. 우리는 현재를 이해하기 위해서 반드시 고대 세계를 이해해야 하는 시대를 살고 있다. 오늘날 그 중요성은 과거 어느 때보다 더 절실하다. 물론 이야기 그 자체로 흥미롭기도 하다.

고대 세계의 진화에서 가장 큰 영향을 미친 사건은 아마도 청동기 문명의 종말일 것이다. 거대한 왕조와 도시국가들이 무너진 때가 바로 그 때였다. 그들은 피라미드와 같은 걸출한 건축물을 남겼지만, 그들의 실체는 희미한 이야기 속에서 어렴풋이 전해지다가 마침내는 트로이 전쟁 같은 전설 속으로 녹아들어갔다. 그 시대를 살았던 사람들은 당시에 찾아온 불행으로 세계의 종말이 닥쳐온 듯했을 것이다. 그러나 청동기 시대 거대 궁정의 종말은 보다 인간적인 새로운 세계, 기원전 제1차 천년기의 문을 열었고, 그 세계의 연장선 속에서 현재의 우리도 살아가고 있다.

〈고대 지중해 세계사〉는 해양민족이 이집트를 침략했던 기원전 1177년 전후의 이야기가 펼쳐놓는다. 이야기는 먼저 기원전 15세기 청동기 시대 후기의 번성했던 시간 속으로 우리를 데려다줄 것이며, 메소포타미아에서 그리스까지, 이스라엘에서 히타이트까지 일련의 문명들을 탐사할 것이다. 이후 이야기는 그 세계를 무너뜨린 수백 년 동안의 사건과 사람들 속으로 들어간다. 그 속에서 우리는 물리적 흔적들을 손끝으로 느낄 수 있을 것이다. 아주 세밀하게 조명하는 경우도 있지만, 기원전 1190년 시리아의 항구 우가리트의 약탈처럼 거시적으로 둘러보는 경우도 있다. 투탕카멘의 CT 촬영을 통해 그의 사망 원인을 다리 골절 이후 감염으로 밝혀내기도 한다.

특유의 재치와 드라마 감각을 겸비한 저자는 경제 위기와 기후 변동에서부터 중동 전쟁에 이르기까지, 청동기 시대 후기와 현재 우리 시대의 공통점을 추적하고 있다. 기원전 1177년은 그리 유명하지 않았던 해지만, 잘 알려져야 할 충분한 이유가 있는 해이다.

베리 스트라우스
(시리즈 편집자)

저자 서문 — **청동기 시대의 종말**

그리스의 경제가 흔들리고 있다. 내부 반란이 리비아, 시리아, 이집트를 집어삼켰다. 외부의 전사들이 불꽃을 더욱 키웠다. 터키는 불똥이 튈까봐 두려워하고 있다. 이스라엘도 마찬가지다. 요르단은 난민들로 넘쳐난다. 이란은 호전적으로 위협을 가하고 있고, 이라크는 혼란에 빠져 있다. 2013년 이야기일까? 그렇다. 그러나 기원전 1177년에도 똑 같은 상황이었다. 무려 3천 년 전, 지중해 청동기 문명이 하나씩 차례로 무너졌고, 이후 서양 문명의 미래는 완전히 바뀌었다. 역사 속에서 핵심적인 순간, 즉 고대 세계의 터닝 포인트였다.

에게 해, 이집트, 근동의 청동기 시대는 기원전 3000년경부터 기원전 1200년 직후까지 지속되었다. 수백 년 동안 문화와 기술의 진보 끝에 마침내 종말이 찾아오자, 지중해 지역 대부분의 문명 사회 및 국제 관계는 극적으로 멈추어 섰다. 서쪽으로는 그리스와 이탈리아에서부터 동쪽으로는 이집트, 가나안, 메소포타미아에 이르는 방대한 지역이었다. 종말과 함께 변화의 시기가 찾아왔다. 한때 학자들은 그 과도기를 세계 최초의 암흑기로 간주하기도 했다. 그리스와 그 영향권 안에서 새로운 문화가 재탄생하기까지는 수백 년이 걸렸다. 그 때 재탄생한 무대 위에서 오늘날 우리가 알고 있는 서양 문화가 발전해 왔다.

비록 이 책은 주로 3000년 전 청동기 시대 문명의 붕괴와 붕괴를 초래한 요인들에 대해서 살펴볼 것이지만, 이 이야기는 현대를 살아가는 우리의 글로벌 국제 사회와 관련된 교훈을 담고 있다. 청동기 시대 후기의 세계와 현대의 기술 문명을 맞비교하는 것이 타당하지 않다고 보는 사람도 있을 것이다. 그러나 그 양자 사이에는 충분한 유사성이 존재한다. 외교 관계, 무역 제한 조치, 납치와 몸값 요구, 살인과 요인 암살, 화려한 결혼식과 불쾌한 이혼, 국제적 모략과 의도적인 군사 정보 조작, 기후 변화와 가뭄, 심지어 난파선까지, 이 모든 요소들로 인해, 무려 3,000년 전 한 시대의 사건, 인물, 장소를 면밀히 검토하는 일은 단지 고대사 연구실에서의 학문적인 논의에 그치지 않는다.[1] 현대의 글로벌 경제 속에서, 최근 일본의 지진과 쓰나미, 이집트, 튀니지, 리비아, 시리아, 예멘의 민주 혁명, 즉 "아랍의 봄"으로 국제 경제가 어려움에 처했는데, 미국과 유럽의 자산과 투자는 국제 관계와 긴밀하게 뒤얽혀 있고, 동아시아와 중동 산유국 또한 이러한 국제 체제 속에 맞물려 있다. 따라서 현대사회와 유사하게 서로 긴밀하게 엮이어 있다가 무너졌던 3,000년 전의 문명이 남긴 흔적들을 검토해 봄으로써 무언가 배울 점이 없지는 않을 것이다.

"붕괴"를 논하고 제국의 성장과 몰락을 비교하는 것은 새로운 아이디어가 아니다. 최소한 1700년대 이래로 학자들이 줄곧 해왔던 일이다. 예컨대 에드워드 기븐이 썼던 《로마 제국의 멸망》 같은 경우이다. 최근에는 재러드 다이아몬드가 쓴 《붕괴(Collapse)》라는 책이 있었다.[2] 그러나 이들 저자들은 로마, 마야, 몽골 등등 하나의 제국 혹은 하나의 문명이 어떻게 종말을 맞이했는지를 검토했다. 그러나 이 책에서 우리가 검토하고자 하는 것은 여러 문명들이 서로 상호작용하거나 부분적으로 상호의존하는 글로벌한 세계체제이다. 이러한 글로벌 시스템의 사례는 역사적으로 그리 많지 않다. 가장 분명한 사례로는 청동기 시대 후기에 하나, 오늘날 우리 시대에 하나, 이렇게 둘뿐이다. 이 둘의 평행 관계(혹은 비교)는 때로는 무척 흥미를 자아내기도 한다.

한 가지만 예를 들자면, 영국의 학자 캐롤 벨은 최근 "청동기 시대 후기 주석(tin)의 중요성은 … 우리 시대의 원유와 그리 다르지 않았을 것"이라고 말했다.[3] 당시 주석은 아프가니스탄의 바닥샨 지역 광산에서만 대량 생산이 되었기 때문에 육로를 통하여 메소포타미아(오늘날의 이라크) 지역으로 운송이 되어야만 했고, 이후 북쪽으로 시리아까지 가서, 거기서 다시 북쪽과 남쪽으로 유통되었고, 서쪽으로는 에게 해를 건너야 했다. "무기 수준의 청동을 만들수 있는 충분한 양의 주석은 … 하투사의 위대한 왕이나 테베에 있는 이집트 파라오의 마음을 같은 방식으로 움직였을 것이다. 이는 오늘날 미국 대통령이 미국의 자동차 운전자들에게 적절한 가격의 휘발유를 공급하려는 것과 같은 생각이었을 것이다."[4]

전에 옥스퍼드 애쉬몰리언 박물관에 있다가 현재 셰필드 대학에 재직하고 있는 수잔 셰라트는 십여 년 전부터 이러한 비교를 해왔었다. 그녀가 주목한 바와 같이, 오늘날의 세계와 기원전 1200년의 세계는 "꼭 필요한 유사성"을 가지고 있다. 정치, 사회, 경제의 분화가 증대되고, 직접 교역이 "전례없이 사회 계층을 뛰어넘고 전례없이 공간적 거리를 뛰어넘어" 이루어지고 있다. 그녀가 보기에 가장 유사한 점은 "글로벌 경제와 문화가 급속도로 동일화되고 있지만 통제가 불가능한 상황이다. … 이러한 상황 속에서는 세계 어느 한 지역의 정치적 불확실성이 수천 마일 떨어진 지역의 경제에 괴멸적인 영향을 끼칠 수 있다."[5]

한때 역사학자 페르낭 브로델이 말했던 것처럼 "청동기 시대의 이야기는 극적인 이야기로 서술될 수 있을 것이다. 침략, 전쟁, 약탈, 정치적 재앙과 오랜 시간에 걸친 경제적 붕괴, '민족들간의 최초의 충돌' 이야기가 가득할 것이다." 또한 그는 청동기 시대의 역사는 "드라마와 폭력의 전설로서만 이야기되어서는 안 되며, 오히려 평화적인 교류, 경제적, 외교적, 모든 방면의 문화적 교류 이야기여야 한다."고 했다.[6] 브로델의 제안을 가슴 깊이 간직했던 필자는 여기서 청동기 시대 후기의 이야기를 4막의 연극 무대로 펼쳐보이고자 한다. 문맥에 따라 적절하게 주요 등장 인물을 설명하고 그들의 이야기를 반추해보기도 할 것인데, 그들이 어떻게 최초로 세계사의 무대에 등장하여 이름을 날리게 되었는지를 서술할 것이다. 예를 들면 히다이드의 투드할리야와 미타니의 투쉬라타, 이집트의 아멘호텝 3세, 앗시리아의 아수르-우발리트 등이다.(이름과 활동 시기를 바로 확인하고자 하는 독자들을 위하여 책의 말미에 "등장 인물"이 소개되어 있다.)

그러나 우리의 이야기는 일종의 추리소설 같은 전개방식을 띨 것이다. 꼬이고 돌아가고, 잘못된 길로 가다가 의미 있는 실마리도 발견할 것이다. 전설적인 벨기에의 탐정 에르퀼 프와로(아가사 크리스티가 만들어낸 인물. 아가사 크리스티도 고고학자와 결혼했다고 함)를[7] 인용하자면, 우리는 "조그만 회색 세포들"을 이용해야 한다. 그것들을 서로 짜맞추어 마침내 온갖 증거들의 맥락이 그려졌을 때, 우리는 수백 년 동안 번성했던 국제적 시스템이 왜 갑자기 무너졌는가 하는 물음에 대한 대답을 시도해볼 수 있을 것이다.

더욱이 기원전 1177년에 무엇이 무너졌는지, 그리고 그것이 고대사에서 왜 그렇게 결정적인 순간인지를 진정으로 이해하기 위해서, 우리는 조금 이전부터 이야기를 시작할 수밖에 없다. 이는 오늘날 글로벌 시대를 이해하기 위해서는 18세기로 돌아가 계몽주의가 축적되는 과정과 산업혁명, 미국의 건국을 살펴볼 수밖에 없는 것과 마찬가지다. 필자의 주요 관심사는 에게 해 지역 청동기 문명의 붕괴 요인을 검토하는 데 있지만, 또한 기원전 제2차 천년기(2000BCE~1000BCE) 제국과 왕국들이 무너져 내릴 때, 그 결정적인 순간에 세계가 잃어버린 것이 무엇인지에 대해서도 질문을 해보고자 한다. 그 결과 지역에 따라 문명이 수백 년 동안 후퇴했고, 어떤 지역에서는 끝내 회복될 수 없을 만큼 바뀌어버렸다. 재앙의 규모는 어마어마했다. 이후 1500년이 지나 로마 제국이 멸망할 때까지 그러한 규모의 파멸은 다시 일어나지 않았다.

서막

문명의 붕괴

기원전 1177년

전사들이 세계사의 무대에 등장했다. 그들은 신속하게 움직이며 가는 곳마다 죽음과 파괴의 흔적을 남겼다. 현대의 학자들은 그들을 뭉뚱그려서 "해양민족"이라고 부른다. 그러나 그들의 침략을 기록으로 남겼던 이집트인들은 결코 그렇게 부르지 않았다. 그들은 함께 움직였지만 몇 개의 그룹으로 나누어졌다. 펠레셋, 제케르, 셰켈레쉬, 샤르다나, 다누나, 웨세쉬 등 이국적인 외모만큼이나 이국적인 이름이었다.[1]

이집트의 기록 말고는 우리가 그들에 대해서 아는 것이 거의 없다. 우리는 해양민족이 어디에서 왔는지도 잘 모른다. 아마도 시칠리아나 사르디니아, 이탈리아 등지에서 왔을 것이다. 또 다른 시나리오에 의하면 에게 해나 아나톨리아 서부, 혹은 키프로스나 지중해 동부일 수도 있다.[2] 고고학적으로 그들의 본거지 혹은 그들의 출발지로 확인된 지역은 없다. 그저 그들이 끊임없이 한 지역에서 다른 지역으로 옮겨 다녔고, 가는 곳마다 이 나라 저 나라를 침략했던 것으로 추측할 뿐이다. 이집트의 기록에 의하면 그들은 먼저 시리아에 캠프를 차렸다가 이후 가나안 지역의 해안(현재의 시리아, 레바논, 이스라엘 포함)을 따라 내려왔고, 이집트의 나일 삼각주로 진입했다.

그 해는 기원전 1177년, 람세스 3세의 재위 8년째 되던 해였다.[3] 고대 이집트인들의 기록에 의하면, 그리고 비교적 최근의 고고학적 증거에 의하면, 해양민족들 중 일부는 육지로 왔고, 다른 일부는 바다를 건너 왔다.⁴ 무슨 제복을 갖추어 입지도 않았고 세련된 모습도 아니었다. 옛날 그림 속에 남아 있는 그들의 모습을 보면 일부는 깃털로 머리장식을 했고, 다른 일부는 챙이 없는 모자를 덮어쓰고 있다. 또 어떤 이들은 투구를 쓰고 있기도 하고, 맨머리를 드러내고 있기도 하다. 짧은 구레나룻 수염에 짧은 주름치마를 두른 이도 있고, 가슴을 드러내거나 얇은 외투를 걸치기도 했다. 또 다른 이들은 얼굴에 수염이 없고 좀더 긴 옷을 걸쳤는데, 마치 스커트를 입은 것 같다. 이런 모습들을 보면 해양민족은 서로 다른 지역과 다른 문화권 출신의 다양한 그룹으로 구성되었음을 짐작할 수 있다. 날카로운 청동검, 나무 막대 끄트머리에 번쩍이는 금속을 장착한 창, 활과 화살로 무장을 하고, 배나 마차, 수레, 전차를 타고 그들은 왔다. 핵심적인 연대로 기원전 1177년을 상정하긴 했지만, 사실 침략자들은 상당 기간 동안 여러 차례에 걸쳐 파도의 물결처럼 밀려들어왔다. 때로는 전사들끼리 왔고, 때로는 가족을 동반하기도 했다.

◆◆◆

람세스 비문에 의하면, 어떤 나라도 이들 침략자 집단을 막아낼 수 없었다. 저항은 무의미했다. 당시 패권을 장악했던 세력들, 히타이트, 미케네, 가나안, 키프로스 등도 하나씩 차례차례 무너졌다. 살아남은 몇몇 사람들만 대량학살을 피해 달아났다. 어떤 이들은 한때 자랑스러웠으나 결국 폐허로 변해버린 도시 속에 숨어 있었다. 그리고 또 어떤 이들은 침략자들 틈에 섞여 한 자리를 차지했다. 이들로 인해 복잡

[그림 1] 메디넷 하부에 그려진 해양민족 포로의 모습

했던 침략자 집단이 더욱 복잡해 보였다. 해양민족의 각 그룹은 계속해서 이동했다. 분명 각 그룹은 저마다의 이유로 움직였다. 재물이나 노예를 약탈하려는 욕망이 그들을 부추기기도 했을 것이다. 혹은 인구 증가로 인한 압박 때문에 서쪽의 고향을 떠나 동쪽으로 이동했을 수도 있다.

람세스는 간략하게 이렇게 말했다. 왕들의 계곡 근처 메디넷 하부에 있는 무덤 사원 벽면의 기록이다.

이방인들이 그들의 섬에서 음모를 꾸몄다. 갑자기 나라를 잃었고, 두려움에 흩어졌다. 그들의 무기 앞에 어느 나라도 지탱할 수 없었다. 카트, 코드, 칼케미쉬, 아르자와, 알라쉬야도 [단번에] 무너졌다. 캠프는 아무루의 땅 안에 [세워졌다.] 그들은 그곳 사람들을 쓸어버렸고, 그 땅은 아무도 살지 않았던 곳처럼 변했다. 그들은 이집트를 향해 왔다. 하지만 불길이 그들을 기다리고 있었다. 그들은 펠레셋, 제케르, 셰켈레쉬, 샤르다나, 다누나, 웨셰쉬 연합군이었다. 그들은 세상의 끝까지 손을 뻗었고, 그들의 마음 속은 자만심과 확신으로 가득했다.[5]

기존 연구에 의거, 우리는 이 기록에 나오는 지명들이 한때 외적의 침입으로 궤멸되었던 것을 알고 있다. 고대에는 모두 유명한 곳이었다. 카트는 히타이트의 나라였고, 그 수도는 아나톨리아(터키의 옛 이름) 내륙 고원, 현재의 앙카라 근처에 있었다. 히타이트 제국은 서쪽으로는 에게 해까지, 동쪽으로는 시리아 북부까지 뻗어 있었다. 코드는 아마도 현재 터키 남부에 있었을 것이다.(고대 키주와드나 지역일 수도 있다.) 칼케미쉬는 유명한 고고학 유적지다. 약 1세기 전, 레너드 울리 경이 이끄는 발굴팀이 처음 발굴했던 곳이다. 울리 경은 아마도 이라크에서 아브라함의 "갈대아 우르" 발굴로 더 유명할지도 모르겠다. 그는 원래 옥스퍼드에서 전통적인 고고학 교육을 받은 사람이지만, 제1차 세계대전 참전 이후 완전히 헐리우드식 "아라비아의 로렌스"로 바뀌어버렸다. 아르자와는 히타이트와 친했던 나라이다. 히타이트의 종주권 아래 있었으며 아나톨리아 서부에 위치했다. 알라쉬야는 오늘날 우리가 키프로스 섬이라고 알고 있는 곳이다. 철이 풍부했던 곳으로 구리 원산지로도 유명했다. 아무루는 시리아 북부 해안에 위치했다. 이 책의 본문이 진행되는 동안 우리는 이 모든 곳을 다시 한 번 둘러보게 될 것이다.

침략의 물결이 밀려왔을 때, 여섯 개의 그룹이 해양민족을 구성하고 있었다.(앞에서 언급한 다섯 민족은 람세스가 메디넷 하부에 기록해 둔 것이고, 샤르다나라는 또 하나의 이름이 다른 기록에 나온다.) 이들의 침략을 당했던 나라는 대충 알겠지만, 이들 침략자 여섯 민족에 대해서는 잘 알려져 있지 않다. 그들 스스로 남긴 기록은 아무것도 없고, 따라서 오직 이집트의 기록을 통해서만 알려져 있다.[6]

또한 이들 민족의 이름은 다른 고고학적 발굴 유물에서도 거의 확인되지 않는다. 지난 한 세기 동안 고고학자들과 문헌학자들이 열정적으로 찾아보았지만 헛수고였다. 처음에는 언어학적으로 연구가 진행되었고, 최근에는 토기나 다른 유물에서도 찾아보았다. 예를 들어 다누나를 호메로스의 글에 나오는 청동기 시대 후기의 다나안 사람이라고 했던 적도 있었다. 셰켈레쉬는 오늘날 시칠리아 출신이며, 샤르다나는 사르디니아에서 온 민족이라고 보기도 했다. 근거는 발음이 비슷하다는 것과, 람세스의 기록에서 "그들의 섬에서" 음모를 꾸몄다는 구절이었다. 특히 샤르다나는 람세스의 기록에서 "바다의" 존재라고 명시되어 있다.[7]

그러나 이러한 주장을 모든 학자들이 받아들이는 것은 아니다. 셰켈레쉬와 샤르다나가 서부 지중해 사람들이 아니라 동부 지중해 사람들일 것으로 보는 학파들도 있다. 다만 시칠리아나 사르디니아로 피난을 갔던 것이며, 이집트에 패한 후 그곳에 그들의 이름이 지명으로 남겨지게 된 것이다. 이렇게 보는 이유는 샤르다나가 해양민족 침입 훨씬 이전에 이미 이집트를 돕기도 했고 이집트와 싸우기도 했기 때문이다. 이에 반대하는 측에서는, 우리도 나중에 보게 되겠지만, 람세스 3세가 침략군 중 생존자들을 이집트 내부에 정착하도록 했다는 사실을 근거로 들고 있다.[8]

당시 전투에 참여했던 모든 이방인들 중에서 단 하나의 민족만은 분명하게 확인이 된다. 해양민족 중 펠레셋은 팔레스타인 사람들로 받아들여지고 있다. 성경에서는 그들이 크레타 섬 출신이라고 한다.[9] 민족 명칭의 발음 문제는 이집트 상형문자 연구자인 쟝-프랑스와 샹폴리옹이 이미 1836년에 이미 확실하게 밝혀둔 바 있고, 토기나 건물 양식 및 기타 유물을 통해서도 펠레셋이 팔레스타인이라는 점이 1899년에 성서 고고학자들의 작업을 통해 확인되었다. 그들은 텔 에스-사피가 성서에 나오는 가트라고 밝혔다.[10]

침략자의 출신이나 동기는 전혀 알 수 없지만, 그들이 어떻게 생겼는지는 알 수 있다. 람세스 3세의 무덤 사원인 메디넷 하부에 그들의 이름과 얼굴이 새겨져 있기 때문이다. 메디넷 하부에는 그림도 많고 상형문자 텍스트가 위풍당당하게 적혀 있다. 침략자의 갑옷, 무기, 함선, 짐을 가득 실은 수레 등이 그림 속에 분명하게 나타나 있다. 그림이 너무 자세해서 학자들은 그림에 등장하는 개인을 분석하거나 서로 다른 배들을 비교하는 글을 발표할 정도였다.[11] 훨씬 회화적인 풍경도 있다. 그 중 한 장면에서는 이방인들과 이집트인들이 혼돈 속에 해상

〔그림 2〕 메디넷 하부에 그려진 해양민족과의 해상전투

전투에 참여하고 있다. 몇몇 사람들은 거꾸로 쳐박혀 떠내려가고 있고 이미 사망한 것 같다. 한편 다른 사람들은 여전히 배 위에서 치열히게 싸우고 있다.

1920년대 이래로 메디넷 하부의 글과 그림은 시카고 대학 동양연구소의 이집트 연구자들이 정확하게 본을 뜨고 연구를 수행했다. 이 연구소는 예전에도 그랬지만 지금도 여전히 고대 이집트 및 근동 지역 문명을 연구하는 선도적인 연구기관 중의 하나이다. 제임스 헨리 브레스테드가 1919년에서 1920년까지 근동 지역을 여행하고 돌아온 뒤 연구소를 세웠다. 록펠러 주니어가 기부한 5만 달러가 기초자금이었다. 동양연구소(Oriental Institute, 일반적으로 오아이O.I.라고 부른다.)의 고고학자들은 이란에서 이집트까지 혹은 그 너머까지 근동지역 전역을 대상으로 발굴을 진행했다.

브레스테드와 그의 지휘 아래 시작된 오아이 프로젝트에 대해서 많은 글이 있지만, 그 중에서도 1925년에서 1939년까지 진행되었던 이스라엘의 메기도(성서에서는 아마게돈) 발굴이 유명했다.[12] 가장 중요한 업적으로는 이집트 상형문자 연구가 있다. 연구 기간 동안 이집트학자들은 고통을 무릅쓰고 이집트 전역에서 파라오가 사원이나 궁전에 남겼던 상형문자와 그림을 복제했다. 돌로 된 벽이나 비석에 새겨진 상형문자를 복제하는 일은 굉장히 인내를 요하는 일이었다. 한 번에 몇 시간씩 작업을 해야 했고, 작업자는 뜨거운 태양 아래서 사다리나 비계 위에 올라서서, 사원이나 기둥이나 출입문에서 희미해진 글씨나 그림의 흔적을 세세하게 찾아가면서 작업을 해야 했다. 그럼에도 결과는 쓸모가 없는 경우가 많았다. 특히 부식되거나 관광객에 의한 손상, 혹은 기타 여러 가지 이유로 글씨와 그림의 훼손이 진행되어 왔기 때문이다. 그 때라도 복제해 두지 않았으면 미래 세대로서는 결국 해독이 불가능했을 것이다. 메디넷 하부의 복제 결과는 몇 권의 시리즈로 출간되었다. 그 첫번째 책이 1930년에 나왔고, 이후 1940년대와 1950년대에 후속권들이 출간되었다.

학자들의 논쟁은 계속되고 있지만, 메디넷 하부의 벽에 그려져 있는 육지 및 해상 전투 장면이 이집트 삼각주 및 그 주변에서 거의 동시에 벌어졌던 일이라는 데에는 거의 대부분의 전문가들이 동의하고 있다. 육지와 바다에서 동시에 벌어졌던 단 한 차례의 전투를 그린 것일 수도 있고, 어떤 학자들은 이집트 군대가 매복을 했다가 기습공격으로 해양민족을 포획하는 장면이라고 주장하기도 한다.[13] 경위야 어찌뙜든 간에 결과에 대해서는 의문의 여지가 없다. 메디넷 하부에서 이집트의 파라오는 아주 분명하게 이렇게 말하고 있다.

> 나의 국경에 도착한 자들, 그들의 씨앗은 남지 않았고, 그들의 심장과 영혼은 아주 영원히 끝장났다. 바다로 함께 들어왔던 자들, 그들 앞에는 강의 입구에서 거대한 화염이 기다리고 있었고, 강기슭에는 창 울타리가 그들을 둘러싸고 있었다. 그들은 끌려들어왔고, 포위되었고, 해변에서 쓰러졌으며, 살해되었고, 시체는 아무렇게나 무더기로 쌓였다. 그들의 배와 그들의 물건은 물 속으로 잠겨버렸다. 나는 (심지어) 그들의 땅에서 이집트란 말도 꺼내지 못하게 했다. 그들의 땅에서 나의 이름을 부르면 나는 그들을 불태워 버렸다.[14]

그리고 나시 람세스는, 〈파피루스 하리스(Papyrus Harris)〉라는 유명한 문서에서 다시 한 번 그가 물리친 적들을 언급했다.

> 나는 그들의 땅을 침략한 침략자들을 무너뜨렸다. 나는 다누나를 그들의 섬에서 죽였고, 제케르와 펠레셋은 재로 만들어 버렸다. 바다의 샤르다나와 웨세쉬는 애초에 존재한 적이 없었던 것처럼 만들어 주었다. 단 한 번 포로들을 데리고 왔다. 이집트로 끌려 온 포로들은 물가의 모래처럼 많았다. 나는 그들을 나의 이름을 딴 성채 안에 정착하도록 했다. 그들을 수백, 수천에 이르는 수많은 등급으로 나누었다. 매년 그들의 가게와 농토에서 옷감과 곡식을 세금으로 거두었다.[15]

이집트인들이 여러 "해양민족들" 연합군과 싸운 것이 이번이 처음이 아니었다. 그로부터 30년 전인 기원전 1207년, 파라오 메르넵타의 재위 5년째 되던 해, 마찬가지로 정체가 모호한 집단들이 이집트를 공격한 적이 있었다.

메르넵타는 아마도 고대 근동 지역에서 가장 잘 알려진 이집트 파라오일 것이다. 그는 같은 해(기원전 1207년)의 기록에서 "이스라엘"이라는 말을 처음 사용하기도 했다. 이 기록은 성서 이외의 기록에서 이스라엘이라는 말이 등장하는 최초의 자료이다. 파라오의 기록에서 가나안 지역 원정을 간략하게 묘사하는 가운데 이 이름(그것이 장소 명칭이 아니라 종족 명칭임을 표시하는 부가 기호와 함께)이 등장한다. 그곳에 "이스라엘"이라고 하는 민족이 거주하고 있었다고 한다.[16] 이 문장은 당시 진행중이던 대 리비아 전쟁을 묘사하는 맥락 속에 들어 있다. 리비아는 이집트 바로 서쪽에 위치하는 나라였다. 그 해에 메르넵타의 중점은 이스라엘이 아니라 리비아와 해양민족에게 쏠려 있었다.

예를 들어 헬리오폴리스 유적에서 발굴된 텍스트에는 다음과 같이 적혀 있다. "제5년, 세번째 계절의 두번째 달(10월)에, 치사한 리비아의 두목이 셰켈레쉬를 침략했고, 모든 이방인의 나라들이 리비아의 두목과 함께 이집트 국경을 침범했다."[17] 같은 표현이 "카이로 기둥(Cairo Column)"으로 알려진 다른 기록에서도 반복된다.[18]

카르낙(현재 룩소르)에서 발견된 더 긴 기록에서 예전 해양민족의 침략에 관한 더 자세한 내용을 볼 수 있다. 여기에는 해양민족에 소속된 개별 그룹의 이름도 나온다.

[폐하께서 리비아의 땅에서 거두신 승리의 시작] 세번째 계절에 나라의 가장 뛰어난 모든 전사들과 모든 병사들을 데리고 에크웨쉬, 테레쉬, 루카, 샤르다나, 셰켈레쉬, 북방의 모든 나라에서 온 자들 … 처참하게 무너진 리비아의 두목 … 테네후에서 멸망시켰다.

그곳 리비아를 비롯하여 다른 나라들로부터 잡아 온 포로들의 목록은 이러하다.

바다의 나라에서 온 세르덴, 셰켈레쉬, 할례를 받은 에크웨쉬,
셰켈레쉬 남자 222명
손은 250개
테레쉬 남자 742명
손은 790개
샤르다나 …
[손은] …
[에크]웨쉬, 이들은 할례받은 자들이다. 사망한 자들의 손을 가져갔다.
(왜냐하면) 그들은
[할례를] 받았기 때문이다.
셰켈레쉬와 테레쉬는 침략군으로 리비아를 쳐들어갔다.
케헥, 리비아 포로는 산 채로 남자 218명이다.[19]

이 기록에서 몇 가지 사실을 확인할 수 있다. 먼저 예전에 밀려왔던 해양민족은 6개 그룹이 아니라 5개 그룹이었다. 샤르다나(혹은 세르덴), 셰켈레쉬, 에크웨쉬, 루카, 테레쉬였다. 샤르다나와 셰켈레쉬는 여기서도 등장하고 나중의 람세스 3세 시기에도 나온다. 그러나 나머지 세 그룹은 경우가 다르다. 둘째, 샤르다나, 셰켈레쉬, 에크웨쉬는 특히 "바다의 나라에서" 온 종족들이라고 특정하였다. 이들 다섯 그룹은 모두 "북방의 모든 나라에서 온 놈들"이라고 했다. 그것은 크게 놀랄 일은 아니다. 왜냐하면 당시 이집트 신왕국이 접촉했던 대부분의 나라들은 모두 이집트보다 북쪽에 있었다.(누비아와 리비아만 예외였다.) 샤르다나와 셰켈레쉬의 정체로 "바다의 나라"를 언급한 것은 그들이 사르디니아 및 시칠리아와 관련이 있다는 주장에 신빙성을 더해 준다.

에크웨쉬에 대한 묘사 중에 "바다의 나라"라는 표현이 있었기 때문에 많은 학자들은 에크웨쉬가 호메로스의 글에 나오는 아케아인(Achaeans)이라고 주장했다. 아케아인이란 곧 청동기 시대 그리스 본토의 미케네인이다. 20년 후 해양민족을 기록했던 람세스 3세는 그들을 다누나라고 했다. 마지막의 이름 두 개 중에서, 루카는 터키 서남쪽 사람들을 가리킨다는 데 대해서는 거의 모두가 동의하는 바다. 예전에는 그 지역을 리키아라고 했었다. 테레쉬의 기원은 불확실하지만, 이탈리아의 에트루리아인과 관련이 있을 것이다.[20]

그 외의 것은 기록으로부터 알 수 없다. 그리고 전투가 벌어졌던 장소에 대해서도 아주 상식적인 추론 이상은 불가능하다. 메르넵타는 단지 "리비아의 땅에서 승리를 거두었다."라고만 기록해 두었다. 그 중에서도 테네후 지역이라고 특정되어 있다. 어쨌든 파라오 메르넵타는 분명하게 승리를 선언했다. 그리고 사살한 적군과 포로로 잡은 적군의 목록, 즉 "손"과 남자를 모두 기록하였다. 사살한 적군의 손을 잘라 승리의 증거로 가져가는 것이 당시의 관행이었다. 전쟁의 성과를 확인하고 보상을 받기 위해서였다. 이집트에서 이와 같은 무시무시한 관습은 메르넵타의 시대보다 400년이나 앞선 힉소스 시대부터 전해져 왔다. 나일 삼각주에 있는 힉소스 궁전에는 네 개의 항아리에 오른손 16개가 묻혀 있었다.[21] 해양민족이 모두 사살되었는지 혹은 일부는 살아남았는지 알 수 없다. 아마도 일부가 살아남았으니 30년 뒤에 다시 침략해 오지 않았을까.

❦

기원전 1177년에도, 그리고 그 이전의 기원전 1207년에도, 승리는 이집트인들이 몫이었다. 해양민족들의 세번째 침략은 없었다. 람세스는 적들이 "그 자리에서 꼬꾸라지고 제압되었다."고 자랑스레 말했다. "그들의 심장은 제거되었다. 그들의 영혼은 날아가 버렸다. 그들의 무기는 바다에 빠져버렸다."[22] 그러나 피로스(Phyrros)의 승리(큰 희생의 대가를 치룬 승리)였다. 람세스 3세 치하의 이집트가 해양민족의 학살을 성공적으로 막아낸 유일한 경우이기는 하지만, 이집트 신왕국은 이후 다시는 예전의 성세를 회복하지 못했다. 이는 당시 지중해 지역 전체가 직면했던 다른 문제 때문이었던 것 같은데, 이 점에 대해서는 본문에서 자세히 언급될 것이다. 기원전 제2차 천년기 남은 기간 동안, 람세스 3세 이후의 파라오들은 세력과 영향력 면에서 훨씬 축소된 범위를 다스리는 데 만족했다. 이집트는 2등급 제국으로 전락했다. 한때 번성했던 과거의 그림자에 불과했을 뿐이다. 이집트가 다시 예전만큼의 주도권을 되찾은 것은 파라오 쇼셴크의 시대에 와서이다. 쇼셴크는 리비아 사람으로 기원전 945년경 22왕조를 수립했다. 히브리 성서에서 파라오 쉬샤크로 등장하는 인물이 바로 이 사람일 것이다.[23]

이집트를 제외하면, 기원전 제2차 천년기 근동 지방의 거의 모든 나라들과 세력들이, 즉시 혹은 길어야 100년 이내에 없어졌다. 이들은 우리가 청동기 시대 후기(late bronze age)라고 부르는 황금기를 구가했던 주체들이었다. 결국에는 이 지역에서 문명 자체가 소멸해 버렸다. 반드시 전부는 아니더라도, 그리스로부터 메소포타미아에 이르기까지 방대한 영역에서 이전 시대의 선진적이었던 많은 나라들이 사라졌다. 새로운 과도기가 시작되었다. 과도기는 최소한 100년 이상, 지역에 따라서는 300년까지 지속되었다.

이들 왕국 최후의 날에 왕국 전역에서 테러가 자행되었음은 거의 의심할 여지가 없다. 점토판에 기록된 구체적인 사례를 보자면, 시리아 북부에 있던 왕국 우가리트의 왕이 지위가 더 높았던 키프로스 섬의 왕에게 보낸 편지에 다음과 같은 구절이 있다.

아버지시여. 이제 적들의 배가 도착했습니다. 그들은 나의 도시에 불을 질렀고 땅에도 해를 끼쳤습니다. 나의 보병과 [전차병]들이 카트에서 주둔하고 있으며, 나의 해군이 루카 지역에 정박하고 있는 사실을 아버지는 모르십니까? 그들은 아직 돌아오지 않았습니다. 그래서 이 나라는 이처럼 짓밟혔습니다. 나의 아버지께서 이 일을 아시게 되기를. 우리에게 해를 끼친 적들의 배는 7척이었습니다. 다른 적들의 배가 또 나타나면 어떻게 해서든 나에게도 소식을 알려주시기 바랍니다.[24]

이 점토판이 과연 애초에 의도한 바와 같이 키프로스 섬의 왕에게 전달되었는지에 대해서는 논란이 있다. 이 유물을 처음 발굴했던 학자들은 이 편지를 발송하지 못했던 것으로 추정했다. 처음 발견된 곳이 점토판을 굽는 가마 유적이었는데, 동반출토된 점토판이 70점에 달했다. 이 편지 또한 보내기 전에 굽기 위해서 그곳에 있었던 것이다. 점토판이 온전하게 남아 있었던 깃도, 키프로스로 가는 험난한 여정이 아니라 안전한 점토판 굽는 가마 속에 있었기 때문일 것이다.[25] 점토판을 발굴한 학자들을 비롯하여 다른 학자들도, 긴급하게 도움을 요청하는 이 점토판 편지가 미처 발송되기 전에 적들의 배가 다시 돌아와 도시를 약탈했던 것으로 추정했었다. 수 세대에 걸쳐 역사 교과서에서도 이와 같은 해석이 수록되었다. 그러나 본문에서 자세히 보게 되겠지만, 최근에 학자들은 점토판이 발굴된 곳이 점토판을 굽는 가마 자리가 아니라는 점을 확인했고, 결국 이 편지는 키프로스 섬으로 보낸 편지의 사본이었던 것으로 밝혀졌다.

이 시대 파괴의 흔적을 예전 학자들은 무조건 해양민족의 소행으로 보는 경향이 있었다.[26] 그러나 에게 해 지역과 지중해 동부 지역 청동기 시대의 종말을 모두 그들의 탓으로 돌리는 것은 선입관에 불과하다. 아마도 그것은 그들에게도 과도한 책임을 묻는 일일 것이다. 왜냐하면 이집트의 기록을 제외하면 그들이 그랬다는 명확한 증거가 없기 때문이다. 게다가 그 기록들이 상충되기도 한다. 마치 중세에 훈련된 십자군 중의 한 부대가 성지를 탈환하려 했던 것처럼, 해양민족이 어느 정도 조직화된 군대를 이끌고 지중해 동부 지역에 접근했을까? 후대의 바이킹처럼 그들도 느슨하게 혹은 거의 조직되지 않은 약탈자 무리들이었을까? 아니면 재난을 피해 새로운 땅을 찾아 나선 피난민들이었을까? 현재의 우리로서는 전혀 알 수 없다.

지난 수십 년 동안 새롭게 축적된 자료에 근거해서 이제는 방정식을 다시 풀어볼 필요가 있다.[27] 유적지에서 파괴의 흔적을 확인할 수는 있지만, 누가 그랬는지, 왜 그랬는지가 항상 드러나지는 않는다. 더욱이 파괴된 여러 유적에서 확인되는 시점이 동일하지 않고, 심지어 10년 이상 차이가 나는 경우도 있다. 본문에서 보게 되겠지만, 파괴된 잔해가 이루는 지층이 수십 년 동안 누적되어 있고, 혹은 100년에 이르는 곳도 있다.

더욱이 우리가 그리스, 이집트, 근동 지역 청동기 문명이 멸망한 원인을 정확히 모르고 있는 상태에서, 현재 드러난 증거만으로 보더라도 비난을 받을 자는 해양민족에 국한되지 않는다. 아마도 그들은 문명 붕괴의 가해자였던 만큼이나 피해자이기도 했던 것 같다.[28] 하나의 가설로, 그들은 여러 가지 불행한 사건으로 인해 고향을 벗어나게 되었는데, 이주를 하는 도중에 이미 쇠락했던 제국 혹은 왕국을 마주치게 되었는지도 모른다. 또한 그 지역의 왕국들이 이미 쇠락해서 약해진 상태였기 때문에 해양민족이 많은 왕국들을 공격하고 결과적으로 그곳을 점령했을 수도 있다. 이러한 맥락에서 해양민족은, 어느 학자가 지적한 바와 같이, 기회주의자였을 뿐인지도 모른다. 그리고 그들이 예전의 학자들이 예상했던 것과 달리 지중해 동부 지역에서 평화롭게 정착했을 수도 있다. 이 점에 대해서는 본문에서 상세하게 검토해볼 것이다.

수십 년 동안 학자들의 연구에서 해양민족이 만만한 희생양이었다. 그러나 실제 상황은 훨씬 더 복잡했고, 그들만으로 만들어질 수 있는 상황도 아니었다. 이제는 흐름이 바뀌었다. 몇몇 학자늘이 해양민족의 재앙/이주 "이야기"가 날조되었음을 지적했기 때문이다. 1860년대와 1870년대에 유명한 프랑스의 이집트학자 가스통 마스페로와 같은 학자들이 그 이야기를 만들어냈고, 1901년이면 이미 확고해진 이야기였다. 그들의 이론은 단지 상형문자 기록만을 근거로 한 것이었고, 파괴된 유적지 발굴이 이루어지기 훨씬 전의 연구였다. 사실상 마스페로를 따랐던 학자들도 해양민족의 이동 방향에 따라 견해가 나누어졌다. 혹자는 해양민족이 지중해 서부에서 출발했다고 하고, 일부는 이집트에 패한 이후 그곳에서 종말을 고했다고 생각하기도 한다.[29]

이 책에서 보게 되겠지만, 현재 우리가 보기에는, 해양민족이 청동기 시대 후기에 몇몇 도시를 파괴했던 것은 사실인 듯하다. 그러나 그 시대의 종말을 초래한 원인은 인간과 자연 모두였다. 기후변화와 가뭄, 지진 폭풍(earthquake storm, 작은 지진이 연쇄적으로 점점 더 큰 지진을 촉발하는 현상), 내부 반란, "시스템 붕괴" 등이 연속적으로 일어났다. 이러한 사건들이 결합되어 "퍼펙트 스톰"을 만들었고, 그것이 시대의 종말을 초래했던 것이다. 그러나 기원전 1177년경에 발생했던 일련의 사건들이 얼마나 어마어마했는지를 이해하기 위해서, 우리는 훨씬 이전 시대까지 거슬러올라가 보지 않을 수 없다.

[표 1] 현대 지명과 청동기 시대 후기 추정 지명

지역	고대 명칭 1	고대 명칭 2	고대 명칭 3
키프로스	알라쉬야		
그리스 본토	타나자	아히야와	히야와
크레타	케프티우	카프토르(카프타루)	
트로이/트로드	아수와(?)	이시(?)	윌루사
가나안	파카나나	레테누	
이집트	미스라임		

[표 2] 청동기 시대 후기 이집트와 근동 지역 통치자

세기	이집트	핫타이트	앗시리아	바빌로네아	미탄니	우가리트	기타
기원전 18세기				함무라비			
기원전 17세기	하투실리 I			무르실리 I			
기원전 16세기	세크넨레 / 카모세 / 아흐모세 I / 아흐모세 / 투트모세 I / 투트모세 II						키안(힉소스) / 아포피스(힉소스)
기원전 15세기	하트셉수트 / 투트모세 III	투트할리야 I/II			사우쉬타타르		
기원전 14세기	아멘호텝 III / 아케나텐 / 투탕카멘 / 아이	수필룰리우마 I / 무르실리 II / 무와탈리 II	아슈르-우발리트 I / 아다드-니라리 I	카다쉬만-엔릴 I / 부르나-부리아시 II / 크리갈주	슈타르나 II / 투쉬라타 / 샤티와자	암미스툰루 I / 니크마두 II / 니크메파	타르콘다라두 (아르자와) / 쿠를리 (이수와)
기원전 13세기	람세스 II / 메르넵타	무와탈리 II / 하투실리 III / 투트할리야 IV	샬마네세르 I / 투쿨티-니누르타 I	카쉬틸리아시-슈		암미스툰루 II / 니크메파	사우쉬가무와 (아무루)
기원전 12세기		수필룰리우마 II				암무라피	슈트룩-나훈테 (엘람)

서막_문명의 붕괴

제1막

고대의 민족들과 무기

기원전 15세기

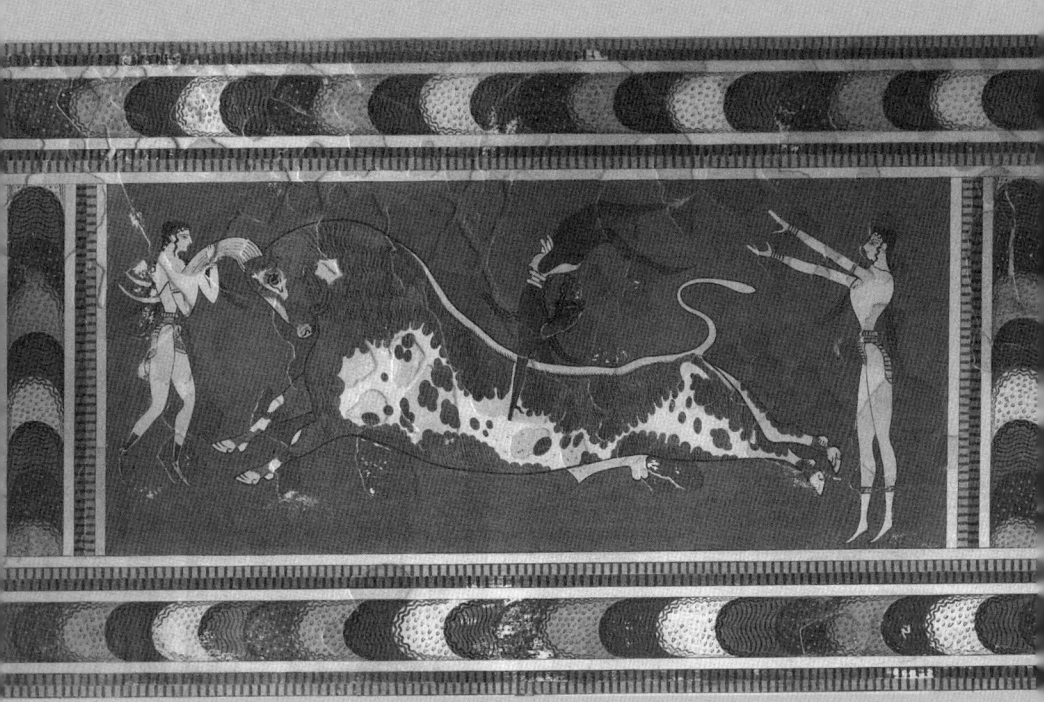

크레타 섬의 크노소스 궁전에서 발굴된 벽화. 프레스코 기법의 이와 같은 벽화가 기원전 15세기 지중해 동부 연안, 이스라엘에서 이집트까지 유행했다. 크레타 양식의 벽화가 왜 그리고 어떻게 그곳까지 유행하게 되었는지는 아직 미스터리로 남아 있다. 사진은 그리스 헤라클리온 박물관 소장 복제품이다._옮긴이

기원전 1477년경. 지중해에 가까운 하이집트 나일 강 삼각주의 도시 페루네페르. 파라오 투트모세 3세는 그곳에 거대한 궁전을 지으라는 명을 내렸다. 벽은 아름다운 프레스코 벽화로 장식해야 했다. 벽화 작업은 미노아인 예술가들이 맡았다. 그들은 '거대한 초록'(이집트인들은 지중해를 이렇게 불렀다.)을 건너 멀리 크레타 섬에서 온 사람들이었다. 그들의 그림은 이전까지 이집트에서 본 적이 없는 전혀 새로운 그림이었다. 남자들이 황소 위로 뛰어오르는 특이한 장면이 들어 있었다. 벽화는 프레스코 기법으로 그렸다. 벽에 칠한 회반죽이 채 마르기 전에 색깔을 먹이는 기법이었다. 이렇게 그림을 그리면 그림 자체가 벽과 완전히 일체가 된다. 프레스코 기술과 특이한 장면은 모두 에게 해의 크레타 섬에서 배운 것이었다. 이러한 독특한 그림이 당시 이집트에서만 유행한 것이 아니었다. 가나안 북부에서 이집트 나일 삼각주까지 지중해 동부 해안을 따라 유사한 벽화 유적이 발굴되었다. 이스라엘의 카브리, 터키의 알랄라크, 시리아의 콰트나, 이집트의 다바 등이었다.[1] 나일 강 삼각주의 도시 페루네페르는 오늘날의 텔 에드다바로 확인되었다. 1966년 오스트리아의 고고학자 만프레트 비탁의 탐험대가 유적 발굴을 맡았다. 이곳은 예전에 힉소스 왕조의 수도 아바리스라고도 알려져 있었다. 힉소스는 이집트인들이 미워하는 침략자로서, 기원전 1720년경부터 기원전 1550년경까지 이집트 상당 지역을 통치했었다. 파라오 투트모세의 선조인 파라오 카모세가 기원전 1550년경 아바리스를 점령했다. 그는 아바리스를 페루네페르로 바꾸고 이집트의 소중한 거대 도시로 재건하였다.

부유했던 예전의 도시는 모래와 황무지의 수 미터 아래에 묻혀 있었다. 비탁의 발굴은 40년이 넘게 걸렸다. 비탁은 힉소스의 수도와 이집트의 거대 도시 모두를 되살려냈다. 또한 놀라운 프레스코 벽화도 발굴하였다. 미노아인들 혹은 그들로부터 훈련받은 이집트 현지인들이 그린 벽화였다. 시기는 제18왕조 초기(기원전 1450년경)로 추정되었다.[2] 이 벽화는 지중해 동부와 에게 해에 걸친 지역 연맹, 즉 이집트에서 힉소스인들을 쫓아낸 뒤부터 시작된 국제 연맹을 여실히 보여주는 유물이었다.

힉소스에 대하여

힉소스인들이 처음 이집트를 침략한 때는 기원전 1720년경이었다. 투트모세 3세의 시대보다 무려 250년 전이었다. 힉소스인들은 기원전 1550년까지 거의 200여 년을 이집트에 머물렀다. 힉소스인들이 이집트를 휩쓸 무렵, 이집트는 이미 근동에서 확고하게 자리잡은 나라 중의 하나였다. 기자(Giza)의 피라미드는 고왕국 시대 제4왕조 시기에 건설되었으니 당시에 이미 거의 1,000년이나 된 유물이었다. 훨씬 나중인 기원전 3세기에 살았던 이집트의 성직자 마네토는 힉소스인들을 "양치기 왕"이라고 기록했다. 이는 이집트 문자로 기록된 "헤카우 카수트"를 잘못 해석해서 나온 말이었다. 실제로 그 의미는 "이방인의 땅의 우두머리"라는 뜻이었다. 힉소스인은 이방인, 즉 이집트로 이주해온 셈족이었다. 그들은 가나안 지방에서 왔는데, 가나안 지방은 오늘날 이스라엘, 레바논, 시리아, 요르단에 해당한다. 이집트의 그림에서는 기원전 19세기부터 그들이 등장한다. 예를 들면 베니 하산에 있는 이집트의 고분 벽화 같은 경우이다. 거기에는 이집트로 상품을 가지고 오는 "아시아인처럼 생긴" 상인과 무역상이 보인다.[3] 힉소스인들의 이집트 침략으로 인해 중왕국 시대(기원전 2134년경-기원전 1720년경)가 막을 내린다. 힉소스인들의 성공은 우수한 무기와 기습 공격 능력 덕분이었을 가능성이 충분하다. 그들은 합성궁(合成弓, composite bow)을 사용했는데, 당시의 일반적인 활보다 사거리가 훨씬 더 길었다. 또한 그들은 말이 끄는 전차를 이용했다. 이집트에서는 그 비슷한 것도 본 적이 없었다.

힉소스인들은 이집트를 점령한 뒤 주로 나일 강 삼각주의 수도 아바리스로부터 이집트 전역을 통치했다. 이른바 제2중간기(제14-17왕조)로, 기원전 1720년에서 기원전 1550년까지 거의 200년에 달했다.[4] 이 때는 기원전 3000년부터 기원전 1200년까지를 통틀어 유일하게 이방인이 이집트를 지배한 시기였다.

힉소스인들의 시대가 끝나갈 무렵, 그러니까 기원전 1550년경, 이집트인과 힉소스인 사이에 벌어졌던 전투에 대한 기록이 남아있고 전해오는 이야기도 있다. 특히 한 편의 이야기 속에서 두 명의 왕이 서로 싸웠던 이야기가 전해진다. 바로 〈아포피스와 세크넨레의 투쟁〉인데, 야사(野史)일 가능성이 다분하다. 힉소스의 왕 아포피스와 이집트

[그림 3] 베니 하산의 "아시아인처럼 보이는" 사람들

의 왕 세크넨레는 같은 시기에 이집트의 다른 두 곳을 다스리고 있었다. 이야기 속에서 아포피스는 세크넨레가 연못에서 키우는 하마 울음소리 때문에 밤에 잠을 잘 수 없다고 불평하는 내용이 나온다. 불평 자체는 터무니없다. 힉소스는 하이집트에, 이집트는 상이집트에 있었기 때문에 두 왕궁은 서로 수백 킬로미터나 떨어져 있었다. 하마가 아무리 큰 소리로 울었더라도 힉소스의 왕이 그 하마 소리를 들을 수는 없었다.[5] 그런데 고고학자들이 세크넨레의 미이라를 발굴해냈다. 사망 원인은 두개골에 난 상처였고, 전투용 도끼로 인한 상처였다. 세크넨레는 전장에서 폭력에 의해 사망했던 것이다. 힉소스인들과의 전투였을까? 현재 우리가 알 길은 없다. 그러나 그 원인이 하마 울음소리

였건 아니건 간에, 아포피스와 세크넨레가 서로 싸웠다는 사실만은 분명하다.

또한 제17왕조의 파라오 카모세가 우리에게 남겨준 기록도 있다. 당시 카모세는 상이집트 테베의 궁전에서 통치를 하고 있었다. 그는 힉소스를 상대로 최종 승리를 거둔 전투를 자세히 기록했다. 기원전 1550년의 기록으로, 힉소스인들을 "아시아인"이라고 했는데, 내용은 다음과 같다.

나는 아시아인들을 쫓아내기 위해 병사들을 이끌고 배를 타고 북쪽으로 갔다. … 용감한 나의 병사들은 마치 타오르는 불꽃처럼 앞으로 나아갔다. … 전함 꼭대기의 궁수들은 그들의 궁전을 부숴버릴 것이다. … 나는 배에서 밤을 지냈다. 내 마음은 흡족했다. 날이 밝아오자 나는 매처럼 그들을 덮쳤다. 아침 먹을 시간이 되었을 때 나는 그들을 무너뜨렸다. 성벽을 파괴했고 적들을 살육했으며 그들의 아내를 강둑까지 내려오도록 했다. 나의 군대는 사자처럼 행동했다. 전리품…노예, 양, 기름, 꿀… 을 나누며 기쁨에 들떴다.

카모세는 도시 아바리스의 운명에 대해서도 전해주었다.

두 개의 강 가에 있는 아바리스를 나는 아무도 살지 못할 황무지로 만들었다. 도시를 파괴했고 집을 불태운 뒤 찌끄러기를 모아 완전히 재로 만들어 버렸다. 이집트 한가운데서 그들이 행했던 짓거리 때문이었다. 아시

아인의 부름에 귀기울였던 자들이 그들의 여신 이집트를 배신했기 때문이었다.[6]

이리하여 이집트인들은 힉소스인들을 그들의 땅에서 내쫓았다. 힉소스인들은 도망쳐 레테누로 돌아갔다.(레테누는 이집트식 지명으로 오늘날 이스라엘과 시리아를 뜻한다. 또 하나 예를 들자면 이집트인들이 파 카나나로 불렀던 지역은 가나안이다.) 한편 이집트인들은 제18왕조를 세웠다. 카모세의 형제 아흐모세가 이를 주도했다. 우리가 이집트 신왕국 시대라고 부르는 시대가 바로 이 때부터이다.

아바리스와 이집트의 다른 지역들도 새 시대에 다시 건설되었다. 약 60년 뒤인 기원전 1500년경 하트셉수트와 투트모세 3세의 시대에 이르러 아바리스는 또다시 번화한 도시가 되었다. 아바리스의 이름도 바뀌었다. 이 때는 도시 이름이 페루네페르였고, 궁전은 뛰어 오르는 황소 그림이 있는 미노아식 벽화로 장식되었다. 벽화의 다른 장면들도 이집트식이라기보다는 분명 에게 해의 크레타를 기원으로 하는 양식이었다. 당시 이집트의 통치자와 미노아의 공주 사이에 왕실 혼인을 했을 것으로 추정하는 고고학자도 있다.[7] 제18왕조 후기와 제19왕조의 통치자 중에는 외국의 공주와 결혼한 사람도 여럿 있었다. 나중에 더 설명하겠지만, 결혼은 외교적 동맹이나 외국 세력과 조약을 맺는 가장 확고한 방법이었다. 그러나 이집트의 미노아식 벽화를 설명하기 위해서 정치적으로 맺어진 결혼까지 들먹일 필요는 없다. 이외에도 이집트가 지중해 동부, 그리고 특히 이 경우처럼 에게 해 지역과 접촉했던 독자적인 증거들이 있기 때문이다.

메소포타미아와 미노아인

여러 가지 자료들, 예컨대 고고학적 발굴 유물이나 텍스트 혹은 그림 자료들로 보건대, 크레타 섬의 미노아인들이 이미 고대 근동 지역과 접촉하고 있었던 것은 명백하다. 그들이 이집트 신왕국의 파라오와 관계를 맺기 훨씬 전부터였다. 예컨대 미노아에서 만든 물건이 에게 해와 지중해를 거쳐 티그리스와 유프라테스 두 강 사이 메소포타미아 지역까지 수출되었다. 이미 기원전 18세기, 그러니까 지금으로부터 약 4,000년 전이었다.

이러한 고대 무역의 증거는 고대 유적지 마리, 즉 오늘날 시리아에 해당하는 유프라테스 강 서쪽 강변에서 나왔다. 프랑스의 고고학자들이 1930년대에 그곳에서 고대의 보물을 무더기로 발견했다. 글씨가 적혀 있는 태블릿(진흙 문서)이었는데, 무려 2,000점 이상이었다. 앞서 그 지역 주민들이 프랑스 고고학자들에게 발굴을 요청했었다. 처음에 주민들은 어떤 고대 유물을 발견하고는 그것이 머리가 없는 시신인 줄 알았다. 그런데 알고 보니 돌로 만든 석상이었다. 수많은 석상 중의 하나에는 고대 도시의 왕이라는 문구가 새겨져 있었다.[8] 태블릿은 왕실 수장고에서 출토되었다. 고대 아카드어가 적혀 있었는데, 왕의 명령서도 있었고, 그보다 훨씬 많은 세속적인 일들이 기록되어 있었다. 모두 마리를 통치하던 왕과 관련된 문서였다. 그 중 하나에서 짐리림이라는 이름이 나왔다. 그는 기원전 1750년경 마리를 다스리던 왕이었다. 그들은 모든 종류의 정보를 기록으로 남겼다. 왕실 행정 및 왕국의 조직 운영과 관련된 모든 정보뿐만 아니라 당시의 일상생활에 대한 내용도 포함되어 있었다.

예를 들면 어느 태블릿의 내용 중에는 얼음과 관련된 것이 있었다. 짐리림의 여름 음료에 넣을 얼음이었다. 음료의 종류로는 포도주, 맥주, 발효된 밀을 기초로 숙성한 음료가 있었다. 숙성 음료에는 석류 주스와 감초 비슷한 아니스 열매가 첨가되었다. 짐리림은 유프라테스 강변에 얼음 창고를 지으라는 명을 내렸다. 겨울에 눈덮인 산에서 얼음을 채취하여 더운 여름에 사용할 수 있도록 보관할 창고였다. 짐리림은 이전의 왕들이 이러한 창고를 건설한 적이 없었다고 했는데 틀린 말은 아닐 것이다. 그러나 이 지역에서 음료에 얼음이 사용된 것 자체가 새로운 일은 아니었다. 어느 왕은 아들에게, 하인들이 얼음을 음료에 넣기 전에 깨끗이 닦으라고 주의시켜야 한다고 깨우쳐 주기도 했다. "그들이 얼음을 가져오도록 하라! 얼음에 붙은 찌꺼기나 더러운 것이나 먼지를 씻으라고 해라."[9]

수장고 발굴 태블릿 중에는 지중해 및 근동의 다른 지역과 무역 등의 접촉을 한 기록도 포함되어 있다. 그들이 받은 특이한 선물들을 적어둔 것이었다. 이들 기록을 통해 마리의 왕과 다른 도시 혹은 왕국 사이에 빈번한 선물 교환이 있었음을 알 수 있다. 그리고 왕들은 의사나 화가, 천 만드는 기술자, 음악가, 가수 등을 서로 보내달라고 요청하기도 했다.[10]

마리에서 이국적인 수입품을 기록한 태블릿 내용 중에는 금으로 만든 단검과 무기류, 세공한 청금석뿐만 아니라 "카프토르 방식으로 직조한" 천 등이 있었다.[11] 카프토르(Caphtor 혹은 Kaptaru)란 메소포타미아와 가나안 지역에서 크레타 섬을 부르는 이름이었다. 나중에 이집트에서는 크레타 섬을 케프티우라고 불렀다. 이러한 물품들은 크레타 섬에서 출발하여 멀리까지 이동했다. 애초에도 장인들의 공들인 가치와 비싼 재료로 인한 가치가 있었지만, 이동하는 도중에 이른바 "원거리 가치"가 더해졌다.

아주 특이한 상황을 기록한 태블릿도 하나 있다. 마리의 왕 짐리림이 바빌론의 왕 함무라비에게 선물로 크레타에서 만든 미노아산 신발 한 켤레를 보내주었다. 텍스트는 다음과 같이 간단히 기록되어 있다. "카프토르 방식의 가죽 신발 한 켤레를 바빌론의 왕 함무라비에게 보냈다. 바디림(관리)이 가지고 갔다. 그러나 반품되었다."[12] 왜 반품이 되었는지 이유는 기록이 없다. 아마도 발에 맞지 않았기 때문일 수도 있다. 히브리 성경에 나오는 "눈에는 눈, 이에는 이"라는 유명한 문구가 처음 등장하는 문헌이 바로 함무라비 법전이다. 함무라비의 법전에 신발 같은 물품을 반품했을 때의 페널티 조항은 없다.

함무라비가 가죽 신발을 거절했던 것은 다소 놀랄 만한 일이다. 과연 신발 크기가 발에 맞았는지 안 맞았는지는 상관이 없다. 크레타 섬과 메소포타미아, 즉 현재 그리스와 시리아/이라크 사이 지역의 거리를 생각해 볼 때, 그 신발은 당시 그의 왕국에서는 희귀하고도 특이한 물품이었을 것이다. 물건이 그만한 거리를 건너오기란 쉽지 않았다. 아마도 특별한 과정을 거쳤야 했을 것이다. 한 구간의 무역상이 물건을 사서 다음 무역상에게 넘기는 식으로 여러 구간을 거쳐야 했을 것이다. 다른 측면에서 보자면, 같은 등급의 왕들 사이에 선물을 주는 일이 기원전 제2차 천년기(2000BCE~1000BCE)의 고대 근동 지역에서는 꽤 익숙한 관습이었다.[13] 이 신발의 경우는 왕의 사신, 오늘날로 치면 외교관이 직접 물건을 들고 갔던 것이다.

미노아 발굴과 미노아 문명

앞에서 말했던 것처럼 크레타 섬의 미노아 사람들이 청동기 중기와 후기에 근동의 몇몇 지역과 교류를 했다는 것은 명백한 사실이다. 최소한 기원전 1800년대 이후부터였다. 마리에서 발굴된 편지에도 심지어 미노아에 대한 언급이 있다. 기원전 18세기에 시리아 북부 우가리트 지역에는 미노아인 통역자(혹은 미노아인을 위한 통역자)가 존재했다. 그곳에서 미노아 사람들은 마리에서 서방으로 보낸 주석(朱錫, tin)을 수령해 갔다.[14] 그러나 기원전 15세기 미노아인들은 이집트와 보다 특별한 관계를 맺었던 것 같다. 당시 이집트는 하트셉수트와 투트모세 3세가 통치하던 시기였다. 우리의 이야기는 바로 그 시점에서 시작되었다.

흥미롭게도 미노아 문명이라는 이름 자체는 영국의 고고학자 아더 에반스 경이 1900년대 초에 명명한 것이다. 우리는 이집트 사람들, 가나안 사람들, 메소포타미아 사람들이 미노아인을 뭐라고 불렀는지는 알고 있지만, 미노아인들이 스스로를 어떻게 불렀는지는 알지 못한다. 그들이 어디서 왔는지는 더더욱 알 수 없다. 다만 아나톨리아,

즉 터키 방면에서 왔을 것으로 추정할 뿐이다.

그들은 기원전 제3차 천년기(3000BCE~2000BCE) 시기에 크레타 섬에서 문명을 일구었고, 기원전 1200년경까지 그것이 지속되었다는 사실도 우리는 알고 있다. 그 사이 어느 시점, 아마도 기원전 1700년경, 크레타 섬에서 강력한 지진이 발생했었다. 그래서 크노소스 궁전을 비롯하여 섬 안의 상당수 건물을 새로 건설해야 했다. 미노아인들은 신속히 복구를 해냈고, 이후 그리스 본토에서 미케네인들이 쳐들어올 때까지 독자적 문명으로 번성했었다. 미케네인들은 기원전 제2차 천년기에 크레타 섬을 침략했고 이후로 계속해서 크레타 섬을 통치하다가 기원전 1200년경 모든 것이 무너질 때 그들도 무너졌다.

아더 에반스 경은 아테네 시장에서 이른바 밀크스톤(milk stone, 우유석)을 판매하는 것을 보고서는 그것의 기원을 추적하다가 크레타 섬 발굴에 착수하게 되었다. 당시 출산을 마쳤거나 출산 예정인 그리스 여인들이 밀크스톤을 몸에 지니곤 했다. 돌에는 어떤 문양이 새겨져 있었는데, 에반스 경은 그런 문양을 본 적이 없었다. 그러나 그것이 모종의 문자임을 그는 한눈에 알아보았다. 에반스 경은 밀크스톤의 출처를 찾다가 크노소스 유적지(케팔라 힐)를 발견하게 되었다. 오늘날 크레타 섬의 도시 헤라클리온 근처였다. 그곳은 트로이의 발굴자 하인리히 슐리만이 땅을 사서 발굴을 하려 했으나 실패했던 곳이다. 하지만 에반스 경은 땅을 매입하는 데 성공했고, 1900년 3월 발굴을 시작했다. 이후로 발굴은 30여 년 동안 지속되었다. 에반스 경의 거의 모든 재산이 투입되었다. 마침내 그는 발굴 성과를 거대한 전집

으로 출간했다. 제목은 《크노소스의 미노스 궁전》이었다.[15]

충실한 직원이었던 스코틀랜드인 맥켄지의 도움으로[16] 에반스 경은 이내 궁전 자리로 보이는 유적을 찾아냈다. 그는 그 즉시 새로 발견한 문명을 "미노아 문명"이라고 이름지었다. 그리스 전설 속의 왕 미노스의 이름을 따른 것이었다. 전설에 의하면 옛날에 미노스 왕이 크레타 섬을 다스렸는데, 궁전 지하에 아무도 빠져나올 수 없는 미로를 건설하여 미노타우로스(반은 사람이고 반은 황소인 괴물)를 가두었다고 한다. 에반스 경은 태블릿을 비롯한 여러 유물을 발굴했는데, 거기에는 글이 적혀 있었다. 선형문자A(아직 미해독)와 선형문자B(그리스 문자의 원형. 미케네인들이 크레타로 가져온 것으로 추정)가 모두 포함되어 있었다. 그러나 앞에서 언급했던 것처럼, 에반스 경은 그들의 진짜 이름은 발견하지 못했다. 크노소스 궁전뿐만 아니라 크레타 섬의 여러 유적지 발굴이 100년 이상 계속되었음에도 불구하고 그들의 이름은 여전히 의문으로 남아 있다.[17]

에반스 경은 크노소스에서 이집트와 근동 지역의 주요 유물도 많이 발굴해냈다. 그 중에는 석고로 만든 뚜껑에 상형문자가 적혀 있는 유물도 있었다. 내용은 "선한 신 세웨세렌레(Seweserenre), 레(Re)의 아들, 키얀(Khyan)"이었다.[18] 키얀은 힉소스 왕 중에서 가장 유명한 사람이다. 그는 기원전 16세기 초에 이집트를 다스렸는데, 근동 지역 전역에 걸쳐 그와 관련된 유물이 발견되었다. 그러나 크레타에서 발견된 뚜껑이 어떻게 크레타까지 오게 되었는지는 여전히 미스터리로 남아 있다.

또 하나 흥미로운 것은 석고로 만든 이집트 항아리다. 몇 년 뒤 다른 고고학자가 크레타 섬의 캇삼바 유적에서 무덤을 조사하던 중 발굴한 유물이다. 그곳은 북쪽 해안에 있는 항구 도시들 중의 하나로 크노소스 궁전과도 해안선이 연결된다. 이 항아리에는 파라오 투트모세 3세의 칭호가 새겨져 있었다. "선한 신 멘케페르레(Men-Kheper-Re), 레(Re)의 아들, 투트모세의 완벽한 화신." 에게 해 지역에서 그의 이름이 발견된 사례로는 이 항아리가 유일하다.[19]

5세기의 그리스 역사학자 투키디데스는 미노아인들이 해군을 보유하고 있었고 바다를 지배했다고 주장했다. "과거 해군을 조직한 최초의 인물은 미노스였다. 그는 우리가 지금 그리스의 바다라고 부르는 그 바다의 주인이 되었다."(투키디데스, 《펠레폰네소스 전쟁》, 1. 3-8) 학자들은 이를 "미노안 탈라소크라시(Minoan Thalassocracy)"라 했다. 제해권을 뜻하는 탈라소크라시는 바다를 뜻하는 달라소스(Thalassos)와 힘을 뜻하는 크라티아(Kratia)의 합성어이다. 미노아의 제해권이 요즘은 의문시되고 있기는 하지만, 어쨌든 이집트의 기록에 "케프티우 선(船)"이라는 어휘가 등장한다. 케프티우는 당시 크레타 섬을 뜻하는 이집트어였다. 이 배가 크레타에서 만든 배인지, 크레타로 가는 배인지, 아니면 미노아 양식으로 만들어진 배인지는 아직 알 수 없다.[20]

에반스 경의 뒤를 이어 미노아 유적지 발굴을 맡은 후계자 펜들베리는 이집트와 크레타 섬의 관계에 특히 관심을 두었다. 그는 크노소스 궁전뿐만 아니라 이집트의 아마르나(파라오 아케나텐의 수도. 이 도시에 대해서는 이후에 자세히 다룰 것이다.) 유적도 발굴했다. 펜들베리는 이 주제에 대해서 책을 출간하기까지 했는데, 제목은 《이집티아카(Aegyptiaca)》였다. 이 책에서 그는 크노소스 및 크레타 섬의 다른 지역에서 발견된 이집트 수입품을 모두 모아 목록을 제시했다. 그는 1941년 크레타 섬을 침략한 독일군 낙하산 부대의 총에 맞아 사망했다.[21]

에반스 경과 펜들베리는 이외에도 크노소스에서 많은 수입품들을 발굴했다. 이후 수십 년 동안 그 유물에 대한 연구가 이어지면서 미노아인들이 수입과 수출 사업을 모두 했으며, 이집트 이외에도 여러 외국 지역과 산업적으로 연결망을 구축했던 사실이 명백해졌다. 예를 들면 메소포타미아의 원통 모양 인장과 가나안의 저장용 항아리는 크레타 섬의 청동기 시대 중기와 후기 유적에서 광범위하게 발견되었다. 한편 미노아 토기와 기타 세련된 유물들, 혹은 최소한 그에 대한 언급들이 이집트, 이스라엘, 요르단, 키프로스에서 시리아와 이집트까지 연이어 발견되었다.

다시 이집트로
우리가 잊지 말아야 할 것은 앞에서 언급된 유물은 과거 지중해를 건넜던 수많은 물건들 중에 극히 일부일 뿐이라는 사실이다. 청동기 후기에 무역으로 거래되었던 상품들은 대체로 썩어 없어지는 것들이어서 오늘날까지 온전하게 남아있기가 쉽지 않다. 곡식, 포도주, 향신료, 목재, 천 등 거의 모든 상품들은 분명 오래 전에 사라져버렸을 것이다. 상아나 청금석, 마노, 홍옥수 같은 보석들, 금이나 구리, 주석 같은 금속들도 이미 오래전에 현지에서 무기나 장신구 등 다른 물건을 만드는 데 쓰였을 것이다. 이와 같이 무역로와 국제 교류를 나타내는 수많은 이정표들이 이미 고대에 썩거나 해체되거나 또 다른 방식으로 사라지고 말았다. 그러나 때로는 오늘날까지 남아 있는 글이나 벽화 속에서 사라져버린 무역 상품들이 발견되기도 한다. 비문이나 벽화 혹은 기타 문헌자료는 제대로 해석되기만 한다면 모호한 교류의 실상을 조금 더 밝혀주는 좋은 안내자가 된다. 이집트 신왕국 시대 파라오 하트셉수트와 아멘호텝 3세 시기 벽화들 중 상당수에서 이방인들의 모습이 나타난다. 이는 기원전 15세기와 기원전 14세기의 외교, 통상, 교통을 나타내는 확고한 증거들로서 매우 소중한 자료들이다.[22]

에게 해 지역 사람들이 처음으로 등장하는 벽화는 기원전 15세기 하트셉수트 재위 시기의 무덤에 있다. 이들 무덤 속에서 우리는 어렵지 않게 미노아인들을 발견할 수 있다. 그들은 대체로 고유의 상품을 들고 있고, 글도 적혀 있다. 그들이 크레타 섬에서 왔다는 사실을 나타내는 분명한 어휘들이다. 예를 들면 세넨무트의 무덤 같은 경우이다. 세넨무트는 하트셉수트 시기의 건축가였고, 왕의 고문이었고, 아마도 왕과 연인 관계였을 수도 있다. 그의 무덤에는 에게 해 지역에서 온 외교 사절단이 그려져 있다. 여섯 명의 남자가 특징적인 에게 해 지역산 금속 물병을 들고 서 있다.[23]

또 다른 벽화는 렉마이어의 무덤 속에 있다. 그는 투트모세 3세(기원전 1450년경) 시기의 재상이었다. 이 벽화에 등장하는 남자들은 에

게 해 지역의 전형적인 주름치마를 입고 있으며 에게 해 지역의 특징
적인 물건을 들고 있다. 그들 옆에 쓰여 있는 글을 부분적으로 번역해
보면 "케프티우와 '바다 한가운데 있는 섬들'의 지도자에 의해 평화롭
게 온 사람들. 상이집트와 하이집트 모두의 왕이신 폐하의 권위 앞에
머리를 숙여 절을 한다."[24] 이들은 틀림없이 에게 해 지역에서 이집트
로 파견된 사절단이며, 이 시대부터 이집트 무덤 벽화에 그려지기 시
작했던 사절단 중의 하나이다.

렉마이어의 무덤에는 에게 해 지역 사람들만 등장하는 것이 아니
다. 위아래에 그려진 사람들 중에는 푼트, 누비아, 시리아의 외교 사절
들도 보인다. 그들 옆에는 각각 글귀가 적혀 있다. 무언지는 알 수 없
지만 투트모세 3세 시기의 어떤 특별했던 사건을 기록한 것만은 분
명하다. 에게 해 지역 사람들은 당시 모여든 혹은 소환된 여러 사절단
혹은 상인들 중의 하나에 불과했다. 만약 그렇다면 이는 세드 축제일
가능성이 가장 크다. 세드 축제는 파라오의 통치 30년을 처음으로 자
축하는 축제였고, 이후로는 부정기적으로 개최되었다. 투트모세 3세
시기에 이러한 축제는 최소한 3번 개최되었다. 투트모세 3세가 54년
동안 통치를 했으니 이는 특별히 놀랄 일은 아니다.[25]

하트셉수트와 투트모세 3세 시기의 무덤 중에 이집트를 방문한 외
국 사절단 그림이 있는 무덤은 모두 14기 정도이다. 모두 고위 관료나
왕실의 고문의 무덤이다. 여기에는 에게 해 지역 사람들, 누비아 사람
들, 가나안 사람들이 등장하며 모두 이국적인 물품을 들고 있다.[26] 투
트모세 3세 시기로 특정되는 9기의 무덤 속에서 이방인들이 자주 눈

에 띈다. 그림 속에서 이들은 외교 관계상의 선물이나 연례적으로 바치는 조공품을 들고 있다. 혹은 왕실의 명령에 따라 레바논으로 개잎갈나무를 구하러 갔던 원정대에 참여하는 장면도 있다.[27]

케프티우, 케프티우 사람들, 케프티우 배는 이 시기 이집트의 다른 맥락 속에서도 언급이 된다. 예를 들면 사원의 금석문이나 파피루스에 적힌 글 등이다. 그 중에서도 가장 흥미로운 자료는 투트모세 3세의 재위 30년(기원전 1450년경)에 기록된 파피루스 기록이다. 이 고문서에서는 이집트 해군의 주요 재원을 기록하는 가운데 "케프티우 배"를 언급하고 있다.

> 기술자 [아무개]에게 명령이 주어졌다. 이것은 케프티우 배의 표면용 목재이다. ;
> 오늘 기술자 티티(Tity)에게 다른 케프디우 배를 책임시고 만들라는 명령이 주어졌다. ;
> 기술자 이나(Ina)에게 명령이 주어졌다. 또 다른 케프티우 배를 … .[28]

금석문에서도 케프티우 배가 언급되는데, 투트모세 재위 34년에 기록된 카르낙의 아문 신전 벽에 보인다.[29]

이 배가 케프티우에서 만들어 온 배인지(즉 미노아 배인지) 아니면 케프티우로 갈 배인지(즉 이집트 배인지)는 여전히 불분명하다. 그러나 분명한 것은 투트모세 3세 시기에 크레타 섬의 미노아인들과 이집트 신왕국 사이에 어떤 접촉이, 아마도 직접적인 접촉이 있었다는 사

(그림 4) 렉마이어의 무덤에 그려져 있는 에게 해 지역 사람들

실이다. 지금이나 3,400년 전이나 마찬가지로, 바람을 잘 이용하면 크레타 섬의 남부 해안에서 이집트 북부 해안의 마르사 마트루까지 상대적으로 쉽게 항해할 수 있다. 거기서 다시 나일 삼각주까지 가면 된다. 이집트에서 크레타 섬으로 되돌아 가는 길은 바람과 조류 때문에 순탄치 않다. 그러나 일 년에 몇 번은 기회가 있다. 또 한 가지 방법은 시계 반대방향으로 돌아가는 것이다. 이집트에서 가나안과 키프로스로 가서 다시 아나톨리아와 로도스 섬으로 간 뒤 그곳에서 크레타 섬과 키클라데스 제도로 가서 그리스 본토로 갔다가 다시 크레타 섬을 거쳐 남쪽으로 이집트까지 오면 된다.

파라오 아문 시기 최초의 예언자 멘케페레세네브의 무덤 속 벽화와 글들을 보면[30] 이집트인들이 미노아 왕실을 알고 있었고 외국에 있는 동등한 상대로 인식하고 있었음이 분명하다. 무덤의 벽에서 케프티우의 왕자가 등장한다. 그는 히타이트(아나톨리아)의 왕자, 튜니프(시리아 지역 내 어딘가로 추정)의 왕자, 카데쉬(시리아)의 왕자와 함께 있다. 그림 속의 인물을 설명하기 위해 쓰여진 문자 "wr"은 경우에 따라 왕자 혹은 지도자를 뜻한다.[31] 벽화를 보면 이들은 왕실에서 특별한 행사가 있을 때를 포함해서 때때로 이집트를 방문했던 것 같다. 그런데 이들이 모두 한꺼번에 왔을까?(렉마이어의 무덤 벽화에서 기록된 같은 행사를 다른 관점에서 기록해둔 것은 아닐까?) 아니면 다른 시기에 따로 왔을까? 확실한 것은 알 수 없지만 청동기 후기 이집트에서 개최된 대규모 행사에 참석한 왕자들의 모습은 흥미를 자아낸다. 마치 오늘날 영국 왕실의 결혼이나 G-8 행사에 고위 인사들이 한꺼번에 모인 것과 같다.

같은 어휘 wr(왕자 혹은 지도자)가 투트모세 3세 시기의 다른 곳에서도 사용되었다. 그의 연대기 재위 42년 항목의 첫머리에 이 어휘가 등장한다. 여기서 타나자의 왕자가 언급되는데, 타나자란 이집트인들이 그리스 본토를 일컫는 말이다. 연대기 첫머리에서 에게 해 지역의 물품들 목록이 나오는데, 케프티우 장인들이 만든 은그릇 하나와 은제 손잡이가 달린 사발 4개가 목록에 포함되어 있다. 연대기에서는 이 물품들을 "inw"라 칭하는데, 일반적으로 "조공"으로 번역된다. 그러나 연대기의 맥락 속에서는 "선물" 정도로 해석된다.[32] 정기적인 무역이 왕의 존엄을 인정하는 일로 간주되었겠지만, 다른 한 편으로 같은 가치의(혹은 거의 같은 가치의) "선물" 교환은 충분히 가능한 일이었다. 기원전 14세기 당시 선물이라는 가면 속에서 이루어졌던 국제 무역에 대해서는 다음 장에서 더 자세히 다루어 보고자 한다.

하트셉수트와 투트모세 3세

하트셉수트는 투트모세 3세 직전에 이집트를 다스렸다. 하트셉수트의 시대에는 에게 해 지역뿐만 아니라 여타 근동 지역들과도 교류가 있었다. 제18왕조가 전쟁 대신 외교를 통해서 국제 교류와 세계적인 명성을 쌓는 길로 나아가도록 방향을 잡은 것이 바로 그녀 하트셉수트였다. 그녀는 순수한 왕족이었다. 아버지는 투트모세 1세였고 어머니는 왕비 아흐모세였다. 하지만 그녀의 아버지는 결혼을 통해서 왕실에 입적된 인물이라는 점을 간과해서는 안 된다.

하트셉수트는 이복 남매지간인 투트모세 2세와 결혼했다. 이는 투트모세 2세를 돕기 위한 결혼이었다. 투트모세 2세는 하트셉수트만큼 순정한 왕족은 아니었다. 그의 어머니가 정식 왕비가 아닌 미약한 후궁에 불과했기 때문이다. 하트셉수트와 결혼함으로써 투트모세 2세는 정통성을 강화할 수 있었다. 두 사람은 슬하에 딸을 하나 두었을 뿐 아들이 없었다. 이는 왕국의 미래에 재앙을 초래할 수도 있는 일이었다. 그러나 투트모세 2세는 빈민가의 여인을 취해 아들을 낳았다. 그는 자라서 투트모세 3세가 되었고, 아버지의 대를 이어 왕좌에 오를 예정이었다. 불행하게도 투트모세 2세는 갑자기 죽어버렸고, 아들은 아직 스스로 왕국을 다스릴 만한 나이가 되지 못했다. 그래서 하트셉수트는 아들을 대신하여 임시로 통치를 맡게 되었다. 그런데 아들에게 왕위를 넘겨주어야 할 시기가 되어서도 하트셉수트는 양위를 거부했다. 그녀는 20년 넘게 나라를 다스렸고, 그동안 투트모세 3세는 (아마도 조바심을 내면서) 뒤에서 기다릴 수밖에 없었다.[33]

하트셉수트가 통치하던 20년 동안 그녀는 가짜 수염을 착용하는 등 전통적인 파라오의 관복을 입었다. 가슴과 기타 여성의 신체적 특징을 가릴 수 있는 남성 갑옷이었다. 그녀가 매장된 사원 데이르 엘바하리의 신상에서 그러한 그녀의 모습을 볼 수 있다. 그녀는 또한 이름도 바꾸었다. 여성을 뜻하는 어미를 떼어내고 남성형으로 바꾼 이름은 "하트셉수 폐하"였다.[34] 한마디로 그녀는 대리인이 아니라 남자로서, 남성 파라오로서 통치를 했던 것이다. 결과적으로 그녀는 네페르티티 및 클레오파트라와 함께 고대 이집트에서 가장 빛나는 여성들 중의 하나가 되었다. 투트모세 2세가 죽은 뒤 하트셉수트는 분명 다시 결혼하지 않았지만 건축가이자 경호대장이었던 세넨무트와 연인관계였다. 그의 모습은 하트셉수트의 사후를 위한 사원에 , 아마도 은밀하게 새겨졌다. 그 사원 건축을 감독한 사람이 바로 세넨무트였다.[35]

여러모로 흥미로운 통치자 하트셉수트는 평화로운 무역 시장 개척과도 관련이 있다. 그녀는 페니키아(현 레바논)로 사람을 보내 목재를 구했고 구리와 귀갑을 구하러 시나이 지역에도 사람을 보냈다.[36] 그 중에서도 푼트 지역으로 보낸 사절단이 가장 유명하다. 재위 9년째 되던 해였다. 데이르 엘바하리 사원의 벽에 그 일에 관한 기록이 있다. 푼트의 정확한 위치는 아직 학자들도 확정하지 못했고 논쟁 중에 있다. 수단이나 에리트레아 혹은 이디오피아의 어느 곳이라는 추정이 그나마 가장 믿을 만 하지만, 달리 보는 사람들도 있다. 오늘날 예멘을 포함해서 홍해 연안의 어느 곳이라고 추정되는 경우도 많다.[37]

이집트에서 푼트 지방으로 사람을 파견했던 것이 하트셉수트가 처음은 아니었다. 중왕국 시기에도 몇 차례 있었고, 이후 기원전 14세기 중엽에 아멘호텝 3세도 사신을 보낸 적이 있었다. 그러나 푼트의 여왕이 등장하는 벽화는 하트셉수트 시기가 최초이다. 그림에 있는 문자 기록에 의하면 여왕의 이름은 "에티"였다. 이방인 여왕 그림은 수많은 해석을 불러일으켰다. 작은 키에 등은 구부정하고 뚱뚱하며 엉덩이가 큰 여왕의 모습은 근대 회화에서 묘사한 여왕, 즉 살집이 있고 배가 나왔으며 둔부에 보형물을 넣어 돌출시킨 모습과 비슷하다. 그림 속에는 야자나무와 이국적인 동물들을 비롯하여 그곳이 머나먼 이국땅임을 보여주는 세부사항들이 그려져 있다. 더불어 이집트 사람들을 태우고 그곳까지 오갔던 배도 등장한다. 돛대과 줄이 완연하다.

투트모세 3세도 재위 33년째 되던 해, 기원전 1450년 이후 어느 즈음, 교역을 위해 푼트 지방으로 사람들을 보냈다. 그의 연대기에는 재위 38년에 파견한 일이 더 상세하게 나온다.[38] 하지만 이러한 기록은 극히 일부에 불과할 것이다. 참죽나무를 구하러 레바논으로 사람을 보냈던 일도 마찬가지다. 이를 통해 우리는 투트모세 3세 시기 이집트와 외국 사이의 지속적인 교역에 주목하게 된다. 아마도 이 시기 귀족 무덤에 등장하는 "조공(inw)"은 사실상 상품 교역이었을 것이다.

투트모세 3세 시기에 이집트와 교역했음이 분명한 머나먼 지역들 중에서 3차례에 걸쳐 "조공"을 받았다고 하는 지역이 있었다. 이집트인들에게 그곳의 이름은 "이시(Isy)"라고 알려져 있었다. 그곳은 아나톨리아 북서부(현 터키)의 도시국가 아수와(혹은 알라쉬야)라는 지역일 가능성이 매우 크다. 청동기 시대에는 키프로스 지역이 그 이름으로 알려져 있었다. 투트모세의 서기는 여러 글에서 최소한 4차례 "이시"를 언급했다. "승리의 찬가 노래비"도 그 중의 하나였다. 여기서는 케프티우도 언급이 된다.

>명하노니 서방을 강타하라, 두려움에 떨고 있는 케프티우와 "이시"를. 폐하께서는 단단한 심장과 날카로운 뿔을 가진, 아무도 다가갈 수 없는 젊은 황소임을 그들에게 보여주라.[39]

재위 34년(기원전 1445년)의 9번째 원정을 기록한 연대기에 의하면, "이시의 지도자"는 가공하지 않은 여러 물품들을 조공으로 바쳤다. 순정 구리, 납 덩이, 청금석, 상아, 목재 같은 것들이었다. 비슷한 기록이 재위 38년(기원전 1441년)의 13번째 원정 기록에도 나온다. "이시의 왕자"가 조공을 가지고 왔는데 구리와 말이었다. 재위 40년(기원전 1439년)의 15번째 원정 기록에서도 "이시의 지도자"가 조공을 바쳤다는 내용을 확인할 수 있다. 구리 40덩이와 납 1덩이, 상아 2개였다. 대부분은 청동기 시대 근동 전역에서 고급 선물로 사용되던 전형적인 물품들이었다.[40]

메기도 전투에서 이집트와 가나안, 기원전 1479년

최근 하트셉수트의 미이라가 마침내 확인되었다. 무덤번호 KV60에 서였다.(KV는 Kings Valley의 약자. 60번 무덤) 그녀의 무덤은 KV20으로, 왕들의 계곡 안에 있지만 다른 곳이다. 그녀는 이곳 왕들의 계곡에 묻힌 몇 안 되는 여성들 중의 하나였다. 대개는 남성 왕들만 이곳에 묻혔다. 확인된 미이라가 하트셉수트의 것이 맞다면, 그녀는 말년에 비만과 치통과 암으로 고생했을 것이다.[41] 기원전 1480년경 마침내 하트셉수트가 사망했다. 투트모세 3세가 그녀의 죽음과 관련이 있었을 것으로 의심하는 사람들도 있다. 투트모세 3세는 권력을 접수하는 데 시간을 낭비하지 않았다. 그리고 재위 첫 해에 전쟁을 시작했다. 또한 투트모세 3세는 역사 속에서 하트셉수트의 이름을 지우고자 했다. 하트셉수트 관련 건물의 신성성을 부정하고 어디든 그녀의 이름이 새겨진 것은 가능하면 모두 파내라고 명했다.

투트모세 3세는 기원전 1479년 처음으로 원정에 나섰다. 이후 20여 년 간 그가 일으킨 17차례의 전쟁 중 첫번째였다. 이 때 그는 비로소 역사책의 한 장면 속에 자신을 등장시킬 수 있었다. 비유가 아니라 정말로 역사책이었다. 전체 여정과 가는 도중의 세부 사항, 정복활동 등이 종군일기로 기록되었고, 후세를 위해 이를 이집트 카르낙에 있는 아문 신전의 벽에 새겨두었다. 메기도는 나중에 성경에 나오는 아마게돈으로 더 잘 알려진 곳인데, 그곳에서 투트모세 3세는 반란을 일으킨 가나안 추장들과 전투를 벌였다. 이는 우리가 세부내용을 알 수 있는 최초의 전투이기도 하다. 전투에 참여하지 않은 사람들도 알 수 있도록 세세한 내용들이 기록으로 남겨졌다.

　기록에 의하면 투트모세 3세는 군대를 이끌고 이집트를 출발하여 열흘 동안 행군해서 예멘 지역까지 진출했다. 그곳에서 잠시 대열을 멈추고 작전회의를 열었다. 어떻게 하면 요새화된 도시 메기도와 그들을 둘러싸고 있는 가나안 추장들의 임시 군영을 가장 효율적으로 공략할 수 있을 것인가? 바로 그 추장들이 투트모세 3세의 등극에 반대하여 이집트의 통치에 반기를 들었던 사람들이었다. 예멘에서 메기도로 통하는 길은 세 갈래가 있었다. 북로는 요크네암 근처에서 예즈레엘 계곡에 이어진다. 남로는 타아나크 근처에서 예즈레엘 계곡으로 연결된다. 그리고 중앙로는 곧바로 메기도에 이른다.[42]

　기록이 설명하는 바에 따르면, 투트모세 3세 휘하의 장군들은 북로 혹은 남로를 택해야 한다고 주장했다. 그쪽이 길이 넓고 매복에 걸릴 위험이 덜했기 때문이다. 투트모세 3세는 그것이 바로 가나안 사람들이 정확히 예측할 수 있는 전략이라고 대답했다. 가나안 사람들은 투트모세 3세가 중앙로를 선택할 만큼 명청하다고는 생각하지 않을 것이다. 왜냐하면 중앙로는 너무 좁은데다가 매복에 걸릴 위험도 매우 높았기 때문이다. 그러나, 가나안 사람들의 생각이 바로 그러했기 때문에, 투트모세 3세는 중앙로를 선택했다. 그러면 기습 공격을 감행할 수 있을 것으로 예상했다. 예상은 정확히 맞아떨어졌다. 이집트 군대가 대열의 첫머리에서 마지막 사람까지 중앙로를 통과하는 데는 거의 12시간이 걸렸다. 그러나 이집트인들은 상처 하나 입지 않았고, 메기도 성에도 메기도를 둘러싸고 있는 임시 군영에서도 경계병은 하나도 없었다. 가나안 군대는 모두 북쪽의 요크네암과 남쪽의 타아나크로 가 있었다. 투트모세 3세가 예상했던 그대로였다. 투트모세 3세의 유일한 실수는, 메기도 성을 완전히 점령하기 전에 적들의 군영을 약탈해도 좋다고 허락한 일이었다. 이 실수로 인해 메기도에 남아 있던 소규모 경비병들(대부분은 노인과 여자와 어린아이들이었다.)이 성문을 닫을 시간을 허용하고 말았던 것이다. 이로써 메기도 성은 7개월을 더 버틸 수 있었고, 이집트인들은 그 뒤에야 이 성을 차지할 수 있었다.

이로부터 약 3,400년이 지난 후, 에드문트 알렌비 장군은 투트모세 3세와 정확히 동일한 작전을 시도해서 마찬가지로 성공을 거두었다. 제1차 세계대전 도중인 1918년의 일이었다. 수백 명의 독일군과 터키군을 포로로 잡았지만 아군의 인명피해는 전혀 없었고 말 몇 마리가 죽었을 뿐이었다. 이후에 장군이 밝힌 바에 의하면, 장군은 제임스 브레스테드가 영어로 번역한 투트모세 3세의 기록을 읽은 적이 있어서 역사를 다시 한 번 반복해보기로 결정했다고 한다. 조지 산타야나는 "역사를 공부하지 않으면 그것을 반복하는 어리석음에 빠진다."고 말한 적이 있는데, 알렌비 장군은 정확하게 그 반대 또한 옳다는 사실을 증명했다. 역사를 공부하는 사람은 원한다면 성공적으로 역사를 반복할 수 있다.[43]

이집트와 미타니

투트모세 3세는 북부 시리아 원정도 감행했다. 그곳에는 미타니 왕국이 기원전 1500년에 이미 자리잡고 있었다. 투트모세 3세의 할아버지 투트모세 1세가 그곳을 원정한 적이 있었다.⁴⁴ 미타니 왕국은 점점 성장하여 주변 지역을 흡수해 나갔다. 예를 들면 하니갈바트의 후르리 왕국 같은 경우였다. 그래서 미타니 왕국은 시대에 따라 혹은 누가 기록하는가에 따라 그 명칭이 달라졌다. 대체로 이집트에서는 "나하린" 혹은 "나하리나"라고 불렀다. 히타이트에서는 "후르리의 땅"이라고 했고 앗시리아 왕국에서는 "하니갈바트"라고 했다. 한편 미타니 왕국의 왕들은 자신의 나라를 "미타니"로 칭했다. 왕국의 수도는 와슈카니였는데 아직 발견된 적이 없다. 고고학자들은 근동의 고대 왕국 수도를 대부분 찾아냈지만, 와슈카니는 드문 사례에 속한다. 고고학 발굴 자료나 고대의 텍스트에서 희미한 흔적이 있기는 하지만 애만 태울 뿐 발견되지는 않았다. 그곳이 유프라테스 강의 동쪽 시리아의 텔 알파카리예에 있는 고분 지역이라고 생각하는 사람들도 있다. 그러나 수많은 노력을 기울였음에도 불구하고 이 가설이 입증되지는 못했다.⁴⁵

여러 다양한 텍스트에 의하면 미타니 왕국 인구의 90퍼센트는 토착 후르리인이었고, 나머지 10퍼센트가 그들을 다스렸다고 한다. 이들은 미타니의 통치계급으로 인도유럽어족의 일종이었던 것 같다. 이들 소수 통치 계급은 분명 어딘가 다른 곳에서 이동해 와서 토착 후르리인을 제압하고 미타니 왕국을 세웠다. 이들은 전사 엘리트로서 마리야누(전차-전사들)라고 알려져 있다. 그들이 전차를 이용하고 말을 길들이는 기술을 보유하고 있었기 때문이다. 아나톨리아에 있는 히타이트의 수도 하투사에서 텍스트가 하나 발견되었는데, 거기에는 기원전 1350년경 키쿨리가 작성한 협정문이 들어 있었다. 내용인 즉 미타니의 말 조련사가 214일 이상 어떻게 말을 길들이는지 가르쳐 주기로 되어 있다. 그 문서는 매우 공들여 만든 텍스트인데, 점토판 4판에 걸쳐 기록되어 있다. 그러나 시작 부분은 간단하다. "미타니 출신 말 조련사 키쿨리가 이렇게 [말했다.]"[46]

투트모세 3세는 재위 33년(기원전 1446년경)에 8번째 원정을 감행했다. 할아버지 때와 마찬가지로 육로와 해로를 통해서 동시에 미타니 왕국으로 진군했다. 전해지는 바에 따르면 투트모세 3세의 군대를 실은 배는 바람과 해류의 악조건을 무릅쓰고 유프라테스 강까지 갔다고 한다. 재위 첫해에 있었던 가나안의 반란에 미타니 왕국이 개입되었던 것으로 의심되어 보복에 나선 것이다.[47] 투트모세 3세는 미타니 군대를 무너뜨린 뒤 카르케미쉬의 북쪽 유프라테스 동쪽 강둑에 그의 모든 승리를 기념하는 승전비를 세우라고 명했다.

그러나 미타니는 복속 상태로 오래 머무르지 않았다. 15년 혹은 20년 사이에 미타니의 왕 사우쉬타타르는 다시 한 번 왕국을 크게 확장시켰다. 그는 앗시리아의 수도 아수르를 공격했고, 전리품으로 금과 은으로 장식된 문짝을 떼 와서는 와슈카니에 있는 자신의 궁전을 장식하는 데 썼다.(하투사에서 발견된 후대 히타이트 고문서에 이러한 내용이 나온다.) 그리고 심지어 히타이트를 상대로 정면도전을 했을 수도 있다.[48] 한 세기도 채 지나지 않은 기원전 14세기, 파라오 아멘호텝 3세의 재위 시절에 이집트와 미타니의 관계는 매우 친밀해졌다. 아멘호텝은 미타니 공주를 하나도 아니고 둘씩이나 아내로 맞아들였다.

미타니, 앗시리아, 이집트. 가끔씩 전쟁을 치르기는 했지만, 세계는 이미 훨씬 더 긴밀하게 연결되었다.

아나톨리아 지역 아수와의 반란

흥미로운 것은 투트모세 3세가 이집트 북쪽과 서쪽 지역을 포함하는 원거리 무역에도 상관했고 아마 직접 참여도 했다는 사실이다. 대 아수와 접촉은 이집트가 아니라 오히려 아수와 쪽에서 찾아왔을 가능성이 크다. 이시(Isy)라고 불렸던 사람들의 보다 정확한 명칭이 바로 아수와일 것이다. 기원전 1430년경 아수와는 중앙 아나톨리아에서 히타이트에 반기를 들었다. 반란군을 이끄는 수십 년 동안 그들이 주변 강대국들과 외교 관계를 수립하기 위해 능동적으로 나섰을 가능성도 염두에 두어야 한다.[49]

아수와의 반란은 원래 소수의 학자들만 관심을 가졌던 주제인데, 1991년에 대중적인 관심을 모았다. 당시 현재 앙카라 동쪽 차로 2시간 거리(208km)에 있는 히타이트의 수도 하투사의 고대 유적 근처에서 도로공사를 하고 있었다. 불도저가 도로 언저리를 밀고 있던 중에 무언가 금속성 물체가 부닥쳤다. 운전자는 운전석에서 뛰어내려 흙더미로 다가갔다. 그는 가늘고 긴, 그러나 놀랄만큼 거대한 초록빛 물체를 끄집어냈다. 고대의 검(劍)이 아닌가 하는 생각이 들었다. 그 지방 박물관의 고고학자들이 그것을 물로 씻어보았더니 과연 추측이 옳았다.

그러나 그것은 전형적인 히타이트의 검이 아니었다. 오히려 히타이트 이전에 그 지역에서 사용되던 양식의 검이었다. 더욱이 칼날에는 글자가 새겨져 있었다. 검을 어떻게 제조했는지보다 글자를 판독

하는 것이 쉬울 것 같았다. 그래서 먼저 번역 작업이 이루어졌다. 아카드어(청동기 시대 근동 지역의 외교에서 통용되었던 언어)였고 쐐기문자 기호를 사용했는데 판독한 발음은 다음과 같다. [i-nu-ma mDu-ut-ha-li-ya LUGAL.GAL KUR URUA-as-su-wa u-hal-liq GIRHI.A an-nu-tim a-na DIskur beli-suu-se-li.] 아카드어에 익숙하지 않은 독자들을 위해 번역을 하자면 의미는 이러하다. "위대한 왕 두탈리야께서 아수와 지역을 평정하신 뒤 이 검들을 왕의 수호신인 폭풍의 신께 바친다."⁵⁰

검에 새겨진 글자는 이른바 아수와 반란을 언급하고 있다. 히타이트의 왕 투드할리야 1세 혹은 2세가 기원전 1430년경 반란을 평정했다.(1세인지 2세인지 확정할 수 없는 것은 그 이름을 사용한 왕이 최초인지 두번째인지 알 수 없기 때문이다.) 반란은 히타이트 제국을 연구하는 학자들에게는 이미 잘 알려진 사건이었다. 쐐기문자로 쓰여진 진흙 태블릿에서 여러 차례 언급되었기 때문이다. 한 세기 전 독일 고고학자들이 하투사에서 발굴했던 바로 그 태블릿이다. 그러나 반란과 관련된 검이 발견된 것은 처음이었다. 검 이외에는 반란과 관련된 어떠한 유물도 발굴된 적이 없었다. 새겨진 글자로 보아 더 많은 검들이 발굴을 기다리고 있음은 명백하다. 다만 논의를 더 밀고 가기 전에 히타이트에 대해서, 그리고 아수와의 위치와 반란에 대해서 검토해볼 시간을 좀더 가지고자 한다. 우리는 왜 이 유물이 고대의 "국제관계"를 보여주는 증거인지, 그리고 잠정적이긴 하지만, 왜 트로이 전쟁이 그보다 200년 앞서 벌어졌으며 호메로스가 《일리아스》에서 제시했던 이

유말고도 어떤 더 많은 이유들이 있었는지를 살펴보고자 한다.

여담: 히타이트 유물 발굴과 히타이트 개관

히타이트에 대해 우선 주목할 만한 지점은, 그들이 기원전 제2차 천년기 상당 기간 동안 고향 아나톨리아 지역에서 거대 제국을 운영했음에도 불구하고, 역사 속에서 완전히 사라져버렸다는 사실이다. 최소한 지리적으로 볼 때 그들의 위치를 전혀 알 수 없었다. 약 200년 전까지는 그러했다.[51]

히타이트가 알려지게 된 것은 성경 학자들 덕분이다. 유대어 성경에서 그들이 언급되었기 때문이다. 성경에서는 "~이트(ITE)"로 끝나는 많은 민족들(히타이트, 히바이트, 아모라이트, 예부사이트 등등) 중의 하나로 히타이트가 언급되었다. 그들은 기원전 제2차 천년기 말기에 가나안 지방에서 살았고, 유대인 즉 이스라엘라이트와 교류하다가 끝내 유대인에게 복속되었다. 예를 들면, 널리 알려진 바와 같이, 아브라함이 히타이트족 에프론으로부터 아내 사라를 장사지낼 땅을 구입한 바 있고(창세기 23:3-20), 다윗 왕의 아내 밧세바는 처음에 히타이트족 우리야와 결혼했던 여인이며(사무엘하 11:2-27), 솔로몬 왕도 여러 아내들 중 히타이트족 아내를 두었다.(열왕기상 11:1) 그러나 성경에서 언급되는 지역들 중에서 히타이트를 찾으려는 노력은 아무 소득이 없었다. 모세가 아주 구체적으로 불타는 숲의 지명을 언급했음에도 불구하고, "나는 그들을 이집트로부터 구하고자 내려왔다. …"(출애굽기 3:7)[52]

한편 요한 루드비히 부르크하르트와 같은 19세기 초의 탐험가들은 특히 터키 중부 고원지역에서 기존에 알려진 적이 없었던 청동기 유적을 발굴해냈다. 1879년 런던에서 열린 학술대회에서 존경받는 앗시리아 연구자 세이스는 히타이트가 가나안이 아니라 아나톨리아에 위치했었다고 발표했다. 그의 발표는 일반적으로 인정되었고, 오늘날도 여전히 그렇게 알려져 있지만, 성경의 기록이 어쩌다가 그리 심각한 오류를 빚게 되었는지 의아해 하는 사람들도 많다.

　해답을 찾아보면 사실상 논리적으로 해명이 된다. 대영제국이 영국 본토를 벗어나 먼 지역까지 뻗어나갔듯이, 히타이트 제국 또한 서로는 터키까지, 남으로는 시리아까지 뻗어나갔던 것이다. 대영제국이 철수한 뒤에도 예전 대영제국에 속했던 일부 지역에서 여전히 크리켓 경기를 하고 오후에 애프터눈 티를 마시듯이, 예전에 히타이트 제국의 일부였던 시리아 북부 지역에서도 여전히 히타이트의 문화와 언어와 종교가 남아 있었다. 문화가 충분히 남아있었기 때문에 우리는 그들을 신-히타이트라고 부를 수도 있을텐데, 바로 그들이 기원전 제2차 천년기 초기에 번영을 구가했던 것이다. 성경이 기록될 당시, 전문가들에 따르면 기원전 9세기에서 기원전 7세기 사이 어느 즈음, 원래의 히타이트는 이미 떠나버린지 오래되었고, 그들의 후계자 즉 신-히타이트가 가나안 북부 지역을 강력하게 장악하고 있었다. 그곳에서 그들은 의심할 여지 없이 이스라엘 사람 및 기타 레반트 지역 민족들과 교류를 했을 것이며, 이로써 성경의 기록 속에 분명하게 들어가게 되었고, 본의 아니게 후세에 히타이트를 찾는 사람들에게 혼란을 초

래하게 되었던 것이다.[53]

더욱이 고고학자들은 히타이트 유적지를 발굴해내기 시작했고, 마침내 유적지에서 발굴된 수많은 점토판을 해석하는 데 성공했다. 이로써 히타이트가 스스로를 히타이트라고 부르지 않았다는 사실은 명백해졌다. 그들은 스스로를 "네샤이트" 혹은 "네쉬"라고 불렀다. 이는 도시의 명칭 네샤에서 따온 이름이었다.(현재 터키의 카파도키아 지방 퀼테페의 카네쉬라는 이름으로 알려져 있다.) 이 도시는 어느 인도유럽어족 왕조의 수도로 약 200여 년간 번영을 구가했다. 그 뒤 기원전 1650년경, 하투실리(하투사 사람이라는 뜻)라는 이름의 왕이 동쪽으로 자리를 옮겨 자신의 수도를 건설했고, 이 신도시가 건설된 곳의 지명이 바로 하투사였다. 점토판에서 히타이트의 진짜 이름이 밝혀지기 전에 학계에서 워낙 확고하게 히타이트라는 이름이 자리잡았기 때문에, 우리는 오늘날도 여전히 그들을 히타이트라고 부르고 있을 따름이다.[54]

새로운 수도 하투사의 위치는 매우 신중하게 선정되었다. 지리적으로 완벽하게 요새화된 곳으로 유일한 협곡을 통해서만 도시에 접근할 수 있다. 그래서 이후 500년 동안 그곳이 점령된 적은 단 두 차례밖에 없었다. 두 번 다 아마도 인근의 카쉬카라는 집단에 의해 점령되었을 것이다. 1906년 이후 독일 고고학자들, 예컨대 휴고 빙클레어, 페테르 네베, 위르겐 제허 등의 발굴에 의해 그곳에서는 점토판이 수천 건이나 출토되었다. 발굴된 점토판 중에는 편지도 있었고 공식 국가 기록으로 추정되는 것도 있었다. 뿐만 아니라 시, 이야기, 역사, 종교 의례 등 온갖 종류의 기록물들이 포함되어 있었다. 이들을 종합 검토함으로써 우리는 히타이트 통치자 및 그들의 주변 민족 혹은 왕조와의 교류사를 밝혀낼 수 있었다. 뿐만 아니라 평민들의 사회와 일상 생활, 신앙 체계, 법률 조항들도 드러났다. 법률 조항 중 하나의 예를 들자면 이러하다. "누구라도 자유민의 코를 깨물면 은화 40세켈(shekel)을 지불해야 한다."[55] (이런 일이 과연 얼마나 자주 일어났을지 궁금하다.)

무르실리라는 이름의 히타이트 왕이 있었는데, 앞에서 언급한 하투실리 1세의 손자이다. 그는 군대를 이끌고 메소포타미아로 원정을 떠났다. 여정은 수천 마일에 달했다. 기원전 1595년 그들은 바빌론을 공격했다. 이들의 공격으로 바빌론은 도시 전체가 잿더미가 되었고, "법의 아버지"로 유명한 함무라비가 세웠던 200년 역사의 왕조가 막을 내렸다. 그리고 나서 무르실리는 도시를 차지하는 대신 히타이트 군대를 돌려 고향으로 돌아왔다. 이로써 역사상 가장 먼 거리의 기습 공격 기록을 남겼다. 그들의 군사 행동은 예기치 못한 결과를 초래했다. 이전에는 별로 알려진 바가 없었던 카시트라는 집단이 도시 바빌론을 점령할 수 있었고, 이후 수백 년 동안 그곳을 다스렸다.

히타이트 역사의 전반기를 고왕조라고 하는데, 무르실리 같은 왕들 덕분에 잘 알려져 있다. 그러나 이 책에서 주목하는 시기는 후반기에 해당한다. 후반기의 히타이트는 제국으로 번영을 구가했고 청동기 시대 후기, 즉 기원전 15세기부터 기원전 12세기 초엽까지에 더욱 최고조에 이르렀다. 이 시대의 가장 유명한 왕은 수필루리우마 1세라고 하는데, 우리는 다음 장에서 그를 다시 만나게 될 것이다. 그는 방대한 영토를 차지하여 히타이트를 근동 최고의 자리에 올려놓았고, 이집트 신왕조의 파라오와 대등한 위치에서 협상을 이끌었다. 남편을 잃은 지 얼마 되지 않은 이집트의 여왕이 수필루리우마에게 아들 중 하나를 자신과 함께 이집트를 통치할 새로운 남편감으로 보내달라는 요청을 하기도 했다. 그 여왕이 누구였는지는 분명하지 않고 누구의 아내였는지도 잘 모르지만, 정통한 학자에 의하면 그 여왕은 안크세나멘이며, 그 얼마 전에 사망한 이집트의 왕 투트의 왕비였다고 한다. 이들 또한 뒤에서 다시 만나게 될 것이다.

아수와 반란과 아히야와 문제

이제 기원전 1430년경으로 되돌아가 보자. 당시 히타이트의 왕 투드할리야 1세/2세는 자신을 배신한 나라들 연합국과 협상을 벌이고 있었다. 이들 나라들은 모두 합해서 아수와라고 통칭되었다. 모두 터키 북서부에 위치해 있었는데, 그곳은 제1차 세계대전 당시 갈리폴리 전투가 있었던 다르다넬스 지방에 속한다. 히타이트 점토판에는 반 히타이트 연맹에 속하는 22개 나라의 이름이 기록되어 있다. 이들 이름의 대부분은 현재의 우리에게 생소한 이름들이고 나라의 위치도 어디인지 알 수 없다. 다만 두 나라만은 예외인데, 바로 윌루시야와 타루이사이다. 이들은 트로이 및 그 주변 지역에 있었던 나라들로 추정된다.[56]

반란은 분명 투드할리야 1세/2세가 서부 아나톨리아 원정에서 돌아오는 길에 일어났다. 반란 소식을 듣고 히타이트 군대는 즉시 방향을 돌려 북서쪽 아수와로 향했다. 반란을 진압하기 위해서였다. 히타이트의 기록에 의하면 투드할리야가 개인적으로 군대를 이끌고 가서 아수와 연맹을 쳐부수었다. 그는 아수와의 군대 1만 명, 말이 끄는 전차 600대를 비롯하여 "피정복 주민, 황소, 양, 들판의 재산"을 포로 및 전리품으로 획득하여 하투사로 돌아왔다고 한다.[57] 그 중에는 아수와의 왕과 그의 아들 쿠쿨리를 비롯하여 아수와의 왕실 가족들도 포함되어 있었다. 마침내 투드할리야는 쿠쿨리를 아수와의 왕으로 임명했고 아수와를 히타이트의 제후국으로 다시 수립했다. 그러나 쿠쿨리는 즉시 반란을 일으켰고, 다시 한 번 히타이트에 패했다. 쿠쿨리는 사형에 처해졌고 아수와 연맹도 파괴되었으며 다시는 땅에 발을 붙이지 못했다. 아수와의 유산은 무엇보다 현재 "아시아"라는 명칭에 남아 있으며, 트로이 전쟁 이야기에서도 그 흔적이 보인다. 윌루시야와 타루이사는 학자들의 의견에 따르면 청동기 시대 트로이(혹은 일리오스) 및 그 주변 지역의 명칭 트로드와 매우 닮아 있다.

이 시점에서 하투사에서 발견된 검에 새겨진 명문이 매우 중요하다. 그 명문은 투드할리야 1세/2세에 의해 새겨진 것인데, 앞에서 언급한 바와 같이, 그것은 발견된 지역에서 생산된 검이 아니다. 그러한 양식의 검은 기원전 15세기 그리스 본토에서 주로 사용되던 것이다. 그러한 양식을 미케네 검이라고 한다.(혹은 아주 잘 만든 복제품일 수도 있다.) 왜 그 검이 아수와 반란에 사용되었을까 하는 의문은 매우 타당한 질문이다. 우리는 아직 그 이유를 알지 못한다. 누가 사용한 검일까?

아수와 병사일까? 미케네 용병일까? 아니면 다른 어느 누구일까?

아수와 및 아수와 반란이 언급되는 점토판 5점 이외에도 중요한 점토판이 하나 더 남아 있는데, 거기서 가장 긴 설명이 기록되어 있다. 하나를 예로 들자면, 사건의 전모가 기록되어 있는데, 글의 시작은 다음과 같은 단순한 문장이다. "위대한 왕 투드할리야께서 … 이렇게 말씀하셨다. 내가 아수와를 쳐부수고 하투사로 돌아왔을 때 …"[58] 가장 흥미로운 것은 편지 파편이다. 애석하게도 그 편지는 온전하지 못하지만 그래도 아수와의 왕이 두 번, 투드할리야가 한 번 언급되어 있고, 또한 군사 원정뿐만 아니라 아히야와라는 나라, 아히야와의 왕, 아히야와 왕에 소속된 섬들도 등장한다. 편지가 훼손되어서 온전하지 못하기 때문에 편지에서 아수와 및 아히야와가 얼마나 자주 언급되는지를 따지는 것은 위험하겠지만, 그래도 당시 어떤 식으로든 아수와 및 아히야와가 관련이 있었다는 정도는 알 수 있을 것이다.[59] 그 편지(처음 독일에서 출간된 자료에는 KUB XXVI 91이라는 번호가 붙어 있다.)는 오래도록 히타이트의 왕이 아히야와의 왕에게 보낸 것으로 알려져 있었다. 그러나 최근에는 그것이 사실은 아히야와의 왕이 히타이트 왕에게 보낸 편지라는 주장이 제기되었다. 그렇다면 그 편지는 다른 어디에서도 발견된 사례가 없는 경우인 셈이다.[60] 그런데 어느 지역 어느 왕을 말하는 것일까? 아히야와는 어디일까? 이는 지난 세기 내내 학자들을 괴롭혔던 질문이다. 그러나 현재 대부분의 학자들은 편지에서 언급되는 지역이 그리스 본토와 미케네 지역, 아마도 도시 미케네에 근거를 둔 곳이라는 데 동의하고 있다. 그렇게 생각하는 이유는, 하투사에서 발굴된 점토판 중에 이러저러한 맥락 속에서 아히야 와가 언급되는 점토판이 약 25점인데, 그 기간을 추산해보면 약 3백 년에 걸쳐 있고(기원전 5백년에서 기원전 3백년 사이), 그 모두를 철저히 분석해 본 결과 다 같이 그리스와 미케네 지역에 근거를 두고 있기 때문이다.[61] 여기서 우리는 다시 한 번 잠시 주제를 벗어나야겠다. 다음 이야기로 나아가기 전에 잠시 미케네 사람들을 만나보기로 하자.

미케네인의 발견 및 미케네 개관

미케네 문명은 약 150년 전쯤, 그러니까 18세기 중반에 처음 대중적인 관심을 모았었다. 하인리히 슐리만이라는 이른바 미케네 고고학의 아버지 덕분이었다. 그는 현대 고고학자들이 아주 싫어하는 사람이다. 그의 원시적인 발굴 방식 때문이기도 하고, 그의 보고서가 얼마만큼 믿을 수 있을지가 명확하지 않기 때문이기도 하다. 그는 1870년대에 아나톨리아 북서부 히사를리크에서 발굴을 진행한 결과 그곳이 트로이라고 확인했다. 슐리만은 자신이 트로이 전쟁의 트로이측 영역을 발굴했다고 확신했다.(이 점에 대해서는 다시 논의하기로 한다.) 그것은 사실 미케네 영역을 발굴한 것이라고 해야 한다.

슐리만 당시는 그리스 본토에서 미케네를 발굴하는 것이 아나톨리아에서 트로이를 발견하는 것보다 훨씬 쉬울 때였다. 미케네의 고대 유적들이 지표면 위로 드러나 있었기 때문이다. 유명한 라이온 게이트도 꼭대기 부분이 삐죽 솟아 있었다. 그것은 이미 발굴이 되었고 수십 년 전에 부분적으로 복원이 되기도 했다. 미케네 인근 마을의 현지인들은 기꺼이 슐리만을 이끌고 유적지까지 안내해 주었다. 그것이 1870년대 중반 슐리만이 처음 발굴에 착수했을 때였다. 슐리만은 발굴 허가도 받지 않았다. 그 이전에도 허가 때문에 발굴을 중단한 적이 없었고, 그 때도 물론 그랬다. 슐리만은 곧장 상당수의 고분을 발굴했다. 고분 속에는 뼈, 무기, 금 등이 그가 꿈꾸었던 것보다 훨씬 더 많이 들어 있었다. 그는 그리스 왕에게 전보를 보내서 뉴스를 터뜨렸다. 전보에서 그는 "아가멤논의 얼굴을 뚫어지게 바라보았다"고 했다.[62]

아니나 다를까 슐리만은 무덤과 유물의 연대를 잘못 파악했다. 그는 제대로 했을 때도 어쩌면 항상 오류를 범했다. 현재 우리가 알고 있기로 샤프트 그레이브의 연대는 도시가 시작되고 문명이 번성했던 시기에 까까운 기원전 1650년에서 기원전 1500년 사이다. 아가멤논과 아킬레우스의 시대(기원전 1250년경)가 아니다. 슐리만은 연대를 400년이나 착각했다. 그럼에도 불구하고 최소한 슐리만이 도시를 세대로 찾은 것은 맞다. 어떻게 보더라도 슐리만은 이들 청동기 유적을 조사한 유일한 고고학자임에는 틀림이 없다. 다른 학자들, 예컨대 크리스토스 춘타스나 제임스 미나트도 열심히 발굴을 했고 슐리만보다 일도 더 잘 했다. 그러나 대중적인 관심을 모은 사람은 슐리만이 유일했다. 그가 트로이 및 트로이 전쟁, 그리고 우리가 지금부터 살펴볼 사항들을 발표했기 때문이었다.[63]

슐리만은 미케네를 발굴했다. 티린스 유적 근처와 물론 다른 몇몇 군데도 살펴보았다. 몇 차례나 발굴을 진행한 뒤 1878년 다시 트로이로 돌아와 이후 1880년대까지 발굴을 계속했다. 그는 또한 크레타 섬의 크노소스에서도 발굴을 시도했지만 성공하지 못했다. 미케네 문명을 계속 발굴하는 일은 다른 사람의 손길을 기다려야 했는데, 고고학계로서는 다행스런 일이었다. 가장 뛰어났던 두 사람 중 하나는 미국 신시네티 대학의 칼 블레겐이었고 또 한 사람은 영국 케임브리지 대학의 앨런 웨이스였다. 마침내 그들은 힘을 합쳐 문명의 정체성과 그 성장을 처음부터 끝까지 밝혀낼 수 있는 기초 작업을 완수해냈다.

웨이스는 1920년대부터 수십 년 동안 미케네 발굴의 영국측 책임자였다. 한편 블레겐은 1932년부터 1938년까지 트로이를 발굴했을 뿐만 아니라 그리스 남부의 필로스 발굴도 담당했다. 1939년 필로스에서 발굴을 시작했던 첫 날, 블레겐과 발굴단은 태블릿 몇 점을 발굴했는데, 나중에 그것은 선형문자B로 기록된 방대한 아카이브임이 밝혀졌다.[64] 제2차 세계대전 때문에 잠시 발굴을 멈추었다가 전쟁 이후 1952년 다시 발굴이 진행되었다. 같은 해 마이클 벤트리스라는 영국의 건축가가 선형문자B가 그리스 문자의 고대 원형이라는 사실을 명확하게 밝혀냈다.

뒤이어 필로스, 미케네, 티린스, 테베, 크노소스 등지에서 발굴된 선형문자B 텍스트 번역이 이루어졌고 오늘날도 계속되고 있다. 이들은 미케네 세계를 들여다볼 수 있는 새로운 창문 구실을 톡톡히 하고 있다. 기존 발굴을 통해 알려진 사실에 텍스트 증거들이 세부사항을 더해줌으로써 고고학자들은 청동기 시대 그리스 세계를 재구성할 수 있게 되었다. 이는 이집트와 근동 지역에서 작업했던 동료들이 이집트어, 히타이트어, 아카드어로 쓰여진 텍스트를 번역해냄으로써 그 역사를 재구성할 수 있었던 것과 다를 바가 없다. 오늘날의 학자들은 단지 고고학 유물과 텍스트 기록을 맞추어 봄으로써 고대사를 재구성해낼 수 있게 되었다.

이제 우리는 미케네 문명이 기본적으로 기원전 17세기에 시작되었다는 사실을 알고 있다. 그 때가 바로 크레타 섬의 미노아인들이 절망적인 지진으로부터 회복을 하고 있을 때였다. 고고학에 따르면 그 때가 크레타 섬의 제1차 궁정시대와 제2차 궁정시대의 획기에 해당한다. 웨이스와 블레겐은 미케네에 속한 시대를 후기 헬라도스 시대라고 규정하였다. 후기 헬라도스 1기와 2기는 기원전 17세기에서 기원전 15세기까지이고, 후기 헬라도스 3기는 다시 세 부분으로 나뉘어져 3기A는 기원전 14세기, 3기B는 기원전 13세기, 3기C는 기원전 12세기에 해당된다.[65]

미케네 문명이 일어선 배경은 고고학자들 사이에서도 아직 논란이 진행되고 있다. 예전에는 그들이 이집트에서 힉소스인을 내쫓는 일을 도와주었기 때문이라는 주장도 있었지만, 현재 이 관점은 일반적으로 받아들여지지 않는다. 미케네의 샤프트 그레이브에서 발굴된 유물을 지표로 보자면 초기 미케네는 크레타로부터 영향을 받았던 흔적이 있다. 사실 에반스는 미노아인들이 그리스 본토를 침략했다고 생각했지만 웨이스와 블레겐은 나중에 이 주장을 거꾸로 뒤집었다. 오늘날 모든 학자들은 웨이스와 블레겐의 주장을 받아들이고 있다. 현재 분명한 것은 미케네인들이 그리스를 점령했을 때 그들은 또한 이집트와 근동 지역으로 가는 무역로도 장악했다는 사실이다. 그들은 비교적 갑작스레 국제사회에 뛰어들었다. 그러나 그들은 이후 수백 년 동안 청동기 시대 후기가 끝날 때까지 계속해서 맡은 바 역할을 잘 수행해냈다.

이집트인들은 분명 미케네인들을 타나자로 알고 있었다. 한편 히타이트는 그들은 아히야와라고 불렀고, (시리아 조금 북쪽의 우가리트 텍스트에 근거하자면) 가나안 사람들은 이와 비슷하게 히야와라고 했다. 그래서 우리는 그러한 민족 명칭들이 미케네인 말고는 다른 민족을 지칭할 수 없다고 생각한다. 그 자료들이 미케네인을 지칭하는 것이 아니라면, 청동기 시대 후기 이집트를 비롯한 주요 세력들에게 미케네인들이 알려지지 않았다는 말인데, 그것은 불가능한 추론이다. 왜냐하면 기원전 14세기에서 기원전 12세기 사이 주요 지역에서 상당히 많은 미케네 항아리와 그릇이 발견되었기 때문이다.[66]

트로이 전쟁은 언제였을까?

아히야와가 그리스 본토와 미케네를 뜻하는 명칭이라면, 그리고 KUB XXVI 91이라고 알려진 하투사 발굴 편지가 히타이트에 반기를 든 반란 시기에 아히야와 및 아수와가 어떤 식으로든 관련이 있었다는 사실을 보여주는 것이라면, 우리는 어떤 결론을 내려야 할까? 그 편지와 기원전 1430년의 아수와 반란에 관련된 자료들은 모두 트로이 전쟁(대개 기원전 1250년에서 기원전 1175년 사이)보다 2백 년 앞선 것으로 판명되었다. 아카드어가 새겨진 하투사 발굴 미케네식 검을 비롯하여 앞에서 언급한 모든 자료들이 단지 서로 관련이 없는 것들일 수도 있다. 그러나 청동기 시대 에게 해 지역 전사들이 히타이트에 반기를 든 아수와 반란에 개입되었다고 해석될 수도 있다. 만약 그렇다면, 동시대의 히타이트 기록들과, 이보다는 모호하지만 이후의 고대 및 고전 그리스 문학에 남겨진 전통들은 트로이 전쟁을 뜻하는 것이 아니라 그 이전에 아나톨리아에서 있었던 전쟁과 침략을 뜻하는 것이며, 이 또한 아킬레우스와 여러 전설적인 에게 해의 영웅들과 관련이 된다.[67]

학자들은 현재, 심지어 호메로스의 《일리아스》 속에서도 기원전 1250년 트로이 전쟁 이전으로 추정되는 전사 및 사건에 대한 기록이 있다는 데 의견을 같이한다. 예를 들면 전사 아이아스의 탑 모양 방패 같은 것들이다. 이런 유형의 방패는 기원전 13세기 훨씬 이전에 다른 유형으로 대체되었다. 또한 여러 영웅들이 사용했던 "은 단추-칼" (phasganon arguwelon 혹은 xiphos arguroclon) 같은 것노 있는데, 그것은 트로이 전쟁 훨씬 이전 시기에 사용되었던 값비싼 칼이었다. 그리고 《일리아스》 제6권(178-240행)에 나오는 벨레로폰 이야기도 있다. 그는 트로이 전쟁 이전에 살았던 그리스 영웅임이 거의 확실하다. 티린스의 왕 프로테우스가 그리스 본토에 있는 티린스에서 아나톨리아의 리키아로 벨레로폰을 보냈다. 세 가지 임무를 완수하고 수많은 장애를 극복한 뒤 그는 마침내 아나톨리아 왕국을 얻었다.[68]

뿐만 아니라 《일리아스》에는 아킬레우스, 아가멤논, 헬렌, 헥토르의 시대보다 훨씬 이전에 그리스의 영웅 헤라클레스가 트로이를 약탈했다고 기록하고 있다. 그는 단지 배 6척만 이끌고 갔다. 《일리아스》

제5권 638행~642행)

사자의 용기를 가진 대담무쌍하신 나의 아버지
강력한 헤라클레스를 사람들이 어떤 인물이라고 말하던가!
그분은 일찍이 라오메돈의 말들을 찾기 위해
불과 여섯 척의 함선과 더 적은 전사들을 이끌고 이리 와서
도시 일리오스를 함락하고 그 거리들을 폐허로 만드셨다.[69]

(존경하는 천병희 선생님의 번역을 참조_옮긴이)

다른 글에서도 밝힌 바와 같이, 호메로스 이전 시대 아나톨리아에서 에게 해 전사들의 전투에 대한 역사적 사건을 찾아 본다면, 기원전 1430년경의 아수와 반란이 트로이 전쟁 이전 아나톨리아 북서부에서 벌어진 최대 규모의 군사적 사건으로 두드러질 것이다. 그리고 그것은 앞에서 언급한 KUB XXVI 91 편지처럼 미케네(아히야와)인이 등장하는 문서 기록이 있는 극히 드문 사례에 속한다. 그래서 우리는 아나톨리아에서 싸웠던 미케네(아히야와) 전사 혹은 용병에 대한 그 당시 히타이트 기록에 근거하여, 그리고 그 기록이 트로이 전쟁 이전에 생산되었다는 사실에 기반하여, 그것이 아나톨리아 본토에서 있던 에게인들의 군사적 업적이 아닐까 하는 생각을 하게 된다.[70] 또한 그것이 기원전 1440년대 후기와 기원전 1430년대 초기에 있었던 투트모세 3세와의 교섭의 배경으로 작용했던, 아마도 언젠가 아수와 사람들이 계획했던 바로 그 반란이 아니었을까 하는 생각을 하게 된다.

결론

매우 존경받는 예술사가 헬렌 캔터는 이런 말을 한 적이 있다. "시간의 통로를 지나 우리에게 남겨진 것은 조그만 파편에 불과하다. 그럼에도 언젠가 그것이 존재했었던 것은 분명하다. 수입품 그릇 각각은 … 사라진 다른 그릇의 집합을 나타낸다."[77] 사실상 대부분의 거래 상품은 상할 수 있는 것이거나(그래서 언젠가 사라진다.) 혹은 원재료들이라서 이내 다른 물건, 예를 들면 무기나 보석 같은 것으로 변화된다. 그래서 우리는 청동기 시대의 에게 해, 이집트, 근동 지역의 무역 규모가 현재의 우리들이 발굴을 통해 그려내는 것보다 실제로는 아마도 훨씬 더 컸을 것으로 이해해야 할 것이다.

이집트 나일 강 삼각주의 텔 에다바에서 만프레트 비탁이 발견한 투트모세 3세의 무덤 속 미노아 양식의 회화도 이러한 맥락에서 이해되어야 할 것이다. 한편 그들이 괜히 미노아의 공주를 그리지도 않았을 것이다. 이는 분명 기원전 15세기의 고대 지중해 지역에 통용되었던 국제적 접촉과 무역, 영향관계의 범위를 나타내는 증거로서, 최소한 미노아인의 크레타 섬까지 왕복하는 범위를 포함한다.

그 시대는 에게 해에서 메소포타미아까지 지중해 전역에서 안정적으로 유지되는 국제 관계가 시작되었던 때로 규정할 수 있을 것이다. 이 때에 이르러 청동기 시대 에게 해의 미노아인과 메케네인은 아나톨리아의 히타이트처럼 잘 조직되어 있었다. 힉소스가 이집트에서 쫓겨났을 때 이집트에서는 오늘날 우리가 제18왕조라고 부르는 신왕국 시대가 시작되었다.

그러나 이후에 자세히 보게 되겠지만, 이는 다음 세기인 기원전 14세기 국제협력과 국제화 "황금기"의 시작에 불과했다. 예를 들면 투트모세 3세는 수 년에 걸쳐 원정과 외교적 노력을 다 같이 활용했고, 하트셉수트의 평화적 교역 및 군사적 탐험을 열심히 뒤쫓아서,[72] 마침내 이집트를 국제 관계와 번영에 있어서 역사상 거의 전례가 없는 최고봉에 올려놓았다. 결과적으로 이집트는 히타이트, 앗시리아, 카시트(바빌로니아)와 함께 청동기 후기의 강자로 자리를 지켰다. 이외에도 미타니, 미노아, 미케네, 키프로스 등 무시못할 선수들이 자리잡고 있었다. 이어지는 이야기에서 우리는 이들 대부분을 다시 만나게 될 것이다.

제 2막

기억해야 할 사건

기원전 14세기

〔그림 5a〕 멤논의 콜로서스

거대한 석상 두 개의 높이는 각각 18미터가 넘는다. 석상 뒤에는 무덤 사원이 있었다. 그러나 누군가 값비싼 사원 벽돌을 훔쳐가 버렸고, 사원도 서서히 무너져 먼지가 되었다. 그럼에도 불구하고 두 석상은 3,400년 동안 사원 입구를 지켰고, 지금도 여전히 콤엘헤탄의 제자리에 서 있다. 석상의 이름은 멤논의 콜로서스. 멤논과 관련이 있을 거라는 오해 때문이었다.(멤논은 트로이 전쟁에서 아킬레우스의 손에 죽은 전설적인 에티오피아 왕자이다.) 그러나 사실은 아멘호텝 3세가 앉아있는 모습이다. 그는 기원전 1391년부터 기원전 1353년까지 이집트를 다스렸던 파라오였다. 멤논과 관련된 오해 덕분에 석상은 이미 2,000년 전에 유명세를 탔다. 호메로스의 《일리아스》와 《오디세이아》를 좋아했던 그리스와 로마 관광객들이 그곳을 방문했던 것이다. 그들이 남긴 낙서가 석상의 발 아래에 남아 있다. 기원전 1세기, 지진으로 석상이 손상되자, 두 석상 중 하나에서 새벽마다 이상한 소리가 났다고 한다. 불행하게도 관광 사업 때문에 고대 로마 시대에 수리를 해버려서, 기원후 2세기를 끝으로 매일 들리던 "신의 울음 소리"도 끝났다.[1]

　석상 이야기가 흥미롭기는 하지만, 기원전 14세기를 검토하는 우리에게는, 석상보다 중요한 것이 무덤 사원 터에 있는 받침돌이다. 무덤 사원은 나일강 서쪽 둑에 자리 잡고 있었다. 왕들의 계곡이라고 알려진 지역에서 가까운 곳으로, 건너편에는 현재 룩소르 시가 있다. 무덤 사원 터의 가장자리에 5개의 받침돌이 남북으로 늘어서 있는데, 그 중에서 특히 중요한 것이 5번째 받침돌이다. 5개의 받침돌에는 원래 왕의 석상이 놓여 있었다. 입구의 석상처럼 거대하지는 않지만, 실제 몸집보다는 큰 크기였다. 석상이 서 있던 마당에는 원래 이런 석상이 약 40개 정도 있었다.

에게 해 목록

아마 모든 받침돌이 마찬가지였겠지만, 남아있는 5개의 받침돌에는 민족 명칭이 새겨져 있었다. 그런데 그 민족 명칭이 어떤 그림 속에 들어 있었다. 이집트인들은 그 그림을 "타원형 요새"라고 불렀다. 그림은 타원형을 길게 늘인 것 같고, 가장자리에는 돌기가 솟아 있다. 이는 성벽으로 둘러싸인 도시를 나타낸 것이다.(그래서 방어용 탑이 돌출되어 있다.) 각각의 타원형은 포로의 하반신 자리에 그려져 있다. 더 정확히 말하자면 포로의 다리를 그리지 않고 대신 타원형만 그렸다. 포로의 팔은 뒤로 묶여 있고, 또한 손목이 옆사람의 손목과 끈으로 연결되어 있다. 때로는 포로의 목에 묶인 끈이 앞뒤 사람의 목끈과 연결되기도 한다. 신왕국 시대 이집트에서는 전통적으로 이와 같은 방식으로 이방인의 나라나 도시를 표현했었다. 이집트인들은 그 나라 혹은 그 도시를 통제하지 않았어도, 심지어 통제 근처에도 못 가본 곳이라도 그렇게 "타원형 요새" 안에다 그 이름을 썼다. 아마도 그것은 지배를 상징하는 표현으로, 정치적 의미를 부여하려는 의도가 깔려 있었을 것이다.

받침돌에는 민족 명칭과 함께 지명도 등장한다. 지명 목록은 곧 기원전 14세기 초 아멘호텝 3세 시기의 이집트가 알고 있던 세계의 범위라고 할 수 있다. 당시 근동 지역에서 가장 중요했던 민족과 장소가 그 목록에 들어 있다. 북쪽으로는 히타이트, 남쪽으로는 누비아, 동쪽으로는 앗시리아와 바빌로니아가 포함된다. 전체적으로 보자면 이 목록은 이집트 역사에서 매우 독특한 사례이다.

그런데 석상 받침돌에 새겨놓은 이름 중에 기존의 이집트 기록에서는 언급되지 않았던 이름이 우선 눈에 띈다. 이집트 서쪽에 위치했던 도시 혹은 장소의 명칭으로, 예를 들면 미케네, 나우플리온, 크노소스, 키도니아, 키테라 등이다. 이들은 받침돌 왼쪽 측면의 왼쪽 끝에 적혀 있다. 그리고 오른쪽 측면에 이름 두 개가 더 있다. 이 두 이름은 마치 전체 목록을 대표하는 제목처럼 새겨져 있다. 바로 케프티우와 타나자이다.

이 목록의 의미는 무엇이며, 그 이름은 무엇을 나타내는 것일까? 지난 40년 동안 고고학자 및 이집트학자들은 석상 받침돌에서 발견된 15개의 이름에 대해서 논쟁을 벌여왔다. 요즘은 그것을 〈에게 해 목록〉이라고 부른다.

그 받침돌과 부속물들은 1960년대에 독일 고고학자들이 처음 발굴했었다. 그런데 1970년대에 사고로 받침돌이 깨져버렸다. 검증되지는 않았지만 전해오는 이야기에 따르면, 그 지역 베두인족 누군가가 받침돌 아래에다 불을 피우고 위에서 차가운 물을 부었다고 한다. 받침돌을 쪼개서 글씨가 새겨진 판을 떼 내어 골동품 시장에 내다 팔려

[그림 5b] 석상 받침돌과 〈에게 해 목록〉

했던 것이다. 공식적으로는 그 지역에 들불이 일어나서 받침돌이 훼손되었다는 이야기도 있다. 누가 그랬는지 혹은 무엇이 잘못되었는지는 알 수 없지만, 어쨌든 받침돌 전체가 거의 1,000여 조각으로 부서져 버렸다. 지금 고고학자들에게 남겨진 것은 몇 장 안 되는 컬러 사진뿐이다. 무엇보다 불행한 사실은, 그렇게도 뚜렷했던 15개의 이름 중 13개가, 이전의 이집트에서도 볼 수 없었고, 앞으로도 볼 수 없게 되었다는 사실이다.

현대의 관광객들은 대개는 에어컨이 나오는 버스를 타고 근처 왕들의 계곡을 방문하는 중에 이곳 유적지를 지나간다. 받침돌과 그 위에 놓인 석상도 볼 수 있는데, 이렇게 받침돌과 석상이 결합된 모습을 햇살 아래 다시 볼 수 있게 된 것은 실로 3,000년만의 일이다. 1998년, 이집트학자 후리그 수루지안, 그리고 카이로에 있는 독일 고고연구소 전직 소장이었던 그녀의 남편 라이너 스타델만은 다국적 발굴팀을 이끌고 콤엘헤탄 발굴을 재개했다. 이후 그들은 매년 발굴을 통해 〈에게 해 목록〉이 적혀 있던 받침돌 조각과 그 부속물들을 복원하고 있다. 지금도 발굴된 조각을 짜맞추어 복원하는 작업이 진행 중이다. 5년 동안 800개의 조각을 맞추는 데 성공했다고 한다.[2]

〈에게 해 목록〉에 등장한 이름 중에 기존 이집트 기록물에서 자주 등장해서 현대 이집트학자들에게 익숙했던 이름은 두 개뿐이다. 하나는 케프티우인데, 크레타 섬을 일컫는 이집트의 명칭이고, 또 하나는 타나자인데, 그리스 본토를 일컫는 이집트어로 추정된다. 이 두 개의 이름은 하트셉수트와 투트모세 3세 시기부터 이집트 기록물에 등장하기 시작했다. 받침돌보다는 거의 한 세기가 앞선 시기의 기록들이다. 그러나 그것이 어떤 개별 도시나 에게 해의 특정 지역과 결합되어 언급된 적은 없었다.

받침돌에 등장하는 목록의 다른 이름들은 매우 낯설어서 쉽게 알아보기 어렵다. 목록을 처음 영문으로 출간했던 이집트학자는 리버풀 대학의 존경하는 케네스 키친 교수였다. 그는 매우 조심스럽게 목록을 번역했다. 학자들의 비웃음을 살까봐 두려웠던 것이다. 그래서 1965년에 학술지 〈오리엔탈리아(Orientalia)〉에 수록한 짧은 학술논문의 첫번째 주석에서 키친 교수는 신중하게 다음과 같은 글을 남겼다. "필자로서는 이 기록을 남기는 것이 매우 조심스럽다. 독자들께서는 원한다면 무시해도 좋다. 두 개의 이름 암니사(Amnisa)와 쿠누사(Kunusa)는 굳이 말하자면 고대 크레타 섬 북부의 유명한 주거지역 암니소스(Amnisos)와 … 크노소스(Knossos)일 것이다."[3]

그 이후로 오랜 시간 동안 수많은 학자들이 목록에 나오는 이름과 그 의미를 해석하려는 노력을 기울였다. 독일의 학자 엘마르 에델은 1966년 5개의 받침돌 목록 모두를 연구한 결과물을 처음으로 출판했다. 수정과 보완을 거쳐 제2판이 출간된 때는 불과 얼마 전인 2005년이었는데, 초판으로부터 거의 40년이 지난 후였다. 그 사이 다른 많은 학자들이 목록 해석을 위해 적지 않은 머리와 잉크를 보탰다.[4]

목록의 첫번째 행, 그러니까 머리글 케프티우(크레타 섬)와 타나자(그리스 본토) 바로 다음 줄에 크레타 섬의 미노아 주요 지역이 등장한다. 크노소스와 크노소스의 항구 도시 암니소스에 뒤이어 파이스토스와 키도니아가 나온다. 순서로 보면 동쪽에서 서쪽으로 배열되어 있다. 이들 각지에는 미노아식 궁전이 있었거나, 혹은 암니소스의 경우처럼 근처에 있는 궁전을 위한 항구였다. 그 다음에는 키테라 섬이 나오는데, 크레타 섬과 그리스 본토 사이를 오가는 길 중간에 위치한다. 그리고 나서 미케네와 그리스 본토의 주요 지역들이 나오는데, 미케네와 미케네의 항구 도시 나우플리온, 메세니아 지역, 보이오티아의 도시 테베로 추정되는 곳 등이다. 목록의 마지막에는 미노아인들의 크레타 섬에 있는 지명들이 나오는데, 이번에는 서쪽에서 동쪽으로 배열되어 있고 암니소스가 다시 한 번 등장한다.

의심의 여지는 있지만 어쨌든 이 목록은 이집트에서 에게 해 지역으로 갔다가 되돌아오는 왕복 여정을 나타내는 것 같다. 이름의 순서로 보자면 이집트를 출발한 뒤 먼저 크레타로 가서 미노아의 왕실과 상인들을 만나는 여정이었을 것이다. 받침돌이 새겨지던 당시의 이집트인들로서는 미노아인들이 익숙한 사람들이었을 것이다. 왜냐하면 서로가 교류한지 한 세기가 넘었기 때문이다. 크레타를 방문한 뒤에는 키테라를 거쳐 그리스 본토로 가서 미케네인들을 만났을 것이다. 당시 미케네인들은 에게 해에서 이집트와 근동 지역으로 가는 무역로를 장악했던 떠오르는 세력이었다. 그리스 본토에서 돌아올 때는 다시 크레타 섬을 경유하여 가장 빠르고 가까운 경로를 이용해서 이집트로 돌아왔다. 중간에 물과 음식을 구하러 암니소스에도 들렀다. 그곳이 고향 가는 길의 마지막 휴게소였고, 이집트를 출발했을 때는 처음 만나는 휴게소이기도 했던 곳이다.

받침대의 목록을 전체적으로 보면, 그것은 곧 아멘호텝 3세 시대 이집트인들이 알고 있던 세계 그 자체였다. 대부분의 이름들은 다른 고문서나 조약문에서도 나타나는 명칭들이다. 친숙한 이름들 중에는 히타이트나 카시트(바빌로니아, 이에 대해서는 후술함) 등과 가나안 같은 도시도 포함되어 있다. 그러나 에게 해 지역의 지명들은 생소한 것이었고(오늘날까지 여전히 그렇다.) 또한 특히 순서를 고려하여 적은 것이었다. 일부는 다시 새겨지기도 했는데, 앞부분의 이름 세 개를 잘라내고 새로 쓴 것이 오늘날 우리가 보고 있는 목록이다.[5]

일부 학자들은 이 목록이 단지 선전문구에 불과하다고 생각한다.

파라오가 들어보았던 머나먼 지역의 이름을 거론하며 정복욕을 과시하거나 혹은 백성들을 호도하고자 했다는 것이다. 다른 일부 학자들은 목록이 기만적인 과장이 아니라 실제 사실에 근거하고 있으며, 그 시대에 실제로 접촉이 있었다고 생각한다. 현재 우리가 알기로는 후자가 좀더 설득력이 있다. 기원전 14세기, 하트셉수트와 투트모세 3세 시기의 수많은 귀족 무덤에 남겨진 기록들로 볼 때 이집트는 에게해 지역과는 그 이전부터 접촉이 있었다. 접촉 중에는 외교적인 관계도 있었고, 혹은 선물을 들고 이집트를 찾아 온 상인들도 있었다. 그러한 접촉이 그 다음 세기 아멘호텝 3세 시기에도 계속되었을 가능성이 있다. 만약 그러하다면, 우리는 3,400년 이전, 소년 왕 투트가 영원의 땅을 통치하기 수십 년 전, 가장 오래된 이집트-에게 해 왕복 여행 기록을 보고 있는 것이다.

기원전 14세기 초의 기록이 이집트에서 에게 해로 갔던 여정이며, 거꾸로 미케네인 혹은 미노아인이 이집트로 왔던 기록은 아니라고 본다. 그 이유는 아멘호텝 3세와 그의 왕비 티이(Tiyi)의 카르투쉬(상형문자 테두리 장식)가 새겨진 물건이 에게 해 지역(크레타 섬, 그리스 본토, 로도스 섬) 6곳에 흩어져서 발견되었기 때문이다. 에게 해 주변 유물 발굴 지역과 〈에게 해 목록〉에 등장하는 장소 이름은 모종의 관계가 있는데, 6개 지역 중 4개의 이름이 목록에도 등장한다.

카르투쉬가 새겨진 물건 중 어떤 것들은 단지 스카라베(왕쇠똥구리 모양 부적)와 조그만 인장에 불과하고, 하나는 물병이다. 모두 파라오 혹은 왕비의 카르투쉬가 새겨져 있다. 가장 중요한 유물은 채색 도기로 만든 양면 장식판 조각들이다. 채색 도기는 유리와 토기의 중간 형태로서, 미케네에서 발굴되었다. 아마도 기원전 14세기 그리스에서는 미케네가 가장 앞서가는 도시였을 것이다. 이 조각들은 최소한 12점 이상인데, 모두 합해서 9개 혹은 그 이상의 장식판에서 떨어져 나온 것들이다. 각각의 장식판은 길이가 6~8인치, 너비가 4인치, 두께가 1인치 이하이다. 모든 장식판에는 아멘호텝 3세의 호칭이 앞뒷면 모두 검은 색으로 감입되어 있다. "선한 신, 넵마아트레(Neb-Ma'at-Re), 레(Re)의 아들, 아멘호텝, 테베의 왕자께서 생명을 주노라."[6]

이집트학자들은 이 장식판을 머릿돌이라고 한다. 이런 장식판은 최소한 이집트에서는 대체로 사원이나 혹은 때때로 왕의 조각상 아래 머릿돌에 자리하고 있다.[7] 메소포타미아에서는 청동기 시대 초기부터 이러한 머릿돌이 사용되었다. 이것은 마치 현대의 타임캡슐과 같은 것으로, 그 목적을 추정하자면, 신들과 미래 세대가 건물이나 조각상 혹은 기타 건축물의 정체성을 알리고, 후원자 혹은 건축자의 공덕을 기리며, 건축된 날짜를 기억하기 위한 것이기도 하다.

미케네 발굴 장식판은 미케네뿐만 아니라 에게 해 지역 전체적으로도 특이한 사례이다. 사실상 아멘호텝 3세의 이름이 감입된 채색 도기 장식판이 이집트 바깥 지역에서 발굴된 사례로는 고대 지중해 세계를 통틀어 유일하게 미케네밖에 없다. 미케네에서 처음 발견된 파편들은 그리스의 고고학자들이 1800년대 말에서 1900년대 초에 걸쳐 발굴하고 출판한 바 있다. 처음에는 그것이 "도자기"로 만든 것이라고 생각했고, 아멘호텝의 이름도 명확하게 해석되지 않은 상태였다. 이후로 더 많은 유물들이 발굴되었다. 영국의 존경하는 고고학자 윌리엄 테일러 경도 몇 점을 발굴했다. 가장 최근에 발굴된 파편은 불과 몇 년 전에 발굴되었는데, 미케네의 우물 속 깊숙한 곳에 버려져 있었다. 버클리 대학의 고고학자 킴 셸튼이 발굴한 것이다.

발견된 파편 중에서 미케네의 맥락에서 발굴된 것은 하나도 없다. 다른 말로 하자면, 발굴된 지역의 맥락에서 그 유물이 원래 어떻게 사용되었을 것이라고 전혀 추측할 수가 없다. 그러나 발굴지가 단지 전 세계의 다른 곳이 아니라 바로 미케네라는 사실, 그 자체가 아멘호텝 3세 시대의 이집트와 그 지역 간의 특별한 관계를 나타내는 것으로 추정해볼 수는 있다. 왜냐하면 아멘호텝 3세의 물병과 왕비 티이의 스카라베가 발견된 곳도 또한 미케네이기 때문이다. 이 지역이 당시 이집트가 접촉했던 문명 세계의 끄트머리였다면, 발굴된 유물과 〈에게 해 목록〉의 상관 관계로 보자면, 아멘호텝 3세 시절에 국제 관계 측면에서 특별한 상황이 있었다고 추정해볼 수 있다.

에게 해 지역으로 수입되었던 이집트나 근동 지역의 물건들을 보면 흥미로운 패턴이 드러난다. 아마도 〈에게 해 목록〉과도 관련이 있을 것이다. 최소한 기원전 14세기 초 에게 해의 무역로에서 미노아인의 크레타 섬은 중요한 목적지였을 것이다. 그러나 이집트, 가나안, 키프로스의 물품들이 비슷한 양으로 출토되는 것을 보면, 근동 지역에서 크레타 섬을 오갔던 지중해 무역상들에게 이집트 물건이 특별히 많은 양을 차지했다고는 볼 수 없다. 이는 그 이전 시대에도 마찬가지였다. 만약 이집트와 미노아의 사신과 무역상이 그 이전 시대에 에게

〔그림 6〕 아멘호텝 3세의 이름이 새겨진 장식판, 미케네 출토.

해 무역로를 장악했었다면, 기원전 14세기 초에는 그들이 근동의 가나안이나 키프로스 출신자들과 어깨를 나란히 했거나, 심지어 대체되었을 수도 있다.

훨씬 복잡한 국제적 상황이 이후 2세기 동안 계속된다. 그러나 기원전 14세기가 끝나갈 무렵, 에게 해의 수입품은 중요한 변화를 겪게 된다. 즉 크레타 섬에서는 수입품의 수량이 갑자기 줄어드는 반면 그리스 본토에서는 크게 증가했던 것이다. 이와 같은 크레타 섬과 그리스 본토의 수입 총량의 변화는 실제 있었던 일이다. 엄밀하게 추론해 보자면, 크레타 섬에서 대 동방 수입품이 줄어들다가 마침내 중단되는 상황이 발생했었다. 이는 기원전 1350년 크노소스의 파괴 및 곧이어 일어났던 미케네인의 이집트 및 근동 무역로 장악과 모종의 관계가 있을 것으로 추정된다.[8]

아멘호텝 3세의 〈에게 해 목록〉은 아마도 이러한 상황에 대한 기록일 것이다. 석상 받침돌에 기록된 목록에는 크레타 섬의 미노아인 지역과 그리스 본토의 미케네인 지역이 모두 포함되어 있다. 만약 이집트가 파견한 외교관이 아멘호텝 3세 재위 기간 중 에게 해 지역으로 파견되었다면, 그는 아마도 두 가지 임무를 동시에 지녔을 것이다. 즉 옛날부터 무역을 같이 해오던 동료(미노아)를 인정하면서 동시에 새롭게 떠오르는 세력(미케네)과 관계를 수립하는 임무였을 것이다.

아마르나의 문서 저장고

〈에게 해 목록〉이나 혹은 사원에 있는 또 다른 목록의 존재 자체가 그리 놀라울 것은 없다. 그 목록들을 모아보면 기원전 14세기 이집트인들이 알고 있었던 세계의 범위가 드러난다. 아멘호텝 3세는 외교 관계의 중요성을 잘 알고 있었다. 특히 이집트와 외교 및 무역에서 주요 상대가 되었던 나라와는 더욱 그러했다. 그는 주요 지역의 왕들과 수많은 조약을 맺었고, 그 나라의 공주들과 결혼을 해서 관계를 더욱 돈독히 했다. 이는 그가 다른 왕들과 주고받은 편지를 통해 충분히 알려진 사실이다. 점토판 문서 저장고에 보관되었던 그 편지들은 1887년에 처음 발굴되었다.[9]

대개들 알고 있기로는 어떤 여성 농부가 땔감을 모으고 땅을 갈다가 문서 저장고를 발견했다고 한다. 그곳은 오늘날 텔 엘아마르나 지역인데, 한때 아케타텐("태양의 지평선"이라는 뜻)이라고 불렸던 도시 유적이 있는 곳이다.[10] 그곳은 아멘호텝 3세의 이교도 왕자 아멘호텝 4세가 기원전 14세기 중반에 새로운 수도로 건설했던 도시였다. 아멘호텝 4세는 아케나텐이라는 이름으로 더 잘 알려져 있다.

아케나텐은 아멘호텝 3세의 계승자였다. 아마도 아버지가 사망했던 1353년 이전 몇 년 동안은 공동 통치를 했을 것이다. 아버지가 사망한 뒤 권력을 하나로 모은 아케나텐은 이른바 "아마르나 혁명"이라 불리는 조치를 단행했다. 그는 라(Ra), 아문(Amun)을 비롯한 주요 신격들에게 헌정된 사원을 모두 폐쇄했다. 그리고 사원의 보물을 모두 독차지했다. 그는 스스로 대적할 상대가 없는 절대 권력을 수립했다. 그는 정부와 군대와 종교의 수장이었다. 태양 그 자체를 지칭하는 아텐(Aten) 이외에 이집트의 다른 모든 신격 숭배는 금지되었다. 그리고 아텐에게 올리는 제사는 오직 아케나텐만이 직접 올려야 했다.

　이것을 일신론의 기원으로 보는 경우가 가끔 있다. 오직 하나의 신에게만 경배를 드리기 때문이다. 그러나 사실은 그리 단순하지 않다.(그래서 수많은 학술적 논쟁의 대상이 되기도 했다.) 이집트인들에게는 기본적으로 두 신격이 존재했다. 바로 아텐과 아케나텐이다. 사람들은 오직 아케나텐만을 숭배할 수 있었다. 그리고 아케나텐은 그들을 대표하여 아텐을 숭배했다. 아케나텐은 어쩌면 종교적인 배신자일 수도 있었다. 그리고 어느 정도 광신도였을지도 모른다. 그러나 그에게는 철저한 계산이 깔려 있었고, 집착이라기보다는 권력욕이 강했다. 그의 종교적 혁명은 정치외교적 권력 이동을 초래했다. 이는 왕의 권력을 되찾아오게끔 계획된 일이었다. 이전의 파라오들이 집권하던 시기에 권력이 서서히 사제들에게 넘어가 있는 상황이었다.

　그러나 아케나텐은 선조들이 했던 일을 모두 되돌려놓지는 않았다. 특히 그는 국제관계, 특히 이집트를 둘러싼 주변국의 왕들과의 관계를 유지존속하는 일이 얼마나 중요한지 잘 알고 있었다. 이웃 세력과의 외교 및 무역 관계에 있어서 아케나텐은 아버지의 전통을 그대로 따랐다. 여기에는 수필루리우마와 히타이트도 포함되어 있었다.[11] 아케나텐은 그의 수도 아케타텐에다가 주변 왕들 및 통치자들과 주고받은 편지를 보관해 두었다. 그것이 이른바 아마르나 편지(Amarna letters)라고 하는 것인데, 점토판에 새겨져 있다. 그것을 1887년에 어떤 농부가 우연히 발견했던 것이다.

　점토판은 원래 수도의 "기록 보관소"에 저장되어 있었다. 그곳은 왕들이 주고받은 편지와 같은 귀중품을 보관하는 곳이었고, 편지는 아멘호텝이나 그의 아들 아케나텐과 외교관계가 있었던 키프로스나 히타이트의 통치자, 바빌론이나 앗시리아의 왕들과 주고받은 것이었다. 가나안 지역 통치자, 예를 들면 예루살렘의 압디헤파, 메기도의 비리디야도 포함되어 있었다. 가나안 지역은 대개 이집트의 제후국들이었다. 그들의 편지는 온통 이집트의 도움을 요청하는 내용으로 가득하다. 그러나 거대 세력들(이집트, 앗시리아, 바빌론, 미타니, 히타이트) 간에 주고받은 편지에는 선물이나 고차원적인 외교를 요청하는 내용이 자주 발견된다. 아마르나 문서는 마리에서 발굴된 기원전 18세기 고문서와 함께 청동기 시대 이집트와 지중해 동부 지역의 광범위하고 지속적인 국제 관계를 보여주는 세계사상 최초의 증거들이다.[12]

편지에 사용된 언어는 아카드어였다. 400점 가까운 점토판에서 드러난 바 당시 국제 관계에서 통용되던 외교어는 아카드였다. 이들 점토판은 발견된 뒤 골동품 시장에 팔려나가서 지금은 영국, 이집트, 미국, 유럽의 박물관에 흩어져 있다. 영국의 대영박물관, 이집트의 카이로 박물관, 파리의 루브르 박물관, 시카고 대학의 동양박물관, 러시아의 푸시킨 박물관, 베를린의 아시아 박물관(여기에 거의 3분의 2가 소장되어 있다.) 등이다.[13]

선물과 가족 관계

외국의 통치자에게 보낸 편지 사본과 외국에서 보내온 답장을 통해 기원전 14세기 중반 아멘호텝 3세와 아케나텐 시대의 국제 관계와 무역의 실상을 들여다볼 수 있다. 외교적 접촉의 대부분은 최고위급, 그러니까 어떤 왕이 다른 왕에게 주는 "선물 증여"로 이루어졌다. 아마르나 편지를 예로 들자면, 기원전 1385년에 왕위에 올랐던 시리아 북부 미타니의 왕 투쉬라타가 아멘호텝에게 보낸 편지에서, 전통적인 방식의 인사말로 시작해서 사신을 통해 자신이 보낸 선물을 언급한다.

나의 형제, 이집트의 왕, 니브무아레야(아멘호텝 3세)에게 말하노라. 그대의 형제, 미타니의 왕, 투쉬라타로부터. 나는 무탈하네. 그대도 안녕하신가. 그대의 아내 켈루 헤파도 안녕한가. 그대의 가정과, 그대의 아내들과, 그대의 아들들과 그대의 총리대신과, 그대의 전사들과, 그대의 말과, 그대의 전차들과, 그대의 나라 모두 안녕하기를. …
더불어 전차 1대와 말 2마리, 남자 시종 1명, 여자 시종 1명을 보내노라. 모두 하티의 땅에서 획득한 전리품일세. 나의 형제에게 인사차 보내는 선물로, 전차 5대와 말 5마리를 보내노라. 그리고 나의 여동생 켈루 헤파에게 황금 브로치 1세트, 황금 귀걸이 1세트, 마수 고리 1개, "달콤한 기름"이 가득한 향낭 하나를 보내노라.
이와 함께 나의 총리대신 켈리야와 투닙 이브리를 보내노라. 나의 형제여, 그들을 즉시 돌려보내서 나에게 즉시 보고를 할 수 있도록 하라. 그들로부터 나의 형제의 안부를 듣고 즐거워할 것이니. 나의 형제가 나에게 형제애를 느끼기를, 그리고 형제의 인사를 전할 형제의 사신을 나에게 보내기를. 나는 그들이 전하는 말을 듣겠노라.[14]

왕의 편지를 하나 더 예로 들자면, 아케나텐이 부르나 부리아쉬 2세에게 보낸 편지이다. 여기에는 아케나텐이 보낸 선물 목록이 상세하게 적혀 있다. 점토판에서 선물 목록만 300행이 넘는다. 그 중에는 황금, 주석, 은, 청동, 향낭, 반지, 발찌, 목걸이, 왕관, 거울, 린넨, 돌로 만든 그릇, 흑단목 상자 등이 포함되어 있다.[15] 비슷한 정도로 상세한 목록이 길게 들어 있는 편지들은 때로는 딸을 시집보내면서 지참금을 보낸 경우도 있고, 때로는 예를 들면 미타니의 왕 투쉬라타 같은 다른 왕들이 단지 선물로 보내온 경우도 있다.[16] 편지에서 언급되는 "사신"이나 주로 총리대신으로 언급되는 다른 사람들에 대해서도 주목할 필요가 있다. 기본적으로 이들은 대사로 파견되었지만 또한 상인의 역할을 하는 경우도 많았다. 틀림없이 왕을 위한 임무를 수행하지만 동시에 개인적인 볼일도 보았던 사람들이다.

이들 편지에서 왕은 서로를 친척으로 호칭하는 경우가 많았다. "형제"라거나 "아버지 혹은 아들"이라거나 하는 호칭을 썼는데, 실제로 친인척이 아닌 경우에도 마찬가지였다. 호칭을 그렇게 함으로써 "무역 파트너쉽"을 맺었던 것이다.[17] 인류학자들에 의하면 이와 같이 가상의 친인척 관계를 맺는 것이 산업화 이전 사회에서는 흔히 있었던 일이라고 한다. 이는 특히 혈연적인 연관 관계가 없거나 당국이 시장을 통제하지 않는 가운데 있을 수 있는 무역 분쟁을 해결하는 데 도움이 되었다.[18] 그래서 아무루의 왕이 이웃 나라인 우가리트의 왕에게 이렇게 편지를 썼다. "나의 형제여, 보라, 그대와 나를. 우리는 형제이다. 한 아버지의 아들들, 우리는 형제이다. 우리가 사이 좋게 지내지 못할 이유가 무엇인가? 그대가 원하는 것은 무엇이라도 편지를 하면 내가 보내줄 것이다. 그리고 그대는 나의 소원을 들어줄 것이다. 우리는 하나다."[19]

이들 두 명의 왕, 즉 아무루의 왕과 우가리트의 왕은 전혀 인척관계가 아니었고, 혼맥 관계도 없었다는 점을 강조하고 싶다. 모두가 이와 같은 지름길로 외교 관계를 맺었던 것은 아니다. 아나톨리아의 히타이트는 특히 이런 점에서 분명하게 문제를 지적했다. 어느 히타이트 왕이 다른 왕에게 보낸 편지에는 이런 문구가 들어 있다. "왜 내가 당신에게 형제라는 호칭을 사용해야 하는가? 우리가 같은 어머니에게서 나온 아들이란 말인가?[20]

"아버지"와 "아들"이라는 호칭과 달리 "형제"라는 호칭을 쓰면 어떤 유리한 점이 있었는지 분명하지는 않다. 그러나 "형제"라는 호칭은 보다 평등한 관계를, "아버지/아들" 호칭은 존경을 표하는 의미였던 것 같다. 예를 들어 히타이트의 왕들은 "아버지"와 "아들"이라는 표현을 다른 어떤 근동 지역 주요 세력들보다 자주 사용했다. 한편 아마르나 편지에서는 거의 모두가 "형제"라는 호칭을 사용했다. 강력한 앗시리아 왕이거나 보다 세력이 약했던 키프로스의 왕을 막론하고 마찬가지였다. 이집트의 파라오들은 다른 근동 지역의 왕이나 무역 상대방을 국제적인 형제관계의 일원으로 간주했던 것 같다. 여기에 나이나 재위 연한에 대한 고려는 없었다.[21]

그러나 어떤 경우, 양측의 왕들이 실제로 혼맥관계로 맺어진 경우도 있었다. 예를 들면 미타니의 투쉬라타가 아멘호텝 3세에게 보낸

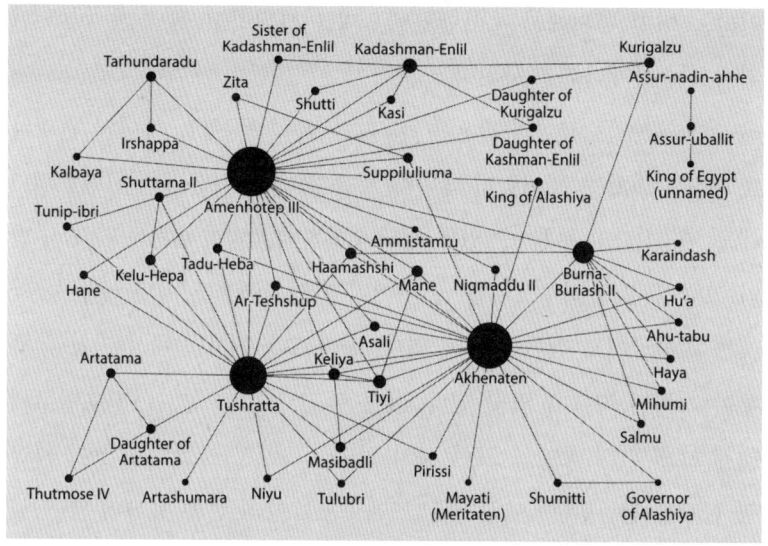

[그림 7] 아마르나 편지를 통해 확인된 사회관계망(저자)

편지에서 투쉬라타는 아멘호텝 3세의 아내 켈루 헤파를 자신의 누이라고 언급했는데, 그것은 사실이었다.(그의 아버지가 아멘호텝 3세에게 딸을 시집보냈다.) 마찬가지로 투쉬라타 또한 자신의 딸 타두 헤파를 아멘호텝 3세에게 시집보냈다. 이로써 투쉬라타는 아멘호텝의 처남이면서 동시에 장인이 되었던 셈이다. 그래서 투쉬라타의 편지 서두는 다음과 같은 문구로 시작했던 것이다. "나의 형제, 나의 사위 … 이집트의 왕에게 전하노라. … 미타니의 왕, 그대의 장인, 투쉬라타가 말하노라." [22] 아멘호텝 3세가 사망한 뒤 아케나텐은 타두 헤파를 아내들 중의 하나로 맞아들였다.(혹은 상속받았는지도 모른다.) 이로써 투쉬

라타는 어떤 편지에서는 아멘호텝 3세를 사위라고 했고, 또 어떤 편지에서는 아케나텐을 사위라고 했다.²³

어느 경우든 왕실의 결혼은 두 세력, 특히 두 왕들 사이의 관계와 조약을 강화하는 것이었다. 혼인관계를 통해 투쉬라타는 아멘호텝 3세를 "형제"라고 부를 수 있었고(더 엄밀하게 말하면 매형이었지만), 만약 그렇지 않은 경우보다는 둘 사이가 가까워졌을 것이다. 결혼을 할 때는 지참금에도 꽤나 공을 들였다. 아마르나 편지 중에서 지참금 목록이 기록된 경우가 몇몇 있다. 예를 들면 투쉬라타가 아멘호텝 3세에게 보낸 편지 중에도 그런 것이 있다. 그 편지는 조금 손상이 되어서 전체를 판독할 수는 없지만, 그래도 241행의 선물 목록이 남아 있다. 여기서 투쉬라타는 이렇게 말한다. "이 모든 것은 미타니의 왕 투쉬라타가 형제이며 사위인 이집트의 왕 님무레야(아멘호텝 3세)에게 주는 결혼 선물이다. 투쉬라타는 딸 타두 헤파를 이집트에 보내며, 님무레야가 헤파를 아내로 맞아들임과 동시에 이 모든 것을 준다."²⁴

아멘호텝 3세는 왕실 결혼을 이용해서 외교 관계를 넓혔고, 당시의 어느 왕들보다도 더 폭넓은 외교 관계를 구축했다. 그의 궁전 내전에는 카시트의 왕 쿠리갈주 1세의 딸, 바빌론의 왕 엔릴 1세의 딸, 미타니의 왕 투쉬라타의 딸, 아르자와(아나톨리아 서남쪽)의 왕 타르쿤다라두의 딸이 결혼을 통해 들어와 있었다.²⁵ 의심할 여지 없이 각각의 결혼은 동반하는 외교적 조약 관계와 함께 진행되었고, 각각의 왕들은 마치 가족 구성원과 같은 대우를 받았다.

어떤 왕들은 번거로운 소소한 일들은 제껴두고, 왕실의 결혼과 결혼 선물을 직접 연결시켜 거론하고자 했다. 아마르나 편지에서 예를 들자면, 아마도 바빌론의 카시트의 왕 카다쉬만 엔릴이 아멘호텝 3세에게 보낸 편지인 듯한데, 결혼과 결혼 선물을 곧바로 연결시키는 내용이 등장한다.

> 더불어 그대 나의 형제여, … 그대에게 요청했던 황금에 관해서 말하노라. 사신을 내게 보낼 때, 그 즉시, 가능한 빨리, 가능한 많은 황금을, 가지고 있는 만큼 나에게 보내다오.
> … 이번 여름에, 탐무즈(Tammuz) 혹은 압(Ab)의 달 안에 그대가 나에게 황금을 보낸다면, 나는 그대에게 나의 딸을 주겠노라.[26]

자신의 딸을 두고 이렇게 함부로 얘기하는 말투에 대해 아멘호텝 3세는 다른 편지에서 이를 비난하는 내용을 썼다. "이웃에게 딸을 주고 확실하게 금을 얻어내려 하다니 참 장한 일이구만!"[27] 아멘호텝의 재위 기간 중 어느 시점에 실제로 그 거래는 성사되었다. 아마르나 편지 중에서 다른 세 건을 보면 아멘호텝 3세는 카다쉬만 엔릴의 딸과 결혼을 했다. 다만 그 딸의 이름은 알 수 없다.[28]

황금, 가짜 황금, 고차원 무역

다른 나라들 중에서 특히 이집트와 무역을 하고자 하는 나라들이 많았다. 이는 당시 이집트의 세력이 강했기 때문만이 아니라 이집트가 금을 많이 보유하고 있었기 때문이다. 누비아의 광산 덕분이었다. 아멘호텝 3세와 아케나텐에게 황금을 보내달라고 요청한 왕들이 한둘이 아니었다. "그대의 나라에서는 황금이 먼지와 같다지."라는 문구가 아마르나 편지에서 끊임없이 반복된다. 미타니의 왕 투쉬라타는 가족 관계를 들먹이며 아멘호텝 3세에게 "그대가 나의 아버지에게 보내 주었던 만큼의 황금을 나에게도 보내 주기를" 요청했다. "나의 형제여 그대의 나라에서 황금은 흙먼지처럼 가득하다지."라고도 했다.[29]

하지만 황금이 항상 황금은 아니었다. 특히 바빌론 왕의 불평을 들어보면 그렇다. 카다쉬만 엔릴이 아멘호텝 3세에게 보낸 편지 중에 이런 문구가 있다. "그대가 나에게 선물로 보내준 것이, 그것도 6년 만에 황금 30미나스(minas)를 보내주었는데, 보기에 은과 같구만."[30] 바빌론에서 그의 후계자인 카시트의 왕 부르나 부리아쉬 2세는 아멘호텝 3세의 후계자 아케나텐에게 비슷한 내용의 편지를 보낸 적이 있다. "나의 형제(이집트의 왕)가 지난번에 나에게 보내준 황금을 점검하지 않았음이 틀림 없네. 황금 40미나스를 녹여보았더니 실제로 나온 황금은 맹세컨대 10미나스에도 못 미쳤네." 또 다른 편지에서 그는 "여기로 보냈다는 황금 20미나스가 온전히 도착하지 못했네. 용광로에 넣어보았더니 실제로 나온 황금이 5미나스도 되지 않네. 그것도 식혀보니 그냥 재처럼 보이는구만. 황금을 검증해본 적이 있는가?"[31]

왜 바빌론의 왕들이 이집트의 황금을 용광로에 넣어서 녹였는지 궁금할 수도 있을 것이다. 오늘날 밤늦은 시간 텔레비전 광고에서 보듯이, 오래된 금반지나 부러진 장신구들을 판매하라고 하는데, 이를 구입해서는 바로 녹일 것을 전제로 하고 있다. 바빌론 사람들도 금을 녹여서 기술공들이나 건축가들 같은 전문 직업인들뿐만 아니라 편지에서 언급되는 인물들에 대해서도 금을 지불해야 했다.

다른 한편 이집트의 왕들이 스스로 보내는 것이 실제로 금이 아니라는 것을 알고 있었는지도 궁금할 것이다. 만약 고의로 그것을 보냈거나 혹은 가는 도중에 정직하지 못한 상인이나 외교관들에 의해 다른 것으로 바꿔치기되었을 수도 있다. 부르나 부리아쉬는 앞에서 언급된 금 40미나스의 경우 후자를 의심했던 것 같다. 그는 아케나텐에게 불편한 상황을 벗어날 외교적 방법을 제안했다. "나의 형제가 나에게 황금을 보낼 때, 그것을 다른 사람에게 맡겨서는 안 될 것이다. 나의 형제가 직접 황금을 점검하고 나서 봉인을 한 뒤 나에게 보내주기를 바란다. 이전에 보냈던 황금은 나의 형제가 직접 점검하지 않았음에 틀림이 없다. 누군가 나의 형제를 대신해서 봉인을 했고 나에게 그것을 보냈다." [32]

왕들 사이의 선물을 운반하던 행렬이 중간에 약탈당하는 경우도 심심치 않게 발생했다. 부르나 부리아쉬의 편지에서, 그의 사신이었던 살무(Salmu)에게 속한 두 행렬이 약탈당한 적이 있었다고 말했다. 심지어 범인이 누구인지도 알고 있었다. 첫번째 약탈자의 이름은 비리야와자라는 사람이었고, 두번째 범행을 저지른 자는 이름이 파마후(지명을 인명으로 오해한 듯)였다. 부르나 부리아쉬는 아케나텐에게 파마후를 처벌해달라고 요구했다. 파마후가 아케나텐의 관할 범위 내에 있었기 때문이다. 그러나 우리가 아는 한 아케나텐은 답장을 보내지 않았다.[33]

더불어 우리가 잊지 말아야 할 사실은, 이와 같은 고위층 선물 교환은 방대한 교역에 비하면 빙산의 일각에 불과했다는 점이다. 상대적으로 최근의 유사한 사례를 보면 다음과 같은 정황이 있었다. 1920년대에 인류학자 브로니슬로 말리노스키는 트로브리안드 섬 사람들을 조사한 적이 있었다. 그들은 이른바 쿨라 링(Kula Ring)이라고 불리는 남태평양 교환체계에 참여하고 있었다. 이 체제 하에서 각 섬의 추장들은 조개껍데기로 만든 팔찌와 목걸이를 교환했다. 한쪽에서 팔찌를 건네주면 반대방향으로 목걸이가 주어졌다. 선물의 수량은 가족의 서열이나 그 물건의 과거 소유자에 따라 늘어나거나 줄어들었다.(현대의 고고학자들은 그 물건의 과거 소유자의 역사를 물건의 "일대기"라고 칭한다.) 말리노스키가 조사한 바에 따르면, 추장들이 전통에 따라 치장을 하고 정해진 장소에 나아가 팔찌와 목걸이를 교환하는 의식을 치르는 동안, 추장을 싣고 갔던 배의 선원들은 해변에서 그 지역 사람들과 음식, 물, 생필품 등을 교환하느라 바빴다고 한다.[34] 이러한 세속적인 교환이 사실은 트로브리안드 추장들의 선물 교환 의식의 저변에 깔린 실질적인 원동력이었지만, 추장들은 절대로 그 사실을 인정하려 하지 않았다.

이와 마찬가지로 사신이나 상인들, 선원들의 중요성을 간과할 수 없다. 그들은 근동 지역의 사막을 건넜고 아마도 에게 해의 바다도 오갔을 것이다. 이집트와 근동, 에게 해 지역이 청동기 시대 후기에 빈번한 교류가 있었던 사실은 분명하고, 때로는 실제 물건과 함께 사상이나 신기술들이 전파되었다는 것도 의심할 여지가 없다. 이러한 생각의 전파는 사회적 상위 계층에서만 이루어진 것이 아니라 항구의 여관이나 술집에서, 그리스, 이집트, 지중해 동부를 오가는 무역으로 주변의 도시에서도 마찬가지였을 것이다. 그곳에서 바람이 적당한 방향으로 불어오기를 기다리는 동안, 혹은 외교관들이 민감한 문제를 협상하느라 시간을 끄는 동안, 선원이나 일꾼들이 신화나 전설 혹은 신기한 이야기를 주고받지 않았을까? 이러한 일들이 이집트와 다른 근동 지역 사이, 심지어 에게 해 지역까지 문화 전파에 어느 정도 기여를 했을 것이다. 이러한 문화적 교환이 있었기 때문에 《길가메시 서사시》나 이후 호메로스의 《일리아스》나 《오디세이아》 이야기가 비슷했을 것이고, 히타이트의 《쿠마르비 신화》와 이후 헤시오도스의 《테오고니》의 줄거리가 닮았을 것이다.[35]

또한 주목해야 할 것은, 청동기 시대 후기 근동 지역 통치자들 사이에 주고받았던 선물 중에는 물리학자, 조각가, 석공, 기술사들도 포함되어 있었다는 사실이다. 이들은 여러 왕실 사이에서 서로 교차 파견되었다. 만약 동일한 건축가나 조각가 혹은 석공들이 여러 지역에서 작업을 했었다면, 이집트, 아나톨리아, 가나안, 그리고 심지어 에게 해의 건축 양식에서 어느 정도 비슷한 점이 있더라도 크게 놀랄 일은 아니다. 최근에 발견된 에게 해 스타일 벽화와 앞 장에서 언급했던 이집트의 텔에드다바 사원의 그림뿐만 아니라, 이스라엘의 텔 카브리, 터키의 알랄라크, 시리아의 콰트나 등에서 발굴된 증거들은 모두 기원전 17세기부터 아마도 기원전 13세기까지 에게 해 지역 기술자들이 이집트와 근동 지역에서 작업을 했다는 사실을 알려주고 있다.[36]

알라쉬야의 부상과 앗시리아

특히 아케나텐 시대의 유물인 아마르나 편지로부터 우리는 이집트가 국제적 접촉을 넓혀갔다는 사실을 알 수 있다. 그 중에는 새롭게 부상하던 앗시리아의 왕 아수르 우발리트 1세도 포함되어 있었다. 그는 아멘호텝 3세가 사망하기 10년 전에 권좌를 차지했었다. 아마르나 편지 중에는 키프로스의 왕에게 보내거나 그로부터 받은 편지 8건도 들어 있었다. 그는 이집트 및 당시 고대 세계에서는 알라쉬야라고 알려져 있었다.[37] 이로써 키프로스와 이집트의 접촉 또한 확인이 된다.

키프로스의 왕과 주고받은 편지는 아마도 아멘호텝 3세의 시대가 아니라 아케나텐 시대의 편지일 것이다. 그 근거들 중 하나로, 편지에서 언급된 막대한 양의 주석을 들 수 있다. 키프로스는 청동기 시대 후기 에게 해와 동부 지중해 지역의 주요 나라들 중에서 주석이 가장 많이 생산되는 나라였다. 이는 또한 아마르나의 편지에 언급되는 내용으로 보아 더욱 분명한 사실이다. 그 편지의 내용을 보면 알라쉬야의 왕은 섬에 닥친 전염병 탓에 주석을 불과 500달란트밖에 보내지 못해 미안하다고 했다.[38] 그 당시 주석 원재료는 옥스하이드 잉곳(쇠가죽 모양의 덩어리)의 형태로 배송이 되었을텐데, 뒤에 나오겠지만, 울루부룬 난파선에서 그 사례가 발견된 적이 있다. 배에 싣는 옥스하이드 잉곳은 각각 무게가 60파운드였다. 이는 아마르나 편지에서 언급된 물량이 주석 3만 파운드였다는 의미이다. 그 정도 양을 가지고 키프로스 왕은 너무 적어서 미안하다고 사과를 할 정도였던 것이다.

앗시리아의 경우, 아수르 우발리트 1세로부터 받은 편지 두 건이 아마르나 편지에 포함되어 있다. 그는 기원전 1365년경부터 기원전 1330년경까지 앗시리아 왕국을 다스렸다. 편지 두 건이 모두 이집트의 파라오에게 보냈던 것인지는 확실치 않다. 그 중 하나만 서두에, "이집트의 왕에게 말하노라"라는 구절이 들어 있다. 다른 편지에 수신자로 적힌 이름은 불분명하여 판독이 불확실하다. 일찍이 편지를 해석했던 학자들은 그것이 아마도 아케나텐에게 보냈던 편지라고 추정했지만, 아케나텐이 아니라 아이(Ay)에게 보냈던 것이라고 주장하는 학자도 최소한 한 명은 있다. 아이는 투탕카멘 사후에 왕좌에 올랐던 파라오이다.[39] 그러나 그렇지는 않은 것 같다. 아이가 왕좌에 올랐던 연대로 보거나(기원전 1325년경), 다른 왕들의 편지가 대부분 아멘호텝 3세 혹은 아케나텐에게 보냈던 것으로 밝혀진 사실에 비추어 볼 때 가능성이 낮다.

두 편지 중 첫번째 편지는 단지 인사를 전하는 내용이고, 간략한 선물 목록만 들어 있다. 예를 들면 "아름다운 전차 1대, 말 2마리, 순정 라피스 라줄리로 만든 날짜석 1개" 등이다.[40] 두번째 편지는 내용이 더 길고 상투적인 문구와 함께 정식으로 황금을 요청하는 내용이 들어 있다. "그대의 나라에서 황금은 먼지와 같아서 누구나 그것을 그러모을 수 있다지." 그러나 미타니의 왕 하니갈바트와 비교하는 내용은 자못 흥미롭다. 새롭게 등극한 앗시리아의 왕은 자신이 "하니갈바트와 동급의 왕"이라고 언급했다. 이는 당시 이른바 주요 세력의 질서 속에서 자신의 위치를 분명히 한 것인데, 앗시리아의 왕 또한 주요 세력 중의 하나가 되고자 하는 강력한 의지를 엿볼 수 있는 대목이다.[41]

아수르 우발리트가 허풍을 떨었던 것 같지는 않다. 왜냐하면 그는 당시 미타니의 왕 슈타르나 2세와 동급 이상이었다. 아수르 우발리트는 전쟁에서 슈타르나를 무찔렀다. 아마도 기원전 1360년이었을 것이다. 그로 인해 미타니는 앗시리아에 대한 종주권을 포기해야 했다. 약 100년 전, 미타니의 왕 사우쉬타타르가 앗시리아의 수도를 점령하고 금과 은으로 된 문을 떼어다가 미타니의 수도 와슈카니로 가져왔을 때부터 지속되었던 종주권이었다.

앗시리아는 특히 미타니를 먹이 삼아 주요 세력으로 등장했다. 아수르 우발리트는 당시 현실 국제정치 속에서 재빨리 주요 선수로 떠올랐다. 그는 자신의 딸과 발빌론의 카시트인의 왕 부르나 부리아쉬 2세 사이의 결혼을 성사시켰다. 몇 년 후 바빌론을 침공하기 위한 사전 포석이었다. 기원전 1333년 그의 손자가 암살된 뒤에는 쿠리갈주 2세라는 꼭두각시 왕을 자리에 앉혔다.[42]

이리하여 청동기 시대 후기 근동 지역에서 강력했던 두 선수 앗시리아와 키프로스가 마침내 링 위에 올랐다. 이제 히타이트, 이집트, 미타니, 카시트/바빌로니아, 앗시리아, 키프로스, 가나안, 미노아, 미케네 등 모든 선수들이 등장했다. 이들 모두는 다가오는 세기에 긍정적이든 부정적이든 서로 관계를 맺을 것이다. 미타니처럼 남들보다 훨씬 일찍 경기에서 탈락하는 사례도 있다.

네페르티티와 투트 왕

아케나텐이 죽은 뒤 곧바로 그의 개혁은 뒤집혔다. 그리고 이집트의 모든 기념비와 기록에서 그의 이름을 지우려는 시도가 있었다. 시도는 거의 성공했다. 그러나 고고학자들과 비석 연구자들의 수고 덕분에 우리는 아케나텐 재위 당시에 대해서 많은 것을 알고 있다. 뿐만 아니라 그의 수도였던 아케타텐과 심지어 그의 무덤까지도 밝혀졌다. 그의 가족들도 알 수 있었다. 아름다운 그의 아내 네페르티티와 그의 딸들은 상당수 기념비와 기록 속에 남아 있었다.

잘 알려진 네페르티티의 두상을 발견했던 사람은 루드비히 보르크하르트였다. 1912년 아마르나(아케타텐)를 발굴했던 독일인 학자이다. 그는 배를 타고 독일로 갔다가 몇 달 후에 돌아왔다. 그가 발굴한 유물은 베를린의 이집트 박물관에서 1924년이 되어서야 대중에게 공개되었다. 네페르티티의 두상은 지금도 베를린에 있다. 이집트 정부에서 여러 차례 돌려달라고 요청했음에도 불구하고, 이집트에서의 보존 환경이 독일보다 좋지 못하다는 이유에서 돌려주지 않고 있다. 확인되지는 않았지만 전하는 이야기에 따르면, 독일 고고학자들과 이집트 정부는 발굴한 유물은 반반으로 나누되 이집트인들이 먼저 고를 수 있는 권한을 갖기로 했다고 한다. 그러나 독일인들은 네페르티티의 두상만은 가져가고 싶었다. 그래서 그들은 일부러 두상에 흙이 묻은 채로 그대로 두었고 길게 유물들을 늘어놓으면서 맨 끝에다가 놓아두었다. 이집트의 관리가 대충 보고 지나쳐버리자 독일인들은 그 즉시 네페르티티의 두상을 싣고 베를린으로 가져갔다. 1924년 마침내 대중에게 전시가 되었을 때 이집트인들은 격분했고 반환을 요구했지만, 어쩔 수 없이 베를린에 그대로 남게 되었던 것이다.[43]

우리는 또한 아케나텐의 아들 투탕카멘에 대해서도 알고 있다. 원래 이름은 그것이 아니었지만 이름을 바꾸어서 현재 우리가 알고 있는 투탕카멘 혹은 투트라는 이름으로 나라를 다스렸다. 한때 스티브 마틴이 생방송 토요일밤에서 말했던 것처럼, 그는 애리조나에서 태어나지도 않았고, 바빌론으로 간 적도 없었다.[44] 그는 어린 나이에 이집트의 왕좌에 올랐다. 불과 8살 때였다. 약 150년 전 투트모세 3세 또한 그 나이에 왕좌에 올랐었다. 투트에게는 다행스럽게도 그의 행동을 감시할 하트셉수트 같은 존재가 없었다. 그래서 투트는 약 10년 동안 나라를 다스릴 수 있었지만, 성인이 되기 전에 죽었다.

투트의 짧았던 생애를 둘러싼 수많은 이야기들 중 대부분은 당시의 국제관계를 살펴보고자 하는 우리의 논의와는 별 상관이 없다. 그러나 부분적으로는 관련이 없지 않은 것이, 1992년 그의 무덤이 발견됨으로 해서 현대 전세계적인 고대 이집트에 대한 관심이 고조되었기 때문이다.(이른바 이집트 마니아들이 생겨났다.) 그래서 투트는 후기 청동기 시대에 통치했던 이집트의 왕들 중에서 가장 유명한 왕이 되었다. 또한 히티이트의 왕 수필루리우마 1세에게 남편감을 보내달라고 요청했던 과부가 바로 투트의 미망인이었을 가능성이 매우 높다는 사실도 우리의 주제와 어느 정도 관련이 있다.

투트의 사망 원인은 오래도록 논란이 되어 왔다. 누군가 뒤통수를 가격해서 살해되었다는 추정도 있었다. 그러나 최근 과학적인 연구방법으로 CT 촬영을 통해 유골을 조사해 보았더니, 다리가 부러진 뒤에 그 여파로 인한 감염이 가장 유력한 사망원인이었던 것으로 밝혀졌다.⁴⁵ 연구자들이 추정하는 바와 같이 전차에서 떨어져서 다리가 부러졌는지는 결코 알 수 없는 일이다. 그러나 그가 말라리아 때문에 고생했던 것만은 분명하다. 또한 내반족 같은 선천성 기형도 있었다. 투트가 친남매 사이의 근친상간으로 탄생했을 수 있다는 설도 있다.⁴⁶

투트는 왕들의 계곡에 있는 무덤에 안장되었다. 원래 그 무덤은 투트를 위해서 준비된 것이 아니었을지도 모른다. 투트가 갑작스럽게 예상치 못한 가운데 사망한 것에 비해 무덤 속의 부장품들은 지나치게 사치스러웠다. 또한 현대 이집트학자들이 투트의 무덤을 찾기가 너무 어려웠다. 마침내 1992년 호워드 카터가 그의 무덤을 발견했다.

카나본은 투트의 무덤을 발견할 목적으로 카터를 고용했다. 여느 영국 귀족들처럼 카나본도 이집트에서 겨울을 보내는 동안 무언가 할 일을 찾고 있었다. 그는 주치의의 소견에 따라 매년 이집트로 갔다. 1901년 독일에서 자동차 사고를 당해서(시속 20마일로 달리고 있었다고 주장했지만 법정에서 받아들여지지는 않았다.) 폐에 구멍이 났기 때문이다. 주치의 소견에 의하면 영국에서 겨울을 보낼 경우 생존을 장담할 수 없다고 했다. 그래서 그는 이집트에서 겨울을 보내야만 했고, 애완용 고고학자를 고용해서 자신도 곧바로 아마추어 고고학자 노릇을 시작했다.⁴⁷

카터는 상이집트 건축물 감독관이었고, 사카라에서 더 높은 자리에도 있었던 사람이다. 그러나 1905년 유적지에서 문제를 일으킨 프랑스 단체 관광객과 싸운 뒤 사과하기를 거부하고 자리에서 물러났다. 카터는 카나본이 고용하기에 딱 좋은 사람이었다. 때마침 일자리를 잃은 카터는 관광객을 상대로 풍경 수채화를 그려서 팔고 있던 중이었다. 1907년 두 사람은 함께 일을 시작했다.[48]

두 사람은 10여 년 동안 여러 유적지를 성공적으로 발굴한 뒤 1917년부터 왕들의 계곡 발굴에 착수할 수 있었다. 그들은 특히 투트의 무덤을 찾고 있었다. 그 무덤이 틀림없이 왕들의 계곡 중에 있을 거라고 생각했기 때문이다. 매년 몇 달씩 발굴 작업을 진행해서 제6차 발굴까지 진행되었다. 카나본도 관심이 없지 않았지만 예산이 거의 바닥을 드러내고 있었다. 카터는 마지막으로 한 차례만 더 발굴해 보자고 제안했다. 그 비용은 본인이 스스로 감당하겠다고도 했다. 왕들의 계곡에서 그가 발굴해보지 않은 구역이 딱 하나 남아 있었기 때문이었다. 마침내 카나본도 그러자고 해서 카터는 왕들의 계곡으로 돌아와 1992년 11월 1일부터 작업을 시작했다.[49] 카터는 문득 자신이 매번 발굴을 할 때마다 같은 곳에다 캠프를 설치했다는 사실을 깨달았다. 그래서 이번에는 본부를 옮기고 예전에 캠프를 설치했던 곳을 발굴해 보기로 했다. … 3일 후, 발굴대원 중 하나가 무덤으로 통하는 첫번째 계단을 발견했다. 수천 년 동안 투트의 무덤이 발견되지 않았던 이유가 나중에 밝혀졌다. 투트의 무덤 근처에다가 투트보다 약 1세기 뒤에 사망했던 람세스 4세의 무덤을 조성했는데, 그 때 작업자들이 투트의 무덤 입구에 흙무더기를 쌓아두었기 때문이었다.

카터가 입구를 발견했을 당시 카나본은 아직 영국에 머물고 있었다. 카터는 즉시 전보를 쳤고 카나본이 배를 타고 이집트에 도착할 때까지 기다렸다. 동시에 언론에도 사실을 알렸다. 카나본이 도착했을 때는 무덤을 개방할 모든 준비가 갖추어져 있었다. 1922년 11월 26일이었다. 그날의 쇼를 촬영한 사진을 보면 기자들도 그들을 둘러싸고 있었다.

끌로 문에 구멍을 뚫고 카터가 들여다보니 무덤 입구 복도와 그 너머로 무덤방이 보였다. 카나본은 카터의 옷자락을 끌어당기며 뭐가 보이느냐고 물었다. 카터는 "굉장한 것들이 보입니다." 혹은 그 비슷한 말로 대답했다. 나중의 보고에 의하면 그의 눈에는 황금이 보였다고 한다. 무덤 속은 온통 황금빛으로 번쩍거렸다.[50]

분명 카터의 목소리를 듣고 카나본은 마음을 놓았을 것이다. 무덤의 문을 열기 전에 오래도록 기다리는 동안 카터는 투트의 무덤이 최소한 한 번 혹은 두 번은 도굴되었을 거라고 걱정을 늘어놓았었다. 왜냐하면 무덤 입구에 회칠을 다시 한 흔적이 있었고, 그 위에 다시 무덤을 조성했던 흔적도 보였기 때문이다.[51] 고대 이집트에서는 무덤을 훼손하면 땅에 기둥을 박아놓고 거기에 사람을 꿰어 죽이는 형벌에 처했다. 그러나 수많은 도둑들이 그러한 형벌을 크게 두려워했던 것 같지는 않다.

카터와 카나본이 마침내 무덤 속으로 들어갔을 때, 더욱 도굴에 대한 확신이 들었다. 무덤 전실에 물건이 어지럽게 흩어져 있었기 때문이다. 마치 현대 아파트에 도둑이 들어서 물건을 헤집어놓고 달아난 현장 같았다. 황금 고리들이 손수건 같은 천에 싸인 채 출입문 앞에 버려져 있었다. 마치 도둑놈들이 무덤을 지키는 병사들에게 들킬까봐 급하게 무덤을 빠져나가느라 흘린 것 같았다. 그러나 무덤 속에 남아 있는 유물의 총량은 어마어마했다. 카터와 작업자들이 많을 때는 열 명까지 이르렀는데, 그들은 무덤 속의 모든 유물 목록을 정리하느라 이후로도 10년의 세월을 보내야 했다. 카나본은 무덤이 개방된 지 불과 8일만에 사망했다. 혈액에 독이 퍼졌다고 한다. 이로써 "미이라의 저주" 이야기가 다시 유행하게 되었다.

투트의 무덤 부장품이 워낙 많아서 어떤 이집트학자들은 그 무덤이 람세스 3세나 아멘호텝 3세처럼 훨씬 더 오랜 기간 이집트를 통치했던 파라오의 무덤이 아닐까 하는 의구심을 갖기도 했다. 그러나 그 무덤들은 이미 오래전에 도굴이 된 뒤었다. 투트의 무덤 부장품들은 매우 독특했다. 아마도 성직자들이 감사의 표시로 바쳤던 것일 수도 있다. 왜냐하면 투트는 그의 아버지가 했던 개혁을 모두 번복해서 아문이나 다른 신격을 숭배하는 성직자들에게 권력을 되돌려주었기 때문이다. 앞으로 도굴되지 않은 이집트 고분이 발견되지 않는 이상, 아직까지는 투트의 무덤에 비견할 만한 고분은 없다.

투트가 사망했을 때 나이 어린 미망인 안크세나멘이 홀로 남겨졌다. 그녀는 원래 투트의 여동생이었다. 여기서부터 히타이트의 왕 수필루리우마 1세와 자난자의 복잡한 이야기가 시작된다. 그 이야기는 기원전 14세기 외교 무대에서 가장 독특한 이야기가 될 것이다.

수필루리우마와 자난자 사건

투드할리야 1세/2세 이후 아나톨리아(터키) 지역의 히타이트에서는 계속해서 상대적으로 유약한 통치자들이 왕위를 지켰다. 기원전 1359

년경 수필루리우마 1세라는 왕이 등극하고부터는 히타이트의 자산이 불어나기 시작했다. 앞에서 아케나텐의 편지와 관련해서 잠시 언급된 적이 있었던 인물이다.

아버지의 명령을 따르는 어린 왕자 시절 수필루리우마 1세는 히타이트를 이끌고 아나톨리아 지역의 종주권을 회복하였다.[52] 당시 히타이트가 다시 부상하자 아멘호텝 3세는 위협을 느끼게 되었다. 그래서 아멘호텝 3세가 새로운 협정을 맺게 된 것은 자연스러운 일이었다. 시리아 북부 해안의 우가리트부터 동쪽으로 메소포타미아의 바빌론까지, 그리고 서쪽으로 아나톨리아의 아르자와까지 사실상 히타이트의 고향을 둘러싼 모든 지역의 왕들과 아멘호텝 3세는 결혼을 통한 외교 관계를 맺었다. 수필루리우마 1세 집권 초기 상대적으로 히타이트가 약했을 때 그들은 먼저 히타이트를 억누르고자 했고, 이후 수필루리우마의 지도 아래 히타이트가 강성해지자 히티이트의 확장을 막아보려고 했다.[53]

히타이트의 기록을 통해 우리는 수필루리우마에 대해 많은 사실을 알고 있다. 특히 그의 아들이자 이후 그의 후계자였던 무르실리 2세가 남긴 점토판 기록이 자세하다. 유명한 〈전염병 퇴치를 위한 기도문(Plague Prayers)〉도 그 점토판에 들어 있다. 아마도 수필루리우마는 약 30년간 통치를 한 뒤 전염병에 감염되어 사망했던 것 같다. 시리아 북부에서 있었던 전쟁 중에 잡아 온 이집트 포로를 통해 전염병이 히타이트로 전파되었다. 전염병이 많은 히타이트인들의 목숨을 앗아갔다. 왕실에서도 많은 사람이 죽어나갔고, 수필루리우마도 그 중의 한 명이었다.

무르실리는 죽음을 목격했고, 특히 아버지가 죽어가는 것을 보았다. 그것은 수필루리우마 집권 초기 살인을 저지르고 신에게 단 한 번도 용서를 구하지 않은 데 따른 하늘의 형벌이었다. 살해된 사람은 수필루리우마의 형제로, 이름은 '어린 투드할리야'였다. 수필루리우마가 직접 살해에 개입했었는지는 분명하지 않다. 그러나 그로 인해 혜택을 본 것만은 틀림없다. 원래 투드할리야가 수필루리우마 대신 왕위를 물려받기로 되어 있었던 것이다. 아버지의 명에 따라 수필루리우마는 수많은 큰 전쟁에서 승리를 거두었음에도 불구하고, 원래 왕위는 투드할리야가 물려받기로 되어 있었다. 무르실리는 이런 글을 남겼다.

> 이제는 오 신들이여, 어린 투드할리야의 일에 대해서 아버지에게 대가를 물었습니다. 나의 아버지는 투드할리야의 피로 인해 죽었고, 왕자들, 귀족들, 아버지를 도왔던 수천 명의 장군들과 관리들도 아버지의 곁으로 갔습니다. 그들도 그 일 때문에 죽었습니다. 하티의 땅 백성들에게도 같은 일이 일어났습니다. 그 일 때문에 하티의 땅 백성들 또한 죽어가기 시작했습니다.[54]

수필루리우마가 어떻게 권력을 잡았는지에 대해서 우리는 알지 못한다. 하지만 무슨 일이 있었던 것만은 분명하다. 그리고 그의 재위 기간 중에 있었던 중요한 사건들에 대해서는 〈수필루리우마의 조서

(Deeds of Suppiluliuma)〉라는 제목의 긴 글을 통해서 알 수 있다. 이 또한 그의 아들이자 후계자 무르실리 2세가 남긴 글이다. 수필루리우마 재위 당시의 사건들만으로도 책 한 권 분량으로 충분할 것이지만, 중요 핵심만 간추려놓은 것이다. 여기서는 수필루리우마가 연이은 전쟁과 고도의 외교 전략으로 아나톨리아에서 히타이트의 종주권을 대부분 회복시켰다는 점만 간략하게 언급하도록 하겠다. 그는 히타이트의 영향력과 제국의 국경을 확장시켰다. 아래로는 시리아 북부에 이르렀는데, 그곳에서 무키쉬 왕국의 수도 알랄라크를 파괴했다.[55] 끊임없이 남쪽과 동쪽으로 제국을 확장하던 그는 마침내 이집트와 충돌하게 되었다. 아케나텐의 재위 시기 비로소 충돌이 시작되었다. 이로 인해 그는 더 먼 동쪽의 미타니와도 맞서야 했다. 투쉬라타가 미타니를 통치할 때였다. 마침내 수필루리우마는 미타니 왕국을 굴복시켰지만 수많은 전쟁을 치른 뒤였다. 그 중에는 시리아 대전이라 불리는 전쟁도 포함되어 있었다. 이 전쟁에서 수필루리우마는 미타니의 수도 와슈카니를 파괴하고 약탈했다.[56]

　미타니 왕국 중에서 수필루리우마가 공격하여 파괴한 도시들 중에는 고대 콰트나 지역도 포함되어 있었다.(오늘날 텔 미쉬리페이다.) 현대 이탈리아, 독일, 시리아 고고학자들이 그 유적을 발굴한 바 있다. 최근 10여 년 동안 굉장히 많은 유물들이 이곳에서 발굴되었다. 그 중에는 도굴되지 않은 왕의 고분도 있었다. 거기서 거북과 돌고래가 그려진 에게 해 스타일 벽화가 발견되었고, 아케나텐의 왕호가 적힌 점토판 조각도 출토되었다.(아마도 토기의 입구를 막는 용도였거나 편지에

붙이는 봉인이었을 것이다.) 그리고 왕실 문서 저장고에서 수십 건의 점 토판도 발굴되었는데, 모두 궁전 내부 혹은 지하에 묻혀 있었다. 이들 점토판 중에는 기원전 1340년경으로 추정되는 하누티의 편지가 들어 있었다. 하누티는 수필루리우마 휘하의 히타이트 총사령관이었다. 내용은 그가 콰트나의 왕 이다다에게 보내는 전쟁을 준비하라는 최후통첩이었다. 이 편지는 불에 탄 왕궁의 유지에서 발견되었다. 이로써 히타이트가 왕궁을 공격하여 승리했음을 알 수 있다.[57]

수필루리우마는 외교에 대해서도 문외한이 아니었다. 당시 외교는 전쟁과 불가분의 관계였다. 심지어 그는 바빌로니아의 공주와 결혼도 했다. 아마도 첫번째 부인(그의 아들들의 어머니)을 바다 건너 아히야와로 내친 뒤였을 것이다. 그녀가 무슨 죄를 지었는지는 알 수 없다.[58] 또한 그는 딸 중의 하나를 투쉬라타의 아들 샤티와자에게 시집보냈다. 수필루리우마는 미타니로 군대를 보내 투쉬라타의 왕위를 빼앗은 뒤 그 아들 샤티와자를 제후 왕으로 봉했다. 수필루리우마와 관련하여 가장 흥미로운 결혼은 선례를 찾아볼 수 없는 특이한 결혼이었다. 이는 오늘날 "자난자 사건"으로 알려져 있다.

우리는 〈수필루리우마의 조서〉를 통해 자난자 사건에 대해 알 수 있다. 그의 아들 무르실리 2세가 썼던 바로 그 글이다. 틀림없이 언젠가 히타이트 왕궁에서는 이집트의 여왕이 보냈다고 하는 편지를 받았을 것이다. 그 편지가 의심을 받았던 이유는, 이집트의 통치자가 그와 같은 편지를 보낸 선례가 없기 때문이다. 수필루리우마는 너무 놀라서 즉시 편지의 진위에 대한 의심을 표했다. 편지의 내용은 단순하다.

고대 지중해 세계사

나의 남편이 죽었습니다. 나에게는 아들도 없습니다. 그런데 듣자하니 당신에게는 아들이 많다지요. 아들 중 하나만 나에게 주신다면 그는 나의 남편이 될 것입니다. 나는 하인을 구하는 것이 절대 아닙니다. 나는 그를 남편으로 삼을 겁니다.[59]

〈수필루리우마의 조서〉는 편지의 발신자를 "다하문주"라고 기록하고 있다. 이 단어는 단지 "왕의 아내"를 뜻하는 히타이트어일 따름이다. 편지는 이집트의 왕비가 보낸 것으로 추정되었다. 그러나 그럴 리는 없었다. 왜냐하면 이집트 왕실에서는 외국인과 결혼을 한 적이 없었기 때문이다. 예를 들어 아멘호텝 3세는 외국에서 많은 요청이 있었음에도 불구하고 왕실의 구성원을 외국의 통치자와 결혼시킨 적이 없었다. 그런데 이집트의 여왕이 수필루리우마의 아들과 결혼을 요청할 뿐만 아니라 그를 즉시 이집트의 왕위에 올린다고 하는 것이다. 이런 제안을 믿을 수는 없는 노릇이었다. 따라서 수필루리우마의 답장은 충분히 이해가 된다. 그는 하투사 지티라는 믿을 만한 사신을 이집트로 보냈다. 그래서 정말로 왕비가 편지를 보낸 것인지, 진심으로 그렇게 생각하는지 물어보도록 했다.

하투사 지티는 시키는대로 이집트로 갔고, 왕비로부터 다시 편지를 받아왔을 뿐만 아니라, 왕비의 특임 대사까지 데리고 왔다. 대사의 이름은 하니였다. 편지는 이집트어도 아니었고 히타이트어도 아닌, 아카드어로 쓰여 있었다. 그 편지 중 일부가 하투사의 히타이트 문서 저장고에서 발굴된 이래 오늘날까지 전해지고 있다. 내용 중에는 왕비를 의심한 데 대한 노여움이 들어 있다. 〈수필루리우마의 조서〉에 기록된 내용은 다음과 같다.

나에게 아들이 있었다면 내가 외국에다가 나 자신과 나의 나라를 부끄럽게 할 편지를 썼겠습니까? 당신은 나를 믿지 못하고, 심지어 나에게 이런 말까지 하는군요. 나의 남편이었던 사람은 죽었습니다. 나에게는 아들도 없습니다. 나는 하인을 구하는 것이 아닙니다. 나는 그를 나의 남편으로 삼을 것입니다. 다른 나라에는 편지를 보내지도 않았습니다. 나는 오직 당신에게만 편지를 보냈습니다. 듣자하니 당신에게는 아들이 많다고 하더군요. 그러니 그 중의 한 명만 나에게 주십시오. 그는 나의 남편이 될 것입니다. 이집트에서 그는 왕이 될 것입니다.[60]

수필루리우마가 여전히 의심을 품자 이집트의 사신 하니는 이렇게 말했다.

왕이시여. 이는 우리 나라의 수치입니다. 우리에게 왕의 아들 하나만 있었어도 우리가 외국에 가서 왕에게 우리의 부탁을 하겠습니까? 니푸루리야(이집트의 왕)는 돌아가셨습니다. 그에게는 아들이 없습니다. 우리 왕의 아내는 미망인이 되었습니다. 우리는 왕의 아들로 이집트의 왕위를 잇고자 합니다. 그리고 미망인이신 우리의 여왕께서는 그를 남편으로 삼으실 것입니다. 게다가 우리는 다른 나라에는 가지도 않았습니다. 오직 이곳에만 우리가 와 있는 것입니다. 이제 왕이시여, 당신의 아들 하나를 우

리에게 주십시오.[61]

〈수필루리우마의 조서〉에 따르면 수필루리우마는 마침내 사신의 말에 설득이 되어 왕자들 중에서 자난자라는 왕자를 이집트로 보내기로 결정했다. 그렇게 위험한 결정은 아니었다. 자난자는 다섯 명의 아들 중 네번째였기 때문이다. 그 위의 삼형제는 이미 여러 가지 업무로 왕을 보필하고 있었기 때문에, 자난자는 그냥 여분이었다. 일이 잘 된다면 그의 아들이 이집트의 왕이 될 수도 있었다. 만약 일이 잘못 되더라도 그에게는 네 명의 아들이 남아 있었다.

결국 일은 잘 되지 못했다. 몇 주가 지난 뒤 사신이 돌아와 수필루리우마에게 보고한 바에 따르면, 이집트로 가던 행렬이 중간에 기습 공격을 받아서 자난자가 살해되었다고 한다. 기습을 했던 무리는 도망쳐버렸고, 지금도 그들이 누구였는지는 알 수 없다. 수필루리우마는 매우 화가 났다. 그는 의심할 여지 없이 이집트인들이 어떻게든 이 일에 책임이 있을 것으로 … 그리고 그들이 아마도 아들을 보내달라고 꼬드겨서 아들을 죽였다고 확신했다. 〈수필루리우마의 조서〉에는 다음과 같이 기록되어 있다.

나의 아버지(수필루리우마)께서 자난자의 살해 소식을 듣자 아버지는 자난자를 위해 눈물을 흘리셨다. 그리고 신들을 향해 이렇게 말씀하셨다. "오 신들이시여! 나는 아무런 잘못도 하지 않았지만 이집트인들이 나에게 이런 짓을 했습니다. 그들은 내 나라의 국경도 침범했습니다.[62]

누가 기습 공격을 해서 자난자를 죽였는지 지금도 미스터리로 남아 있다. 또한 이집트에서 누가 수필루리우마에게 편지를 보냈는지, 그 미망인이 누구였는지도 의문이 해결되지 않았다. 아케나텐의 왕비 네페르티티라는 의견도 있고, 투트의 왕비 안크세나멘이라는 의견도 있다.[63] 그러나 편지에 기록된 정보로 보건대(편지에서 왕비는 아들이 없다고 했다.) 그리고 자난자가 살해된 이후 일련의 사건들로 보건대, 이집트의 왕위는 아이(Ay)라는 이름의 남성에게 넘어갔고, 나이는 안크세나멘의 할아버지뻘이었지만, 그가 안크세나멘과 결혼을 한 것으로 보아, 수필루리우마에게 편지를 보냈던 왕비는 안크세나멘이었을 가능성이 크다. 아이(Ay)가 히타이트 왕자 살해에 실제로 개입했는지는 불분명했지만, 어쨌거나 가장 큰 혜택을 입은 사람이 아이(Ay)였으므로, 모든 의심의 화살은 그에게로 초점이 맞추어졌다. 수필루리우마가 아들의 죽음에 대한 복수를 맹세했을 때, 그는 이집트를 공격할 계획을 수립했다. 아이(Ay)는 그렇게 하지 말라고 경고를 했다. 그 편지의 파편이 지금도 남아 있다. 그러나 수필루리우마는 전쟁을 선포했고, 히타이트 군대를 시리아 남부로 이동시켰다. 그곳에서 수많은 도시를 공격했고, 수천 명의 포로를 포획했다. 그 중에는 이집트 군인들도 많이 포함되어 있었다.[64] 한 사람 때문에 많은 사람들이 기꺼이 전쟁에 나갔을까 의심스러워하는 독자들도 있을 것이다. 그러나 트로이 전쟁 이야기를 생각해 보시라. 미케네와 트로이는 무려 10년 동안 전쟁을 했다. 표면적인 이유는 아름다운 헬레나를 데려갔기 때문이었다. 우리는 이 이야기도 다시 살펴볼 것이다. 1914년 사라예보에서 아르크튜크 페르디난트의 암살도 생각해볼 수 있을 것이다. 이 사건이 제1차 세계대전의 도화선이 되었다는 보는 사람들이 많다.

아이러니하게도, 앞에서 언급한 바와 같이, 또한 무르실리의 〈전염병 기도문〉에서 나오는 바와 같이, 이집트 전쟁 포로들이 히타이트 군대에 잡혀 왔을 때 끔찍한 전염병도 함께 유입되었던 것 같다. 전염병은 히타이트 본토에서 급속도로 퍼져나갔다. 그로부터 얼마 후, 기원전 1322년경, 수필루리우마도 이 전염병 때문에 사망했다. 그의 아들처럼 그도 또한 이집트-히타이트 사이의 사소한 분쟁으로 인한 희생자가 되고 말았다.

히타이트와 미케네

그 당시 히타이트에 대해서 빠뜨릴 수 없는 일이 또 하나 있다. 수필루리우마 재위 기간에 히타이트는 고대 세계에서 최강의 세력으로 부상하기 시작했다. 그 세력은 이집트와 대적할 만했고, 미타니, 앗시리아, 카시트/바빌로니아 혹은 키프로스를 넘어섰다. 그들은 외교와 조약, 전쟁, 무역 등을 적절히 구사하면서 자신의 위치를 지켜나갔다. 실제로 히타이트 유적지를 발굴하는 고고학자들은 앞에서 언급된 대부분의 지역들로부터 수입된 상품을 발견할 수 있었다.(근대적인 용어로 하자면 여러 나라에서 온 수입품이라고 해도 좋다.) 뿐만 아니라 히타이트 상품 또한 거의 모든 다른 나라에서도 발견되었다.

유일한 예외는 에게 해 지역이다. 히타이트의 상품들은 청동기 시대 그리스 본토와 크레타 섬, 키클라데스 제도는 물론 심지어 터키에서 지리적으로 가까운 로도스 섬에서도 거의 발견된 것이 없었다. 에게 해 지역에서 이집트, 가나안, 키프로스의 유물들이 수천 점씩 발굴된 데 비해, 히타이트의 유물은 10여 점이 발견되었을 뿐이다. 반대로 키프로스, 앗시리아, 바빌론, 이집트의 물건들이 산맥의 고갯길을 따라 중부 아나톨리아 고원에까지 흘러 들어갔음에도 불구하고, 미케네 혹은 미노아 유물이 아나톨리아 중부 히타이트의 본고장으로 수입된 것이 거의 없었다. 지중해 무역 패턴의 이와 같은 뚜렷한 차이는 단지 수필루리우마의 시대와 기원전 14세기에만 한정되는 것이 아니라 기원전 15세기부터 기원전 13세기까지 300년이나 지속되는 현상이었다.[65]

이는 단순히 서로에게서 상대방에게 필요한 물품이 생산되지 않았기 때문일 수도 있다. 혹은 거래된 물건들이 사라질 수 있는 것들(예를 들면 올리브 오일, 포도주, 목재, 천, 금속 등)이라서 다른 것을 만들 때 재료로 쓰였거나 혹은 다른 물건이 되었을 수도 있다. 그러나 서로 간에 교역이 없었던 것은 의도적으로 그랬던 것이다. 다음 장에서 앞으로 보게 되겠지만, 히타이트의 외교 조약에는 의도적으로 미케네 지역에 대한 경제적 제한 조치가 분명하게 명시되어 있었다. "어떠한 아히야와의 배도 그에게 가서는 안 된다." 여기서 우리는 역사상 가장 오래된 경제 제재의 한 사례를 보고 있는 것이다.

다른 글에서도 지적된 바 있듯이[66] 이러한 시나리오는, 그리고 경제 제재의 동기는, 미케네인들이 서부 아나톨리아 지역에서 반-히타이트 활동을 했던 사실에 비추어 더욱 확실시된다.[67] 이 장의 시작 부분에서 언급되었듯이, 아멘호텝 3세는 에게 해 지역으로 사신을 파견했다. 이는 콤엘헤탄에 있는 아멘호텝 3세의 무덤 사원에 있는 석상 받침돌에서 발견된 이른바 에게 해 지역 목록에도 기록되어 있다. 새롭게 부상하는 히타이트 세력을 견제하기 위해서 이집트가 수행했던 반-히타이트 조치는 특히 미케네인들에게 이득이 되었으므로, 에게 해 지역에서 쉽게 동맹 세력을 찾을 수 있었다.

달리 말하자면 미케네와 히타이트 사이의 적대시와 교역 단절은 아멘호텝 3세 시절에 이집트와 에게 지역 사이에 성립되었던 반-히타이트 조약의 결과일 가능성이 크다. 간단히 말해서 약 3,500년 전의 정치, 무역 및 외교는, 특히 기원전 14세기의 그것은 오늘날 우리가 살고 있는 세계에서 실행되고 있는 세계 경제 체제와 크게 다르지 않다. 높은 차원의 외교 관계 속에서 경제 제재, 외교 사절, 선물과 힘의 대결이 모두 일정한 역할을 하고 있었던 것이다.

제3막

신과 나라를 위하여

기원전 13세기

〔그림 8〕 울루부룬 난파선 재구성(Rosalie Seidler/National Geographic)

배가 가라앉을 때 도대체 무슨 일이 있었는지 우리는 알지 못한다. 기원전 1300년경, 터키 남동부 해안 울루부룬(거대한 절벽 혹은 곶이라는 뜻) 앞바다. 거센 폭풍을 만난 것일까? 수면 아래 장애물과 충돌했을까? 해적을 피하기 위해 급하게 배를 몰다가 사고를 낸 것일까? 고고학자들도 원인을 밝혀내지 못했다. 뿐만 아니라 어디서 출발했는지, 어디로 가는 중이었는지, 어느 항구에 들렀는지도 알 수 없었다. 다만 난파선에 실린 화물을 발굴해냈을 뿐이다. 유물의 연대로 보아 청동기 시대의 배였고, 지중해 동부에서 에게 해로 항해하는 중이었던 것으로 추정되었다.[1]

얕은 바다에서 해산물을 채취하던 터키의 젊은 잠수사가 1982년 난파선을 발견했다. 그는 바닷속에 들어갔다 온 뒤 바닥면에 "귀가 달린 금속 비스켓"이 널려 있다고 보고했다. 보고를 받은 선장은 그 얘기를 듣고 그것이 고고학자들이 찾던 것과 비슷하다는 생각을 했다. 텍사스 A&M 대학 해양고고연구소(INA)의 고고학자들이 사진을 보여주며 찾아달라고 했던 물건이었다. 고고학자들이 찾던 물건은 옥스하이드 잉곳이라고 하는 청동기 시대의 주석이었다. 그 모양이 소를 잡아서 소가죽을 벗겨놓은 것과 같다고 해서 그것을 옥스하이드(소가죽) 잉곳이라고 했다.

물건을 찾아달라고 부탁했던 고고학자들을 이끄는 사람은 조지 바스였다. 그는 1960년대부터 수중고고학의 선구자로 알려져 있었다. 아직 펜실베니아 대학교 대학원 학생일 때였다. 당시 스킨 스쿠버 장비가 개발된 지 얼마 안 지났을 때였는데, 바스는 그것을 이용해서 터키 해안 겔리도니아 곶 앞바다에서 난파선을 발견해냈다. 전문 고고학자가 공식적으로 그 지역에서 청동기 시대 난파선을 발견한 사례로는 그의 발견이 처음이었다.

바스의 겔리도니아 발굴 보고에 따르면, 그 난파선은 가나안의 배였고, 에게 해로 가는 중이었으며, 기원전 1200년경 침몰한 것으로 밝혀졌다. 1967년 공식 발굴보고서가 출간되자 상당한 의문을 불러일으켰고 논쟁이 촉발되었다.[2] 고고학자들은 대부분 그렇게 오래 전, 지금으로부터 무려 3,000년 전에 근동 지역과 에게 해 지역 사이에 교역과 접촉이 있었다고는 믿을 수가 없었다. 가나안 사람들이 지중해를 가로질러 항해할 능력이 과연 있었는지에 대해서는 말할 것도 없다. 그래서 바스는 자신이 정년퇴임을 하기 전에 청동기 시대 난파선을 반드시 한 척 더 찾아내겠노라고 맹세했다. 그러면 겔리도니아의 난파선 발굴을 믿어줄 것 같아서였다. 마침내 기회가 찾아왔다. 1980년대 울루부룬 앞바다에서 난파선이 발굴되었던 것이다. 연대는 기원전 1300년경으로, 겔리도니아 난파선보다 100년이나 앞섰다.

울루부룬의 난파선

울루부룬 난파선은 이집트 혹은 가나안(아마도 오늘날 이스라엘 지역에 있는 아부 하왐)에서 출발했던 것 같다. 그리고 오늘날 시리아의 우가리트와 키프로스의 어느 항구에도 들렀던 것 같다. 그리고 나서 아나톨리아(오늘날 터키) 남부 해안선을 따라가며 서쪽의 에게 해로 방향을 돌렸을 것이다. 여행을 하는 중에 선원들은 여러 가지 짐을 배에 실었다. 유리 원석도 실었고, 밀이나 레진(나무 수액), 향료가 가득 담긴 항아리도 실었으며, 아마도 포도주도 실었을 것이다. 무엇보다도 값비싼 물품은 주석이었다. 주석도 1톤이나 실었다. 그리고 구리는 10톤을 실었다. 구리와 주석을 섞으면 가장 신비로운 금속, 즉 청동을 만들 수 있었다.

배에 실린 화물로 보건대, 그 배는 레반트에서 서쪽으로 항해했던 것이 분명하다. 에게 해의 어느 항구가 목적지였을 것이다. 미케네 수도였던 그리스 본토의 어느 항구였을 수도 있고, 다른 주요 도시, 예컨대 그리스 본토의 필로스나 코모스였을지도 모른다. 어쩌면 크레타 섬의 크노소스였을 수도 있다. 청동기 시대 후기 지중해 동부에서 서쪽으로 항해했던 다른 사례가 있다는 사실만으로도 바스의 이론은 충분히 검증이 되었다. 이로써 무려 3,000년 전 교역과 접촉의 범위에 대한 학자들의 생각은 완전히 바뀌었다. 현재로서는 청동기 시대 난파선이 3척 발견되었는데, 그 중에서 울루부룬 난파선이 가장 규모가 크고, 풍부한 물건을 싣고 있었으며, 가장 완벽하게 발굴이 되었다.

울루부룬 난파선의 주인 혹은 스폰서는 아직 밝혀지지 않았다. 그 배가 어디서 출발해서 최종적으로 어디에 도착할 예정이었는지에 대해서는 여러 가지 가능성이 열려 있다. 사무역에 나섰던 배일 수도 있다. 이 경우 근동 혹은 이집트의 상인이 배를 보냈을 것이며, 이집트의 파라오나 가나안 지역 왕의 허가를 얻었을 것이다. 혹은 파라오나 왕이 직접 보냈던 배였을 수도 있다. 왕들 사이에 선물을 주고받는 일은 그로부터 수십 년 전 아마르나 시대에는 흔히 있었던 일이었다. 미케네인들이 동부 지중해로 "쇼핑 탐험"에 나섰다가 돌아오는 길에 변을 당했을 수도 있다. 그리스에서는 구할 수 없는 원재료와 기타 상품들, 예를 들면 주석과 구리뿐만 아니라 테레빈유(피스타치오 나무의 수액)을 사다가 그리스 본토의 필로스에서 향료를 만들어서 다시 이집트나 지중해 동부에 가져다 팔았을 수도 있다. 이런 가능성은 얼마든지 많다. 만약 미케네인이 화물 수령인이었다면, 그들은 이 배가 몹시 아쉬웠을 것이다. 배에는 300명의 군사를 청동검, 방패, 투구, 장신구 등으로 완전무장시키고도 남을 만큼의 원자재가 실려 있었기 때문이다. 게다가 값비싼 상아나 다른 이국적인 물품들도 많았다. 분명한 것은 기원전 1300년경 배가 가라앉았을 때, 누군가 혹은 어떤 왕국이 적지 않은 재산 손실을 보았다는 사실이다.

●●●

울루부룬 난파선은 꽤 깊은 곳에 가라앉아 있었다. 선미가 수면 약 40미터(140피트) 아래에 있었고, 배가 비스듬히 기울어져 있어서 맨 아랫부분은 물속으로 더 들어가 수면 약 50미터(170피트) 아래에 있었다. 수심 40미터에서 50미터 깊이는 매우 위험한 곳이다. 스쿠버 다이빙의 한계를 넘어서는 깊이이기 때문이다. 해양고고연구소(INA)의 다이버들은 하루에 두 번, 각각 20분씩만 잠수가 허락된다. 게다가 그 정도 깊이에서는 질소마취상태가 발생할 위험이 높다. 바스에 따르면, 그 정도 깊이에서 일을 해 보면 마티니 두 잔 정도를 마신 것처럼 머리가 맑지 않다고 한다. 그래서 잠수 작업은 매번 동선을 미리 정확하게 계획해서 움직여야 한다.

1984년부터 1994년까지 수십 차례에 걸쳐 조사가 이루어졌고, 잠수팀이 22,000번이나 잠수를 했지만, 큰 부상은 한 번도 없었다. 그들이 얼마나 신중하게 작업을 했는지 알 수 있다. 게다가 그들의 작업은 전직 네이비실(해군 특수부대)의 감독 하에 이루어졌다.[3] 그 결과 고대 난파선과 난파선에 실린 화물에 대해서 상세한 도면을 그릴 수 있었다. 그렇게 깊은 곳에서 작업을 했음에도 불구하고 밀리미터 단위까지 세부적으로 그려진 도면은 육지에서의 발굴 못지 않게 상세했다. 또한 잠수사들이 수천 점의 유물을 복원하는 데 성공해서 지금도 유물 연구가 진행되고 있는 중이다.

배 자체의 길이는 원래 15미터(50피트)에 달했다. 선체는 레바논 삼나무(cedar)로 용골과 널빤지를 끼워맞춤식으로 만든 아주 잘 만든 배였다.[4] 이처럼 끼워맞춤식으로 만든 배는 이전에 키프로스 해안에서 발견된 키레니아 난파선의 사례가 있다. 그것은 울루부룬 난파선보다 약 1,000년이나 뒤늦은 기원전 300년경의 배였다.

구리 잉곳은 350개 이상이 발견되었는데, 지상으로 가져오기가 특히 어려운 유물이었다. 3,000년이나 바닷속에 잠겨 있다 보니 헤링본 문양으로 차곡차곡 쌓여 있던 것이 많이 흐트러졌고 대부분이 떨어져 나가서 매우 부서지기 쉬운 상태로 변해버렸다. 바스의 발굴팀 소속

고고학자들은 새로운 유형의 접착제를 개발해야 했다. 잉곳에다가 접착제를 투입한 뒤에 약 1년 간 물 속에서 더 단단해지기를 기다렸다. 떨어져나간 부분을 접착제로 모두 붙인 다음 충분히 굳힌 뒤에야 잉곳을 수면으로 꺼내올 수 있었다.

배 안에는 구리 잉곳 말고도 훨씬 더 많은 유물이 들어 있었다. 울루부룬 난파선의 유물 종류는 놀랄 만큼 다양했던 것으로 밝혀졌다. 그 규모가 과연 국제적이었다. 결론적으로 말하자면 배에 물건을 실은 나라 혹은 제국이 7개에 달했다. 키프로스 구리 1톤, 주석 1톤, 테레빈유 1톤 이외에도 누비아의 흑단 이십여 개가 실려 있었다. 메소포타미아에서는 유리 원석 200덩이를 실었다. 대부분 짙푸른색이었고, 연푸른색이나 자주색, 혹은 꿀(호박)색도 있었다. 가나안에서는 기본적으로 3가지 종류의 항아리를 실었는데, 도합 140개였다. 항아리 속에는 테레빈유와 포도, 석류, 무화과 등과 고수 같은 향료나 옻 등이 들어 있었다. 새로운 스타일의 오일 램프, 사발, 물병, 항아리 등은 키프로스와 가나안에서 실은 것들이었다. 이집트에서 실은 스카라베(딱정벌레 모양의 문양), 근동 지역 어디에선가 실은 원통형 인장(cylinder seal)도 있었다. 이탈리아나 그리스에서는 장검과 단검을 실었다.(선원들 혹은 승객들 중 일부도 이곳 사람들이 있었다.) 그 중에는 손잡이를 목재와 상아로 만든 것도 하나 있었고, 손잡이 표면에 문양도 새겨져 있었다. 발칸에서 만든 홀 지팡이도 있었다. 또한 황금 장신구도 있었는데, 목걸이, 성배, 상아로 만든 오리 모양의 화장품 통, 구리, 청동, 주석 그릇 등이었다. 돌로 만든 닻도 25개가 있었다. 하마 모양으로 조각한 상아 14점, 코끼리 상아 하나, 청동으로 만들고 부분적으로 금을 상감한 가나안 지역의 신상(神像)도 있었다. 만약 이것이 이 배의 수호신의 신상이었다면, 수호신이 일을 제대로 했다고 보기 어렵다.[5]

주석의 원산지는 아마도 아프가니스탄 지역의 바닥샨이었을 것이다. 그곳은 기원전 제2차 천년기 동안 주석이 생산되는 몇 안 되는 지역 중의 하나였다. 배에 실린 라피스 라줄리도 산지가 바닥샨인데, 육로로 수천 킬로미터를 지나 비로소 배에 실렸던 것이다. 라피스 라줄리로 만든 원통형 인장과 같은 물건은 크기가 너무 작아서 유물에 덮혀 있던 진흙을 제거하는 과정에서 소실될 가능성이 큰 것들이었다. 처음에는 바스가, 그 이후에는 바스가 지명한 후계자 케말 폴락이 난파선 발굴단을 이끌었다. 자칫 소실되기 쉬웠던 작은 유물들까지 발굴되었다는 사실 자체가 발굴단의 기술력을 보여주는 것이다.

배에 실렸던 유물 중에서 가장 작은 것은, 또한 가장 중요한 유물이기도 했는데, 단단한 금으로 만든 이집트의 스카라베였다. 그런 유물이 드물기도 하거니와 상형문자가 적혀 있어서 더욱 희귀한 유물이었다. 판독 결과 네페르티티의 이름이 적혀 있었다. 그녀는 이집트의 신격을 배반했던 파라오 아케나텐의 아내였다. 황금 스카라베에 적혀 있는 그녀의 이름은 "네페르-네페루-아텐"이었다. 네페르티티가 이와 같은 이름을 사용했던 기간은 그녀의 재위 처음 5년간뿐이었다. 당시 그녀의 남편 아케나텐이 태양신 아텐을 제외한 모든 이집트 신격 숭배를 엄격하게 금지하고, 오직 파라오만이 아텐에게 직접 제사를 올리던 때였다.[6] 고고학자들은 스카라베를 이용하여 난파선의 연대를 추정했다. 그 스카라베는 기원전 1350년 네페르티티가 권력을 장악하기 이전에 만들어졌을 수밖에 없고, 따라서 난파선 또한 그 이전에 출발했을 것으로 추정되기 때문이다.

고고학자들이 난파선의 연대를 추정하는 방법은 3가지가 있었다. 첫번째 방법은 배의 갑판을 만드는 데 사용한 목재 가운데 수명이 길지 않은 종류를 골라서 방사선탄소동위원소 검사를 하는 것이었다. 두번째는 배의 용골을 만드는 데 사용된 나무의 나이테 자료를 활용하여 연륜연대학에 의거하는 것이었다. 세번째는 일상적으로 사용되었던 미케네와 미노아식 토기류의 양식을 조사하는 것이었는데, 이 방법으로 보면 기원전 14세기 말로 추정되었다. 3가지 서로 독립적인 방법으로 배가 가라앉은 연도를 조사를 해보았더니 다 같이 기원전 13세기가 시작되는 첫 해인 1300년경에서 불과 몇 년이 가감되는 정도의 추정치가 나왔다.[7]

배에서 조그만 나무판 하나가 발견되었는데, 원래 상아로 만든 손잡이가 붙어 있었고, 항아리 속에 보관되어 있었다. 배가 가라앉은 뒤에는 항아리에 물이 차서 물 속에 떠 있었을 것이다. 호메로스의 "파멸의 기호가 적힌 태블릿"(II, 6. 178)을 떠올리게 하는 이 나무판은 이라크 님루드에서 발견된 유사한 종류의 태블릿보다 500년이나 앞서는 것이다. 여기에는 배의 운항 기록이나 적재 화물 목록이 적혀 있었을 것으로 추정된다. 그러나 나무판 양쪽의 칠이 벗겨지면서 오래 전에 훼손되어버렸고, 현재로서는 아무 것도 기록된 것이 없다.[8] 따라서 지금도 그 배에 실렸던 화물이 이집트 왕이 미케네 왕에게 보냈던 왕의 선물인지, 아니면 지중해 연안의 항구를 돌며 물건을 사고 팔았던 무역상의 상품인지 분명하지 않다. 앞에서 가정해보았던 것처럼, 멀리 원재료를 사러 갔다 오는 길이었을 수도 있다. 난파선에 실려 있던 원재료들은 필로스 같은 미케네 궁정에서 일하던 장인이나 수공품 가게에서 꼭 필요한 품목들이었다. 그 원재료들을 재가공해서 만들었던 향료나 기름, 유리구슬 목걸이 같은 장신구는 매우 수요가 높았다.

울루부룬 배를 누가 그리로 보냈는지, 어디로 가고 있었으며 그 이유는 무엇인지, 우리는 결코 알 수 없을 것이다. 그러나 분명한 것은, 기원전 13세기 초, 지중해 동부와 에게 해 전역에 걸쳐 수행되었던 국제적 무역과 접촉의 축소판이 그 배에 실려 있었다는 사실이다. 화물의 출발지가 최소한 7군데 이상이었으며, 난파선이 가나안의 배였음에도 불구하고, 선원들의 소지품을 조사해본 결과 최소한 두 명 이상의 미케네인이 배에 타고 있었다. 분명 이 배는 어느 고립된 문명이나 왕국이나 지역에 속해있지 않았다. 오히려 무역과 이주민과 외교와 심지어 전쟁이 벌어졌던 서로 연결된 사회에 속해 있었다. 그 때가 사실상 최초의 글로벌 시대였던 것이다.

우가리트의 시나라누

울루부룬의 난파선이 가라앉은 이후 약 50년이 지나 이와 같은 배와 관련된 기록을 담고 있는 어떤 편지가 작성되었다. 시리아 북부 우가리트에서 시나라누라는 이름의 상인이 크레타 섬으로 보낸 편지였다. 사실상 공식 문서였는데, 진흙 태블릿에 아카드어를 사용했고 쐐기문자로 표기되었다. 편지에는 시나라누의 배가 크레타 섬에서 돌아오면 왕에게 세금을 낼 필요가 없다는 내용이 적혀 있다. 시나라누의 편지에서 관련된 대목을 번역해보면 다음과 같다. "우가리트의 왕, 닉메파의 아들, 암미스탐루께서 시기누의 아들 시나라누에게. … 궁전으로 보내야 할 그의 [곡식], 그의 맥주, 그의 [올리브] 오일을 보내지 않아도 된다고 허락해 주셨다. 그의 배가 크레타에서 돌아올 때 세금은 없다."[9]

다른 자료를 보면 시나라누는 우가리트의 부유한 상인이었다.(그러한 상인을 특별히 아카드어로 탐카르Tamkār라 칭했다.) 그는 우가리트의 왕 암미스탐루(Ammistamru) 2세 시대에 활발하게 활동했던 사람이다. 최근 밝혀진 암미스탐루의 재위 연대(약 기원전 1260년에서 1236년 사이)에 비추어 보면, 시나라누가 기원전 1260년경 우가리트에서 크레타 섬을 왕복하는 배를 보냈던 것은 분명하다. 크레타 섬에서 돌아오는 배에 어떤 화물이 실렸는지는 알 수 없다. 다만 곡식과 맥주, 올리브 오일이 포함되었던 것은 추정할 수 있다. 최소한 이 편지를 통해 기원전 13세기 중반 시리아 북부와 크레타 섬 사이에 상업적 연계가 있었던 것만은 확인할 수 있다. 또한 3,200년 이전에 국제 무역에 직접 관련되었던 사람의 이름도 확인할 수 있다. 울루부룬의 난파선과 시나라누가 소유했던 배의 종류나 실었던 화물이 그렇게 달랐던 것 같지는 않다.

또한 그 시대 배와 화물을 보내고 받았던 사람이 시나라누 혼자만은 아니었다는 것도 알 수 있다. 그리고 면세를 보장받았던 사람도 그

혼자만이 아니었다. 암미스탐루 2세는 이집트, 아나톨리아 등지로 운행하던 다른 배에 대해서도 비슷한 명령을 내렸다. "오늘 이후 암미스탐루, 닉메파의 아들, 우가리트의 왕은 …[텍스트 훼손]…빈-야수바와 빈-? … 과 그의 아들은 영원히, 이집트로 갈 때나 하티와 Z의 땅 [?]으로 갈 때나, 궁전로 갈 때나, 궁전의 감독관에게 갈 때, 어떠한 보고도 할 필요가 없다." [10]

카데쉬 전투와 그 여파

시나라누를 비롯한 상인들이 활동할 당시 우가리트는 아나톨리아 지역 히타이트 제국의 통제를 받고 있었고, 그 제후국이었다. 기원전 14세기 수필루리우마 1세 시절부터 내내 그러한 상황이었다. 당시 맺어진 협정에는 우가리트가 히타이트의 제후국으로서 지켜야 할 의무가 상세하게 명시되어 있었다.[11] 히타이트의 종주권은 더 멀리 시리이 남부의 카데쉬까지 미쳤지만, 그 이상 나아가지는 못했다. 이집트가 히타이트의 확장을 막았기 때문이다. 히타이트와 이집트의 주요 전투는 기원전 1274년 카데쉬 지역에서 벌어졌다. 시나라누가 크레타 섬으로 배를 보냈던 것보다 약 15년 내지 20년 전의 일이었다. 이 전투는 고대 사회의 가장 큰 전쟁 중 하나였으며, 잘못된 정보를 퍼뜨려 적을 교란시켰던 최초의 사례이기도 하다.

카데쉬 전투는 하티의 무와탈리 2세와 이집트의 람세스 2세 사이에 벌어졌던 전쟁이다. 무와탈리는 히타이트 제국을 남쪽으로 가나안까지 확대하고자 했고, 람세스 2세는 수십 년 동안 이어져왔던 것처럼 카데쉬를 국경으로 현상유지하고자 했다. 이 전쟁에 대한 히타이트 측의 기록은 없지만, 이집트의 다섯 개 사원에 있는 서로 다른 2가지 기록을 비교 검토함으로써 전투의 세부 상황과 그 결과에 대해서 알 수 있다. 왕들의 계곡 근처에 있는 람세스 2세의 무덤 사원을 비롯하여 카르낙, 룩소르, 아비도스, 아부 심벨의 사원에 그 기록이 남아 있다. 두 기록 중 짧은 것은 전투 장면 벽화와 함께 기록되어 있는데, "보고(Report)" 혹은 "연보(Bulletin)"라고 알려져 있다. 더 긴 것은 "시(Poem)" 혹은 "문학적 보고(Literary Record)"라고 불린다.[12]

당시 전투는 특히 험악했다. 한 곳에서 승리했던 자가 다른 곳에서는 패하며 일진일퇴를 거듭했다. 전쟁 결과 누구도 승자는 없었다. 양대 세력의 분쟁은 마침내 평화 조약에 서명함으로써 막을 내렸다.[13]

히타이트가 두 사람을 이집트로 보낸 뒤 전투에서 가장 흥미진진한 드라마가 시작되었다. 이집트의 기록에 의하면 그들의 이름은 쇼슈 베두인이었다. 그들은 이집트군 내부로 파견된 스파이였다. 그들은 도망을 치다가 아슬아슬하게 이집트군에게 사로잡히는 장면을 연출했다. 아마도 한참 동안 고문을 견딘 후 스파이들은 잘못된 정보를 흘렸다.(이것은 인류 역사상 기록된 최초의 스파이 사례일 것이다.) 그들이 이집트에 제공한 정보에 의하면 히타이트는 아직 카데쉬 근처에 도착하지 못했고 훨씬 더 북쪽에 있는 시리아 북부 아무루 지역에 머물러 있다고 했다. 람세스 2세는 이들의 말을 전해 듣고는 아무런 확인 절차도 없이 전속력으로 전진했다. 4개의 부대 중 제1진 아문(Amun) 부대를 직접 이끌고 히타이트의 최전방 카데쉬를 향해 달렸다.[14]

사실 히타이트 군대는 이미 카데쉬에 도착해 있었다. 그들은 부대를 소규모로 나누어 도시의 북쪽과 동쪽 성벽에 바짝 붙어 있었다. 남쪽에서 다가오는 이집트군에게는 성벽 때문에 히타이트 군대가 보이지 않았다. 이집트 군대의 제1진이 도시 북쪽에 캠프를 설치했을 때, 람세스의 부하들은 또 한 번 히타이트의 스파이 두 명을 사로잡았다. 이번에 잡힌 스파이들은 사실을 그대로 실토했다. 그러나 때는 이미 너무 늦었다. 히타이트 군대는 성벽을 따라 시계 방향으로 우회하여 이집트군 제2진을 곧바로 공격했다. 이집트군 제2진은 레(Re)라고 하는 이름의 부대였는데, 완벽한 기습을 당해 궤멸적인 타격을 입었다. 북쪽으로 흩어져 도망치던 레 부대의 패잔병들은 거의 모두가 히타이트 군에게 잡혀 포로가 되었다. 곧이어 람세스와 아문 부대도 캠프에서 앉은 채로 같은 꼴을 당했다.[15]

양측의 밀고 밀리는 치열한 전투가 계속되었다. 이집트군이 거의 패할 지경에 이르러 람세스의 목숨까지 위태로웠을 때, 람세스는 혼자 힘으로 자신과 부하들을 구해냈다. 이집트 사원의 벽에는 다음과 같은 글이 기록되어 있다.

그 때 폐하께서 말을 달려 앞으로 나아가 하티의 전사자들 사이로 뛰어들었다. 그는 혼자였고 주변에는 아무도 없었다. … 전차 2,500대, 그리고 하티와 다른 많은 외국 전사들의 시체가 그를 둘러싸고 있었다.

갑자기 서술은 1인칭으로 바뀌어 파라오가 말한다.

나는 아버지 아문을 소리쳐 불렀다. 내가 알지 못하는 것들 사이에 둘러싸여 있을 때였다. … 내가 부르는 소리를 듣고 아문께서 나에게 다가오는 모습이 보였다. 아문은 나에게 손을 내밀었고 나는 마음을 놓았다. … 모든 것은 내가 하는 대로 이루어졌다. … 오른손으로 쏘았고 왼손으로 움켜잡았다. 나를 둘러싸고 있던 2,500대의 전차가 나의 말 앞에서 쓰러졌다. 그 중의 한 놈도 감히 팔을 들어 싸우는 자가 없었다. … 악어가 물에 처박히는 것처럼, 나는 그들을 내동댕이쳤다. 그들의 얼굴을 땅에 처박았고, 그 위에 다른 놈을 처박았다. 나는 원하는대로 그들을 죽였다.[16]

그가 혼자서 그 많은 사람을 죽였다는 것은 분명 과장이겠지만, 파라오가 스스로 상당수의 적들을 헤쳐나온 것만은 사실에 가까울 것이다. 다른 기록에서는 전차가 3,500대에다 보병 37,000명을 포함하여 모두 47,500명의 군대를 파라오가 물리쳤다고 한다.[17] 과장된 기록을 감안하고 보더라도 람세스 2세와 이집트의 선두 부대 2진은 다른 두 부대가 도착해서 길을 뚫어줄 때까지 히타이트 군대에 포위되어 있었을 것이다.[18]

결국 전투는 비겼고, 양대 세력의 국경은 여전히 카데쉬로 정해졌으며, 이후 이에 대한 변경이나 도전은 없었다. 그로부터 50년 후, 기원전 1259년 11월 혹은 12월, 시나라누가 우가리트에서 크레타 섬으로 배를 보냈던 바로 그 때, 람세스 2세와 히타이트의 왕 하투실리 3세(무와탈리 2세는 전쟁 이후 2년만에 사망했다.) 사이에 평화 조약이 체결되었다. 이는 아마도 고대 세계에서 가장 잘 보존된 가장 유명한 조약일 것이다. 실버 조약이라고 알려진 이 조약은 두 가지 버전으로 만들어졌다. 하나는 히타이트에서, 다른 하나는 이집트에서 만든 것이다. 히타이트 버전은 원래 아카드어로 작성되어 은판에 기록되어 이집트로 보냈고, 그것을 이집트어로 번역하여 람세스의 무덤 사원과 카르낙의 아문 신전 벽에 기록해 두었다. 마찬가지로 이집트어 버전은 아카드어로 번역되었고 하투사로 보냈는데, 고고학자들이 불과 수십 년 전에 하투사에서 그것을 발굴해냈다.[19] 이집트 사원 벽에 기록된 히타이트 버전은 이렇게 시작된다.

세 명의 사신이 왔다. 하티의 첫번째와 두번째 사신은 틸리 테숩과 라모스이고 칼케미쉬의 사신은 야푸실리이다. 그들은 하티의 위대한 왕 하투실리가 파라오에게 전해주라고 한 은판을 가지고 왔다. 그의 사신 틸리 테숩과 라모스이 손으로 들고 왔다. 남북 이집트의 왕, 레의 아들, 우시마레 세테펜레, 람세스 2세에게 평화를 청하기 위하여.[20]

그로부터 13년 후, 아마도 하투실리가 개인적으로 이집트를 방문한 뒤, 람세스 2세는 하투실리의 딸과 결혼식을 올렸다. 이로써 양자의 조약과 관계는 더욱 단단해졌다.[21]

그(하투실리)가 가장 큰 딸을 데리고 왔다. 그녀와 함께 굉장한 조공품도 따라 왔다. 금, 은, 주석이 충분했고, 노예와 말도 끝이 없었으며, 소와 염소와 양도 수만 마리에 이르렀다. 그들은 셀 수 없이 많은 물건을 남북 이집트의 왕, 레의 아들, 우시마레 세테렌레, 람세스 2세에게 바쳤다. 그 때 누군가 파라오에게 말했다. "보십시오, 하티의 위대한 왕이 맏딸과 온갖 종류의 조공품을 보내왔습니다. 하티의 공주와 하티의 귀한 자들이 함께 왔습니다."[22]

이와 함께 히타이트와 이집트는 평화를 선언했을 가능성이 크다. 그들은 서로 싸우는 대신 각자가 기원전 1250년에 있었던 다른 두 가지 사건에 주의를 기울여야 했을 것이다. 두 사건 모두 아직 전설로 전해질 뿐 확인된 바는 없지만, 오늘날까지도 유명한 사건들이다. 바로 트로이 전쟁과 유대인 탈출 문제이다. 히타이트는 아나톨리아에서 트로이 전쟁에 힘을 쏟아야 했고, 이집트 또한 유대인들의 이집트 탈출 문제를 처리해야 했다. 이 두 사건에 대한 논의에 앞서 먼저 무슨 일이 있었는지 보기로 하자.

트로이 전쟁

카데쉬 전투가 한창일 때 히타이트는 또 다른 전선으로 바빠지게 되었다. 아나톨리아 서부 전선이었다. 그곳에서 히타이트는 반란 세력을 진압해야 했다. 그 일은 미케네인의 자료에 상세하게 기록되어 있다.[23] 이는 한 나라의 정부가 다른 나라의 힘을 약화시킬 목적으로 고의적으로 반란을 지원한 역사상 최초의 사례일 것이다. (카데쉬 전투로부터 3,200년이 지난 후 레바논을 약화시키기 위해 이란이 헤즈볼라를 지원했던 일을 생각해 보라.)

그 때가 기원전 13세기 중반이었고, 당시 히타이트의 왕은 무와탈리 2세였다. 히타이트 반란군의 수도 하투사에 보관되어 있던 국립문서보관소의 텍스트를 통해 이 사건이 처음 알려졌다. 반란군의 우두머리는 피야마라두였다. 그는 아나톨리아 서부 밀레투스 지역의 상황을 불안정하게 만들고자 하였다. 그는 이미 그 지역을 다스리던 히타이트의 제후왕 마나파 타르훈타를 성공적으로 물리쳤다. 피야마라두는 아마도 아히야와(즉 청동기 시대의 미케네)의 암묵적인 혹은 공공연한 동조 하에 일을 벌였던 것 같다.[24]

피야마라두의 반란은 기원전 13세기 중반 히타이트의 다음 왕 하투실리 3세 때까지도 계속되었다. 학자들이 "타와갈라와 편지"라고 부르는 편지를 통해 이를 알 수 있다. 히타이트의 왕은 아히야와의 왕(이름은 알려지지 않음)에게 편지를 보냈다. 하투실리 3세는 아히야와의 왕을 "위대한 왕" 혹은 "형제"라고 불렀다. 이는 양자가 동등한 위상이었다는 의미를 함축하고 있다. 이집트의 파라오 아멘호텝 3세나 아케나텐이 바빌론이나 미타니 혹은 앗시리아에 100년 혹은 그 이전에 보냈던 편지에서도 그러한 호칭을 사용했다는 사실은 앞에서 살펴본 바와 같다. 히타이트와 아히야와 사이에 오갔던 편지들을 통해 당시 에게 해 지역과 근동 지역의 사건이 어떤 상황에서 벌어졌는지 이해할 수 있다.[25] 〈타와갈라와 편지〉는 피야마라두의 반란에 관한 내용을 담고 있다. 그는 여전히 서부 아나톨리아 지역 히타이트의 영토를 공격하고 있었다. 그는 정착한 지 얼마 되지 않은 이주민이었고, 배를 타고 아히야와의 영역, 아마도 아나톨리아의 서부 해안에서 가까운 섬까지 여행했을 것이다.[26] 타와갈라와 편지의 세번째 페이지(즉 점토판. 앞의 두 페이지는 소실되고 없음)에 타와갈라와에 대한 내용이 나온다. 그는 아히야와 왕의 형제라고 하며, 당시 아나톨리아 서부에 있었는데, 히타이트에 맞설 전사들을 모집했다고 한다. 흥미롭게도 타와갈라와는 예전에 히타이트의 왕과 같은 전차에 함께 탔던 적도 있었다고 한다.[27] 이는 히타이트와 미케네인들이 그 이전에는 당시보다 사이가 좋았음을 알 수 있는 대목이다.

편지에는 미케네와 히타이트 사이의 분쟁에 대한 내용도 들어 있다. 아나톨리아 북서쪽에 위치한 윌루사란 지역에 대한 분쟁이었다. 이 지역은 앞에서도 언급된 바 있었다. 거의 200년 전에 있었던 아수와 반란을 이야기할 때였다. 히타이트와 미케네는 같은 지역을 두고 다시 한 번 다투게 되었던 것 같다. 현대 학자들은 그 지역이 트로이 혹은 트로드 지역이었다고 말한다. 편지에 적혀 있는 날짜로 보건대 그 때는 기원전 13세기 중반이었다. 그러니 트로이 전쟁에 관한 이후 그리스의 전설과 어떤 관련이 있지 않을까 하는 생각을 해볼 수 있는 것이다.[28]

●●●

전통적으로 트로이 전쟁 이야기는 기원전 8세기 그리스의 장님 시인 호메로스가 지었고, 이른바 에픽 사이클(Epic Cycle, 지금은 소실된 서사시 부분을 추가한 대목)과 후대 그리스 희곡이 덧붙여진 것으로 익히 알려져 있다. 트로이의 왕 프리암의 아들 파리스는 외교 임무를 띠고 아나톨리아 북서부에서 출발하여 그리스 본토에 있는 스파르타의 왕 메넬라우스에게 갔었다. 그곳에서 파리스는 메넬라우스의 아름다운 아내 헬레나와 사랑에 빠졌다. 파리스는 헬레나를 데리고 집으로 돌아왔다. 트로이 측에서는 헬레나가 원해서 같이 왔다고 하고, 그리스 측에서는 강제로 납치되었다고 주장했다. 격분한 메넬라우스는 미케네의 왕이자 그리스의 지도자인 형 아가멤논을 설득하여 전함 1,000척과 병사 5,000명을 트로이로 보내 헬레나를 찾아오자고 했다. 결국 10년간의 전쟁 끝에 그리스가 이겼다. 트로이는 약탈당했고, 주민 대부분은 살해당했으며, 헬레나는 메넬라우스와 함께 스파르타의 집으로 돌아왔다.

여기에는 물론 해소되지 않는 의문이 적지 않게 남아 있다. 트로이 전쟁이 정말 일어났을까? 트로이라는 곳이 정말로 존재하기는 했을까? 호메로스의 이야기 속에는 얼마만큼의 진실이 들어 있을까? 헬레나의 얼굴이 "전함 1,000척을 띄울 만큼" 그렇게나 아름다웠을까? 트로이 전쟁은 정말 한 여자에 대한 한 남자의 사랑 때문에 일어났을까? 아니면 다른 이유, 즉 땅이나 세력을 차지하는 전쟁에 단지 명분이 필요했던 것은 아닐까? 트로이 전쟁이 언제 일어났는지에 대해서는 고대 그리스인들조차 확실하게 연도를 알지 못했다. 고대 그리스 작가들 사이에서도 추정 연대로 최소한 13가지 다른 의견이 있었다.[29]

하인리히 슐리만이 19세기 중반 트로이 유적을 찾고 있을 당시, 대부분의 유럽 학자들은 트로이 전쟁이 단지 전설에 불과하고, 트로이라는 것이 존재했던 적이 없다고 생각했다. 슐리만은 그들이 틀렸다는 것을 증명하고자 했다. 그는 성공했고, 모두가 깜짝 놀랐다. 이 이야기는 여러 차례 반복되었기 때문에 여기서 굳이 자세하게 언급하지는 않겠다.[30] 그는 9개의 도시를 발견했고, 그 중에서 최고는 히사를리크에 있는 도시 유적지인데, 대부분의 학자들은 그곳이 고대 트로이였다고 믿고 있다. 그러나 9개의 도시 중 어느 것이 프리암의 트로이인지는 분명하지 않다. 슐리만이 처음 발굴을 시작한 이래로 트로이를 찾아 나선 발굴단이 몇 팀 더 있었다. 1930년대에는 빌헬름 되르프펠트, 칼 블레겐, 그리고 신시네티 대학이 발굴을 기획했다. 1980년대부터 오늘날까지는 만프레드 코프만과 에른스트 페르니카, 그리고 튀빙엔 대학이 발굴을 진행하고 있다.

6번째 도시(트로이 VI)의 파괴 연대에 대해서는 아직도 논란이 있다. 처음에는 기원전 1250년경으로 추정되었는데, 아마도 그보다는 조금 이른 기원전 1300년경이었던 것 같다.[31] 그곳은 아주 부유한 도시였다. 메소포타미아, 이집트, 키프로스뿐만 아니라 미케네인의 그리스로부터 수입한 물건들이 출토되었다. 또한 그곳은 "유력한 지방 도시"라고 불릴 만했다. 그 위치가 미케네 세계에서도 주변부였고, 히타이트 제국에서도 주변부였다. 그래서 그곳이 청동기 시대 고대 지중해 세계의 주요 세력들 사이에 놓이게 된 것이다.

되르프펠트는 미케네인들이 그 도시(트로이 VI)를 점령했고, 완전히 불태워버렸다고 생각한다. 그리고 그 사건이 호메로스 이야기의 기초가 되었다고 한다. 몇십 년 후 추가 발굴을 진행했던 칼 블레겐은 이에 동의하지 못한다. 그는 인간이 아니라 지진에 의해서 도시가 파괴되었다는 확고부동한 증거를 모아서 책을 출간했다. 그가 제시한 증거들 중에는 도시 파괴에 대한 증거들, 예컨대 일탈된 성벽이나 무너진 탑 등도 있었지만, 화살도 없었고, 칼도 없었으며, 전쟁의 잔재라고 할 만한 것도 없었다.[32] 현재로서는 칼 블레겐이 발견한 도시 훼손 유형이 에게 해와 근동 지역뿐만 아니라 그리스 본토의 미케네와 티린스 등 다른 많은 유적지에서도 비슷하게 나타나고 있다. 이들 도시를 파괴한 지진이 청동기 시대 후기 동일한 시점에 발생했던 것은 아니다. 이에 대해서는 뒤에서 다시 보게 될 것이다.

칼 블레겐은 또한 그 다음 도시, 즉 트로이 VIIa가 프리암의 트로이로 유력하다고 생각했다. 그 도시는 기원전 1180년경에 파괴되었던 것으로 추정된다. 그리고 도시를 공격했던 사람들도 미케네인이 아니라 해양민족들이었던 것으로 추정된다. 그러나 어떤 식으로든 분명하게 입증되지는 않았다. 이 이야기는 이쯤에서 잠시 멈추고 다음 장에서 기원전 12세기를 논할 때 다시 언급하기로 한다.

기원전 13세기 해외 교류와 그리스 본토

다시 그리스 본토의 미케네로 돌아가보자. 주목해야 할 것은 기원전 1200년경 거대한 성벽이 축조되었다는 사실이다. 성벽들은 지금도 우리가 볼 수 있다. 성벽과 함께 다른 구조물들도 건축되었다. 아마도 방어를 위한 구조물이었던 듯하다. 예를 들면 샘이 있는 곳까지 이어지는 지하 터널 수로 같은 것인데, 이를 통해 성을 방어하는 동안 성을 떠나지 않고 물을 공급받을 수 있었다.

유명한 라이온 게이트도 이 시기 미케네 성벽을 새롭게 보강하는 과정에서 성의 입구에 세워졌던 것이다. 이러한 것들이 단지 성을 보호하는 방어 구조물로 건축된 것일까? 아니면 세력과 부를 과시하기 위한 것이었을까? 요새화된 성벽과 라이온 게이트는 거대한 돌로 만들어졌다. 그 돌이 워낙 커서 사람들은 "거인 석공 키클로프" 이야기를 하게 되었다. 후대 그리스인들이 보기에, 전설 속의 외눈박이 거인 키클로프의 야생적인 강력한 힘이 아니라면 그렇게 큰 돌을 차곡차곡 쌓지 못했을 것 같았다. 흥미롭게도 비슷한 건축물, 즉 미케네 궁전 지역, 예컨대 미케네와 티린스 등에서 발견되는 내벽쌓기 아치형 복도와 비밀 지하 수로 시스템 등이 같은 시기 히타이트 건축물에서도 발견된다.[33] 누가 누구에게 영향을 준 것인가 하는 점은 학자들의 논쟁거리지만, 비슷한 건축물이 있었다는 사실은 두 지역 사이에 어떤 식으로든 상호 접촉과 영향이 있었음을 의미한다.

미케네 양식 항아리가 지중해 동부 지역의 기원전 13세기 유적에서 발견되었고, 이집트와 키프로스, 가나안 등지에서 수입된 수입품이 에게 해 지역 같은 시기 유적에서도 발견되었다. 이로써 당시 미케네가 이집트, 키프로스 등 근동 지역 주요 세력들과 교역을 했음을 알 수 있다. 그 무렵 미케네인들이 미노아인들로부터 무역로를 접수했고, 이후 앞에서 언급된 시대에 교역량이 증대하였다.

티린스 유적은 그리스 본토의 펠로폰네소스 지역에 위치하고 있다. 이곳에서 고고학자들은 기원전 13세기 티린스에 거주했던 키프로스인 집단에 관한 문헌 자료를 최근에 발굴해냈다. 앞서 다른 학자들이 기원전 13세기 티린스와 키프로스 섬 사이에 상업적 연관이 있었다고 주장했었는데, 그러한 주장과 일치하는 자료가 발견된 것이다. 특히 어떤 종류의 금속 가공, 도자기 제조 등이 티린스에 있던 키프로스인들이 담당했던 일인 것 같다. 대체로 와인, 올리브 오일 등의 화물을 운송할 때 사용했던 미케네의 운송 화물 점토판 기록이 바로 이 시기의 것이다. 점토판은 키프로스-미노아식 기호로 작성한 뒤 불에 구워서 만들었다. 그 기호가 아직 완전히 해독되지는 못했지만, 물품이 키프로스의 어느 시장에 공급하기 위해 만들어진 것만은 분명하다.[34]

그런데 필로스와 미케네 본토의 여러 유적지에서 발견된 선형문자B 점토판에서는 무역이나 외부 세계와의 접촉에 관련된 내용이 전혀 나오지 않는다. 그나마 비슷한 것이라면 근동 지역의 차용어가 쓰였다는 것뿐이다. 외래어는 물품과 함께 들어오기 마련이다. 예를 들면 참깨, 금, 상아, 쿠민을 뜻하는 어휘들이다.(선형문자B에서 참깨(sesame)는 sa-sa-ma로 기록되어 있다. 이는 우가리트어 ššmn, 아카드어 šammaššammu, 후르리어 sumisumi 등에서 온 말이다.)[35] 선형문자B 점토판에는 ku-pi-ri-jo 라는 어휘가 등장하는데, 이는 "키프로스"를 뜻하는 말이다. 크노소스 점토판 중에서 이 어휘는 최소 16번 등장한다. 문맥상 향료를 뜻하거나, 조금 변형된 형태로 모직물, 오일, 꿀, 병, 약품(연고)의 원료 등을 뜻하기도 한다. 필로스 점토판에서는 목축이나 청동기 제조와 관련이 있는 어떤 민족을 지칭하는 어휘로 사용되었다. 그리고 모직물, 천, 명반(alum) 등의 물품을 언급할 때도 사용되었다. 이는 기원전 13세기 말 필로스에 키프로스 사람들이 살았음을 의미한다.³⁶ 다른 어휘 a-ra-si-jo도 마찬가지로 키프로스와 관련이 있는 어휘이다. 근동 지역에서는 키프로스가 알라쉬야로 알려져 있었다. 아카드어로는 a-la-ši-ia, 이집트어로는 'irs3, 히타이트어로는 a-la-ši-ia, 우가리트어로는 altyy였다.³⁷

필로스의 선형문자B 텍스트에는 아나톨리아 서부 지역 사람을 뜻하는 민족 명칭들이 있었는데, 주로는 여성 노동자를 뜻하는 어휘였다. 그러한 명칭들은 다 같이 아나톨리아 서부 해안 지역과 관련이 있다. 예를 들면 밀레투스, 할리카르나수스, 크니두스, 리디아 등이다. 필로스 점토판에서 언급되는 사람들이 트로이 여인들일 수도 있다고 주장했던 학자도 최소한 한 명 이상은 있다. 이들은 모두 미케네인들이 아나톨리아 서부 해안 지역 혹은 그 인근의 섬들을 침략했을 때 잡혀 온 여인들로 추정되었다.³⁸

필로스와 크노소스의 선형문자B 텍스트에서 논란이 되는 어휘들도 몇 가지 있다. 아마도 가나안 지역 귀족(에 속하는 어떤 개인)을 뜻하는 어휘로 추정된다. 예를 들면 Pe-ri-ta(베이루트 사람), tu-ri-jo(티르 사람), po-ni-ki-jo(페니키아 사람 혹은 페니키아 향료) 같은 것들이다. A-ra-da-jo(아라드 혹은 아르바드 사람)라는 어휘는 크노소스 점토판에서만 등장한다.³⁹ 이러한 이름들은 원래 이집트어였는데, 가나안을 거쳐 유입된 것으로 보인다. 말하자면 mi-sa-ra-jo는 이집트인인데, a3-ku-pi-ti-jo는 멤피스인 혹은 이집트인이다. 첫번째 어휘, 즉 mi-sa-ra-jo는 틀림없이 이집트를 뜻하는 셈어 Miṣraim에서 온 말이다. 이 어휘는 메소포타미아와 가나안 지역에서 아카드어나 우가리트어로 기록된 고문서에 흔히 등장한다. 두번째 어휘, 즉 a3-ku-pi-ti-jo 도 또한 이집트를 뜻하는 근동 지역 언어에서 파생된 말로 추정된다. 상하 이집트와 도시 멤피스를 뜻하는 우가리트어는 Hikupta였다. 그런데 이 어휘가 크로노스의 선형문자B 태블릿에서는 크레타 지역에서 양 80마리를 기르는 어떤 개인의 이름으로 사용되었다. 그의 이름이 "이집트인"이었던 걸까?[40]

선형문자B 태블릿에 등장하는 이러한 모든 외래어 및 사람 이름은 틀림없이 청동기 후기에 에게 해 지역이 이집트 및 근동 지역과 접촉이 있었다는 사실을 보여준다. 특정 사건 기록이나 교환 물품에 대한 기록이 없다는 사실 자체는 놀라울 일이 아니다. 왜냐하면 우리는 가장 마지막 기록만 가지고 있기 때문이다. 이는 우연히 파괴의 불길 속에 휘말려 남아 있었던 것일 뿐이다. 보통은 물로 점토판 표면을 문질러 글자를 씻어내고 매년 혹은 필요할 때마다 다시 사용했다. 더욱이 미케네인들은 오직 궁정의 경제적 활동에 대해서만 기록을 남겼다는 사실을 우리는 알고 있다. "외무부 문서 보관소"에 해당하는 어떤 곳이 여러 미케네 유적지 중 어딘가에 있을 수도 있다. 이집트의 아마르나와 아나톨리아의 하투사에서는 그런 곳이 있었기 때문이다.

엑소더스와 이스라엘 정복

기원전 1250년경의 트로이 전쟁, 그리고 도시 트로이에 대해서는 우리가 가진 자료가 지나치게 많다. 그럼에도 불구하고 아직 결론을 내지 못했다. 비슷한 시기에 있었던 다른 사건에 대해서는 자료가 훨씬 빈약하고 결론도 훨씬 더 멀리 있는 것 같다. 바로 유대인의 이집트 탈출 사건, 구약성서의 〈출애굽기〉에 나오는 이야기 말이다.

성서의 내용에 따르면 이름은 알 수 없지만 어떤 파라오 재위 시절 모세가 이집트에서 노예 생활을 하던 이스라엘 사람들을 이끌고 나왔다고 한다. 유대인들은 이집트에서 몇 세기 동안은 자유민으로 살았다고 한다. 〈출애굽기〉에 따르면 유대인들은 야곱이 살아 있을 당시 이집트로 들어가 400년을 살았는데, 처음 들어갔던 때가 기원전 17세기경이었다고 한다. 만약 그렇다면 그들은 힉소스인이 이집트를 지배하던 시기에 이집트에 들어간 셈이고, 아마르나 시대를 포함해서 청동기 시대 후기가 전성기를 구가할 때까지 이집트에 살았다는 말이 된다. 1987년 프랑스의 이집트학자 알랭 지비는 아페르-엘이라는 남자의 무덤을 발굴했다. 그의 이름은 셈족의 이름인데 기원전 14세기 파라오 아멘호텝 3세와 아케나텐 재위 기간에 수상으로 재직했던 사람이다.[41]

다시 성서의 이야기로 돌아가서, 유대인의 신이 이집트에 10가지 질병을 퍼뜨리자, 이집트의 파라오는 소규모 이민족 집단인 유대인들을 굳이 붙잡아둘 필요가 없다고 생각하게 되었고, 그 후 모세가 이끌었던 유대인들은 이집트를 떠났다. 이스라엘 사람들이 시작했던 여행은 40년 동안이나 지속되었고, 마침내 자유의 땅 가나안으로 들어갔다고 한다. 그들이 방랑하는 40년 동안, 그들은 낮에는 연기 기둥을 따라 걸었고, 밤에는 불기둥을 따라 이동했으며, 때때로 하늘이 내려주는 만나를 먹고 살았다고 한다. 가나안으로 가는 도중에 그들은 시나이 산에서 10계명을 받았고, 언약궤를 만들어 계명을 담고 다녔다.

출애굽기에 나오는 이 이야기는 구약성서의 이야기 중에서 가장 유명한 이야기가 되었고, 오늘날도 유대인들은 그 날을 명절로 기념하고 있다. 그러나 이집트 탈출은 고대의 기록이나 고고학적 발굴로 증명하기가 가장 어려운 사건 중의 하나이기도 하다.[42]

성서의 이야기 중에서 실마리를 찾아보자면, 만약 이집트 탈출 사건이 실제로 있었던 일이라고 한다면, 그 사건은 기원전 13세기 중반에 벌어졌을 것이다. 왜냐하면 당시 유대인들은 파라오의 명에 따라 피톰과 람세스라는 "공급 도시"를 건설하느라고 바빴다고 하기 때문이다. 고대 도시에 대한 고고학적 발굴을 통해 볼 때 그 도시들은 기원전 1290년 세티 1세 시절에 건설을 시작한 것으로 추정된다. 세티 1세가 아마도 "요셉을 모르는 새로운 왕(출애굽기 1:8)"이 바로 그 파라오였을 것이다. 그리고 기원전 1250년경인 람세스 2세 시절에 도시가 완성되었다. 그가 아마도 이집트 탈출 당시의 파라오였을 것이다.

파라오 람세스 2세는 오늘날 이집트 관광객들이나 19세기 문학 애호가들에게는 잘 알려진 인물일 것이다. 셸리가 그의 유명한 시 〈오지만디아스(Ozymandias)〉에서 얘기하는 넘어진 석상이 바로 왕들의 계곡 인근에 있는 그의 무덤 사원의 석상이기 때문이다.

옛 땅에서 온 여행자를 만났다.
그는 말했다. '돌로 만든 두 개의 거대한 다리가 몸통도 없이

사막에 서 있더군요. 그 곁에는 모래벌에
깨진 두상이 반쯤 묻힌 채 떨어져 있었지요. 찌푸린 표정과
주름진 입술과 냉정한 명령의 냉기.
조각가는 그의 열정을 충분히 이해했어요.
열정을 새겼던 손과 열정을 먹여살렸던 심장이 떠난 뒤에도
열정은 아직 살아남았습니다, 여기 생명 없는 것들 속에 새겨진 채로.
발판에는 이런 말이 있었습니다.
"나의 이름은 오지만디아스, 왕 중의 왕이라.
나의 업적을 보라, 오 강대한 자들아, 그리고 절망하라!"
그 외에는 아무 것도 남은 것이 없었죠. 무너진 거대 석상의
파편 주위로 끝도 없이, 벌거벗은 채,
외로운 모래만이 겹겹이 멀리 뻗어 있었습니다.

이 시는 1818년에 출간되었는데, 쟝-프랑스와 샹폴리옹이 이집트 상형문자를 해독하는 데 성공한 지 불과 5년이 지난 때였다. 셸리는 고대 그리스 역사가 디오도루스 시쿨루스가 잘못 기록한 람세스 2세의 왕호 '오지만디아스'를 그대로 따라 썼다. 실제 그의 왕호는 "우제르-마아트-레 세테펜-레"였다.[43]

그러나 성서의 편년을 따르면 람세스 2세를 이집트 탈출 사건 당시의 파라오로 비정할 수가 없다. 성서에서는 〈열왕기(6:1)〉에 나오는 한 구절을 근거로 기원전 1450년경을 이집트 탈출 시기로 본다. 그 구절에 의하면, 이집트에서 탈출한 뒤 480년이 지나 솔로몬이 예루살

렘에 성전을 건축했다고 한다.(이 때가 기원전 970년경이다.) 그러나 이렇게 계산한 기원전 1450년은 투트모세 3세 재위가 끝나갈 무렵이라서 이집트가 여전히 근동 지역에서 강력한 세력을 떨칠 때였다. 앞에서 보았던 것처럼 투트모세 3세는 가나안 지역에 대해서도 강력한 통제력을 가지고 있었고 기원전 1479년 메기도 전투에서 전쟁을 수행하기도 했다. 그러니 이집트에서 탈출한 이스라엘 사람들이 가나안으로 도망치도록 놔두었을 리가 만무하다. 그리고 그 후계자 또한 유대인(이스라엘인)이 40년 동안 가나안 주변을 돌아다니다가 가나안에 정착하도록 놔두었을 가능성도 없다. 특히 이집트가 투트모세 3세 재위 이후 그 지역의 통제권을 강력하게 장악하고 있었기 때문이다. 더욱이 기원전 15세기와 기원전 14세기에 걸쳐 유대인(이스라엘인)이 그 지역에 있었던 흔적도 없다. 만약 기원전 1450년경 이집트 탈출 사건이 실제로 있었다면 그러한 흔적이 무언가 남아 있었을 것이다.

따라서 대부분의 고고학자들은 이집트 탈출 사건을 기원전 1250년경이라 생각한다. 이것이 성서의 연대와는 맞지 않지만 고고학과 역사학의 관점에서는 훨씬 더 잘 맞기 때문이다. 이 때가 람세스 2세의 재위 기간인데, 그가 성서에 등장하는 도시 피톰과 람세스 건설을 완성했기 때문에 기원전 1250년설은 더더욱 설득력이 있다. 또한 이 연대는 가나안 지역 도시들 상당수가 불특정 세력에 의해 파괴되었던 시기와도 맞아떨어진다. 이 때가 성서에서 말하는 바와 같이 이스라엘인들이 40년 동안 사막을 방랑한 뒤 가나안을 정복하고 정착했던 시기이기도 하다. 그리고 파라오 메르넵타의 이스라엘 비석(비석의 설립 연대는 기원전 1207년이다.)과도 시기상 맞아떨어진다. 이 비석은 성서 이외의 자료 중에서 '이스라엘'로 추정되는 표현이 최초로 등장하는 기록이다.[44]

이 비석은 파라오 메르넵타의 재위 5년에 설립되었다. 윌리엄 매튜 플린더스 페트리 경이 1896년 2월 메르넵타의 무덤 사원에서 이 비석을 발견했다. 그 무덤 사원은 오늘날 도시 룩소르에서 나일 강 건너편 왕들의 계곡 근처에 있다. 비문에 의하면 메르넵타가 가나안에 있는 "이스라엘"이라고 하는 사람들을 정복한 사건을 기념해서 이 비를 건립했다고 한다. 비문에서 특히 다음 대목이 주목할 만하다.

> 왕들은 모두 엎드려 말했다. "자비를 베푸소서!"
> 아홉 개의 활 앞에서 아무도 머리를 들지 못했다.
> 테네후는 황무지가 되었고, 하티는 점령되었다.
> 가나안은 가장 악날한 방식으로 약탈당했다.
> 아쉬켈론은 모두 끌려갔고, 게제르는 포로가 되었다.
> 야노암은 마치 존재한 적이 없었던 것처럼 사라졌다.
> 이스라엘은 황폐와되었고, 씨앗도 남지 않았다.
> 후르리는 이집트를 위한 과부가 되었다.
> 모든 땅은 다 같이 평정되었다.
> 가만히 있지 않았던 모든 자들은 붙잡혔다.[45]

이집트 탈출 사건과 관련이 있을 만한 수많은 곳에서 발굴이 이루어졌고, 이스라엘의 하조르와 시나이 북부의 텔 엘보르그도 최근에 발굴되었거나 발굴이 진행중이지만,[46] 엑소더스와 관련이 조금이라도 엿보이는 어떠한 역사적 증거도 발견된 바가 없었다. 아직까지 모든 이야기는 추론에 불과하다.

한편으로 생각하자면, 3,000년도 더 넘은 시기에 사막을 떠돌았던 이스라엘 사람들이 사용했던 유물이라면 도대체 뭐가 있을까 하는 생각도 든다. 만약 그들이 사막을 돌아다녔고, 정착된 건물에서 살지 않았다면, 아마도 텐트를 사용했을 것이다. 현재 베두인족들도 그렇게 살고 있다. 따라서 고고학자들이 엑소더스의 흔적을 보여주는 어떤 유물을 찾는다 하더라도 정착 건물 유지를 찾지는 못할 것이다. 그리고 텐트 기둥을 박았던 구멍의 흔적도 그렇게 오래도록 남아있을 리가 없다.

또한 성서에 기록된 것처럼, 이집트인을 괴롭혔던 10가지 재앙, 즉 개구리, 메뚜기, 부스럼, 파리, 우박, 첫 아이 살해 등을 확인해보려는 시도 또한 적지 않았지만 어느 것도 성공하지 못했고, 신뢰할 만한 결과를 도출한 적도 없었다.[47] 홍해를 갈랐다는 성서의 이야기에 대해서도 아무런 증거를 찾지 못했다. 성서에 기록된 현상을 설명하기 위해 셀 수 없이 많은 가설들(이들 중 상당수가 케이블 텔레비젼에서 방송되기도 했다.)이 제시되었다. 에게 해 산토리니 화산 폭발과 연결시켜 보기도 했다. 결국 이 모든 시도가, 고고학적이든 지질학적이든 어떤 식으로든 명확한 결론에 도달하지 못했다.

바다를 갈랐다는 이야기에 대해서 고고학자들이 도대체 무슨 유물을 찾는다는 것인지 의문을 가지는 사람도 있을 것이다. 물에 잠긴 파라오의 전차나 전차 전사 혹은 말과 무기라도 찾겠다는 것인가? 이 점에 대해서도 아직까지 밝혀진 것이 없다. 가끔 그렇다는 주장이 펼쳐지기는 한다.[48] 심지어 에게 해의 산토리니 화산 폭발로 인해 발생한 쓰나미가 바다를 갈랐다는 주장도 있다. 탄소동위원소 분석과 아이스 코어 분석에 따르면, 산토리니 화산 폭발은 최소한 기원전 1550년 이전으로 추정되며 기원전 1628년이 유력하다. 한편 이집트 탈출 사건은 기원전 1250년 혹은 아무리 빨라야 기원전 1450년으로 추정된다.[49] 따라서 적어도 한 세기(기원전 1550년에서 기원전 1450년 사이)의 간극이 있고, 아마도 실제로는 4세기(기원전 1628년에서 기원전 1250년 사이)의 차이가 있을 것이다. 홍해를 가르고 재앙이 닥쳤다는 성서의 이야기를 화산 폭발과 관련시켜 설명해보려는 노력은 말도 안 되는 헛수고에 불과하다.

유대교 성경에 들어 있는 〈여호수아서〉에는 이스라엘 사람들이 가나안의 도시를 공격하여 정복하는 사건이 상세하게 나온다. 그 이야기에 의거해서, 마치 메기도나 하조르, 베델, 아이 등지에서처럼, 가나안 지역에서도 어떤 파괴된 유적이 발견될 것으로 생각하는 사람도 있을 것이다. 그러나 〈판관기(사사기)〉에는 정복에 대한 이야기가 조금 다르다는 점을 기억할 필요가 있다.(과정이 더 길고 전투가 그만큼 치열하지 않다.) 〈판관기〉의 이야기에서는 이스라엘 사람들과 가나안 사람들이 여러 도시에서 함께 살았다고 한다. 문제는 다른 곳에서도 강조되었던 바와 같이[50] 당시 가나안 도시를 파괴했다는 성서의 이야기를 뒷받침해줄 고고학적 증거가 거의 없다는 사실이다. 메기도와 라치쉬 유적지가 파괴된 시기는 기원전 1130년경으로 약 1세기 후의 일이다. 뒤에 보게 되겠지만, 제리코(여리고)와 같은 다른 지역에서도, 기원전 13세기의 어느 시점에서도, 심지어 기원전 12세기에도 도시가 파괴된 흔적은 없다.

다만 하조르에는 가능성이 남아 있다. 청동기 시대 후기의 궁전(혹은 사원) 유적지는 분명 도시가 파괴될 당시 불에 탔던 흔적이 있다. 목재 서까래가 불에 타서 떨어진 채로 발견되었고, 불에 그을린 밀이 가득 담긴 항아리도 발굴되었다. 이 건물은 기원전 14세기 하조르가 번성했을 때 세워진 것으로, 당시의 하조르는 이집트의 아마르나 편지에서도 언급된다. 도시는 굉장히 처절하게 무너졌던 것 같다. 도시의 정문은 "'사납고도 파괴적인 불길'에 휩싸였던 것 같다. 진흙벽돌이 무너져 내렸고 재가 1.5미터 두께로 쌓였나."[51] 가장 최근에 발굴된 도시 윗쪽도 상태는 마찬가지였다. "재가 두껍게 쌓였고, 불에 탄 서까래, 금이 간 현무암 판대기, 불에 구워진 진흙벽돌, 무너진 벽, 팔다리가 잘린 석상들"이 발견되었다.[52] 특히 의례를 행하던 구역을 비롯해서 A1 구역의 공공 건물과 종교 건물은 "파괴된 잔해로 완전히 두껍게 뒤덮였다."[53]

도시가 파괴된 연도는 아직도 논쟁 중이지만, 처음 발굴을 담당했던 이갤 야딘과 현재 유적 공동 발굴에 참여하고 있는 암논 벤토르는 둘 다 기원전 1230년경으로 추정하고 있다. 그러나 그보다 늦게 일어난 일일 수도 있고 심지어 기원전 12세기 초일 수도 있다. 결론은 조금 더 기다려야 할 것 같다. 2012년 여름에 유적지에서 발굴된 밀을 가득 담은 항아리의 탄소동위원소 연대가 밝혀지면 명확한 과학적 답변을 얻을 수 있을 것이다.

도시의 파괴자 또한 여전히 불확실하다. 최근 발굴에 참여한 고고학자들은 이 문제에 대해서 훌륭한 보고서를 제출했는데, 그들이 이집트인도 아니고 가나안 사람들도 아니라고 한다. 이집트와 가나안 양쪽 문화에 다 같이 속하는 석상들이 도시가 파괴되는 와중에 머리가 잘렸다. 그 양쪽에 속한 군대였다면 그런 행위를 하지 못했을 것이다. 해양민족들도 용의선상에서 제외되었다. 이는 토기류의 양식과 바다와의 거리 등을 근거로 추정한 것인데, 이는 석상 파괴보다는 설득력이 다소 약한 주장인 것 같다. 벤토르는 이전에 발굴을 담당했던 이갤 야딘의 의견에 동의했다. 즉 이스라엘 사람들이 가장 유력한 용의자이며 논리적으로도 합당하다는 주장이다. 한편 발굴의 다른 공동 책임자 샤론 주커만은 도시 파괴 직전에 도시가 쇠락했던 것으로 보아 아마도 도시 내부 거주자의 반란일 가능성이 크다는 의견을 제시했다. 이후 도시는 기원전 11세기 어느 시점까지 방치된 채로 머물렀다.[54]

요약하자면 하조르는 기원전 13세기 혹은 기원전 12세기에 파괴되었고, 이후 1세기 이상 방치되었지만, 정확히 누가 언제 도시를 파괴했는지는 알 수 없다. 유대인의 이집트 탈출이 실제 있었던 사건인지 아니면 단지 신화나 전설의 한 가지인지를 묻는 질문과 마찬가지로(세계의 많은 사람들이 이런 의문을 가지고 있다), 하조르 파괴에 대해서도 현재로서는 명확한 해답이 없다. 현재 활용할 수 있는 증거들을 재검토한다 하더라도 최종적인 답변을 도출해낼 수는 없다. 고통스런 고고학적 발굴이건 우연히 운 좋게 무언가를 발굴하든 어쨌든 미래에 보다 진전된 발굴을 기다리는 수밖에 없겠다. 혹은 전혀 다른 출애굽 이야기도 가능성이 있다. 다른 가능성 중 하나로, 가나안 지역에서 해양민족이 일으킨 파괴 덕분에 이스라엘 사람들이 그 지역에 들어갈 수 있었고 또한 그 지역을 장악할 수도 있었다고 볼 수도 있다. 이스라엘 사람들은 이미 그 지역에서 살고 있던 가나안 사람이라는 보다 큰 범주에 속했던 한 집단이었을 수도 있다. 혹은 이스라엘인들이 수 세기에 걸쳐 평화적으로 그 지역에 유입되었을 수도 있다. 이런 다양한 가능성 중의 하나가 유대인의 가나안 정착에 대한 해답이라면, 성서의 출애굽 이야기는 몇 세기 뒤에 만들어진 이야기일 것이다. 몇몇 학자들은 그렇게 주장하고 있다. 어쨌든 지금으로서는 얼토당토 않은 이야기들, 이러저러한 사건, 사람, 장소 등을 출애굽과 연관지었던 수많은 거짓말들에 속지 않도록 주의하는 정도가 최선이다. 틀림없이 앞으로도, 고의적으로든 아니든 그에 대한 옳지 않은 이야기들은 계속해서 만들어질 것이다.[55]

지금 우리가 분명하게 얘기할 수 있는 것은, 고고학적 증거, 토기나 건축물 혹은 기타 물질문화의 양식에 근거해서 보자면, 이스라엘인들이 분명히 구분되는 집단으로서 가나안에 등장했던 시기는 기원전 13세기 말이라는 사실이다. 그리고 필리스티아인(블레셋 사람) 및 페니키아인과 더불어 기원전 12세기 파괴의 잿더미 속에서 가나안 문화를 일으켜 세운 사람들이 바로 이스라엘 사람이라는 사실이다. 이 것이 바로 이집트 탈출 사건 문제가 우리 논의에 관련되는 이유의 일부이다. 왜냐하면 이스라엘 사람들도 청동기 시대 후기가 끝나갈 무렵의 혼돈 속에서 출현했던 새로운 세계 질서를 만들었던 사람들 중의 일부였기 때문이다.

히타이트, 앗시리아, 아무루, 아히야와

히타이트 후대의 왕, 특히 투드할리야 4세(기원전 1237-기원전 1209) 와 수필루리우마 2세(기원전 1207년-?)의 시대는 기원전 13세기 후반, 특히 기원전 1237년경부터 매우 활발했던 시기였다. 그러나 히타이트 문명은 쇠락의 기운을 보이며 종점을 향해 나아가고 있었다. 투드할리야는 모든 신과 여신의 신전을 건설하라고 명했다. 야질리카야 (글자가 새겨진 바위라는 뜻)에서 불쑥 튀어나온 바위에 신상을 새기는 일이었다. 신상과 함께 자기 자신의 석상도 새기도록 했다. 그곳은 히타이트의 수도 하투사에서 불과 1킬로미터 남짓 떨어진 거리에 있는 곳이었다.

그 당시 히타이트는 메소포타미아에 있던 앗시리아와 전쟁 중에 있었다. 우리는 앞 장의 이야기에서 이미 앗시리아를 만난 적이 있었다. 아수르-우발리트 1세 이야기를 하는 대목이었다. 그는 이집트의 〈아마르나 편지〉에 등장하는 파라오들의 시대에 앗시리아를 통치하고 있었다. 바빌론과 앗시리아 사이의 왕실 혼담이 틀어진 뒤 그는 바빌론을 쓸어버린 적이 있었다.[56] 앗시리아는 아수르-우발리트의 재위가 끝난 뒤 잠시 조용히 있다가 아다드-니라리(기원전 1307년-기원전 1275년) 재위 시절에 다시 한 번 우뚝 솟았다. 아다드-니라리 1세의 지도 아래, 그리고 그 후계자들까지도 계속해서 앗시리아는 근동에서 주요 세력으로 등장했다. 기원전 13세기 초의 일이었다.

아다드-니라리 1세는 많은 업적을 남겼지만 그 중에서 미타니와의 전쟁과 와슈카니를 비롯한 다른 도시들을 점령한 일도 있었다. 그곳에 제후왕을 앉혀두고 앗시리아 제국은 서쪽으로 훨씬 더 멀리까지 확장해 나갔다. 그 결과 히타이트의 고향과 국경을 마주하게 되었고, 거의 지중해 근처에까지도 이르게 되었다. 이는 생각보다 그리 어려운 일은 아니었다. 왜냐하면 수필루리우마 1세 치하의 히타이트는 이미 수십 년 전에 미타니와의 전쟁에서 궤멸적인 패배를 맛본 뒤였기 때문이다.[57]

살마네제르 1세는 아다드-니라리의 정책을 고수하였고, 마침내 미타니 왕국에 종언을 고했다.[58] 그 뒤를 이어 앗시리아의 "전사 왕"으로 알려진 투쿨티 닌우르타 1세가 기원전 1244년경부터 기원전 1208년까지 왕좌에 올라 세계 무대로 나아갔다. 그는 아다드-니라리의 발자취를 따라 갔지만, 그보다는 이전의 왕 아수르-우발리트를 따르고 싶었던 것 같다. 그가 바빌론을 공격했을 때 이는 명확해졌다. 그는 아수르-우발리트의 업적을 뛰어넘었다. 그는 바빌로니아의 왕이었던 카시트 사람 카쉬틸리아슈 4세와의 전투에서 승리했을 뿐만 아니라 왕을 사슬에 묶어 아수르로 데리고 왔다. 또한 기원전 1225년경 바빌로니아 왕국을 장악하고 스스로 왕위에 올랐다가 이후 꼭두각시 왕을 앉혀 통치하도록 했다. 그러나 이는 썩 좋은 정책은 아니었던 것 같다. 꼭두각시 왕 엔릴-나딘-슈미는 왕위에 오르자마자 엘람인의 공격을 받아 왕위를 빼앗겼다. 엘람인은 그들의 고향인 이란 고원에서 왔는데, 그곳은 현재 이란의 남서부 지방이다. 이런 일이 일어난 것은 단 한 번에 그치지 않았다. 우리는 곧 다시 엘람인을 만나게 될 것이다.[59]

앗시리아의 전사 왕 투쿨티 닌우르타 1세는 이미 여러 업적을 쌓았지만, 이에 그치지 않고 투드할리야 4세가 통치하던 히타이트를 정복하였다. 이로써 고대 근동 지역의 균형은 드라마틱한 변화를 겪게 되었다. 그의 세력이 워낙 강대해져서 그가 에게 해 건너 그리스 본토의 보이오티아 지방 테베에 있던 미케네 왕에게 선물로 라피스 라줄리 1미나(mina, 근동 지방에서 통용되던 무게의 단위, 현대 미국식 파운드보다 약간 무거운 정도로 추정됨)를 보냈다는 주장도 있다.[60]

뒤이어 기원전 1207년 해양민족들이 동부 지중해를 공격했다. 투쿨티 닌우르타가 아들 중 한 명에 의해 암살된지 1년 뒤의 일이었다. 앗시리아가 거의 2세기 동안 근동 지역에서 최강자의 지위를 누리고 있을 때였다. 앗시리아는 이미 수 세기에 걸쳐 혼인동맹, 정치, 전쟁, 무역 등으로 이집트와 바빌로니아, 히타이트, 미타니와 관련되었던 왕국이었다. 후기 청동기 시대에는 의문의 여지 없이 앗시리아가 최대 세력이었다.

앗시리아의 왕 투쿨티 닌우르타 재위 시절, 히타이트는 그들로부터 분명하고도 심각한 위협에 직면해 있었다. 그래서 해안에서 동쪽의 앗시리아로 통하는 길목을 완전히 차단하고자 했다. 기원전 1225년경 히타이트의 왕 투드할리야 4세와 혼인동맹을 통해 처남매부지간이었던 아무루의 왕 사이에 체결된 조약문에 어떤 전략이 기록되어 있다. 아무루의 왕 샤우쉬가무와는 시리아 북부 해안 지역을 통치하고 있었다. 그곳은 앗시리아가 쳐들어올 것으로 예상되는 지역이었다. 조약문에는 현대의 우리에게는 익숙한 기원문이 적혀 있다. 내 친구의 적은 곧 나의 적이다. 내 친구의 친구는 또한 나의 친구이다. 투드할리야 4세는(조약문에서 그는 자기자신을 '우리 폐하'라고 칭하고 있다.) 샤우쉬가무와에게 이렇게 말했다.

> 이집트의 왕이 우리 폐하의 친구라면, 그는 그대의 친구가 될 것이다. 그러나 그가 우리 폐하의 적이라면, 그는 그대의 적이 될 것이다. 만약 바빌로니아의 왕이 우리 폐하의 친구라면, 그는 그대의 친구가 될 것이다. 만약 그가 우리 폐하의 적이라면, 그는 그대의 적이 될 것이다. 따라서 앗시리아의 왕이 우리 폐하의 적이라면, 그는 그대의 적과 다름이 없다. 그대 나라의 상인들은 앗시리아로 가서는 안 되고, 앗시리아의 상인들도 그대의 나라로 들어오지 못하도록 해야 할 것이다. 그들이 그대의 나라를 지나가서는 안 된다. 만약 그들이 그대의 나라로 들어온다면 붙잡아서 우리 폐하께 보내야 한다. 이 조약을 맹세함.[61]

고대 세계에 관한 우리의 연구에서 특히 관심이 있는 주제 두 가지가 이 조약문에 들어 있다. 첫째는 투드할리야가 샤우쉬가무와에게 말한 다음과 같은 내용이다. "그대는 아히야와의 어떤 배도 그(즉 앗시리아의 왕)에게 가도록 [허락해서는 안 될 것이다.(?)]"⁶² 이를 두고 많은 학자들은 무역 제한 조치라고 생각했다. 이에 대해서는 제2장 말미에서 언급한 바 있다. 만약 그렇다면, 엠바고(무역제한조치)가 상당히 최근의 개념임에도 불구하고, 히타이트와 앗시리아 사이에서는 이미 3,000년 이상 오래 전에 엠바고가 존재했던 셈이다.⁶³

두번째는 위의 구절보다 몇 줄 앞서 투드할리야 4세가 말한 다음과 같은 내용이다. "그리고 나와 동급의 왕들은 이집트의 왕, 바빌론의 왕, 앗시리아의 왕, 아히야와의 왕이다."⁶⁴ "아히야와의 왕"에 그어진 취소선은 이 책에서 잘못 인쇄된 것이 아니라, 투드할리야 4세의 점토판에 그렇게 되어 있다. 즉 이 조약문은 최종 문안이 아니라 내용을 더하거나 삭제하는 와중에 생산된 수정본이다. 이로써 청동기 시대 후기에 아히야와의 왕은 더 이상 이집트나 바빌론이나 앗시리아의 왕과 같은 주요 세력과 동급으로 간주되지 않았다는 사실을 짐작할 수 있다.

그래서 에게 해 지역에 무슨 일이 있었던가 하는 의문을 품는 것은 당연하다. 혹은 아나톨리아 서부 해안에 무슨 일이 있었던 걸까? 어떤 사건이 이러한 상황을 초래한 것일까? 투드할리야 4세의 아버지 하투실리 3세 재위 시절에 아히야와의 왕은 "대왕(Great King)" 혹은 히타이트 왕의 "형제"라고 칭해졌던 사실을 기억해 본다면, 비교적 최근에 모종의 사건이 있었음에 틀림이 없다. 아마도 실마리는 "밀라와타 편지"라고 알려진 아히야와의 텍스트들 중에 들어있을 것이다. 투드할리야 4세 시기의 유물로 추정되는 그 편지를 보면, 서부 아나톨리아의 밀라와타(밀레투스)와 그 주변 지역은, 미케네인의 주요 흔적이 남아 있는 곳이기도 한데, 더 이상 아히야와 왕의 땅이 아니라 히타이트의 통제 하에 놓이게 되었다고 한다.[65] 하지만 우리는 히타이트의 왕이 미케네의 왕을 일부러 등급을 낮추어 보았을 가능성도 고려해야 한다. 아마도 훨씬 더 큰 사건이 개입된 결과일지도 모른다. 아마도 그 사건이 에게 해 지역 뒤편, 즉 그리스 본토에서 일어났을지도 모른다. 이 점에 대해서는 다음 장에서 다시 살펴보게 될 것이다.

히타이트의 키프로스 침략

한편 이 모든 일이 진행되는 와중에 투드할리야 4세는 키프로스 섬을 공격하기로 결정했다. 기원전 제2차 천년기 동안 키프로스는 구리의 주요 생산지였다. 청동기를 만드는 데 없어서는 안 될 이 귀중한 금속을 확보하기 위해서 히타이트가 그러한 결정을 했을 수도 있다. 그러나 그 동기에 대해서 우리가 확실하게 알 수는 없다. 다른 가능성도 있다. 그 지역에 등장했던 해양민족들과 관련이 있을 수도 있고, 혹은 당시 지중해 동부 지역을 휩쓸었던 가뭄과 관련이 있을 수도 있다. 가뭄에 대해서는 새로운 과학적 발견뿐만 아니라 비상 곡물 운송에 대한 내용이 기록되어 있는 익히 알려진 텍스트를 통해서도 알 수 있다. 텍스트에 의하면 곡물은 시리아 북부의 우가리트에서 킬리키아(현대 터키 남동부에 위치)로 운송되었다고 한다.[66]

이 기록은 처음에 투드할리야의 석상에 새겨져 있었는데, 그의 아들 수필루리우마 2세 시기에 점토판에 옮겨적은 것이다. 그 내용은 다음과 같다. "나는 알라쉬야의 왕과 그의 아내들과 아이들을 포로로 잡았다. … 금과 은을 포함해서 모든 물건과 모든 포로들을 데리고 하투사의 집으로 돌아왔다. 나는 알라쉬야 나라 전체를 노예로 만들었고, 그 지역의 제후국으로 삼았다." [67] 수필루리우마 2세는 투드할리야 4세의 석상 기록을 옮겨적었을 뿐만 아니라 자신의 키프로스 점령 이야기도 덧붙여 두었다. 그 대목은 다음과 같다. "나, 수필루리우마, 위대한 왕은 재빨리 바다로 [나아갔다.] 나는 알라쉬야의 배들과 바다에서 만나 세 차례 전투를 벌였다. 나는 그들을 제거해버렸다. 배들을 사로잡아 바다에서 불태워버렸다. 내가 다시 한 번 육지에 도착했을 때 알라쉬야의 적들은 떼거지로 나에게 대항해 [전투를 벌였다.] 나는 다시 한 번 [그들과 싸웠다.]" [68]

수필루리우마는 해상 전투에서 성공을 거두었음이 분명하고, 아마도 키프로스 섬 공략에도 성공했을 것이다. 하지만 투드할리야 4세가 이미 키프로스를 점령했는데 왜 다시 침공을 해야 했는지는 불분명하다. 그의 시도가 다시 구리 광산의 통제권을 장악(또는 회복)하는 것이었을 수도 있고, 아니면 당시 점점 더 비중이 커져 가던 국제 무역로를 장악하는 것이었을 수도 있다. 어느 쪽이 진실인지 우리는 알 수 없다. 또한 최종적인 육상 전투가 어디서 벌어졌는지도 불분명하다. 그곳이 키프로스 섬이라고 주장하는 학자들도 있고 아나톨리아 해변일 가능성을 주장하는 학자들도 있다.

수필루리우마 2세는 아버지가 사망한 뒤 왕위를 물려받은 뒤 기원전 14세기의 유명한 선조였던 수필루리우마 1세의 이름을 따르기로 했다.(새로 등극한 왕의 이름은 철자가 살짝 다르긴 하다. 그는 수필루리우마가 아니라 수필루리아마라고 썼다.) 아마도 그는 선조의 성공을 따르고 싶었을 것이다. 그러나 그는 히타이트 제국 멸망의 주인공이 되고 말았다. 그렇게 되는 동안, 그와 히타이트 군대는 키프로스를 침공했을 뿐만 아니라 서부 아나톨리아 지역으로 다시 한 번 원정에 나섰다.[69] 최근에 발표된 어떤 학자의 논문에 의하면, 수필루리우마 2세 시기의 고문서 중 상당수에서 "히타이트의 수도에서 불안정한 분위기와 불신의 감정이 증대되는 흔적이 있다."고 한다. 당시 분위기는 아마도 "불안감"이라고 표현하는 것이 더 정확할 것이다. 머지 않아 무언가가 닥쳐올 것 같은 불안감이었다.[70]

이리야와 겔리도니야 곶의 난파선

고대에 항해를 나섰던 또 한 척의 난파선이 1993년과 1994년에 걸쳐 고고학자들에 의해 발굴되었다. 화물로 실린 토기의 양식으로 보건대 이 난파선은 키프로스 섬에서 출발했던 것으로 추정되었다. 난파선의 위치는 그리스 본토의 아르골리드 해안으로 미케네 유적에서 멀지 않은 곳이었다. 포인트 이리야 난파선으로 알려진 그 배는 기원전 1200년경의 배로 확인되었다. 이 배는 히타이트가 키프로스 섬을 공격했음에도 불구하고 키프로스 섬과 그리스 미케네 사이에 무역이 계속되고 있었다는 증거가 되었다.[71]

거의 같은 시기, 또 한 척의 배가 아나톨리아 해안에서 가라앉았다. 약 1세기 전 울루부룬 난파선이 가라앉은 곳에서 그리 멀지 않은 곳이었다. 그 난파선을 케이프 겔리도니아 난파선이라고 한다. 오늘날 터키 남서부 해안에 있는 그 배의 수중 무덤 지역의 이름을 딴 것이다. 앞에서도 언급했듯이 이 난파선은 조지 바스가 고고학자로서 경력을 쌓기 시작했던 바로 그 배이다. 그와 함께 1960년대 수중 고고학 분야도 이 배에서 시작되었다. 바스는 이 난파선이 가나안의 배이며, 에게 해로 가던 중이었고, 기원전 1200년경 가라앉았다고 추정했다.[72]

바스는 수 년에 걸쳐 여러 차례 난파선을 탐사했다. 새로운 장비를 이용해서 유물을 조사하기 위해서였다. 지난 반 세기 동안 수중 탐사 기술은 괄목할 만한 발전이 있었다. 그는 새로운 유물을 몇 점 더 발굴해냈고, 그 유물들은 애초에 그의 결론, 즉 그 배가 근동 지역에서 출발하여 운항하는 중이었다는 추정에 근거를 더해 주었다. 그러나 흥미롭게도 새로운 발굴 유물을 통해 그 배가 가나안의 배가 아니라 원래 키프로스의 배였음이 밝혀졌다. 이는 배의 닻과 배에 실린 도자기 분석을 통해서 얻은 결론이었다.[73]

케이프 겔리도니아 난파선이 애초에 어느 지역의 배였던지 간에, 그리고 그 배에 실린 화물이 비록 상당히 중요하긴 하지만, 울루부룬 난파선만큼 인상적이지는 않다. 작은 배는 대체로 항구와 항구 사이를 "방랑하듯" 오갔으며, 직접적인 무역이나 외교 임무를 띠기보다는 소규모 물건들을 교환하는 일을 했다.[74] 또한 이 배는, 기원전 13세기 말 동부 지중해와 에게 해 지역의 사이가 벌어지기 시작하던 때였음에도 불구하고, 국제 무역이 여전히 진행중이었다는 증거 중의 하나이기도 하다.

제 4막

시대의 종말

기원전 12세기

트로이의 불길(부분), 쾨닉(Keuninck, Kerstiaen de) 그림, 1560년-1635년 사이, 에르미타쥬 박물관 소장_옮긴이

이제 우리가 기다리던 시대에 이르렀다. 이 때가 우리 드라마의 클라이막스다. 3세기 이상 지속되었던 글로벌 경제가 종말을 향해 치닫는 이야기가 이제 시작된다. 글로벌 경제는 청동기 시대 후기 에게 해 지역과 지중해 동부 지역에 뚜렷하게 나타났었다. 드라마의 마지막에 보게 되겠지만, 기원전 12세기의 이야기는 무역이나 국제관계보다는 슬픔과 파괴로 가득 차 있다. 그래도 우리는 국제관계에 좀더 초점을 맞추어 보도록 하겠다.

우가리트어의 발견과 미네트 엘베이다

기회는 준비된 자에게 온다는 말이 있다. 그러나 때로는 준비되지 않은 자에게 다가오는 경우도 있다. 그것을 발견한 사람은 농부였다. 아마도 고고학 교육을 받지는 않았을 것이다. 그의 발견이 도시 우가리트와 우가리트 왕국의 발견으로 이어졌다. 도시는 시리아 북부 해변에 위치해 있었다. 1929년, 고분 발견 소식은 프랑스 고고학자들을 그곳으로 끌어들였다. 발굴이 시작되자 곧바로 항구도시의 유적이 드러났다. 지금은 그곳을 미네트 엘베이다라고 부른다. 육지로 800미터 더 들어가면 라스 샴라라고 하는 언덕 가운데 도시 우가리트가 곧 드러나게 된다.[1]

우가리트와 미네트 엘베이다는 모두 그 이후로 계속해서 발굴이 이루어지고 있다. 1992년부터 클로드 섀퍼의 지도 하에 처음 발굴이 이루어졌고, 1978년부터 1998년까지는 마그리트 욘이 발굴 책임을 맡았다. 1999년 이후로는 프랑스-시리아 연합 발굴팀이 임무를 수행해오고 있다.² 이들은 잘 정비되고 번화했던 상업도시이자 항구도시의 유적을 찾아냈다. 이 도시는 급작스럽게 파괴되었고, 기원전 12세기가 시작된 직후부터 방치되어 있었다. 폐허 속에는 동부 지중해와 에게 해 지역에 걸친 모든 지역의 상품들이 들어 있었다. 예를 들어 미네트 엘베이다의 상점에는 가나안에서 만든 저장용 항아리 80개가 남아 있었다. 이것은 1930년대에 발견되었는데, 불행하게도 과학적인 분석이 이루어지지 못했다.³

우가리트의 개인 주택이나 궁전 유지에서, 1950년대 이래로 상당수의 중요한 기록들이 발견되었다. 이를 통해 몇몇 상인의 경제 활동뿐만 아니라 우가리트 왕실에 대해서도 알 수 있다. 그곳에서 발견된 편지와 기타 자료들은 점토판에 기록되어 있었다. 이는 청동기 시대 보편적인 방식이었다. 그러나 이 점토판에 기록된 언어는 경우에 따라 달랐다. 아카드어도 있었고 히타이트어나 이집트어도 있었으며, 이들만큼 널리 쓰이지 않았지만 후르리어도 있었다.

더불어 또 다른 언어도 있었는데, 이는 학자들이 이전에 본 적이 없는 언어였다. 이 새로운 언어는 꽤 신속하게 해독되었다. 지금은 그 언어를 우가리트어라고 한다. 우가리트어는 지금까지 알려진 중에는 가장 이른 시기의 알파벳으로 간주된다. 이 텍스트에는 알파벳 외에도 사실상 두 가지 기호가 더 있다. 하나는 페니키아 문자와 비슷한

22개의 기호이고, 다른 하나는 8개의 기호이다.[4]

　우가리트어 텍스트는 오늘날 우가리트학이라는 소규모 학문 분과를 촉발하게 될 만큼 많은 자료를 제공해 주었다. 이들 자료에는 상인과 왕의 편지들뿐만 아니라 문학, 신화, 역사, 종교 등 활달했던 한 문명의 과거사를 담고 있는 내용이 포함되어 있다. 결과적으로 우리는 유적으로부터 도시 우가리트를 재구성할 수 있고, 그 텍스트로부터 거주민들의 일상생활과 신앙 체계도 재구성할 수 있다. 예를 들면 그들은 신격의 판테온을 숭배했다. 신격들 중에서도 엘(El)과 바알(Baal)이 두드러진다. 그리고 암미스탐루 1세와 닉마두 2세로부터 기원전 12세기 처음 10년을 통치했던 최후의 왕 암무라피까지 우가리트 왕들의 이름도 밝혀졌다. 암미스탐루 1세와 닉마두 2세의 이름은 이집트 아르마나 아카이브에 들어있는 아멘호텝 3세와 아케나텐의 편지에서도 등장한다. 또한 우리는 우가리트의 왕들이 이웃 나라 아무루의 공주와 결혼했다는 사실도 알 수 있다. 아마도 히타이트처럼 아무루보다 큰 왕국과도 혼인 관계를 맺었을 것이다. 지참금을 두둑히 가져오는 이러한 결혼이 왕으로서는 아주 좋은 일이었다. 그러나 이러한 결혼이 쓰디쓴 이혼으로 끝나는 경우도 최소한 한 차례 이상 있었다. 이 경우 왕궁에서는 몇 년 동안 이혼 문제로 골치를 썩었다.

우가리트와 우가리트 상인의 무역 관계망

우가리트의 시민들과 왕은 일생 동안 활발하게 무역에 참여했다. 그곳은 분명 중요한 국제무역항이었다. 여러 나라에서 온 배들이 미네트 엘베이다 항으로 들어왔다. 기원전 14세기 전반에는 이집트에 충성을 바쳤던 것 같은데 후반기에는 분명 히타이트의 제후국이 되었다. 기원전 1350년에서 기원전 1340년경 수필루리우마가 이 지역을 정복한 이후부터였다. 이곳의 여러 유적에서 발굴된 텍스트는 대부분 도시가 생존했던 마지막 반세기 동안 작성된 자료들인데, 우가리트와 다른 많은 나라들의 관계를 알려주고 있다. 크고 작은 나라들 중에는 이집트, 키프로스, 앗시리아, 히타이트, 칼케미쉬, 티르, 베이루트, 아무루, 마리 등이 있었다. 최근에는 에게 해 지역도 이 목록에 추가되었다.[6]

점토판에는 우가리트의 수출 상품도 분명하게 적혀 있다. 그 중에는 염색한 모직 천, 린넨으로 만든 옷감, 기름, 밧줄, 구리, 청동기 등이 포함되어 있었다. 특히 앗시리아로 수출을 했는데, 앗시리아는 우가리트보다 더 동쪽의 메소포타미아 지역에 있었다. 뿐만 아니라 베이루트, 티르, 시돈 등 페니키아 해안에 있는 나라들과도 대규모 무역을 했다.[7] 에게 해, 이집트, 키프로스, 메소포타미아 지역에서 수입된 물건들도 우가리트에서 발견되었다. 여기에는 미케네식 그릇, 이집트 파라오 메르넵타의 이름이 새겨진 청동검, 석고 항아리 조각 수백 점 등 사치품들이 포함되어 있다.[8] 이와 함께 와인, 밀 등의 일상용품들도 시나라누 같은 상인의 노력으로 우가리트에 들어왔다. 앞에서 보았던 것처럼 시나라누의 배는 기원전 14세기 이 지역에서 크레타 섬을 왕복 운행했다. 우가리트인들은 경제적으로 상당히 부유했다. 매년 히타이트에 500세켈(shekel)의 금, 염색한 모직 천, 옷감 등의 조공

품을 보냈고, 별도로 히타이트의 왕과 왕비 및 고위 관료들 앞으로 금잔과 은잔을 보냈다.[9]

추가로 발굴된 점토판을 통해 시나라누보다 후대에 살았던 또 다른 우가리트 상인들도 알 수 있었다. 그가 살았던 시대는 기원전 12세기 초 우가리트가 파괴되던 그 시점이었다. 최근 수십 년 동안 추가로 발굴된 점토판은 대부분 그들의 주거지 유적에서 출토되었다. 그 중 일부는 이 도시의 종말에 대한 우리의 생각을 바꾸어 놓았다.[10] 상인의 집들 가운데 하나로 "얍니누의 집"이라고 알려진 집이 하나 있다. 왕궁의 남쪽 가까운 곳에 위치한 집이다. 이 집의 발굴이 아직 완료되지 않았지만, 지금까지 알려진 것만으로도 면적이 1,000제곱미터가 넘는다. 따라서 얍니누는 굉장히 성공한 상인들 중 하나였을 것이다. 그의 집 유적에서 발굴된 점토판이 1,000점 남짓 된다. 원래는 2층에서 보관되었던 것으로 추정되며, 아카드어, 우가리트어, 그리고 아직 해독되지 않은 키프로스-미노아어가 기록되어 있다. 이 언어는 키프로스 섬 안에서만 사용되었는데, 그리스 본토의 티린스 같은 곳에서 이 언어가 새겨진 그릇 유물이 발견되기도 한다. 이 집의 유적에서 발견된 점토판에 적혀 있는 글의 내용과 기타 유물들로 볼 때 얍니누는 키프로스, 더 남쪽의 레반트 해안, 이집트, 에게 해 지역과 관계망을 형성했다.[11]

십여 년 뒤 "라파누의 집"이라고 불리는 다른 상인의 집에서도 점토판이 발굴되었다. 약 200점이 넘는 수량인데, 이들 자료에 대한 연구가 신속하게 이루어져 10년만인 1968년에 결과가 발표되었다. 자료에 의하면 라파누는 서기였고 우가리트 왕을 보좌하는 고위직 자문위원이었다. 그 왕은 암미스탐루 2세(기원전 1260-기원전 1235)였을 가능성이 크다. 분명 라파누는 고위급 사이의 민감한 협상에 참여했던 것 같다. 텍스트 중에는 우가리트 왕과 키프로스(알라쉬야) 왕이 서로 주고받은 편지가 포함되어 있다. 그 때는 해양민족이 양쪽 모두를 위협하던 때였다. 그리고 근처 칼케미쉬와 좀더 멀리 이집트 파라오와 주고받은 편지들도 포함되어 있다. 이집트 파라오와 주고받은 편지에는 레반트 해안의 가나안 사람들이 관련된 사고가 언급되어 있다.[12]

편지 중 하나는 우가리트와 키프로스 아시의 오일 교역에 관한 내용을 담고 있다. 우가리트 최후의 왕 직전에 재위했던 닉마두 3세가 알라쉬야의 왕에게 보낸 편지인데 편지에서 상대방을 "아버지"라고 칭하고 자기자신을 "당신의 아들"이라고 했다.[13] 과연 우가리트 왕이 키프로스 공주와 결혼했는지도 따져봐야 할 문제지만, 가족의 호칭을 사용하는 이런 식의 표현은 당시 일반적으로 사용되던 외교 방식이었다. 키프로스 왕이 우가리트 왕보다 더 강성했거나 혹은 나이가 더 많았을 수도 있다. 라파누의 집에서 발견된 또 다른 편지는 이미 앞에서 언급한 대로이다. 즉 적들의 배가 우가리트로 몰려온다는 이야기가 적혀 있다. 발굴 책임자였던 섀퍼는 점토판을 굽는 가마터로 추정되는 곳에서 그것을 발견했다고 한다. 키프로스 왕에게 태블릿을 보내기 전에 가마에 굽고 있던 중이었을 것이다. 이 텍스트에 대해서는 나중에 다시 논의하기로 하겠다.

가장 최근에 발견된 점토판 중 일부는 이른바 "우르테누의 집"에서 발견되었다. 이 집은 1973년 유적지 남쪽에 군사용 벙커를 건설하는 과정에서 우연히 드러났다. 고고학자들은 허가를 얻어 벙커를 만드는 과정에서 쌓여 있는 흙더미를 뚫고 발굴을 진행했다. 벙커 공사로 인해 집의 중심부가 파손되었고, 상당수의 점토판이 모습을 드러내었다. 모든 자료는 현재 출간이 완료된 상태이다. 그 이후 1986년에서 1992년 사이에 새로 발견된 점토판은 신중한 발굴을 통해 발견되었고, 1994년에서 2002년 사이에 보고서가 출간되었으며, 현재 연구가 진행중에 있다. 모두 합해서 약 500여 점의 점토판이 발견되었다. 1994년 한 해에만 134점이 발견되기도 했다. 우가리트어로 쓰여진 것들도 없지 않지만 대부분은 아카드어로 작성된 것들이다. 이 편지들은 이집트, 키프로스, 하티, 앗시리아, 칼케미쉬, 시돈, 베이루트, 그리고 티르로 추정되는 곳의 왕으로부터 온 것들이다.[14] 가장 오래된 것 중의 하나는 명백히 앗시리아 왕이 보낸 것인데, 아마도 투쿨티 닌우르타 1세일 것이다. 편지를 받은 우가리트의 왕은 암미스탐루 2세 혹은 이비라나로 추정된다. 내용은 투쿨티 닌우르타의 앗시리아가 투드할리야 4세의 히타이트를 물리친 전투에 관한 것이다.[15]

발굴자들 중 한 사람이 지적했듯이 점토판 분석 결과 우르테누는 기원전 12세기 초에 활동했고 사회적 지위가 높았던 사람으로 드러났다. 틀림없이 그는 왕비의 사위가 운영하던 거대한 상단의 직원이었다. 그 상단에서는 내륙 시리아에 있는 도시 에마르뿐만 아니라 인근의 칼케미쉬와도 거래를 했다. 또한 그는 키프로스 섬과 무역 및 협정에 관여했고, 당시 처음 시작하는 어떤 원거리 무역 개척에도 역할을 했다. 그 집에서 발굴된 5점의 편지는 키프로스에서 보내온 것으로 실제 굉장히 중요한 자료들이다. 왜냐하면 그 내용 중에 청동기 시대 키프로스 왕의 이름이 들어있는 최초의 자료이기 때문이다. 왕의 이름은 쿠쉬메슈샤였다. 이 왕에게서 온 편지가 두 통이 있고, 섬의 총리대신으로부터 온 편지가 두 통, 그리고 흥미롭게도 당시 키프로스 섬에 거주하던 우가리트인 서기로부터 온 편지가 한 통이 있다. 앞서 라파누의 집에서 발견되었던 알라쉬야에서 온 네 통의 편지에 이 다섯 통의 편지가 더해졌다.[17]

또한 이 집에서 발견된 두 통의 편지에 두 명의 "히야와 남자들(Hiyawa-men)"을 언급하는 내용이 나온다. 이들은 루카의 땅(나중에 리키아로 알려진 곳)에서 기다리고 있다고 했다. 그곳은 아나톨리아 반도 남서쪽으로 우가리트에서 배를 타고 가야 하는 곳이었다. 이들 편지는 암무라피라는 우가리트 최후의 왕에게 수필루리우마 2세로 추정되는 히타이트의 왕과 총리대신이 각각 보낸 것이다. 이것은 우가리트 문서에서 최초로 에게 해 지역 사람들이 언급된 경우이다. "히야와"란 틀림없이 히타이트어 "아히야와"와 관련이 있다. 앞에서 언급했듯이 대부분의 학자들은 아히야와가 미케네인과 청동기 시대의 에게 해 지역 사람들을 지칭하는 것으로 보고 있다.[18]

또한 이집트의 파라오 메르넵타로부터 온 편지도 하나 있다. 우가리트 왕(닉마두 3세 혹은 암무라피)이 석공을 보내달라는 요청에 대한 답장이다. 파라오의 석상을 도시에, 특히 바알 신전 앞에 세우고자 했던 것이다. 파라오는 편지에서 이 요청을 거절함과 동시에 이집트에

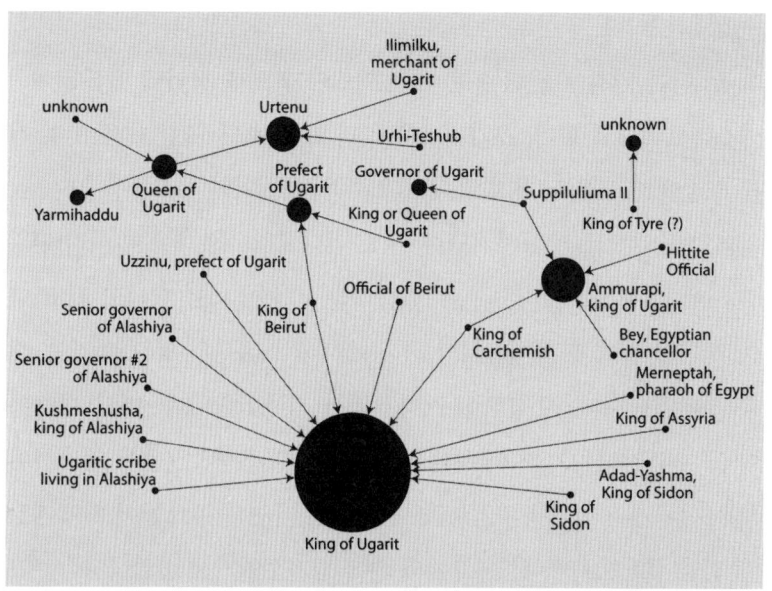

〔그림 9〕 우르테누 아카이브 왕실 편지의 관계망, 우가리트 발굴(개념도. 원은 편지 송수신자, 선은 송수신 관계, 원의 크기는 편지의 수량, 저자 그림)

서 우가리트로 보내는 사치품의 목록을 길게 붙여 놓았다. 이 물건들은 우가리트로 가는 배에 실었는데, 천과 옷가지가 100점이 넘고, 이외에도 에보니 목재, 붉은색, 흰색, 푸른색 석판들도 포함되었다.[19] 우리는 이러한 물건들이 언젠가는 사라질 것이며 고고학적 발굴로 발견되지 않는다는 점을 다시 한 번 기억해야 할 것이다. 따라서 이러한 목록이 텍스트에서 언급된 것은 천만다행이다. 그렇지 않았다면 우리는 이집트와 우가리트 사이에 한때 교역이 있었다는 사실을 결코 알

제4막_시대의 종말　　　　　　　　　　　　　　　　　　　　　　　　　　　　193

수 없을 것이다.

또 다른 편지는 전령 혹은 파견 대표자가 보낸 것인데 이름은 주-아스타르티라고 한다. 우가리트에서 타고 온 배에 대한 내용이다. 가는 도중에 자신은 남겨지게 되었다고 하는데, 어떤 학자들은 그가 납치되었을 것으로 추정하기도 한다. 그러나 그가 쓴 내용은 이러하다. "바다에 나온 지 여섯번째 날이었습니다. 바람이 나를 데리고 왔고 나는 시돈의 땅에 도착했습니다. 시돈에서 우스나투의 땅으로 가는 길은 지루했습니다. 그리고 우스나투에서 멈추었습니다. 나의 형제가 이 소식을 전해듣기를 … 왕에게 말해주세요. '만약 그들이 알라쉬야의 사신에게 왕이 주신 말[馬]을 받았다면 사신의 동료들이 왕에게로 갈 것입니다. 그들이 말을 그들의 손에 넘겨주었기를 바랍니다."[20] 그가 왜 우스나투에서 "멈추었는지" 혹은 심지어 그 편지가 왜 우르테누의 집에 있는지도 알 수 없다. 다만 당시 말 무역이 우가리트 정부의 감독 하에 이루어졌을 가능성이 있다. 같은 시기에 히타이트의 왕 투드할리야 4세가 암미스탐루 2세에게 보낸 편지가 라파누의 집에서 발견되었는데, 우가리트의 왕이 이집트에 말을 수출할 때 히타이트나 이집트 사신 혹은 상인의 손에 맡겨서는 안 된다는 내용이 담겨 있다.[21]

시리아 북부의 파괴

우가리트 유적이나 주택에서 발굴된 텍스트 자료에 의하면, 도시 우가리트의 마지막 순간까지 국제적 무역과 접촉이 대단히 활발히 이루어지고 있었다. 우르테누의 집에서 발굴된 편지를 연구했던 어느 학자는 이미 20여 년 전에 다음과 같은 사실에 주목한 바 있었다. 즉 적들의 배를 언급한 편지가 있기는 하지만, 그 편지 하나를 제외하면, 무슨 문제가 있었던 징후가 전혀 없고, 종말의 순간까지도 무역로가 폐쇄되지 않았다는 것이다.[22] 동쪽으로 내륙 깊숙이 들어가 있던 시리아 지역의 도시 에마르의 경우도 마찬가지였다. "그곳에서도 서기들은 종말의 순간까지 평상적인 업무를 수행하고 있었다"고 한다.[23]

그러나 우가리트는 파괴되었다. 그것도 굉장히 폭력적인 방식으로 그리되었음에 틀림이 없다. 암무라피 왕 재위 시절이었던 기원전 1190년에서 기원전 1185년 사이였다. 이후 다시 그 도시가 점령된 것이 페르시아 시대였으니까, 이후 거의 650년의 공백이 있었다.[24] 발굴 보고에 의하면 "도시 전역에서 파괴와 화재의 흔적이" 발견되었다고 한다. "무너진 성벽, 불에 탄 벽돌 회반죽, 잿더미" 등이었다. 장소에 따라 파괴된 잔해가 2미터 높이로 쌓여 있는 곳도 있었다. 가장 최근의 발굴 책임자인 마그리트 욘에 따르면, 주거 지역 건물의 무너진 천장과 테라스가 발견되었다. 또한 "성벽은 사라지고 그 잔해가 무더기로 쌓여있었다." 욘은 이러한 파괴가 지진보다는 적들의 공격으로 인한 것으로 추정하였다. 이전에 섀퍼도 도시 내에서 시가전을 포함한 격렬한 전투가 있었던 것으로 추정한 바 있다. 욘이 그렇게 추정한 근거는 "파괴된 잔해 속에 화살촉이 곳곳에 흩어져 있었기" 때문이다. 뿐만 아니라 약 8,000명 전후였던 주민들은 황급히 도피했다가 다시 돌아오지 못했다. 보물항아리도 챙기지 못했고, 일부는 도피하지도

못하고 그자리에서 파묻혔다.[25]

이 모든 일이 정확히 언제 일어났는지는 오늘날 논쟁 중에 있다. 가장 결정적인 증거가 1986년 우르테누의 집에서 발견되었다. 베이(Bey)라는 이름의 이집트 총리대신이 우가리트의 왕 암무라피에게 보낸 편지였다. 이집트의 자료에 의하면 베이는 파라오 십타의 시절에 처형된 사람이다. 십타는 19왕조 최후의 파라오 직전에 이집트를 통치했던 파라오였다. 재위 기간은 기원전 1195년경에서 기원전 1189년경이었다. 즉 20왕조의 람세스 3세보다 조금 이른 시기의 파라오였던 것이다. 따라서 그 편지는 기원전 1191년 베이가 처형되기 이전에 작성되었어야 한다. 이는 도시의 파괴 시점이 그보다 앞설 수는 없음을 의미한다. 따라서 도시의 파괴는 대체로 기원전 1190년에서 기원전 1185년 사이로 추정되었다. 사실은 그보다 이후였을 가능성도 있다.[26] 최근에 발표된 논문에 의하면, 그 시점을 보다 분명히 알 수 있는 근거가 있다. 바로 우가리트 점토판 중에 등장하는 천문 관측 기록이다. 이 기록에서 일식이 등장한다. 그 날짜는 기원전 1192년 1월 21일이었다. 따라서 도시의 파괴 시점이 일식 날짜보다 앞설 수는 없다.[27]

기존에는 우가리트 궁전 제5구역에서 발견된 편지를 근거로 파괴의 시점 및 파괴자의 정체를 설명했었다.[28] 하지만 우리는 이 유명한 편지를 근거로 삼을 수는 없다. 섀퍼는 이 편지가 발굴된 곳이 점토판을 굽는 가마라고 했다. 편지를 구워서 키프로스 왕에게 보내려 했지만, 발송되지는 못했다. 편지에는 이런 말이 적혀 있다. "나의 아버지시여, 지금 적들의 배가 왔습니다. 그들은 나의 도시에 불을 질렀고 이 땅에 해를 끼쳤습니다." 최초의 발굴 보고서에 따르면, 발굴 당시 이 편지와 함께 가마터에서 발굴된 점토판이 70점 이상이었다. 모두 점토판을 굽기 위해 그곳에 보관되었던 것들이라고 했다. 발굴자들과 다른 학자들도 처음에는 긴급 구조 요청 편지가 발송되기 전에 적들의 배가 다시 돌아와서 도시를 약탈했던 것으로 추정했다. 이것이 바로 지난 수십 년 동안 학계에서나 일반인들에게 수없이 되풀이되었던 이야기였다. 그러나 최근의 추가 조사에 의하면, 그것이 발견된 곳은 가마터가 아니었다. 점토판이 들어 있던 상자는 건물 2층에 보관되어 있었고, 사람들이 모두 떠난 뒤 어느 시점에 상자가 2층에서 바닥으로 추락했던 것으로 확인되었다.[29]

결과적으로 그 편지를 통해 적선의 출현을 알 수 있고, 침략자들이 바로 그 배를 타고 왔을 것으로 추정할 수 있지만, 우가리트 최후의 날이 그 때였는지 아니면 조금 더 나중이었는지는 이 편지만 가지고서는 확인할 수가 없다. 만약 이 편지에 등장하는 배가 해양민족의 배라면, 이 편지는 최초의 침략자들이 쳐들어왔던 시기의 자료일 수는 있다. 그들이 이집트를 공격했던 때는 기원전 1207년이었다. 그러나 그들이 기원전 1177년 람세스 3세와 싸웠던 두번째 침략자일 수는 없다.

내륙 시리아에 있던 도시 에마르도 거의 같은 시기에 파괴되었다. 기원전 1185년이었다. 에마르는 우가리트와도 접촉이 있었던 도시였다. 그곳에서 발굴된 법률 문서를 통해 파괴 시점을 알 수 있다. 그러

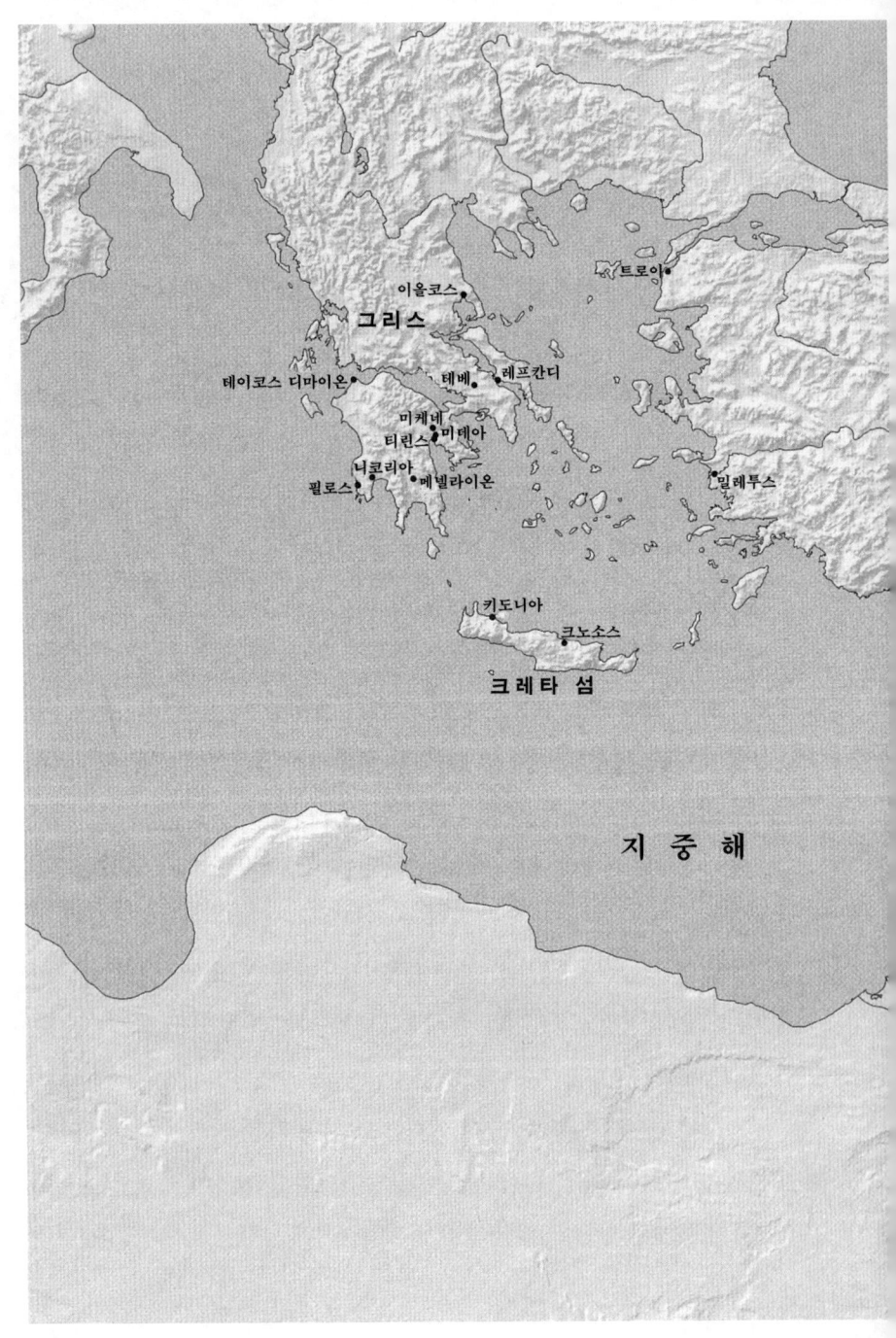

[지도 2] 기원전 1200년경 파괴된 도시들

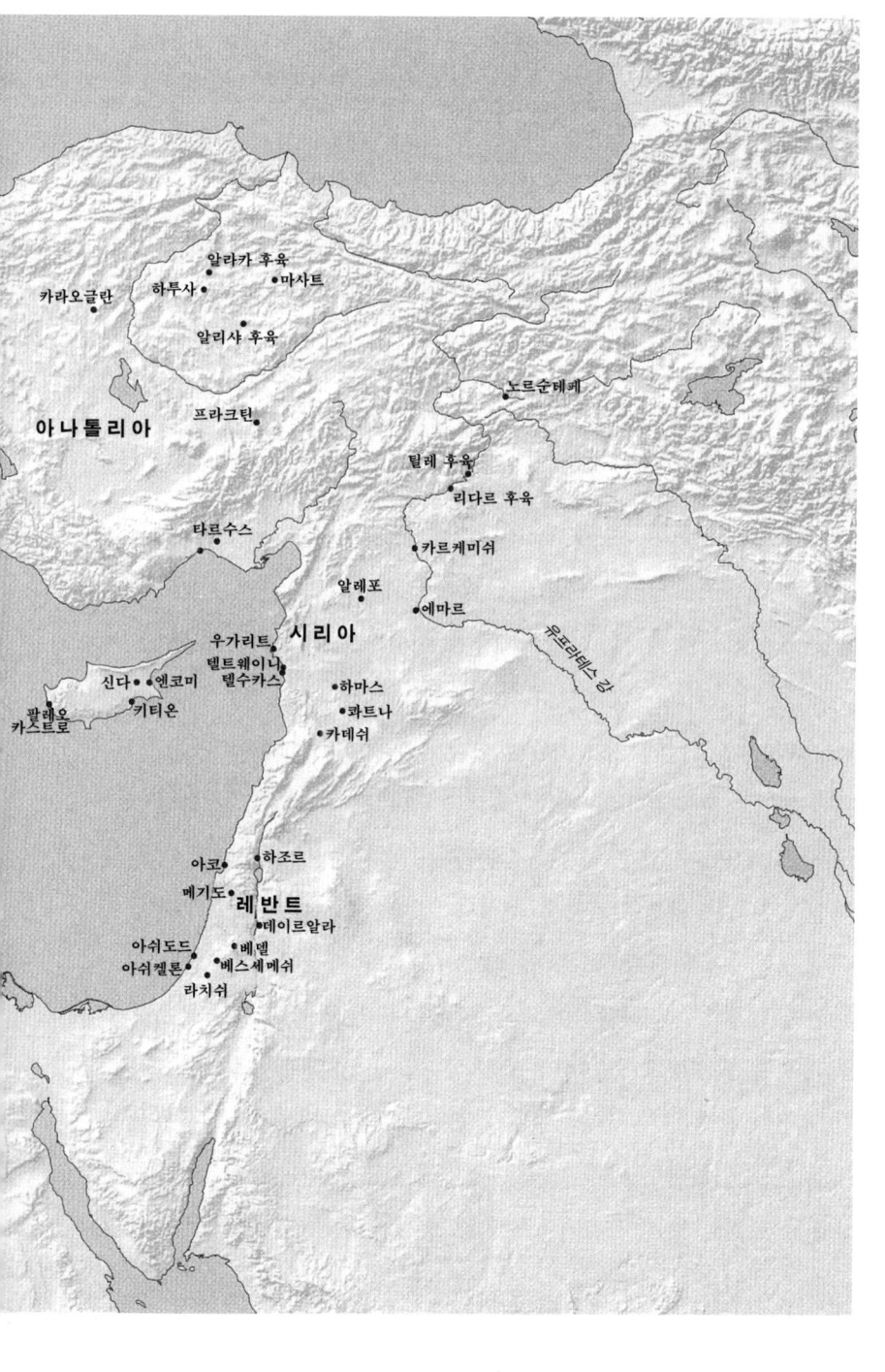

나 누가 에마르를 파괴했는지는 분명하지 않다. 그곳에서 발굴된 점토판에는 이름을 알 수 없는 "무리들"이 언급되어 있다. 그러나 특별히 해양민족이라고 표현하지는 않았다. 이는 이미 여러 학자들이 언급했던 사실이다.[30]

라스 바시트 유적도 거의 같은 시기에 파괴되었다. 라스 바시트는 우가리트 북쪽 경계에 위치한 도시였다. 발굴자들은 그곳이 우가리트의 외곽 방어선이었을 것으로 추정하고 있다. 도시 사람들 중 "일부는 미리 도망쳤고, 일부는 공격을 받아 밀려났다. 그 뒤 주변의 다른 지역 유적들과 마찬가지로 전체가 불태워졌다." 발굴자들은 이러한 파괴행위가 해양민족에 의한 것이었다고 추정했지만, 확실한 근거가 있었던 것은 아니다.[31]

라스 이븐 하니에 대해서도 이런 식으로 설명을 해왔었다. 라스 이븐 하니는 우가리트 남쪽 해안에 있었는데, 기원전 13세기 우가리트 왕의 별장이 그곳에 있었던 것으로 추정된다. 발굴자들을 비롯하여 여러 사람들은 그곳이 우가리트가 파괴되기 직전에 먼저 해양민족의 공격을 받고 파괴되었던 것으로 추정했다. 최소한 그 지역의 일부분은 다시 누군가에 의해 점령당했다. 라스 바시트도 마찬가지였다. 두번째 파괴 당시 형성된 잔해물층에서 발견된 토기 파편을 근거로 이들 두번째 파괴자 및 점령자가 두 지역 모두 해양민족이었다고 발굴자들은 결론을 내렸다. 이 문제에 대해서는 이후에 더 논의하기로 한다.

당시 광범위한 파괴의 아마도 가장 훌륭한 근거이자 가장 최근에 발견된 근거는 텔 트웨이니에서 발견된 자료일 것이다. 이곳은 청동기 시대에는 기발라라는 항구도시였고 우가리트 왕국에 속해 있었다. 그 위치는 오늘날 도시 라타키아의 남쪽으로 30킬로미터쯤 떨어져 있다. 이곳 또한 청동기 시대 후기가 끝나갈 무렵 "심각한 파괴" 이후에 버려졌다. 발굴자들에 의하면, 파괴로 형성된 잔해물층에는 전투의 잔재(도시 전역에 산재한 청동 화살촉, 무너진 성벽, 불타버린 주택), 주택의 화재로 인한 잿더미, 세라믹 파편 무더기가 포함되어 있었다. 세라믹 파편은 도시의 붕괴로 인해 발생한 것인데, 특정 시기에만 사용되었던 세라믹이었다."[33]

발굴 보고서에 따르면 "방사성 탄소 연대 측정법, 고대 서사시 형성 단계의 시점 분석, 히타이트, 레반트, 이집트 왕들의 재위 연대, 천문 관측 자료" 등을 통해 잔해물 층위의 연대를 분석해본 결과, "해양민족이 레반트 북부를 침략한 시기를 분명히 알 수 있었고, 인류 역사상 매우 중요했던 한 시기의 연대를 척로로 확정할 수 있었다."고 한다.[34] 넓게 펼쳐져 있는 재의 층위(레벨 7A)를 분석한 탄소동위원소 데이터는 기원전 1192년에서 기원전 1190년 사이로 특정되었다.[35] 그들이 청동기 시대 후기의 파괴 시점을 분석한 것은 틀림이 없을 것이다. 그러나 문제를 일으킨 사람들이 해양민족이란 점에 대해서는 오직 주변 정황만 제시했을 뿐이다. 이 점에 대해서는 뒤에 다시 논의하기로 한다.

또한 위에서 제시한 연대(기원전 1192년에서 기원전 1190년 사이)는 람세스 3세가 해양민족과 전투를 벌였던 기원전 1177년보다 13년에서 15년 정도 앞서는 시점이다. 기원전 1185년에 파괴되었다는 다른 지역도 있지만, 그 또한 종말을 초래한 전투보다 8년이나 앞선다. 이 주민 그룹이 지중해를 지나는 데, 혹은 심지어 레반트에서 이집트로 해안을 따라 내려 오는 데 왜 그리 오랜 시간이 걸렸는지 의문을 제기 할 수밖에 없다. 하지만 그것은 전적으로 이주민 그룹의 조직력, 운송 수단, 궁극적인 목적에 달려 있는 일이며, 이는 쉽게 대답할 수 있는 성질의 것이 아니다.

마지막으로 우리는 남쪽으로 더 멀리 떨어져 있는 텔 카젤 유적지를 살펴보아야겠다. 그곳은 아무루의 영역에 속해 있었다. 아마도 고대 아무루 왕국의 수도였던 수무르가 여기였을 것이다. 이 지역 또한 청동기 시대 후기가 끝나갈 무렵에 파괴되었다. 발굴자들은 이곳 또한 해양민족에 의해 파괴되었다는 데 흔쾌히 동의하고 있다. 특히 람세스 3세가 해양민족 관련 기록에서 아무루를 언급하기도 했다. 그러나 점령 사건을 보여주는 층위는 파괴를 나타내는 층위보다 조금 시기가 앞선다. 그리고 그곳에서 현지 생산 미케네식 토기들이 출토되었다. 에게 해와 지중해 서부 지역에서 새로 유입된 주민들이 있었음을 보여주는 유물들도 나왔다.[36] 그래서 빈 대학의 라인하르트 융은 그곳에서 발견된 토기 연구 결과를 토대로 "해양민족의 도시 파괴 이전에 소규모 그룹이 배를 타고 텔 카젤로 이주해서 현지인들 사이에 정책했을 것"으로 추정했다. 이것이 에게 해의 소규모 이주 패턴이었다. 그들 중 일부는 이탈리아 반도 남부 출신이었을 것으로 추정되었다.[37] 만약 그의 견해가 옳다면, 이는 그 시대가 매우 복잡했고, 사건에 참여했을 가능성이 있는 민족들 또한 단순하지 않았음을 의미한다. 이는 기원전 1177년경으로 추정되는 해양민족의 두번째 이동 또한 마찬가지다. 파괴 사건을 일으킨 해양민족과 같은 지역 출신자들이 이미 지중해 동부 지역에 들어와서 정착해 있었던 것이다. 이들이 문제의 사건에 영향을 미쳤을 가능성이 없지 않다. 아마도 먼저 이주한 시점은 기원전 1207년, 이집트 파라오 메르넵타 재위 5년에 있었던 해양민족의 침입 기간 동안 혹은 그 이후였을 것이다.

시리아 남부 및 가나안의 파괴

기원전 12세기의 어느 한 시점에 시리아 남부와 가나안에서 많은 도시들이 파괴되었다. 시리아 북부에서와 마찬가지로 누가, 그리고 언제 그러한 파괴 행위를 자행했는지는 불분명하다. 요르단의 데이르 알라 유적에서 파괴로 인해 형성된 지층에 이집트 여왕 투스레트를 뜻하는 상형문자가 새겨진 물병이 발견되었다. 투스레트는 파라오 세티 2세의 미망인이며, 기원전 1187년에서 기원전 1185년 사이에 이집트를 통치했던 것으로 알려져 있다. 따라서 도시의 파괴는 아마도 투스레트 재위 기간 직후에 이루어졌을 것으로 추정된다. 현재 이스라엘에 있는 아코 유적도 이와 마찬가지다. 여기서도 투스레트를 뜻하는 스카라베가 도시의 잔해 속에서 발견되었다.[38] 또 다른 파괴의 증거들이 베트 샨에서도 발굴되었다. 이갤 야딘이 그곳을 발굴한 결과 이 지역에 대한 이집트인의 통치가 폭력적으로 종말을 고한 흔적이 나왔다.[39]

파괴의 흔적이 남아 있는 이러한 유적지들 중에서 아마 가장 유명한 지역은 메기도와 라치쉬일 것이다. 그러나 이들 지역이 붕괴된 이유와 시점에 대해서는 여전히 활발한 논쟁이 진행 중이다. 이들 두 도시는 모두 앞에서 보았던 도시들보다 수십 년 후에 붕괴된 것으로 보이는데, 그 시점은 둘 다 기원전 1177년이 아니라 기원전 1130년으로 추정된다.[40]

～ 메기도

메기도는 오늘날 이스라엘의 예즈레엘 계곡에 있다. 성서에서는 아마게돈이라 했던 그 도시이다. 발굴 결과 약 20개의 도시 흔적이 중첩되어 있었다. 그 중에서 일곱번째 도시는 다시 두 단계로 나뉘어진다. 각 단계의 이름은 VIIA와 VIIB라고 한다. 이들 두 도시는 모두 폭력적으로 파괴되었다. 하나는 기원전 13세기, 다른 하나는 기원전 12세기에 파괴되었거나, 혹은 기원전 12세기 같은 시기에 모두 파괴되었을 수도 있다.

전통적인 견해는 VIIB 층위가 기원전 1250년에서 기원전 1200년 사이, VIIA 층위가 기원전 1130년경 파괴되었다는 설이었다. 이는 시카고 대학 발굴팀의 발굴(1925~1939) 보고서에 근거한 견해이다. 각 층위에서 가나안의 궁전이 발견되었는데, 두 개의 궁전 중에서 하나가 다른 하나의 폐허 위에 건축되었던 것으로 추정되었다.

시카고 대학 발굴팀에 따르면, VIIB 층위의 궁전은 "워낙 심하게 파괴되었다. VIIA 층위의 궁전을 건축했던 사람들은 기존의 VIIB 층위의 궁전을 보수하는 것보다 완전히 쓸어 내고 새로 짓는 편이 더 수

월했을 것이다. 방에는 무너진 돌무더기가 약 1.5미터 높이로 쌓여 있었고, … 시커멓게 불에 탄 흔적이 남아 있는 벽들이 곳곳에 흩어져 마당 북쪽에까지 이어졌다. … 그것이 그대로 새로 짓는 궁전의 바닥층이 되었다."[41] VIIA 층위의 궁전은 바로 그 위에 건축되었고, 기원전 1130년까지 유지되었던 것으로 추정된다.

그러나 최근 텔 아비브 대학의 고고학자 데이비드 우시스킨은 시카고 대학 발굴팀이 층위를 잘못 해석했다는 확신에 찬 주장을 내놓았다. 그는 메기도 발굴의 공동책임자였다가 얼마 전에 은퇴했다. 우시스킨은 두 개의 궁전이 중첩되어 건축되었던 것이 아니라 원래 2층 건물이었다고 주장한다. 기원전 1200년경에는 약간의 보수 과정이 있었을 뿐이라는 것이다. 파괴는 단 한 차례 있었을 뿐이고, 그 때 거대한 불길에 파괴된 잔해가 바로 VIIA 층위라는 것이다. 시카고 대학 발굴팀이 "VIIB 층위의 궁전"이라고 생각했던 것은 단지 궁전의 1층일 뿐이고, "VIIA 층위의 궁전"은 2층이었던 셈이다. 도심의 사원(탑 사원이라고 함)도 같은 시기에 파괴되었지만, 최근 그 지역을 발굴한 결과 도시의 나머지 상당 부분은 파괴되지 않고 살아남았다. 도시의 핵심 부위만 불에 탔던 것이다.[42]

VIIA 층위의 연대는 대개 기원전 1130년으로 추정된다. 이 연대는 이집트 상형문자가 새겨진 유물 두 점에 근거하고 있다. 첫번째 유물은 람세스 3세의 이름이 새겨져 있는 상아로 만든 필통이다. 이 필통은 궁전의 어느 방에서 함께 보관되었던 상아로 만든 여러 보물들과 함께 발견되었다.[43] 따라서 궁전의 파괴 시점을 람세스 3세 재위 기간 동안 혹은 그 이후, 즉 기원전 1177년경 혹은 그 이후로 추정할 수 있다.

여기서 발견된 상아 유물들은 메기도 유적에서 발굴된 유물 중에서도 가장 유명한 것들이다. 상자와 사발, 글씨를 쓰는 판, 숟가락, 원반, 게임판과 말, 항아리 뚜껑, 빗 등 많은 유물들이다. 이들은 현재 시카고 대학 동양연구소와 예루살렘의 록펠러 박물관에 전시되어 있다. 이런 상아 유물들을 애초에 왜 함께 모아두었는지, 그리고 하필이면 궁전 중에서 그 방에 있었는지는 분명하지 않다. 그럼에도 불구하고 이 유물들은 날이 갈수록 엄청난 관심을 모았다. 상아 자체도 그렇지만 그 위에 새겨진 글씨들은 그야말로 글로벌한 스타일을 보여주기 때문이다. 우가리트와 미케네 유적 등에서도 이러한 스타일이 확인된다. 미케네, 가나안, 이집트 문화의 요소들이 결합되어 독특한 융합 스타일의 물건이 만들어졌는데, 이는 당시 세계화 시대의 특징이라고 할 수 있겠다.[44]

두번째 유물은 청동으로 만든 상이다. 그 아랫부분에 파라오 람세스 4세의 이름이 적혀 있다. 그는 기원전 1141년에서 기원전 1133년까지 이집트를 통치했었다. 이 유물은 고고학적 맥락과는 잘 맞지 않는다. 출토된 위치가 VIIB 층위의 주거지 건물 벽 아래였던 것이다. 우시스킨은 이것이 고고학적 맥락과 맞지 않다는 점을 지적한 바 있다. 왜냐하면 VIIB 층위는 람세스 4세의 통치 시기보다 훨씬 시기가 앞서기 때문이다. 이는 나중에 어떤 주민이 일부러 땅을 파고 이 청동상을 묻었다는 의미이다. 그 시점은 VIIA 층위가 나타내는 시점일 수

〔그림 10〕 람세스 3세의 이름이 새겨진 필통, 상아, 메기도 출토.

도 있고, 혹은 훨씬 더 나중의 철기 시대일 수도 있다. 고고학자들은 주거지 벽의 기초 부분은 VIIA 층위로 보는데, 그것 또한 단지 추측일 뿐이다.[45]

이 두 가지 유물, 각각 람세스 3세와 람세스 4세의 이름이 새겨져 있는 유물은 관련 연구 서적에서 언제나 함께 거론이 되었다. 그리고 메기도 VIIA 층위의 파괴 시점은 람세스 4세의 재위 이후, 즉 기원전 1300년경으로 추정되었다. 그러나 람세스 4세의 이름이 새겨진 청동상이 고고학적 맥락과 잘 맞지 않는다면, VIIA 층위의 최종 시점에 대한 추정도 바뀔 수밖에 없을 것이다. 한편 람세스 3세의 이름이 새겨진 필통이 VIIA 층위에서 발견되었기 때문에, 도시가 파괴되지 않고 유지존속되었던 하한선은 파라오 람세스 3세의 재위 이후로 보아야 할 것이다. 이렇게 보면 메기도 파괴 시점이 앞에서 언급한 근동 지역의 다른 유적들과도 연대가 맞아떨어진다.

그러나 고고학은 항상 새로운 데이터와 새로운 분석 기술로 나날이 발전하고 있고, 따라서 과거의 결론을 재검토할 수밖에 없다. 이런 측면에서 현재 진행중인 연구와 관련된 VIIA 층위 탄소동위원소 데이터로 보면, 메기도 파괴 시점은 기원전 1130년 혹은 그 이후가 된다. 아마도 그 이후로 보는 것이 맞을 것이다. 만약 이러한 연대 추정이 옳다면, 메기도는 해양민족이 이 지역에 들어왔던 기원전 1177년으로부터 40년이 지난 이후에 파괴된 셈이다.[46] 우시스킨이 주장했던 것처럼, 기록 자료를 남기지 않은 어떤 사건이라도 마찬가지겠지만, "파괴 층위 VIIA가 누가 벌인 일인가 하는 문제는 결론이 열려 있다.

… 해양민족의 어느 집단이 도시를 공격했을 수도 있고, 레반트의 가나안 사람들이나 이스라엘, 혹은 어떤 연합 세력이 그랬을 수도 있다."[47] 즉 메기도는 앞에서 말한 하조르와 마찬가지 상황이었다. 하조르에서도 도시의 주요 부위만 파괴되었으며 누가 파괴를 자행했는지는 밝혀지지 않았다.

～ 라치쉬

우시스킨의 견해에 따르면, 오늘날 이스라엘에 있는 또 하나의 유적지 라치쉬 또한 비슷한 시기에 두 차례의 파괴를 겪었다.[48] 라치쉬 유적은 예루살렘 남쪽에 있다. 이곳에서도 여러 층위의 유적층이 나왔다. 그 중에서 일곱번째와 여섯번째 층위(층위 VII과 층위 VI)가 발굴된 유물로 볼 때 최후의 가나안 도시였던 것으로 추정된다. 당시는 라치쉬가 매우 번성하던 때였고, 이집트가 이 지역의 종주권을 행사하고 있었다. 라치쉬는 당시 가나안에서 가장 큰 도시들 중 하나였을 것이고, 약 6,000여 명의 주민이 살고 있었으며, 도시 내에 거대한 사원과 공공 건물이 들어서 있었다.[49]

층위 VII은 기원전 1200년경 파괴된 유적층이다. 그러나 발굴팀에서는 누가 왜 이러한 파괴를 자행했는지는 밝혀내지 못했다. 도시가 실제로 얼마만큼 파괴되었는지가 불분명하기 때문이었다. 지금까지는 혹독한 파괴의 흔적이 오직 어떤 사원(Foss III Temple) 유지와 거주 구역 S에서만 발견되었다.[50] 기원전 1207년경 해양민족의 1차 침입이 있었는데, 그 때 파괴 사건이 일어났던 것으로 추정되었다. 그러나 이러한 추정을 뒷받침할 근거는 없다.

층위 VI의 연대에 대해서도 학자들의 관심이 집중되었다. 층위 VII에서 불타버렸던 부분들은 모두 다시 건축되었고, 기존의 방식대로 문화가 계속 이어졌다. 층위 VI은 그 직전에 파괴되었던 도시보다 훨씬 더 부유했던 것 같다. 거대한 공공 건물(큰 기둥이 있는)이 기존에 주택지였던 구역 S에 세워졌다. 새로운 사원도 구역 P에 세워졌는데, 이후 다시 파괴되었기 때문에 흔적이 별로 많이 남지 않았다. 이집트, 키프로스, 에게 해 등지에서 수입된 물품은 주로 토기류였는데, 도시 전역에 걸쳐서 이러한 토기류가 발견되었다. 이는 도시의 국제적 위상을 확인시켜주는 유물이다.[51]

층위 VI의 도시에는 가난한 이민자가 유입되었고, 그 직후 도시의 상당 부분이 폭력적으로 파괴되었던 것으로 추정된다.[52] 특히 한 건물은 구역 S에 있던 큰 기둥이 있는 건물이었는데 "갑작스럽게 또한 처절하게 파괴되었다. 재와 무너진 흙벽돌이 건물터 전역을 뒤덮었다. 성인과 어린아이의 뼈가 무너진 벽에 깔린 채 발견되었다."[53] 라치쉬의 또 다른 건물도 같은 시기에 무너졌다. 이후 300년 동안 라치쉬는 버려져 있었다.[54] 우시스킨에 따르면 "층위 VI의 도시는 폭력적으로 처절하게 파괴되었다. 층위 VI에서는 발굴하는 지점마다 그러한 흔적이 드러났다. … 파괴는 철저했고 주민들은 모두 살해되거나 쫓겨났다."[55]

이전의 고고학자들은 그 도시가 기원전 13세기 말, 즉 기원전 1230년경에 파괴되었다고 생각했다.(층위 VII보다 더 이전에 파괴되었다.)⁵⁶ 그러나 층위 VI의 파괴 시점은 우시스킨에 의해 완전히 바뀌었다. 그는 주로 청동판 유물에 근거하여 연대를 비정했다. 청동판은 원래는 문의 자물쇠로 사용되었던 것으로, 거기에 람세스 3세를 뜻하는 상형문자가 새겨져 있다. 이 청동판은 다른 청동기들과 함께 무더기 속에서 발견되었는데, 고장나거나 파손된 물건을 모아둔 무더기였다. 그 무더기는 층위 VI의 도시 잔해 속에 묻혀 있었다.⁵⁷

메기도에서 발굴된 람세스 3세의 필통과 마찬가지로 라치쉬에서 발견된 이 유물로 보아, 도시의 파괴는 람세스 3세의 재위 시절 동안 혹은 그 이후에 이루어졌음을 알 수 있다. 따라서 우시스킨은 파괴 시점을 기원전 1150년경으로 추정했다. 그 근거는 람세스 3세가 즉위했던 기원전 1184년 이전에 그 청동기 유물이 제작되었을 수가 없다는 점과, 또한 "그 물건이 사용되는 시간, 그러다가 부서진 시간, 마지막으로 내다 버려서 고장난 혹은 파손된 청동기들과 함께 무더기로 쌓여 있었던 시간"도 고려했다.⁵⁸

이후 그는 파괴 시점을 기원전 1130년으로 조정했다. 그 근거는 람세스 4세의 스카라베가 같은 유적지에서 발굴되었기 때문이다. 영국의 고고학자가 발굴했는데 아마 층위도 같았을 것이다. 이를 메기도의 층위 VII과 비교하여, 만약 메기도가 그렇게 오래도록 존속했다면, 라치쉬도 그러했을 것으로 추론하였다.⁵⁹ 또 다른 학자는 최근에 라치쉬의 고분 570호에서 람세스 4세의 스카라베를 발견했다고 주장했다. 그러나 그는 그 기호가 다른 식으로도 읽힐 수 있으므로 확실한 것은 아니라고 강조했다. 발굴 지점의 층서학(stratigraphy)으로 볼 때

이전에 발굴된 스카라베 또한 마찬가지로 불분명하다는 주장이다.[60]

이리하여 또 다시 누가 왜 파괴를 자행했는지는 불확실해졌다. 앞에서 언급했던 다른 지역들도 마찬가지다. 심지어 라치쉬에서는 언제 일이 일어났는지조차 불분명하다. 사실상 우리가 확실하게 말할 수 있는 것은 람세스 3세의 재위 혹은 그 이후까지 라치쉬가 존속했다는 사실뿐이다. 우시스킨이 말했듯이 "층위 VI은 강력한 군사력에 의해 파괴된 흔적이 분명하지만, 적이 누구였는지, 왜 그랬는지, 도시가 무너질 당시 주변 정황이 어떠했는지에 대한 직접적인 열쇠가 고고학적 데이터로는 제시되지 않았다."[61] 이전의 학자들이 추정한 후보는 셋이었다. 이집트 군대, 이스라엘 부족, 해양민족 침략자가 그것이었다. 그러나 "청동 화살촉 하나 말고는 전투의 흔적이 발견된 것이 없다. … 그것도 구역 S에 있었던 큰 기둥 건물 자리였다."[62]

이집트인들이 파괴를 행했던 것 같지는 않다. 왜냐하면 라치쉬는 당시 이집트의 영향력 아래 번영을 구가하고 있었고, 현실적으로도 이집트와 교역을 하고 있었다. 이는 잔해 속에서 발견된 이집트 왕실 문장이 새겨진 유물을 통해서 알 수 있는 바다. 여호수아가 이끄는 이스라엘 부족이 공격을 했을 수도 있다. 존스홉킨스 대학의 윌리엄 올브라이트가 이런 주장을 했다. 그는 파괴 시점을 기원전 1230년경으로 보았다.[63]

그러나 우시스킨은 층위 VI의 도시를 파괴한 가장 유력한 공격자로 해양민족을 꼽았다. 이 점에 있어서 그는 올가 투프넬의 견해를 따랐다. 그는 우시스킨 이전에 라치쉬의 발굴 책임자였다.[64] 그러나 우시스킨은 해양민족이 파괴를 자행했다는 증거를 제시하지는 못했다. 우리가 볼 수 있는 것은 단지 파괴의 결과일 뿐, 누가 그리했는지에 대해서는 아무런 실마리가 없다. 더욱이 기원전 1139년이라는 시점은 해양민족으로 보기에는 너무나 시기가 늦다. 메기도의 파괴와 마찬가지로, 거의 40년이 지난 시점이다. 아마도 우시스킨이 라치쉬의 파괴와 메기도의 파괴를 서로 연결시켜 라치쉬의 연대를 늦추어 잡았던 것 자체가 틀렸을 수도 있다는 점을 간과해서는 안 될 것이다. 메기도와 라치쉬를 연결시킬 수 있는 뚜렷한 근거는 없다. 그렇다면 처음에 추정했던 기원전 1150년경이 더 근접할지도 모를 일이다.(혹은 만약 람세스 3세의 기호가 새겨진 물건의 사용 기간이 짧았다면 이보다 더 빠를 수도 있다.)

도시 라치쉬의 층위 VI이 대지진으로 인한 파괴의 결과일 수도 있다. 큰 기둥 건물에 깔려 죽은 시신 4구는 "탈출하는 과정에서 무너지는 건물에 깔렸던 것이 틀림없다." 두세 살 어린아이는 "얼굴을 바닥으로 향한 채 던져졌거나 아니면 바닥을 기어가다가 죽었다." 그보다 좀더 나이가 많은 어린이는 "던져졌거나 바닥으로 떨어졌다."[65] 이러한 관찰 결과는, 그리고 잔해 속에서 어떠한 무기도 발견되지 않았다는 사실은, 파괴의 행위자가 사람이 아니라 오히려 자연이라는 점을 시사한다. 청동기 시대 후기가 끝날 무렵의 다른 유적지들도 이와 마찬가지다.[66] 이러한 가정에 대한 반론의 근거는 지진이 있었던 흔적이 전혀 없다는 점이다. 금이 가거나 찢어진 벽 같은 것도 발굴된 적이 없었다. 더욱이 구역 P에는 새로운 가나안 사원이 있었는데, 불타

기 전에 약탈을 당한 흔적이 있다. 이는 인간이 개입되었던 증거라고 볼 수 있다.[67]

요약하자면 하조르와 메기도와 마찬가지로 라치쉬의 층위 VI과 그 이전 시기인 층위 VII 또한 누가 파괴를 자행했는지가 불분명하다. 둘 다 해양민족이 파괴했을 수도 있고, 둘 다 아닐 수도 있다. 혹은 전혀 다른 누군가였을 수도 있다. 코넬 대학의 제임스 웨인스타인은 "팔레스타인 남부와 서부에 있던 이집트군 주둔지의 종말을 고한 책임이 해양민족에게 있다면, 그 이외 다른 지역의 파괴에 대해서는 해양민족이 아닌 누군가가 그랬을 가능성을 염두에 두어야만 할 것"이라고 말했다.[68]

~ 필리스티아 5국(펜타폴리스)

남부 가나안에서 특히 주목을 받은 지역은 성서 등 다른 문헌에서도 이른바 필리스티아 펜타폴리스(필리스티아인의 5개의 나라)라고 하는 곳인데, 곧 아쉬켈론, 아쉬도드, 에크론, 가트, 가자 등이다.

청동기 시대 후기가 끝나갈 무렵, 에크론과 아쉬도드에서 그 이전에 있었던 가나안의 도시들은 폭력적으로 파괴되었고, 새로운 정착지로 대체되었다. 새로 건설된 도시는 토기, 난로, 욕조, 부엌살림, 건축 등을 포함하여 물질문화의 모든 측면에서도 이전과 달랐다. 이는 거주민의 변화를 의미할 수도 있고, 새로운 민족의 대량 유입을 의미할 수도 있다. 만약 그렇다면 그들은 필리스티아인이었을 것이다. 그들은 가나안이 무너지고 이집트 군대가 그곳에서 철수한 뒤 새롭게 유

입된 사람들이었다.⁶⁹

예루살렘 히브리 대학의 명예교수인 트루드 도탄은 에크론 발굴의 공동 책임자였다. 에크론은 현재 텔 미크네에 위치하고 있다. 그는 에크론에서 청동기 시대 후기의 종말에 대해서 이렇게 말했다. "발굴 현장에서 나는, 상위 도시 혹은 아크로폴리스에서 청동기 시대 후기 가나안의 도시가 불에 타서 완전히 파괴된 흔적을 발견할 수 있었다. 이곳에서 파괴 행위가 자행된 것은 명백하다. 진흙 벽돌로 만든 거대한 저장고의 유적에는 무화과와 렌틸 콩이 항아리에 담긴 채 그대로 있었고, 무너진 진흙 벽돌 아래 잘 보존된 거대한 실로(silo)도 있었다. … 새로 건설된 필리스티아인의 도시는 청동기 시대 후기의 상위 도시가 파괴된 곳, 그리고 청동기 시대 중기 하위 도시가 있던 개활지와 동일한 평면 위에 건설되었다."⁷⁰

아쉬켈론에서도 상황은 비슷했던 것 같다. 최근 발굴 보고에 따르면 그곳은 이집트 군대 주둔지에서 필리스티아인의 항구도시로 변화되었다. 시기는 기원전 12세기 전반, 아마도 람세스 3세의 재위 이후였을 것이다. 그곳에서 람세스 3세의 스카라베가 새겨진 카투치가 발견되었다. 그러나 아쉬켈론에서는 변화가 평화롭게 진행되었던 것 같다. 최소한 오늘날까지 발굴된 현장에 대해서만은 분명 그렇게 얘기할 수 있다. 발굴자들은 "건축이나 도자기, 식료품, 공예품, 특히 천의 직조 방식에서 새로운 문화 양식이 갑자기 등장한다."고 보고했다. 발굴자들은 이러한 변화를 해양민족과 연결시켰고, 특히 필리스티아인을 지목했다. 그들이 미케네 지역으로부터 이주해 온 결과로 본 것이

다.[71]

그러나 청동기 시대 후기가 저물어갈 무렵 가나안의 상황에 대한 우리의 이해는 여전히 진화되고 있는 중이다. 1995년에 하버드 대학의 래리 스태저가 필리스티아인의 가나안 진출에 대해서 고전적인 논문을 발표했는데, 그 논문에서 다음과 같이 말했다. "필리스티아인들은 기존의 도시를 파괴하고 그들이 정복한 영토의 네 귀퉁이에 새롭게 그들의 도시를 건설했다."[72] 하이파 대학의 아사프 야수르-란다우는 최근 이러한 전통적인 견해에 대해서 문제를 제기했는데, 이에 대해서는 아래에서 다시 살펴보게 될 것이다.

메소포타미아의 파괴

동쪽으로 멀게는 메소포타미아까지도, 바빌론을 포함하여 여러 지역에서 파괴의 흔적이 발견되었다. 그러나 이는 명백히 해양민족이 아닌 다른 세력에 의해 자행된 사건이었다. 특히 엘람의 군대는 잘 알려져 있다. 그들은 이란 남서부에서부터 메소포타미아로 쳐들어 갔다. 당시 엘람의 왕은 슈트룩-나훈테였다. 최소한 몇몇 유적지는 이들이 파괴했던 흔적이다.

슈트룩-나훈테는 기원전 1190년에 엘람의 왕위에 올랐고 기원전 1155년까지 왕좌를 지켰다. 엘람은 그 지역의 다른 왕국들처럼 청동기 시대 후기 대부분의 기간 동안 세계의 무대에서 군소 세력으로 머물렀던 것 같다. 그 동안 엘람은 몇몇 거대 왕국들과 혼인 관계를 맺고 있었다. 슈트룩-나훈테는 바빌론의 공주(카시트인)와 결혼했다. 이는 그의 선조들의 관행을 따른 것이었다. 선조들 중 하나는 쿠리갈주 1세의 딸과 결혼했었는데, 기원전 14세기의 일이었다. 또한 쿠리갈주의 자매와 결혼한 사람도 있었고, 기원전 14세기 말에 부르나-부리아쉬의 딸과 결혼한 사람도 있었다. 슈트룩-나훈테의 어머니도 카시트인 공주였다. 카시트의 왕실에 보낸 슈트룩-나훈테의 편지에 그러한 내용이 나오는데, 바빌론에서 독일의 고고학자가 그 편지를 발굴했다.[73]

편지에서 슈트룩-나훈테는 자신이 태생의 신분을 포함하여 바빌론의 왕이 될 만한 충분한 자격이 있음에도 불구하고 바빌론의 왕위를 양보했다고 불만을 제기한다. 다음과 같은 구절에서 그의 분노가 직접적으로 느껴진다. "왜 내가, 왕인 내가, 왕의 아들인 내가, 왕의 씨앗인 내가, 왕의 후예인 내가, 바빌론과 엘람의 땅의 왕인 내가, 강력한 군주 쿠리갈주의 맏딸의 후손인 내가, 왜 바빌론 영토의 권자에 앉지 못했는가?" 그리고 나서 그는 복수를 하겠다고 위협했다. "너희 도시를 파괴하고, 너희 요새를 허물고, 너희 관개수로를 막고, 너희 과수원의 나무를 베어버릴 것이다." 그리고 이렇게 선언했다. "너희들이 하늘로 올라갈 수도 있겠지. 하지만 나는 너희들의 옷자락을 붙잡고 끌어내릴 것이다. 너희들이 땅 속으로 내려갈 수도 있겠지. 하지만 나는 너희들의 머리카락을 붙잡고 끌어올릴 것이다.!"[74]

기원전 1158년 그는 실제로 위협을 실행에 옮겼다. 바빌론을 공격하여 도시를 정복하고 카시트의 왕을 무너뜨렸으며, 자신의 아들을 왕위에 앉혔다. 그가 엘람의 도시 수사(Susa)로 바빌론의 막대한 전리품을 가지고 개선한 일은 너무나도 유명한 사건이다. 전리품 중에는 함무라비의 법전이 새겨진 거의 8피트에 달하는 거대한 비석뿐만 아니라 훨씬 이전의 아카드 왕 나람신의 승리의 비석 등 많은 유물들이 포함되어 있었다. 이 유물들은 이후 1901년에 프랑스 고고학자들이 수사를 발굴할 당시 발견되어 파리로 가져갔고, 현재는 루브르 박물관에 전시되어 있다.[75]

슈트룩-나훈테의 원정이 분명 바빌론 왕위와 영토에 대한 그의 욕망 때문에 촉발되긴 했지만, 당시 지중해 동부 지역의 혼란이 그에게는 유리한 조건이 되었을 것이다. 카시트의 왕이 도움을 요청할 곳이 주변에 거의 남아있지 않다는 사실을 그는 잘 알고 있었을 것이다. 슈트룩-나훈테의 아들과 손자가 뒤이어 수행했던 메소포타미아 원정도 이전 세기의 주요 세력들이 더 이상 존재하지 않거나 훨씬 약해졌던 현실로부터 적지 않은 영향을 받았을 것이다. 그러나 이들의 군사 행동으로 인한 파괴 행위는 해양민족과는 아무런 관련이 없었다.

아나톨리아의 파괴

당시 아나톨리아에서도 상당수의 도시들이 파괴되었다. 그러나 마찬가지로 각 도시의 파괴 이유를 밝히기는 매우 어렵다. 또한 마찬가지로 전통적인 견해로는 해양민족이 이러한 파괴를 자행했다고 하는데, 이는 근거가 거의 없거나 아예 없는 견해이다. 경우에 따라 오래된 고정관념과 선입관들이 최근의 발굴로 인해 뒤집히는 사례가 있기도 하다. 예를 들어 옛날 알랄라크가 있던 텔 아차나 유적지는 현재 터키와 시리아 국경 근처에 위치하는데, 레너드 울리 경은 이 유적의 층위 I이 해양민족에 의한 파괴로 형성된 층위라고 생각했다. 그러나 최근 시카고 대학의 아슬리한 예너의 발굴에 의하면 그 층위는 기원전 14세기의 유적으로 밝혀졌다. 이는 그 도시의 대부분 지역이 기원전 1300년경 폐허가 되었다는 뜻인데, 해양민족이 개입된 시대보다 훨씬 전이다.[76]

기원전 1200년 직후에 폐허가 된 다른 아나톨리아 유적들 중에서 가장 유명한 곳은 하투사와 트로이일 것이다. 하투사는 아나톨리아 내륙 고원에 있던 히타이트의 수도였고, 트로이는 서부 해안에 위치한다. 그런데 이 두 도시도 마찬가지로 의심할 바 없이 해양민족에 의해 파괴되었다고 볼 수는 없다.

～ 하투사

히타이트의 수도 하투사가 기원전 12세기가 시작된 직후에 파괴되어 폐허로 된 사실은 명백하다. 고고학자들은 "재, 검게 탄 목재와 진흙벽돌, 강렬한 불길에 파괴된 흙벽돌 부스러기" 등을 발견했다.[77] 그러나 도시를 누가 파괴했는지는 전혀 알 수 없다. 학자들과 인기 있는 작가들이 이를 해양민족의 소행이라고 하는데, 이는 "그들의 무기 앞에 어느 나라도 버틸 수 없었고, 카트에서부터 …"라고 하는 람세스 3세의 기록에 근거를 둔 것이다. 그런데 사실상 카트가 히타이트 전역을 가리키는지 특별히 하투사를 언급하는 것인지는 알 수가 없다.[78]

하투사가 무너졌을 때, 특히 투드할리야 4세의 재위 기간에 공격을 받았던 것 같은데, 아마도 왕의 사촌인 쿠룬타를 따르던 군대가 왕위를 전복하기 위해 공격을 감행했던 것 같다.[79] 시카고 대학의 주도적인 히타이트 연구자 해리 호프너 주니어는 파괴 행위의 유력한 하한선(terminus ante quem, 즉 사건 발생 추정 시점이 아무리 늦어도 이 때보다 늦을 수는 없다고 하는 기준 시점)을 람세스 3세의 기록이 있었던 기원전 1177년으로 보고, 아마도 그보다는 다소 이른 시점 즉 기원전 1190년경에서 기원전 1180년경 사이로 추정했다. 그러나 람세스의 기록이 얼마나 정확한 것인지 우리로서는 알 도리가 없다.[80]

1980년대까지 히타이트를 연구하는 학자들 및 다른 학자들도 도시를 파괴한 유력한 용의자로 이른바 카쉬카를 지목했다. 오래된 히타이트의 적으로 잘 알려졌던 자들이었다. 카쉬카는 히타이트의 근거지로부터 북동쪽에 위치해 있었다. 이들은 예전에도 하투사를 약탈한 적이 있었는데, 기원전 13세기 초 카데쉬 전투 직전 시기였다. 당시 히타이트는 잠시 동안 하투사를 포기하고 수도를 통째로 몇 년 동안 남쪽으로 옮겼었는데, 그곳이 타르훈타사라고 하는 지역이었다.[81] 펜실베니아 대학의 제임스 물리에 따르면 카쉬카가 훨씬 합리적인 추론인데, 그는 이렇게 말했다. "바다로부터 온 침략자(즉 해양민족)들이 어떻게 거대한 요새인 하투사를 파괴했는지 설명하기가 늘 어려운 문제였다. 하투사는 바다에서 수백 마일이나 떨어져 있어서 오늘날에 보더라도 아나톨리아 중앙 고원 지대에 상당히 고립되어 있다."[82]

고고학적 자료들로 볼 때 하투사의 일부 지역은 강렬한 불길에 의해 파괴되었다. 상위 도시와 하위 도시가 모두 불길에 휩싸였고, 왕궁과 요새도 마찬가지였다. 그러나 오늘날 명백히 밝혀진 바, 파괴가 공공 건물들, 즉 왕궁과 몇몇 사원, 그리고 성문 일부에 국한되었다는 사실이다. 이들 공공 건물은 약탈을 당했다기보다는 미리 도망을 치는 바람에 버려진 것 같고, 그 후에 누군가 불을 질렀다. 상위 도시와 하위 도시의 거주 지역에서는 파괴된 흔적이 전혀 발굴되지 않았다.[83] 최근 발굴 책임자인 위르겐 제어는, 도시가 공격을 받기 전 어느 시점에 사람들이 달아났고, 왕실의 가족들은 최종적으로 도시가 파괴되기 훨씬 이전에 모든 재산을 가지고 어딘가 다른 곳으로 이동했을 것이라고 주장했다. 만약 그렇다면 히타이트의 오랜 숙적이었던 카쉬카가 해양민족보다 더 유력한 파괴 행위의 용의자일 것이다. 그들은 히타이트 제국이 다른 요인들, 즉 가뭄이나 기근, 국제 무역로의 차단 등으로 인해 심각하게 세력이 약화된 뒤에 쳐들어왔을 것이다.[84]

하투사와 상당히 가까운 중부 아나톨리아 유적 세 곳의 파괴 상태를 살펴보면 같은 방식으로 설명이 가능하다. 그 세 곳은 알라카 후육, 알리샤르, 마샤트 후육이다. 세 곳 모두 거의 동시에 불길에 휩싸여 도시가 파괴되었다. 누가 그랬는지, 카쉬카인지 해양민족인지 아니면 전혀 다른 제3자인지는 전혀 알 수 없다. 아나톨리아 동남부의 메르신과 타르수스도 파괴되었는데, 이들은 둘 다 회복되었다가 다시 점령당했다.[85] 카라오글란은 중앙 아나톨리아 안에서 하투사 서쪽으로 꽤 먼 곳에 있는데, 그곳도 당시에 파괴되었고 파괴 잔해물 층위에서 시신들도 발굴되었다. 그러나 이곳을 또한 누가 파괴했는지는 분명하지 않다.[86]

아나톨리아 서부 지역으로 갈수록 파괴는 상대적으로 심각하지 않았다. 실제로 오스트리아의 학자 트레버 브라이스는 다음과 같은 사실에 주목했다. "[아나톨리아에서] 불길에 휩싸여 파괴된 도시들은 마라샨티야 강 동쪽 지역으로 한정되어 있다. … 그보다 서쪽으로는 그러한 재앙이 닥쳤다는 증거가 발견되지 않았다. 고고학적 자료로 보건대 히타이트의 세계 전체에서 실제로 파괴된 지역은 작은 수에 불과하다. 대부분은 그냥 단순히 사람들이 버리고 가버린 경우에 해당된다."[87]

～ 트로이

서부에서 유일하게 기원전 12세기 초에 불길에 휩싸여 파괴된 유적지가 아나톨리아 해안의 트로이였다. 특히 트로이의 층위 VIIA에서 그러한 흔적이 나왔다.[88] 신시네티 대학의 고고학자 칼 블레겐은 그 연대를 1250년경으로 추정했다. 미케네 양식 토기 전문가인 피넬로피 마운트조이는 그 연대를 기원전 1190년에서 기원전 1180년 사이로 재조정했다.[89] 기원전 1300년경의 지진으로 인해 파괴된 도시의 잔해가 층위 VIh인데, 앞에서도 자세히 언급했듯이 주민들이 폐허로부터 다시 도시를 재건했던 것이다. 그래서 트로이의 층위 VI 시기에 건립된 대형 저택들은 원래 한 가족이 살던 집이었지만, 재건 과정에서 벽을 나누어 여러 가구가 살게 되었다. 칼 블레겐은 이러한 주거 형태를 전시 비상 거주 형태로 보았지만, 마운트조이의 주장에 의하면 그것이 아니라 지진으로부터 회복하는 과정에서 나타난 주거형태였고, 폐허 위에 지어진 조그만 임시 오두막들도 마찬가지였다.[90] 그러나 나중에 도시가 함락되는 시기가 있었다. 이는 칼 블레겐과 그 이후 1988년부터 2005년까지 트로이를 발굴했던 튀빙엔 대학의 만프레드 코프만의 발굴 결과 드러난 사실이다.

두 사람은 트로이의 층위 VIIA의 길거리에서 시신을 발굴했고, 담장에 박혀 있는 화살촉도 찾아냈다. 그래서 이들은 트로이가 전쟁으로 인해 파괴되었다는 확신을 가졌다.[91] 코프만은 오래도록 잊혀졌던 트로이의 하위 도시를 찾아냈었는데, 이전의 고고학자들은 모두 이를 찾지 못했었다. 코프만은 다음과 같이 말했다. "발굴 유물에는 화재의 흔적이 있었다. 그리고 인골도 발견되었다. 예를 들면 소녀의 유골이 있었는데, 열여섯 아니면 열일곱 정도 되었다. 반쯤 땅에 묻혀 있었는데 발이 불에 타버렸다. … 그 도시가 점령되었던 것 같다. 스스로 방어를 위해 전투를 벌였다가 패했고 점령당했음이 분명하다."[92]

그러나 도시가 파괴된 시기를 보면, 호메로스가 트로이 전쟁을 소재로 한 〈일리아스〉에서 말했던 것처럼, 미케네인이 트로이를 공격했다고 보기는 어렵다. 전사들이 모두 트로이 전쟁에 출전하는 바람에 그리스 본토에 있던 미케네 궁전이 공격을 받아서 파괴되었다면 혹시 모를까 미케네인이 트로이를 공격할 수는 없었다. 마운트조이는 미케네인보다는 해양민족이 트로이 VIIA를 공격했을 거라고 주장한다. 그렇게 보는 것이 불과 3년 뒤인 람세스 3세의 기록에도 더 부합한다. 그러나 마운트조이가 자신의 주장에 대한 근거를 제시하지는 못했기 때문에 이 문제는 더 연구해야 할 과제로 남아 있다.

그리스 본토의 파괴

미케네인들이 트로이 VIIA의 파괴에 개입되지 않았다면, 그들도 같은 시기 공격을 받고 있었기 때문일 가능성이 있다. 학계에서는 대체로 미케네, 티린스, 미데아, 필로스, 테베 등 그리스 본토에 있는 많은 미케네 유적지가 기원전 13세기 말에서 기원전 12세기 초 거의 같은 시기 파괴되었다는 데 동의하고 있다.[94] 영국의 고고학자 기 미들튼이 최근 2010년에 출간한 보고서에 따르면 기원전 1225년에서 기원전 1190년 사이 그리스 본토에는 끔찍한 재앙이 닥쳤다.

"아르골리드와 코린티아 지역의 미케네, 티린스, 카트신그리, 코라코우, 이리아 등지가 파괴되었다. … 라코니아 지역에서는 메넬라이온이, 메세니아 지역에서는 필로스가, 아케아 지역에서는 테이코스 디마이온, 보이오티아와 포키스 지역에서는 테베, 오르코메노스, 글라, … 크리사가 파괴되었다. 다음은 파괴되지는 않았지만 사람들이 달아나 비워졌던 것으로 추정되는 도시들이다. 아르골리드, 코린티아 지역에서는 베르바티, 프로심나, 지구리스, 고니아, 쵸운기자, 라코니아 지역에서는 아이오스 스테파노스, 메세니아 지역에서는 니코리아, 아티카 지역에서는 브라우론, 보이오티아와 포키스 지역에서는 에우트레시스이다."[95]

기 미들턴에 따르면 추가로 또 한 번의 파괴가 있었다. 기원전 1190년에서 기원전 1130년 사이 미케네, 티린스, 레프칸디, 키노스 등지에서였다.

브린 모어 대학의 칼 블레겐과 마블 랑이 과거 1960년에 쓴 책에서, 이 시기를 다음과 같이 서술했다. "당시는 미케네 역사에서 폭풍의 시대였다. 광범위한 지역이 불길에 휩싸였다. 미케네는 아크로폴리스 안과 밖이 모두 불에 탔다. 티린스에도 또한 같은 재앙이 닥쳤다. 테베의 궁전은 같은 시기에 아마도 누군가 약탈을 한 뒤 불을 지른 것 같다. 다른 많은 도시들도 무너졌거나 사람들이 도시를 버리고 도망쳤다. 모두 다시 사람이 살지 못했다. 그 중에 잘 알려진 사례는 베르바티 … 프로심나 … 지구리스 … 및 기타 작은 도시들이었다." [96]
그러니 무언가 난리가 일어났던 것만은 분명하다. 이를 단순히 기원전 1250년경부터 시작된 붕괴와 말세의 여파로 보는 학자들도 있다. 예를 들어 다트머스 대학의 제레미 루터는 이렇게 말했다. "궁전의 파괴는 예상치 못한 재앙이었고 에게 해 지역의 위기를 가중시켰다. 그러나 그것은 기원전 13세기 중반부터 끊임없이 미케네 세계를 괴롭혀왔던 불안정 상태가 누적되어 터졌던 일일 뿐이다." [97]

~ 필로스

고고학자들은 필로스 궁전의 파괴를 기원전 1200년경으로 추정했었다. 현재로서는 그것이 기원전 1180년의 사건으로 보는 견해가 일반적이다. 그 이유는 트로이의 층위 VIIA의 연대 비정이 하향조정되었던 것과 마찬가지다. 즉 유적층에서 발견된 토기의 연대가 조정되었기 때문이다.[98] 파괴행위가 폭력적으로 이루어졌던 것은 맞다. 그 층위의 윗부분에 불에 탄 흔적이 부분적으로 발견되었고, 그 이후로는 사람들이 도시를 버리고 떠났던 것 같다. 1939년 궁전을 처음 발굴했던 당시 칼 블레겐은 다음과 같은 점에 주목했다. "굉장히 강렬한 불에 타버린 것이 명백하다. 왜냐하면 궁전 내부의 벽이 녹아내려 형체가 없는 흙더미가 되어버렸고, 돌은 라임 나무 열매처럼 변했다. 불에 타서 붉게 변한 흙 위에 시커멓게 탄 쓰레기와 재가 바닥을 뒤덮고 있었는데, 원래 건물의 기초석으로 쓰였던 벽돌이 그렇게 된 것 같다."[99]

이후 발굴이 진행되면서 칼 블레겐의 첫인상이 옳았음이 더욱 분명하게 드러났다. 신시내티 대학의 잭 데이비스와 아테네에 있던 고전학교의 전직 책임자는 이렇게 말했다. "주요 건물의 불길이 워낙 거세서 방에 보관되어 있던 선형문자B가 기록된 점토판이 불에 타버렸고, 어떤 방에 있던 저장용 항아리는 심지어 녹아버렸다."[100] 블레겐도 1995년에 이런 글을 남겼다. "어디에서나 … 불길로 인한 파괴의 흔적이 드러났다. 석조 건축물에 사용되었던 거대한 목재가 워낙 많아서 불길을 키우는 데 충분한 땔감이 되었다. 구조물 전체가 산산조각으로 무너져 잿더미가 되었고, 불길이 워낙 거세서 기초석까지 열로 인해 부서졌고 금속 장식물들은 녹아내렸다."[101]

이전의 학자들이 이 유적에서 발굴된 선형문자B 점토판에 대해서 언급한 적이 있었는데, 그 기록에 의하면 그곳이 점령당할 무렵에 그곳에 "바다를 감시하는 인원"이 있었다고 한다. 이는 그들이 해양민족을 경계하고 있었음을 뜻하는 것으로 해석되었다. 그러나 그 점토판이 보고하는 내용이 무엇인지는 분명하지가 않다. 심지어 필로스의 주민들이 과연 바다를 경계하고 있었는지도 불분명하다. 우리는 그들이 왜 무엇을 위해 바다를 바라보고 있었는지 알 수 없다.[102]

간단히 말하자면 필로스의 궁전은 기원전 1180년경 궤멸적으로 파괴되었지만, 누가 불을 질렀는지는 불분명하다. 그 당시 황폐화된 다른 유적지들을 고려하건대, 그 원인이 인간의 침략인지 아니면 자연재해인지는 알 수가 없다.

～ 미케네

미케네는 기원전 13세기 중반, 즉 기원전 1250년경에 크게 파손되었는데, 아마도 지진때문이었던 것으로 추정된다. 기원전 1190년경 혹은 그 직후에 두번째 파괴가 있었는데, 그 원인은 잘 알 수 없지만, 어쨌든 그 이후로 미케네는 더 이상 주요 도시로서의 기능을 잃어버렸다.

두번째 파괴 층위에서는 불길의 흔적이 뚜렷했다. 미케네 발굴의 주요 책임자 중 하나였던 펜실베니아 대학의 스피로스 아이아코비디스는 다음과 같이 말했다. "불길은 부분적으로 일어났고, 동시에 번진 것도 아니다. 그러한 불길로 인해 컬트 센터, 쵸운타스하우스, 서남부 건물 중 일부, 파나기아 하우스 II … 그리고 아마도 궁전까지도 파괴되었다." [103] 예를 들어 컬트 센터에서는 "강렬한 불길이 벽을 구워서 벽이 원래 모양 그대로 유지되었지만, 축이 뒤틀어졌다." [104]

근처 요새 안의 둑길에서 고고학자들은 파괴의 잔해를 발굴해냈다. 그 중에는 "기초석, 불에 탄 진흙 벽돌, 잿더미, 숯이 된 기둥" 등이 포함되어 있었다. 그리고 그것이 "남동쪽 방으로 가는 길을 막았고, 북동쪽 테라스의 벽을 향해 거의 2미터 두께로 쌓여 있었다." 테라스의 벽 그 자체는 "불길로 인해 크게 뒤틀려 있었고, 콘크리트처럼 딱

딱해져 있었다." 발굴에 참여한 고고학자들의 결론에 따르면, 잔해는 위쪽 테라스 건물에 붙어 있던 진흙 벽돌이 부서진 부스러기였는데, 그게 불에 타서 무너져 쌓인 것"이라고 했다.[105] 그러나 왜 그렇게 되었는지 그 원인에 대한 흔적은 전혀 없었다. 침략자의 소행인지 반란이 일어났었는지 아니면 사고인지 알 수 없다.

미케네 발굴에 참여했던 고위급 고고학자인 케임브리지 대학의 엘리자베스 프렌치는 다음과 같이 말했다. "기원전 1200년의 붕괴 직후에, 그 원인이 무엇이었든 간에 어쨌든 미케네의 성채는 쓰레기 더미가 되었다. 우리가 아는 한 성 안의 모든 건물이 사용할 수 없는 지경이었다. 화재와 붕괴가 전역에 퍼졌고, 우리가 조사했던 서쪽 경사지에 광범위하게 진흙이 덮혀 있는 것을 발견했는데, 이는 쓰레기 더미 위에 비가 내려서 생긴 현상이다."[106] 그러나 엘리자베스 프렌치도 아이아코비디스도 미케네의 종말 시점을 분명하게 확정하지는 못했다. 왜냐하면 그 직후에, 비록 규모는 작을지라도, 다시 점령되었던 흔적이 나타났기 때문이다. 아이아코비디스가 말했던 것처럼, 당시는 "방어에 급급한 시대였고, 쇠락이 가속화되던 때여서 위험이나 문제가 어느 한 가지에 국한되지 않았다."[107]

흥미롭게도 아이아코비디스는 나아가 이런 말도 했다. "고고학적 관점에서 보건대 … 기원전 12세기와 기원전 11세기 동안 규모를 막론하고 이주민이나 침략의 흔적도 없고 내부 반란의 증거도 없다. 미케네가 폭력적인 종말을 맞았던 것 같지는 않다. 그곳은 결코 … 그 당시 곧바로 황폐화된 것이 아니다. 어떤 외부적인, 멀리 떨어진 곳에서 발생한 원인으로 인해 도시는 정치경제적 의미를 잃어버렸던 것이다. 미케네는 대표적으로 복잡한 중앙집중식 권력 구조를 가지고 있었는데, 그것이 붕괴되자 도시의 권력이 더 이상 유지될 수 없었고 전반적인 쇠락이 시작되었다. 그 동안 도시는 천천히 기울었고 점차 폐허로 변해갔다." [108] 다른 말로 하자면, 아이아코비디스의 말은 기원전 1200년 직후 미케네를 불태우고 파괴했던 원인이 불분명하다는 뜻이다. 그러나 침략이나 어떤 드라마틱한 사건보다는 전반적인 시스템과 원거리 무역이 이후 수십 년 동안 서서히 붕괴되었음을 분명히 했다. 다른 고고학자들의 최근 발굴이 이러한 가설에 더욱 신빙성을 더할 것이다.[109]

～ 티린스

미케네에서 불과 수 킬로미터 떨어져 있는 티린스는 그리스 본토 아르골리드 지역에 있는데, 1800년대 말부터 하인리히 슐리만을 시작으로 이후 발굴이 계속되고 있다. 이곳에서도 여러 고고학자들에 의해 파괴의 흔적이 보고되었다. 특히 최근 하이델베르그 대학의 조셉 마란의 발굴 보고가 있었다.

2002년과 2003년에 조셉 마란은 두 곳의 건물을 발굴했다. 유적지 명칭은 건물 XI과 건물 XV였다. 하위 도시의 성채 안에 있던 건물들이었다. 이 건물들은 전임자였던 클라우스 킬리안이 발굴을 했던 곳이기도 하다. 이 건물은 파괴되기 전에 그리 오래지 않은 짧은 기간 동안만 사용되었던 것 같다. 건물의 잔해는 기원전 1200년경 혹은 그 이후의 것으로 추정된다. 많은 유물들이 그곳에서 발굴되었는데, 그 중에는 상아로 만든 조그만 막대기에 쐐기문자가 새겨진 것도 있었다. 그것은 수입품일 수도 있고 혹은 난리가 일어날 당시 티린스에 살고 있던 외국인이 만든 것일 수도 있다.[110]

조셉 마란의 보고에 의하면, "티린스에 재앙이 닥쳐왔을 때 이 건물도 무너졌다. … 그 재앙으로 인해 궁전과 하위 도시 성채 안의 주거지도 무너졌다." 앞서 클라우스 킬리안도 얘기한 바 있었듯이 조셉 마란도 어떤 건물에서 "파도처럼 굽은" 벽을 발견했다. 이는 강력한 지진이 있었음을 의미한다. 그리고 "최근 가까운 거리에 있던 도시 미데아 발굴 결과 마찬가지로 지진의 흔적이 드러났다."고 말했다.[111]

킬리안은 오래도록 티린스를 파괴한 주범은 지진이었다고 주장했다. 아르골리드 지역의 몇몇 다른 도시들, 예컨대 미케네 등도 마찬가지였다. 다른 고고학자들도 이러한 그의 주장에 동의하고 있다.[112] 킬리안은 "찢어지거나 굽은 형태로 남아 있는 벽과 기초석뿐만 아니라 건물 벽이 무너지면서 깔려 죽은 사람들의 인골도 발견되었다."고 보고했다.[113]

우리는 앞서 미케네가 기원전 1250년경 심각하게 파괴되었음을 살펴보았다. 그 또한 아마도 지진때문이었을 것이다. 이후 더 자세히 보겠지만, 그 당시 강력한 지진이 그리스 지역을 강타했던 흔적이 광범위하게 나타난다. 이는 아르골리드 지역의 미케네나 티린스에 국한되는 현상이 아니었다.

그러나 현재 진행되고 있는 고고학적 발굴로 볼 때 분명한 것은 티린스가 모조리 파괴된 것은 아니었다는 사실이다. 이후 수십 년 동안 도시에서는 사람들이 계속해서 거주했고, 어떤 부분은, 특히 하위 도시의 경우, 재건축한 흔적이 뚜렷하다.[114]

키프로스의 파괴

기원전 1200년경 동부 지중해 지역에서 키프로스 섬을 파괴한 주체가 해양민족이라고 견해에 대해서 기존에는 별다른 의문이 없었다. 30년 전, 당시 키프로스 섬의 고대 유물 관리 책임자였던 바소스 카라고르기스는 이런 글을 남겼다. "평화로운 시대는 …. 키프로스 2기 말[즉 기원전 1225년경]을 향해 나아갔다. 키프로스를 장악했다는 히타이트의 자랑을 전적으로 받아들여서는 안 되겠지만 … 그럼에도 불구하고 수필루리우마 2세 당시 동부 지중해의 상황이 그리 조용하지 않았다는 사실을 무시할 수는 없다."[115]

카라고르기스는 나아가 이렇게 주장했다. ""미케네 제국(그의 표현을 그대로 옮기자면)이 무너지자 많은 피난민들이 그리스 본토를 떠났고," 그들은 이곳저곳을 떠돌며 모험을 무릅쓸 수밖에 없었다. 마침내 그들이 키프로스에 도달한 때가 기원전 1225년경이었다. 카라고르기스는 당시 키프로스를 파괴한 사람들이 바로 그들이었고, 동부 해안의 주요 유적지 키티온과 엔코미도 그들이 파괴했으며, 뿐만 아니라 마아-팔레오카스트로, 칼라바소스-아이오스 디미트리오스, 신다, 마로니에서도 그들이 출몰했다고 주장했다.[116]

마아-팔레오카스트로의 조그마한 유적지는 특히 흥미롭다. 그곳은 특히 그 혼란의 시기, 즉 기원전 13세기 말에 건설된 곳이었다. 그곳을 발굴했던 카라고르기스는 "서부 해안 최전선에 배치된 요새"라고 설명했다. 그가 지적한 바와 같이 그곳은 천연의 요새였다. 정면은 절벽이고 나머지 삼면은 바다로 둘러싸인 곳이다. 그래서 본토와 연결된 곳에만 성벽을 건설하면 완벽한 요새가 되었다. 카라고르기스는 이 요새가 에게 해에서 들어온 침략자들이 세운 것으로 보았다. 침략자들은 이 요새를 근거로 다시 엔코미와 키티온으로 쳐들어갔다. 그러나 이 요새는 에게 해에서 두번째로 사람들이 유입되었던 기원전 1190년에 파괴되었다. 그 뒤로 계속해서 이 섬에서 살았던 사람들이 바로 그들이었다.[117]

카라고르기스는 이와 유사한 전진기지가 키프로스의 다른 곳, 예컨대 신다와 필라-코키노크레모스에도 건설된 것으로 보았다. 그는 신다의 요새화된 주거지에 주목했는데, 그곳은 본토의 끄트머리에 건설되었고 엔코미의 서쪽에 있었으며, 기원전 1225년에 폭력적으로 파괴되었다. 그 위에 새로운 층위가 곧바로 만들어졌고, 불에 타 파괴된 층위 위에 그대로 새로운 건물이 들어섰다. 이는 에게 해에서 온 침략자들의 소행이었던 것으로 추정된다.[118]

최소한 기원전 1207년의 메르넵타 기록이나 기원전 1177년 람세스 3세의 기록에 비추어 볼 때, 이러한 파괴와 재건축은 아마도 해양민족의 침략에 비해 시기상 너무 빠르다. 카라고르기스는 에게 해로부터 호전적인 침략자들이 해양민족에 앞서 최소한 기원전 1225년경에 이미 키프로스에 쳐들어왔다고 주장했다. 그 뒤 해양민족의 침략은 키프로스 섬 해안에 위치한 엔코미 발굴을 통해 그 흔적이 드러 났는데, 이는 두번째로 닥친 재앙이었다. … 학자들이 말하는 이른바 해양민족의 침략이라는 것과 관련이 있다." 이러한 두번째 층위가 기 원전 1190년경이라고 그는 말했다.[119]

그러나 누가 침략을 했는지, 기원전 1225년에서 기원전 1190년 사이 키프로스 지역 곳곳을 누가 파괴했는지를 알려주는 실질적인 증 거는 없다. 무엇보다도 투드할리야가 통치하던 히타이트가 스스로 그 비슷한 시기에 키프로스를 정복했다고 주장하고 있다. 적어도 기원전 1225년경의 파괴는 이들로 인한 것으로 추정된다. 더욱이 수필루리 우마 2세(그가 왕위에 오른 때가 기원전 1207년경이었다.) 재위 기간 동 안 키프로스 섬을 공격했다고 히타이트의 기록에 남아 있다. 따라서 혼란의 시기에 키프로스를 파괴했던 사람들은 해양민족이 아니라 히 타이트였던 것으로 봐야 할 것이다. 심지어 키프로스(알라쉬야)의 총 독이 보낸 텍스트도 남아 있다. 그 내용에 따르면 우가리트에서 온 배 들이 키프로스 섬에 어떤 손상을 입혔다. 그리고 한 차례 혹은 여러 차례에 걸쳐 발생한 지진으로 인해 최소한 몇 군데 이상의 도시들이 파괴되었을 가능성도 있다. 엔코미에서 고고학자들은 건물 위층에서 떨어지는 진흙 벽돌에 깔려 죽은 아이들의 시신을 발굴해냈다. 이는 파괴의 주범이 사람이 아니라 자연이었을 가능성을 시사하는 흔적이 다.[120]

카라고르기스가 예상한 시나리오는 오늘날 여러 모로 수정되어 청동기 시대 후기가 끝나가는 시점에 키프로스에 닥친 재앙의 요인을 여러 가지로 설명하게 되었다. 카라고르기스는 문제가 되는 여러 유적지가 한두 가지 요인으로 파괴되었다고 성급하게 믿어버렸지만, 유적들의 파괴는 기원전 1225년부터가 아니라 빨라야 기원전 1190년부터 늦어도 기원전 1174년 사이에 일어난 일이었다.[121] 영국의 학자 루이즈 스틸은 최근 시대 구분에 관한 글에서 "전통적으로는 미케네 궁전이 파괴된 이후 미케네인들이 키프로스 섬에서(그리고 레반트 남부에서) 식민지를 건설했던 것으로 알고 있었다. … 그러나 키프로스 섬에 미케네 문화가 단순히 이식된 것은 아니었다. … 유물들을 보건대 국제적 양상을 띠는 복합적 영향관계가 [후기 키프로스] 문화의 특성이다. 미케네(에게 해) 문화는 단순히 에게 해 지역에서 키프로스 섬으로 전달만 된 것이 아니라 키프로스 고유의 문화에 습합되었다."는 의견을 피력했다.[122]

루이즈 스틸은 카라고르기스의 결론을 다시 언급하며 에게 해 사람들의 키프로스 식민지화에 대해서 문제를 제기했다. 예를 들어 마아-팔레오카스트로와 필라-코키노크로모스를 외국 혹은 에게 해 세력의 "공격 전초 기지"로 보는 대신 키프로스 섬 원주민들이 건설한 요새로 볼 수도 있다. "상품들, 특히 특정 금속류를 항구에서 키프로스 섬 안의 도시까지 안전하게 운송하기 위해" 건설되었을 수도 있는 것이다.[123] 루이즈 스틸은 나아가 "기존의 마아-팔레오카스트로를 초기 에게 해 사람들의 요새로 보는 관점은 아직 분명하게 검증된 바 없다."고 말했다. 그리고 마아-팔레오카스트로와 필라-코키노크레모스가 실제로 키프로스 섬 원주민들의 요새였으며, 이는 당시 크레타 섬

에 건설된 유사한 방어 기지와 비슷하다고 주장했다.[124]

에든버러 대학의 버나드 크냅을 비롯해서 다른 학자들도 기존 학계에서 널리 받아들였던 이른바 미케네 식민지 가설에 의문을 제기했다. 그것은 미케네인도 아니었고 식민지도 아니었다는 주장이다. 오히려 당시는 융복합의 시대였고, 키프로스, 에게 해, 레반트의 물질문화가 활발하게 인용되고 재활용되어서 새로운 엘리트 문화를 형성했던 시대였다.[125] 다른 말로 하자면, 우리는 청동기 시대 후기가 끝나고 붕괴에 직면한 직전 시대에서 다시 한 번 다양한 영향관계가 중첩되는 글로벌 문화를 목격하는 셈이다.

다른 한 편, 폴 오스트룀이 키프로스 섬 해안의 오늘날의 도시 라르나카 근처 유적지 할라 술탄 테케 발굴 보고서에서 피력한 의견을 기억할 필요가 있다. "도시는 부분적으로 불길에 휩싸여 파괴되었고 급속히 황폐화되었다." 여기서 기원전 1200년경 혹은 그 이후 어느 즈음, "약탈한 물건들이 들판에 버려져 있었고, 값비싼 보물들은 땅속에 묻혀 있었다. 청동 화살촉과 투석기에 쓰인 탄환들이 곳곳에 널려 있었다. 이는 전투가 벌어졌다는 명백한 증거들이다."[126] 이는 적들의 침입이 있었다는 명백한 증거 중 일부이긴 하지만, 침략자들의 이름표는 남아 있지 않다. 여기는 물론 다른 곳에서도 마찬가지다. 할라 술탄 테케의 수로를 최근 과학적으로 분석해 보니 당시 심각한 가뭄으로 도시가 고통을 받았다는 사실이 들어났다. 이에 대해서는 다시 논의하게 될 것이다.[127]

이처럼 우리의 상식에 도전하는 정보가 많이 제출되었고, 역사적 사실에 대한 전통적인 고정관념이 뒤집혔거나 혹은 최소한 문제제기에 직면하게 되었다. 기원전 1200년을 전후로 키프로스 섬의 파괴가 진행된 것만은 분명한데, 누가 이런 손상을 입혔는지는 전혀 알 수가 없다. 유력한 용의자는 히타이트로부터 에게 해 사람들이나 해양민족들, 그리고 지진까지 다양하다. 우리가 고고학적 발굴을 통해 볼 수 있는 것은 단지 이러한 파괴가 있었고 도시나 주거지 전부 혹은 일부에 걸쳐서 손상을 입었다는 사실을 보여주는 것일 뿐, 이러한 파괴가 누구에 의해 자행되었는지를 알려주는 유물은 전혀 없다.

그럼에도 불구하고 키프로스 사람들은 이러한 파괴 내지 손상에 기본적으로 영향을 받지 않았던 것 같다. 이후 기원전 12세기 내내 그리고 기원전 11세기에도 키프로스 섬 사람들은 그럭저럭 잘 살아남았다. 이집트의 "웨나문 보고서"라고 하는 것은 기원전 1075년경 이집트의 성직자와 사절단이 키프로스 섬에서 좌초한 사건과 관련된 기록인데, 이러한 기록을 보더라도 이후 키프로스의 상황이 잘 나와 있다.[128] 그러나 키프로스의 재건은 오히려 키프로스의 정치 경제 조직이 기적적으로 재조정된 결과였다. 이로써 키프로스 섬과 섬의 정치 조직은 기원전 1050년경까지 잘 버텨내었다.[129]

이집트 전투와 이교도의 음모

잠시 이집트로 되돌아가 보자. 이집트에서도 지중해 동부와 비슷한 상황을 찾아볼 수 있다. 그러나 완전히 같은 것은 아니다. 이집트인들은 기원전 13세기에 상대적으로 주목을 받았고, 기원전 1207년 메르넵타 재위 시절 해양민족의 첫번째 침입을 잘 막아냈다. 기원전 12세기의 시작은 고요했다. 세티 2세와 그 뒤를 이어 투스레트 여왕이 이집트를 통치했다. 그러나 기원전 1184년 람세스 3세가 왕위에 오르면서 혼란이 점점 커져갔다. 그의 재위 5년째 되던 해, 그리고 다시 11년째 되던 해, 람세스 3세는 이웃의 리비아인들과 전쟁을 치렀다.[130] 그 사이, 그러니까 그의 재위 8년째 되던해, 그는 해양민족과 전투를 벌였다. 여기서 얘기하려는 사건이 바로 이것이다. 그리고 기원전 1155년, 재위 22년이 지난 후, 그는 암살당했음에 틀림이 없다.

여러 자료에서 암살에 대한 이야기를 들을 수 있다. 그 중 가장 상세한 내용은 투린의 판결 문서 파피루스이다. 이들 문서 중 일부는 애초에 서로 연결되어 있었던 것으로 추정되는데, 원래는 15푸트(foot) 길이의 파피루스 두루마리의 일부였을 것이다. 문서는 모두 암살자를 재판하는 재판과 관련된 것으로 이집트 학자들에게는 "이교도의 음모(Harem Conspiracy)"라고 알려져 있다.

암살 음모는 당시 지중해 동부에서 벌어지고 있던 일들과는 아무런 관련이 없었던 것 같고, 자신의 아들을 람세스 3세의 후계자로 세우려 했던 어떤 후궁 이야기로부터 시작된다. 음모에 가담한 자로 고발된 사람은 40명에 달했다. 그 중에는 후궁도 있었고 정부 고위 관료도 있었는데, 네 그룹으로 나뉘어 재판에 회부되었다. 그들 중 상당수가 유죄로 판명되었고 사형에 처해졌다. 몇 사람은 법정에서 스스로 목숨을 끊었다. 왕비와 아들도 판결문에서는 사형 선고를 받았다.[131]

람세스 3세가 판결이 나기 전에 사망했지만 판결이 실제로 집행되었는지는 불분명하다. 최근에 밝혀진 바에 의하면 집행이 되기는 했던 것 같다.

람세스 3세의 미이라는 오래 전부터 알려져 있었다. 애초에는 왕들의 계곡에 있는 그의 무덤(KV11)에 안장되었다가 나중에 성직자들이 안전을 이유로 다른 미이라들을 옮길 때 함께 옮겨졌다. 이들은 1881년에 한꺼번에 발견되었는데, 하트셉수트의 무덤 사원에서 가까운 데이르 엘바하리에 있었다.[132]

2012년에 이집트학자와 법의학 전문가들이 람세스 3세의 시신을 검시한 뒤 〈영국의학저널(British Medical Jounal)〉에 그 결과를 발표했다. 람세스 3세의 기도가 잘려져 있었는데, 날카로운 칼이 그의 목을 끊고 후두부 바로 아래를 뚫고 들어가 목뼈를 타고 내려가면서 연골 부위가 모두 절단되었다. 즉사였다. 미이라 처리 과정에서 매의 눈 모양 부적이 상처 부위에 부착되었다. 보호와 치유를 기원하는 의미였다. 그러나 왕의 목숨을 구하기에는 너무 늦었다. 그 위에 두꺼운 린넨 천으로 목 주위를 감아서 칼자국을 숨겼다.(칼자국은 7센티미터에 달했다.) 엑스레이 촬영을 통해서 두꺼운 천에 둘러싸인 상처 부위를 확인할 수 있었다.[133]

"맨 E(Man E)"라고만 알려진 18세에서 20세 사이로 보이는 남성의 시신이 람세스 3세와 함께 발견되었다. 의례에 따라 염소 가죽을 깨끗이 해서 입혀두었고 제대로 된 미이라 처리 과정은 거치지 않았다. 아마도 이 시신은 유죄 판결을 받은 왕자로 추정되었다. DNA 검사 결과 람세스 3세와 친자 관계가 확인되었다. 법의학적 검시 결과

람세스 3세의 얼굴이 뒤틀려 있고 목에 상처가 있는 것으로 보아 질식사한 것으로 확인되었다.[134]

람세스 3세가 죽은 뒤 이집트 신왕국의 진정한 영광은 끝을 맺었다. 기원전 1070년 이집트가 멸망할 때까지 20왕조에는 8명의 파라오가 더 있었다. 그러나 그들 중 누구도 훌륭한 업적을 만들지는 못했다. 물론 지중해 동부의 당시 상황을 고려하면 그 정도 유지한 것도 꽤 잘 한 일이었다. 마지막 파라오였던 람세스 11세는 웨나문을 바빌론에 사신으로 보내 레바논산 목재(체다)를 거래하도록 했다. 웨나문이 탄 배는 기원전 1075년 이집트로 돌아오는 길에 키프로스 섬에서 좌초되었다.

결론

기원전 13세기 말에서 기원전 12세기 초까지 에게 해 지역과 동부 지중해 지역에 막대한 파괴가 있었지만, 누가, 혹은 무엇 때문에 그렇게 되었는지는 전혀 알 수 없다. 기원전 1200년경 라스 이븐 하니와 우가리트에서 가까운 라스 바시트 등 동부 지중해 지역 곳곳에서 "미케네식 토기 IIIc1b"가 발견되었다.[135] 그러나 그것을 누가 제조했는지도 결론이 명확하지 않다. 기존에는 그 토기를 근거로, 미케네인들이 그리스 본토의 고향과 여러 도시들을 파괴한 뒤 동쪽으로 건너왔다고 추정했었다. 그러나 최근에는 그것이 키프로스와 동부 지중해 지역에서 제조되었고, 에게 해 지역 물건이 더 이상 수입되지 않게 되자 자체 제작을 한 것으로 추정하고 있다.

루브르 박물관의 아니 코베트는 우가리트 근처의 라스 이븐 하니를 다시 점령한 것과 관련해서 이렇게 말했다. "틀림없이 이 지역에 누군가 다시 정착하여 안정적으로 그리고 계속적으로 거주했던 것만은 부정할 수 없다. 유물들로 입증된 바 그 주민들의 일부는 해양민족이었고 난리가 끝난 뒤 원래 살던 주민들이 되돌아오지는 않았다."[136] 당시 키프로스 섬과 레반트 지역에 새로운 기술이 도입되었다. 이는 돌을 깎아 만든 벽돌로 지은 건물 같은 경우에서나, 새로운 장례 풍습, 혹은 물병의 양식을 통해서도 확인되는 바이다.[137] 이를 통해 에게 해 사람들이 그곳에 있었거나 심지어 이주해 왔다고도 추론할 수 있겠지만, 에게 해 양식이 반드시 에게 해 사람들을 통해서만 구현되는 것은 아니다. 그래서 이러한 유물들이 단지 청동기 시대 후기가 끝나갈 무렵 혼란기의 특징으로서 세계화의 양상으로 볼 수도 있다.

종말 그 자체가 단순히 떠돌이 무뢰한들의 약탈로 인해 초래된 것은 아닐 것이다. 이집트인들은 그렇게 기록을 남겼고, 우리는 지금 그들을 "해양민족"이라고 부른다. 예전의 학자들은 광범위한 지역의 문명을 파괴한 범인으로 유일하게 이들을 지목하곤 했다. 그러나 그들 또한 가해자라기보다는 피해자에 가까웠다는 사실을 우리는 다음 장에서 확인하게 될 것이다.

제5막

퍼펙트 스톰

마침내 우리는 수수께끼를 풀어야 할 시점에 도달했다. 서로 다른 계열의 증거들을 모두 모아서, 그리고 가능한 모든 실마리를 타진함으로써, 청동기 시대 후기 내내 몇백 년 동안이나 안정적이었던 국제질서가 왜 갑자기 무너졌는지를 풀어보려 한다. 문제를 풀기 위해서는 열린 마음을 가지고 보아야 할 것이며, "과학적 상상력"을 동원해야 할 것이다. 불멸의 명성을 지닌 셜록 홈즈가 말했듯이 "가능성을 골고루 검토해서 가장 가능성이 큰 것을 선택해야 할 것이다."[1] 시작하기에 앞서, 청동기 시대 후기의 붕괴 및 재앙과 해양민족이 학자들 사이에서 한 세기에 걸쳐 수없이 논의되어 왔고, 그 때마다 둘 사이에 어떤 연관이 있는 것처럼 얘기된 경우가 많았다는 사실은 이제 명백해졌다. 1980년대와 1990년대에 특히 그런 이야기가 많았다. 1985년에 출간된 낸시 샌더스의 《해양민족(The Sea People)》 개정판, 그리고 1993년 로버트 앤드류가 출간한 《청동기 시대의 종말(The End of the Bronze Age)》이 대표적인 사례이다. 이들 주제에 대해서 학술대회도 1992년과 1997년을 포함하여 최소한 두 차례 이상 개최되었다. 다른 많은 책들, 논문들, 강연들이 이 주제와 직간접적으로 연관되어 있었다.[2] 그러나 이 책의 첫머리에서 언급했던 것처럼, 지난 수십 년 동안 새로운 자료가 굉장히 많이 제출되었고, 이들 자료에 의거하여 해양민족과 위대한 시대의 종말을 초래한 복합적인 힘의 관계에 대해

서 우리의 인식이 개선될 필요가 제기되었다. 그 내용은 지금까지 이 책에서 논의해온 바와 같다.[3]

무엇보다 먼저 우리가 알아야 할 것은, 그리고 앞에서도 자주 언급했듯이, 청동기 시대 후기의 도시와 왕국, 그리고 에게 해 지역과 지중해 동부 지역의 제국들을 파괴한 사람들이 누군지, 그 원인이 무엇이었는지는 절대 명확하지 않다는 사실이다. 기원전 1180년경 필로스의 네스토르 궁전 파괴가 가장 뚜렷한 사례일 것이다. 어떤 학자는 이렇게 지적했다. "어떤 이들은 그 재앙을 몰고 온 사람들이 왕국 바깥에서 왔다고 하고, 또 다른 이들은 필로스인들이 왕에 대항해서 반란을 일으켰다고도 한다. 명확한 원인은 아직 확인되지 않았다."[4]

다음으로 우리가 알아야 할 것은, 무려 3천여 년 전의 복잡하게 뒤얽힌 사회가 붕괴된 일의 원인에 대해서, 학계에서 아직 일정한 합의에 도달하지 못했다는 사실이다. 최근까지 학자들이 제시한 원인 중에는 "이방인의 공격, 사회 내부의 반란, 자연재해, 시스템 붕괴, 상호 간의 전쟁"이 모두 포함되어 있다.[5] 학자들이 지난 80년 동안 가능한 원인들을 제시해 주었으니, 이제 우리가 검토를 해 볼 때가 되었다. 다만 가능성을 따질 때 근거가 되는지 안 되는지는 객관적으로 검토해야 할 것이다.

지진

예를 들어 청동기 시대 후기 도시 파괴의 원인 혹은 원인의 일부가 지진이었다는 추측은 우가리트를 처음 발굴했던 클로드 새퍼 당시부터 존재했었다. 섀퍼는 최종적으로 도시가 파괴된 원인이 지진이었다고 추정했다. 과거에 지진이 도시를 덮쳤던 흔적들이 발견되었기 때문이다. 섀퍼의 발굴 당시 사진을 보면 길게 이어진 벽이 무언가 비정상적이다. 그것이 지진의 뚜렷한 흔적 중의 하나였다.[6]

그러나 최근 우가리트에서 일어났던 지진을 조사해본 결과, 발생 시기는 기원전 1250년 혹은 그 직후 정도로 확인되었다. 더욱이 지진 층위와 최종 파괴 층위 사이에 복원의 과정이 있었던 것으로 보아 지진으로 도시가 손상되기는 했지만 전부가 파괴된 것은 아니었다.[7]

주지하듯이 지진으로 인한 도시의 파괴와 전쟁 등 인간에 의한 도시의 파괴를 구별하기가 쉽지는 않다. 그러나 뚜렷하게 지진의 흔적으로 볼 수 있는 지표들이 있고 고고학 발굴 과정에서 그것이 드러나게 된다. 예를 들면 붕괴의 흔적, 부서진 조각들, 다시 벽을 보수한 흔적, 무너진 잔해 속에 깔려 있는 뼈나 시신들, 쓰러져서 서로 겹쳐져 있는 기둥들, 아치 아래 혹은 문쪽에 떨어져 있는 아치 꼭대기의 쐐깃돌, 이상한 방향으로 기울어져 있는 벽 혹은 원래 자리에서 빗겨난 벽 같은 것들이다.[8] 이와 달리 전쟁으로 파괴된 도시에는 주로 잔해물 속에 다양한 무기들이 발견된다. 예를 들어 이스라엘의 아펙 유적은 기원전 13세기 말경에 파괴되었는데, 고고학자들이 건물의 벽에 박혀 있는 화살촉을 찾아냈다. 트로이의 층위 VIIA와 동일한 현상이다.[9]

고고 기호학(archaeosemiology)의 최근 연구 덕분에 이제는 에게 해 지역이나 동부 지중해 지역과 마찬가지로 그리스 또한 기원전 1225년경부터 기원전 1175년경까지 약 50년 사이에 연속된 지진으로 피해를 입었다는 사실이 명백하게 밝혀졌다. 섀퍼가 우가리트에서 발굴했다고 보고한 지진은 우가리트에서만 일어난 사건이 아니었다. 그것은 당시 여러 번에 걸쳐서 발생했던 지진 중의 하나였을 뿐이다. 고대 세계에 연속적으로 닥친 지진을 현대의 우리는 "지진 폭풍"이라고 한다. 당시 지진 단층이 "활성화"되어서 그 압력이 모두 분출되는 동안 수 년 혹은 수십 년 동안 지진이 연속적으로 일어났던 것이다.[10]

에게 해 지역에서 당시 지진이 일어났던 곳은 미케네, 티린스, 미데아, 테베, 필로스, 키노스, 레프칸디, 메넬라이온, 테살리 지역의 카스타나스, 카라코우, 프로피티스 엘리아스, 글라 등이다. 동부 지중해 지역에서도 당시 여러 도시에서 지진 피해를 입은 것으로 드러났는데, 예를 들면 아나톨리아에서는 트로이, 카라오글란, 하투사; 레반트 지역에서는 우가리트, 메기도, 아쉬도드, 아코; 키프로스에서는 엔코미 등이다.[11]

오늘날에도 인구밀도가 높은 지역에서 지진이 일어나면 건물이 붕괴되어 사람들이 깔려 죽기도 하고 잔해 속에 시신이 묻히기도 한다. 마찬가지로 청동기 시대 후기의 파괴된 도시를 발굴했을 때 최소한 19구의 시신이 발굴되었다. 미케네를 예로 들면, 요새에서 북쪽으로 200미터 떨어진 거리에 있는 집의 기초석 층위에서 성인 3명과 어린이 1명의 유골이 발견되었다. 지진으로 인해 떨어지는 돌에 깔린 것이다. 이와 유사하게 아트레우스 유적 북부 산마루에서 서쪽 경사면에 지어진 집에서, 주실과 전실 사이 복도에서 중년 여인의 유골이 발견되었는데, 해골이 떨어지는 돌에 맞아 깨진 상태였다. 티린스에서도 여인과 어린이의 유골이 발견되었는데, 아크로폴리스 안에 있던 10번 건물의 무너진 벽에 깔려 있었다. 요새의 성벽 가까이에서 남자 두 명의 유골이 발견되었는데, 그들은 사망한 뒤 성벽에서 떨어진 잔해에 묻혀 있었다. 이와 유사하게 도시 미데아 근처에서 여러 유골이 발견되었는데, 그 중 하나는 어린 소녀의 유골로, 동문 가까이에 있던 방에서 발견되었다. 소녀의 해골과 척추가 떨어지는 돌에 맞아 부서진 상태였다.[12]

그러나 우리가 반드시 인정해야 할 것은, 이러한 지진이 심각한 손상을 끼친 것이 사실이라 할지라도, 그것이 사회 전체가 무너진 충분한 이유가 될 수는 없다는 점이다. 특히 몇몇 도시는 분명 다시 사람이 살았던 흔적이 있고, 최소한 지진 이후에 부분적으로 재건축된 흔적도 있기 때문이다. 예를 들자면 미케네와 티린스 같은 경우이다. 물론 이들 도시는 파괴 이전 수준까지 회복되지는 못했다.[13] 따라서 우리는 청동기 시대 후기 에게 해 지역과 지중해 동부 지역의 종말을 설명할 수 있는 다른 이유, 혹은 보충적인 이유를 찾기 위해 다른 측면을 살펴보지 않을 수 없다.

기후 변화, 가뭄, 기근

청동기 시대 후기가 왜 막을 내렸는지뿐만 아니라 해양민족이 왜 이주했는지, 그 이유를 모두 찾고자 하는 학자들이 특히 선호하는 해답이 있다. 바로 기후변화이다. 가뭄과 그로 인한 기근이 모든 사건의 원인이 되었다는 주장이다. 고고학자들이 출간한 책에서 기상 재해가 일어났던 기간이 한 세대 전체라고도 하고, 혹은 10년, 혹은 1년이라고 하는 등 여러 설이 있지만, 어쨌든 재해가 일어났던 시기는 우리가 주목하는 사건에 비해 수십 년 전에 일어났다고 한다.

예컨대 해양민족이 지중해 서부 지역에 살다가 가뭄 때문에 동쪽으로 이동했다고 설명하는 학자들이 있었다. 이들의 가설에 따르면, 북유럽에 닥친 가뭄으로 인해 사람들이 아래로 내려와 지중해 인근까지 몰려왔다. 그래서 시칠리아, 사르디니아, 이탈리아와 아마도 에게해 지역까지도 주민 구성이 바뀌었다고 주장했다. 만약 실제로 그런 일이 있었다면, 연쇄반응이 멀리 지중해 동부 지역까지도 미쳤을 것이다. 1930년대 미국만 보더라도 가뭄으로 인한 대규모 인구 이동의 비근한 예를 알 수 있다. 당시 "더스트 보울(Dust Bowl)"이라는 악명 높은 가뭄으로 인해 수많은 가족들이 오클라호마 및 텍사스로부터 캘리포니아로 이주했었다.

이런 종류의 이주를 흔히 "푸쉬-풀(push-pull)"이라고 한다. 근거지의 나쁜 상황이 주민들을 밖으로 밀어내면(push) 도착지의 양호한 상황이 이주민들을 그쪽 방향으로 끌어당긴다는(pull) 이론이다. 영국의 고고학자 기 미들턴이 지적했던 것처럼, 여기에다가 "머무름"과 "능력"이라는 범주를 덧붙여야 할 것이다. 즉 집에서 머무르고자 하는 욕구와 실제로 이주할 수 있는 능력, 예컨대 항해 지식이나 육로로 이동할 수 있는 능력 등을 함께 고려해야 한다는 뜻이다.[14]

가뭄 이론 가운데 가장 유명한 이론은 50년 전인 1960년대 중반 브린 모어 대학의 고고학 교수 라이스 카펜터의 이론일 것이다. 그는 분량이 짧지만 강력한 영향을 미쳤던 책을 출간했다. 책에서 그는 미케네 문명이 계속된 가뭄으로 인해 쇠락했으며, 그것이 지중해 및 에게 해 지역에 심각한 영향을 미쳤다고 주장했다. 그의 주장은 청동기 시대 직후에 그리스 본토에서 인구가 뚜렷하게 감소했던 현상에 근거를 두고 있다.[15]

그러나 이후 계속된 고고학적 조사와 발굴을 통해 밝혀진 바, 인구 감소는 카펜터 교수가 생각했던 것만큼 뚜렷하지 않았다. 청동기 시대보다는 철기 시대에 인구 이동 현상이 드러났고, 그것도 가뭄과는 거의 아무런 관련이 없었다. 그래서 카펜터 교수의 명석한 이론은 현재 가능성 면에서 일단 제껴두고 있는 실정이다. 물론 새로운 자료에 입각해서 그 이론이 되살아날 가능성은 여전히 남아 있다.(추후 다시 논의하기로 한다.)[16]

일단 가뭄은 논외로 하고 기근으로 주제를 돌려보도록 하자. 청동기 시대 후기가 끝나갈 무렵, 히타이트 제국과 지중해 동부 지역 곳곳에서 고통스러웠던 기근과 식량 부족을 언급하는 기록이 남아 있다. 적지 않은 학자들이 이 기록에 주목했다.[17] 그러나 이 지역에서 기근은 단지 그 시대에 국한된 일이 아니었다.

예컨대 종말 시점으로부터 수십 년 전인 기원전 13세기 중반, 히타이트의 왕비가 이집트의 파라오 람세스 2세에게 이런 편지를 썼다. "우리 땅에는 곡식이 하나도 없습니다." 그 직후, 아마도 이와 관련된 움직임이었던 듯한데, 히타이트가 이집트로 무역 사절단을 파견했다. 그들은 보리와 밀을 싣고 히타이트로 귀환했다.[18] 이집트의 파라오 메르넵타의 기록에 의하면, 메르넵타는 "곡식을 주어 배에 싣도록 했다. 하티의 땅 사람들을 살려주기 위해서였다." 이 기록은 기원전 13세기 말경에 히타이트가 직면했던 기근을 더욱 분명하게 알려주고 있다.[19] 히타이트의 수도에서 보낸 또 다른 편지들이 있는데, 기록에 따르면 이후 수십 년 동안 식량 위기가 지속되었다. 그 중 한 편지에서는 "그대는 우리 땅에서 기근이 있다는 사실을 모르십니까?"라고 질문하는 문구가 들어 있다.[20]

우가리트에서 발견된 편지들 중에서 몇몇에는 히타이트로 운송했던 곡물의 수량이 직접 거론되어 있다. 히타이트의 왕이 우가리트의 왕에게 보낸 어떤 서신에는 보리(혹은 곡물) 2천 섬을 선적하는 문제와 관련이 있다. 히타이트의 왕은 드라마틱한 문구로 편지를 마무리하고 있다. "죽느냐, 사느냐, 그것이 문제입니다."[21] 또 다른 편지도 마찬가지로 곡물 선적과 관련이 있다. 해양민족의 기습이 실제로 있었는지는 알 수 없지만, 어쨌든 이 편지를 처음 발굴했던 고고학자들은 이를 해양민족의 기습에 대한 반응으로 간주했다.[22] 심지어 우가리트의 마지막 왕 암무라피는 기원전 12세기 초 히타이트의 왕 수필루리우마 2세로부터 몇 통의 편지를 받았는데, 그 중에는 히타이트로 보내는 식량의 선적이 다급한데 너무 지체되었다고 비난하는 내용이 들어 있다. 히타이트가 최종적으로 무너지기 수 년 전의 기록이다.[23]

텔아비브 대학의 이타마 싱어는 기원전 13세기 말에서 기원전 12세기 초에 걸쳐 발생한 기근은 전례가 없을 정도였고, 그 영향은 단지 아나톨리아 지역을 넘어 광범위하게 확산되었다고 확신한 바 있다. 이러한 평가 및 그 근거는 기록과 고고 발굴에서 다 같이 나타났다. "기후로 인한 재해가 기원전 제2차 천년기 말경에 지중해 동부 지역 전역에 영향을 미쳤다."[24] 그의 주장이 옳을 수도 있다. 〈우르테누의 집〉에서 발견된 편지에는 기원전 1185년 도시가 파괴되던 당시 도시 에마르를 휩쓸었던 기근에 대한 언급이 있다. 〈우르테누의 집〉은 시리아 북부 우가리트에 있었고, 에마르는 시리아 내륙에 있었다. 편지에서 관련된 부분을 살펴보면, 이 편지는 에마르에 있던 우르테누의 상점 직원이 보낸 것이 분명하다. "그대의 상점에 있는 [우리도] 기근에 시달립니다. 우리는 모두 굶어 죽을 것 같습니다. 당신이 신속하게 이곳으로 와 주시지 않으면 우리는 모두 굶어 죽을 것입니다. 당신은 그대의 땅에서 살아있는 영혼을 보지 못할 것입니다."[25]

우가리트에도 기근의 영향이 없지 않았던 것 같다. 〈우르테누의 집〉에서 발견된 메르넵타의 편지에서도 "우가리트에 닥친 기근을 덜어주기 위해 이집트에서 보낸 곡식"이라는 언급이 있다.[26] 그리고 우가리트의 어떤 왕이 왕실의 손윗사람 누군가에게 보낸 편지에서 "[여기서] 나와 함께 있던 것은 부유함에서 기근으로 [바뀌었습니다.]"라는 언급이 있다.[27] 티르의 왕이 우가리트의 왕에게 보낸 편지도 있다. 티르는 현재 레바논에 속하는 해안 지역에 위치해 있었다. 그 편지는 이집트에서 곡식을 싣고 돌아오던 우가리트의 배가 폭풍에 발이 묶였음을 알리는 내용이다. "그대가 이집트로 보냈던 그대의 배는 티르 근처에서 강력한 폭풍에 휩싸여 사망했습니다.[좌초하였습니다.] 배는 구조가 되었는데, 구조를 했던 사람들이 항아리에서 곡식을 모두 꺼내

갔습니다. 그러나 내가 모든 곡식과 모든 사람과 모든 재물을 구조를 했던 사람(혹은 선장)으로부터 접수하여 그들에게 (모두) 다시 돌려주었습니다. 현재 배는 아코에서 닻을 내린 채 보호를 받고 있습니다." 내용인 즉슨 그 배가 안전한 항구로 피신했거나 아니면 성공적으로 구조가 되었다는 의미일 것이다. 어느 쪽이든 간에 배에 타고 있던 선원과 곡식은 모두 안전하며 우가리트 왕의 명령을 대기하고 있는 것이다.[28] 그 배 자체는 항구도시 아코에 정박해 있었다. 오늘날 그곳 바닷가의 쾌적한 레스토랑에 앉아 있으면 3천여 년 전 분주했던 당시의 모습을 상상해볼 수 있다.

어떤 이유로, 혹은 어떤 이유들이 결합되어서 지중해 동부 지역에 수십 년 동안 기근이 지속되었는지는 밝혀지지 않았다. 가능한 원인 중에는 전쟁과 전염병도 포함될 수 있지만, 한때 신록이 뒤덮였던 지역을 매우 건조한 반-사막지대로 바꿔놓았던 원인은 가뭄을 동반한 기상이변이었던 것 같다. 그러나 출토된 고문서만으로 보자면, 언급되는 기근의 가능한 원인 중 하나로 가뭄을 추정할 수 있을 뿐이다. 직접적이든 간접적이든 기후변화나 가뭄에 대한 언급 자체는 없다. 그래서 이 문제는 지난 수십 년 간 계속해서 학자들 사이에 논쟁거리가 되고 있다.[29]

그런데 최근 이 주제가 다시금 떠오를 만한 계기가 있었다. 프랑스 툴루즈 대학의 다비드 카뉴스키와 엘리스 반 캄포, 그리고 예일 대학의 하비 웨이스 등이 참여한 다국적 발굴팀이 출간한 발굴보고서 때문이다. 그들은 보고서에서 기후변화와 가뭄의 과학적 근거를 찾아냈다고 주장했다. 그들의 연구 결과, 메소포타미아 지역의 초기 청동기 시대가 종말을 고한 때는 기원전 제3차 천년기 말경으로, 그 원인이 기후변화일 가능성이 큰 것으로 드러났다. 처음에는 초기 청동기 시대의 종말에 대해서만 그러한 주장을 했는데, 이제는 범위가 확장되어 후기 청동기 시대의 종말 원인도 같은 종류의 원인 때문이라고 주장하기에 이르렀다.[30]

시리아 북부에 있는 텔 트웨이니(고대의 기발라)의 자료를 근거로 발굴팀은 기원전 제2차 천년기 말경 그 지역에 "기상 이변과 간헐적으로 심각한 가뭄"이 있었을 가능성에 주목했다.[31] 특히 그들은 유적지 인근의 충적토에서 추출한 꽃가루를 연구했다. 그 결과 "기원전 13세기 말 혹은 기원전 12세기 초부터 시작해서 기원전 9세기까지 시리아의 지중해 인근 지역에서 기후가 건조해졌음"을 밝혔다.[32]

카뉴스키 발굴팀은 당시 키프로스 섬에서도 건조기후의 가능성을 보여주는 증거를 추가로 발굴했다는 보고서도 출간했다. 연구 자료는 늪지대에서 추출한 꽃가루였다. 할라 술탄 테케 유적지 인근에 위치한 라르나카 사해 복합지대로 알려진 늪지대였다.[33] 그들의 연구 결과 이 지역에서 "중대한 환경의 변화"가 발생한 시점은 청동기 시대 후기가 끝나갈 무렵부터 철기 시대의 초기, 즉 기원전 1200년에서 기원전 850년 사이였다. 그 당시 할라 술탄 테케 주변 지역은 건조지대로 바뀌었고, 지표수와 지하수가 모두 그 지역의 농업을 지탱할 수 없을 수준이었다."[34]

카뉴스키 발굴팀의 연구가 옳다면, 기존에 학자들이 청동기 시대 후기의 종말을 가져온 요인으로 추정했던 가뭄에 대해서 직접적인 과학적 증거를 발견한 셈이다. 그들이 시리아 해안과 키프로스 섬 해안에서 추출한 자료는 "청동기 시대 후기의 위기는 3,200여 년 전에 시작된 300년 가뭄의 시작과 불가분의 관계"임을 강력히 시사하는 것이다. 이러한 기후 변화로 인해 곡물 생산량이 급격히 줄었고, 식량 부족과 기근을 초래하게 되었다. 이로부터 사회경제적 위기가 촉발되었고 지중해 동부 지역과 서남아시아 지역으로 사람들이 대거 이주하게 되었다."[35]

별도로 연구 작업을 진행했던 뉴멕시코 대학의 브랜든 드레이크는 카뉴스키 발굴팀의 연구에 과학적 데이터를 더해 주었다. 〈고고학 저널(The Journal of Archaeological Science)〉에 수록한 논문에서 그는 카뉴스키의 가설을 입증하는 세 가지 측면의 근거를 제시했는데, 초기 철기시대는 이전의 청동기시대보다 더 건조했다는 내용이다. 첫 번째로 이스라엘 북부에 있는 소레크 동굴 속의 스펠레오뎀에서 추출한 산소동위원소(oxygen-isotope) 자료에 의하면, 청동기 시대에서 철기시대로 이행되는 과정에서 연간 강수량이 낮았졌음이 드러났다. 두 번째로 그리스 서부에 있는 불카리아 호수의 폴렌 코어(pollen core)에서 추출한 안정-탄소동위원소(stable carbon isotope) 자료에 의하면, 당시 식물들이 건조한 환경에 적응해 나갔음이 드러났다. 세번째로 지중해의 퇴적층 코어를 분석한 결과, 해수면 온도가 내려갔음이 드러났다. 이는 육지와 바다 사이의 기온 차이를 감소시킴으로써 육지에서 강수량 감소를 초래했다.[36] 그는 "기후가 특히 건조해졌던 시기를 정확히 특정하기는 어렵지만," 기원전 1250년에서 기원전 1197년 사이였을 가능성이 가장 크다고 주장했다.[37] 이 때가 곧 우리가 이 책에서 논의하고 있는 바로 그 시기이다.

그는 또한 미케네 궁전이 붕괴되기 직전 시기에 북반구 온도가 급격하게 올라갔던 사실에 주목했다. 이는 가뭄의 원인이 되었을 것이다. 한편 미케네 궁전이 폐허가 되었던 시점에는 기온이 급격히 떨어졌다. 즉 처음에는 날씨가 더워졌다가 갑자기 추워졌던 것이다. 그 결과 "그리스의 암흑 시대에는 더 춥고 건조한 날씨가 지속되었다." 드레이크가 말했던 것처럼, 기원전 1190년 이전, 지중해 해수면 온도 하락 등 기후 변화가 강우량 감소를 초래했고, 이는 미케네 궁전이 있던 지역에 심각한 영향을 미쳤을 수밖에 없다. 미케네 시대의 그리스는 농업 생산력에 크게 의존하고 있었기 때문이다.[38]

텔아비브 대학의 이스라엘 핀켈슈타인과 디프나 란구트는 독일 본 대학의 토마스 리트와 함께 가뭄 가설에 더 많은 자료를 제공해 주었다. 그들은 갈릴리 호수 바다 퇴적층을 뚫어 20미터에 달하는 코어를 캐냈다. 거기서 추출한 꽃가루 화석을 분석한 결과 레반트 남부 지역에서 기원전 1250년부터 심각한 가뭄이 시작되었음이 드러났다. 그 다음에는 사해 서부 해안을 뚫어 코어를 캐냈다. 여기서는 기원전 1100년경 이전에 이미 가뭄이 해갈되어서 생명이 되살아난 것으로 드러났다. 아마도 다른 사람들이 그곳에 정착했을 것이다.[39]

이들의 발견이 매우 흥미롭기는 하지만, 여기서 우리가 놓치지 말아야 할 사실이 있다. 즉 그 지역에서 역사상 가뭄이 드물지 않게 일어났었다는 점과, 그 때마다 문명이 붕괴되지는 않았다는 점이다. 다시 말하면, 드레이크가 조심스럽게 지적한 바와 같이, 기후 변화나 가뭄이나 기근이 "사회적 긴장을 초래할 수도 있고, 한정된 자원으로 인해 경쟁을 촉발할 수도 있지만", 다른 주변적 요인이 결합되지 않았다면 그 자체만으로는 청동기 시대 후기의 종말을 가져올 만큼 필요충분한 조건이 될 수는 없었다.[40]

내부의 반란

청동기 시대 후기의 종말을 초래한 원인이 내부의 반란이라고 주장하는 학자들도 있다. 기근의 원인이 기후 변화든 아니든, 혹은 지진이나 다른 자연재해든, 혹은 국제 무역로의 단절이든, 어쨌든 기근으로 인해 촉발된 반란이 일정한 지역에 경제적으로 강력한 영향을 미쳤고, 재해를 입은 농민이나 하층민들이 지배계층에 대항해 반란을 일으켰다는 주장이다. 이러한 반란은 1917년 러시아의 짜르에 대항한 민중 반란과도 모양새가 비슷하다.[41]

예를 들면 가나안의 도시 하조르의 파괴를 설명할 때 이 가설을 인용할 수 있을 것이다. 하조르에는 지진이 일어났던 흔적도 없고 전쟁이나 침략자의 흔적도 없다. 하조르 유적을 발굴했던 대표적인 고고학자인 야딘과 벤토르는 둘 다 전쟁으로 인해 도시가 파괴되었다고 주장했었다. 침략자는 이스라엘 사람들로 추정되었다. 반면에 예루살렘에 있는 히브리 대학의 샤론 주커만은 파괴의 원인으로 외부인의 침략보다는 내부 반란을 꼽았다. 그는 하조르의 파괴로 인해 형성된 층위 IA의 시기를 기원전 1230년 혹은 그보다 수십 년 앞선 시점으로 보았다. 주커만의 이야기는 단순했다. "고고학적으로 확인된 전쟁의 흔적은 없었다. 희생된 시신의 유골이나 무기 같은 것이 유적지 어디에서도 발견되지 않았다. … 청동기 시대 후기에 도시 하조르가 최종적으로는 예기치 못한 기습 공격으로 파괴되었다고 보는 관점은 고고학적 발굴과는 일치하지 않는다."[42] 따라서 주커만의 주장은 이렇다. "내부의 분쟁이 점점 격화되어 도시가 서서히 쇠락해 갔고, 그것이 축적되어 도시의 정치 경제 엘리트들이 공격을 받게 되었을 것이다. 이것이 도시가 파괴되고 폐허가 된 결과를 가장 잘 설명할 수 있는 기본 줄거리이다."[43]

미케네의 여러 중심지들, 가나안의 도시들이 파괴된 원인이 유물로 드러나지 않는다고 해서 솔직히 그 책임을 농민들의 반란으로 돌릴 수는 없다. 그러므로 내부 반란은 그럴듯하지만 입증되지 않은 가설로 남아 있다. 다시 반복하지만, 많은 문명들이 내부 반란에도 불구하고 성공적으로 살아남았고 심지어 새로운 정권 하에서 번영을 구가하기도 했다. 따라서 내부 반란만 가지고는 청동기 시대 후기 에게 해 지역과 지중해 동부 지역 문명의 붕괴를 충분히 설명할 수는 없다.

침략자들, 그리고 국제 무역의 붕괴

내부 반란을 초래한 원인 중 하나로 국제무역로의 단절도 지적되고 있다. 앞서 잠시 살펴본 바와 같이, 침략자들 때문에 국제무역로가 단절되자, 외국 원자재에 지나치게 의존하고 있던 연약한 지역 경제가 무너졌다는 주장이다. 캐롤 벨은 청동기 시대 주석의 전략적 중요성을 오늘날의 석유와 비교한 바 있다. 그렇게 생각해보면 무역로 단절이 어떤 상황을 초래했을지 쉽게 이해할 수 있을 것이다.[44]

내부 반란이 일어나지 않았다고 할지라도 무역로의 단절은 필로스나 티린스나 미케네 같은 미케네 지역 왕국에 심각하고 직접적인 영향을 미쳤을 것이다. 이들은 청동을 만드는 데 필요한 구리와 주석을 모두 수입에 의존해야 했다. 또한 다른 원자재들도 막대한 양을 수입에 의존했던 것 같다. 예를 들면 금이나 상아, 유리, 에보니 목재, 향수의 원료인 테레빈유 등이다. 지진 같은 자연재해 때문에 무역로가 일시적으로 막혔을 수도 있다. 그러면 가격이 올라가 오늘날 인플레이션이라고 부르는 것과 유사한 현상이 나타나고, 외부의 침략자들이 해당 지역을 목표로 삼아 더욱 영구적인 파괴로 이어지게 된다. 그러나 그런 침략자가 누구였단 말인가? 우리가 해양민족이라고 불렀던 사람들이 그들일까?

고대 그리스인들은 해양민족보다는 도리아인들이 청동기 시대 말에 북쪽으로부터 침략해 왔고, 그로 인해 철기 시대가 시작되었다고 생각했다. 기원전 5세기 아테네의 역사학자 헤로도토스와 투키디데스로부터 훨씬 후대의 여행가 파우사니아스도 마찬가지였다.[45] 이런 생각은 청동기 시대 에게 해 지역을 연구하는 고고학자나 고대사학자들 사이에서 수없이 검토되었다. 그들이 검토한 주제 중에는 마연토기(Hand made burnishe ware 혹은 Barbarian ware, 특정 재료를 이용하여 표면을 매끄럽게 처리한 토기_옮긴이)라고 하는 유물도 포함되었다.

그러나 최근 밝혀진 바에 의하면 북쪽으로부터의 침략은 없었고, "도리아인의 침략"으로 미케네 문명이 무너졌다는 생각은 근거가 없는 것으로 확인되었다. 후대의 고전 그리스 시대 전통에도 불구하고 도리아인은 청동기 시대 후기의 종말과는 아무런 관련이 없었으며, 그 일이 있은 다음에야 그들이 그리스 지역으로 진출했다.⁴⁶

더욱이 최근의 연구에 의하면 미케네 문명이 쇠락하던 동안, 그리고 뒤이은 철기 시대 초기에도, 그리스 본토에서는 동부 지중해 지역과 무역 관계를 유지하고 있었다. 이러한 무역 관계는 더 이상 그러나 청동기 시대처럼 궁정에 거주하던 엘리트 계급의 통제 하에 있지 않았다.⁴⁷

한편 시리아 북부에서 발견된 문서 중에 당시 바다로부터 침략자들이 우가리트를 침공했음을 확인해주는 기록이 많이 있다. 이 약탈자들이 어디서부터 왔는지에 대한 확고한 증거는 없지만, 그들 중에 해양민족이 포함되어 있었다는 사실을 간과할 수 없다. 더욱이 최근 연구 결과에 의하면, 지중해 동부 지역의 많은 도시국가들과 특히 우가리트가 국제무역로의 단절로 인해 심각한 타격을 입었으며, 바다에서 온 침략자들의 약탈로 큰 피해를 보았다.

예를 들어 이타마 싱어는 우가리트가 무너진 원인이 "전통적인 국제 무역 체제가 급작스레 무너진 데 있다. 무역이 청동기 시대 우가리트 경제의 혈관이었기 때문"이라고 주장했다. 코넬 대학의 크리스토퍼 몬로는 훨씬 광범위한 맥락 속에 사건을 자리매김했다. 동부 지중해 지역에서 기원전 12세기에 일어났던 사건들로 인해 가장 부유했던 도시국가가 가장 큰 타격을 입었다. 침략자의 입장에서 그들이 가장 매력적인 목표였으며, 동시에 국제 무역 네트워크에 가장 심각하게 의존하고 있었던 이들도 바로 그들이었기 때문이다. 기업 자본, 특히 원거리 무역 자본에 의존했던 것이, 아마도 그 의존이 지나쳤던 것이 청동기 시대 후기의 경제 불안정에 기여한 가장 큰 문제였을 것으로 몬로는 추정했다.[48]

그러나 우리가 간과해서는 안 될 점이 있다. 우가리트는 외부의 침략자뿐만 아니라 내부의 도적들에게도 군침을 흘릴 만한 먹잇감이었고, 우가리트를 노렸던 또 다른 집단도 있었을 수 있다. 이 점에 대해서는 우가리트 궁전의 5번 마당 남쪽 유지에서 발견된 편지를 다시 떠올려 보는 것이 좋겠다.(점토판을 굽는 가마에서 발견된 것은 아니다.) 그 편지에서 7척의 적선이 언급되었는데, 그들이 우가리트를 심각하게 파괴했다고 한다. 이들 배가 과연 우가리트의 최종적 파괴와 관련이 있었는지는 논외로 하더라도 이러한 적들이 우가리트가 심각하게 의존하고 있었던 국제 무역을 방해했던 것만은 분명할 것이다.

이와 같은 극단적인 상황이 발생하면 오늘날에도 충고하는 사람이 많은 법이다. 예전 청동기 시대 후기에도 다르지 않았다. 우가리트에서 발견된 한 편지는, 아마도 히타이트의 칼케미쉬 총독이 보낸 것 같은데, 우가리트 왕에게 그런 적들의 배와 어떻게 협상을 해야 하는지 충고를 담고 있다. 먼저 "당신은 나에게 '적들의 배가 바다에 나타났다'고 하는 편지를 보냈었지요?"라고 확인부터 하고 충고를 했다. "그렇다면 굳건히 지키셔야 합니다. 그리고 당신의 군대와 전차는 어디에 두셨습니까? 당신 가까이에 두셨습니까? … 도시를 둘러 성벽을 쌓으십시오. 보병과 전차부대를 성벽에 배치하십시오. 적들을 항상 주의깊게 살피고 스스로 강해지십시오.!"[49]

틀림없이 이 일과 관련된 편지가 또 하나 있다. 〈라파누의 집〉에서 발견된 것인데, 에슈와라라는 이름의 남자가 보낸 것이다. 그는 키프로스 섬의 총독이었다. 이 편지에서 총독은 우가리트와 우가리트의 영토에 대해 적들의 함대가 입힌 손상에 대해서 자신은 아무런 책임이 없다고 말했다. 특히 우가리트의 배와 선원들이 나쁜짓을 한 뒤부터 그러했다고 주장했다. 그래서 우가리트는 스스로가 스스로를 지켜야 한다고 말했다. "그 적들에 대해서 말하자면, 귀국에서 온 사람들과 귀국에서 온 배도 똑 같은 짓을 했습니다. 그러한 잘못을 저질렀던 사람들은 귀국에서 온 사람들이었습니다. … 나는 그대에게 사실을 알리고 그대를 보호할 수 있기를 바라며 이 편지를 씁니다. 부디 조심하시길!" 그리고 나서 덧붙이기를 적들의 배 20척이 있었는데, 어디로 갔는지는 알 수 없다고 했다.[50]

끝으로 시리아 북부 내륙에 있었던 칼케미쉬의 관원이 보낸 편지 한 통을 보자. 이 또한 〈우르테누의 집〉에서 발견되었다. 편지의 내용은 칼케미쉬의 왕이 히타이트의 땅에서 우가리트로 지원군을 이끌고 가는 중이라고 했다. 편지에는 많은 사람들의 이름이 등장하는데, 우르테누와 도시의 원로들도 포함되어 있다. 이들이 도착할 때까지 잘 버텨달라고 요구하고 있다.[51] 그들이 제때 도착했던 것 같지는 않다. 만약 그랬다면 그 다음 편지는 쓸 필요가 없었을 것이다. 우가리트에서 보낸 마지막 편지에는 위기 상황이 잘 나와 있다. "전령이 도착했을 때는 이미 군대가 굴복하고 도시가 약탈된 뒤였습니다. 탈곡장에 있던 우리 곡식은 불에 타버렸고 포도밭도 파괴되었습니다. 도시는 약탈당했습니다. 이 소식이 그대에게 전해지기를! 이 소식이 그대에게 전해지기를!"[52]

앞에서 주목한 바와 같이 우가리트를 발굴했던 고고학자들의 보고에 의하면, 도시가 불에 탔고, 파괴된 잔해 층위가 높이 2미터에 달하는 곳도 있었으며, 수많은 화살촉이 도시의 잔해 곳곳에 산재해 있었다.[53] 도시 곳곳에서 숨겨진 저장고들이 발견되었다. 그 안에는 금과 청동으로 된 유물들이 들어 있었는데, 청동인물상, 무기, 도구 등이었고, 그 중 일부에는 글씨도 적혀 있었다. 이 모두는 도시가 파괴되기 직전에 급하게 숨겨둔 것으로 추정된다. 소유주는 다시 돌아오지 못했고, 숨겨둔 물건들만 그대로 남겨졌다.[54] 그러나 도시가 아무리 심하게 파손되었다 할지라도 살아남은 사람들이 있었다면 도시는 다시 재건되었을 것이다.

우가리트가 파괴된 이후 다시 사람들이 그곳에 살지 못했던 가장 합리적이고 완벽한 이유는, 도시가 철저하게 파괴되었기 때문이 아니라, 국제무역 시스템이 완전히 붕괴되었기 때문이었다. 학자들의 말을 빌리자면, "청동기 시대 후기 우가리트와 비슷한 운명을 겪었던 레반트 지역의 다른 도시들과 달리 우가리트가 잿더미를 딛고 다시 일어서지 못했던 것은 도시의 파괴로 인한 고통보다 더더욱 근본적인 어떤 문제가 있었기 때문이다."[55]

그러나 이 주장에 대한 반론도 있다. 우가리트의 국제적 관계는 도시가 갑자기 종말을 고한 이후에도 명백히 지속되었다. 베이루트의 왕이 우가리트의 관리(수상)에게 보낸 편지가 있는데, 그 편지는 우가리트의 왕이 이미 도시에서 도망친 뒤에 도착했다.[56] 다시 말해서 우가리트는 침략자들에 의해 파괴되었고, 다시 재건되지 못했다. 그럼에도 불구하고, 예전만큼 완벽하지는 못했지만 부분적으로 국제적 무역 관계는 지속되었다.

실제로 〈라파누의 집〉과 〈우르테누의 집〉에서 발견된 유물들 중에는 국제관계에 대한 자료가 엄청난 양으로 포함되어 있다. 이는 청동기 시대 후기가 끝나는 시점에도 동부 지중해 지역에서 여전히 국제적 관계가 지속되고 있었음을 의미한다. 더욱이 〈우르테누의 집〉 발굴 보고서에 수록된 몇몇 텍스트를 보면, 우가리트가 파괴되던 거의 마지막 순간까지도 국제관계가 지속되고 있었다. 이로 보아 분명한 사실은, 종말은 갑자기 찾아온 것이었다. 무역로가 단절되거나 혹은 가뭄과 기근으로 인해 도시가 서서히 쇠락했던 것이 아니다. 침략자들이 국제무역로를 단절시켰는지 여부와 상관 없이 어쨌든 우가리트는 침략자들에 의해 파괴되었던 것이다.

중심의 분산과 사무역의 부상

생각해보아야 할 주제가 하나 더 있다. 이 논점은 비교적 최근에 제기되었고, 오늘날 세계의 다원화의 역할에 대해서도 다시금 생각하게 해 주는 주제이다.

1998년에 출간된 어느 논문에서 지금은 셰필드 대학에 있는 수잔 셰라트는 다음과 같은 결론을 내렸다. 즉 철기시대의 새로운 다원화된 경제체제로 이행하기 전 청동기 시대 중앙집중화된 정치경제 시스템의 최종단계를 표상하는 존재가 바로 해양민족이라는 것이다. 말하자면 국제무역을 관장하던 주체가 왕국이나 제국에서 소규모 도시국가와 독자적으로 사업을 추진하는 사기업으로 바뀌었다는 것이다. 수잔 셰라트의 주장에 따르면 해양민족은 "기원전 제3차 및 제2차 천년기 동안 국제 무역이 자연적으로 진화하고 팽창한 결과로서 주어진 구조적 현상으로 보는 것이 좋다. 처음 무역을 시작했던 궁정 기반의 명령에 의한 경제에는 체제전복의 씨앗이 내재되어 있었다."[57]

그래서 수잔 셰라트는 국제무역로가 붕괴되었으며, 최소한 해양민족들 가운데 일부는 이주민이면서 동시에 침략자였을 가능성을 인정했다. 결론적으로 해양민족이 어디서 왔는지, 혹은 그들이 누구였는지, 심지어 그들이 무슨 일을 저질렀는지 따위는 그리 중요한 논점이 아니라고 결론지었다. 훨씬 더 중요한 문제는 해양민족으로 대표되는 사회정치적, 경제적 변화이다. 궁정 중심의 통제 경제가 개별 상인과 보다 소규모 권력의 손에 넘어감으로써 경제적 자유가 뚜렷하게 신장되었다.[58]

셰라트의 글이 매우 세련되기는 했지만, 일찍이 이런 주장을 했던 학자들이 없지 않았다. 예를 들면 티린스를 발굴했던 클라우스 킬리안은 다음과 같은 글을 썼다. "미케네 지역의 궁전들이 무너진 뒤 그리스에서는 '사적인' 경제가 수립되어 외국과 접촉을 계속해 나갔다.

고도로 조직화된 궁정 시스템이 보다 작은 지역 규모로 계승되었는데, 경제적 측면에서 세력이 더 약했음이 분명하다."[59]

하이파 대학의 마이클 아트지는 심지어 셰라트가 예상했던 무역상의 이름을 밝혀내기도 했다. 그리고 그들에게 "바다의 노마드"라는 이름을 붙여주었다. 셰라트는 그들이 기원전 14세기와 13세기 동안 해상 무역의 상당 부분을 중개하는 역할을 맡았다고 주장했다.[60]

그런데 셰라트의 국제적 전환 유형을 주제로 한 더 최근의 연구도 있다. 예를 들어 캐롤 벨은 셰라트의 견해에 조심스럽지만 반대 의견을 피력했다. "청동기 시대 후기와 철기 시대 사이의 변화를 궁정 통제 교환 체계가 사무역으로 대체되는 과정으로 보는 것은 … 지나치게 단순한 면이 있다. 하나의 패러다임이 다른 패러다임으로 완전히 변했다는 식으로 그 복잡한 변화를 적절하게 설명하기는 어렵다."[61]

사무역화가 궁정 무역의 부산물로 시작되었다는 측면에 대해서는 이론의 여지가 없다. 그러나 사무역이 그 기반이 되었던 궁정 무역을 궁극적으로 약화시켰다는 사실은 전혀 명확하지 않다.[62] 학자들에 따르면, 예컨대 우가리트에서 도시가 불태워지고 이후 황폐화되었던 것은 분명하지만, 그 지역에서 발견된 어떠한 텍스트나 유물을 보더라도, 중앙권력에서 벗어나 사무역을 수행하던 자들이 국가와 국가의 무역 통제를 약화시켰다는 어떠한 증거도 발견되지 않았다.[63]

우가리트가 분명 화재로 인해 파괴되었다는 점, 잔해 속에서 무기가 발견되었다는 사실과 텍스트 연구를 종합해 볼 때, 우가리트에서 탈집중화의 씨앗이 내재되어 있었는지는 모르겠지만, 어쨌든 최종 파괴의 직접적인 원인은 분명 전투였고, 유력한 용의자는 외부의 침략자라는 사실은 분명하게 얘기할 수 있다. 이는 셰라트 및 셰라트에 동의하는 학자들이 예상한 것과는 전혀 다른 시나리오이다. 메르넵타와 람세스 3세의 기록에서 해양민족으로 등장하는 쉬킬라/셰켈레쉬가 우가리트에서 발견된 텍스트들에서도 등장한다는 사실은 매우 흥미롭지만, 우가리트를 최종적으로 파괴했던 침략자들이 해양민족이었는지는 분명하지 않다.

탈집중화된 사무역 상인들이 청동기시대 후기의 붕괴 원인을 제공했던 것 같지는 않다. 최소한 그들만으로는 불가능했을 것이다. 사무역상들이 청동기 시대 경제를 약화시켰다는 이론을 받아들이는 대신 단지 그들이 붕괴 이후 혼란의 와중에 부각되었을 뿐이라는 다른 주장에 귀를 기울여보아야 할 것이다. 이는 20년 전 펜실베니아 대학교의 제임스 물리가 주장했던 바이다. 그는 기원전 12세기의 세계를 주도했던 세력은 "바다의 침략자, 해적, 떠돌이 용병들"이 아니라 "상인들과 무역상이었으며, 그들이 새로운 경제적 기회와 새로운 시장, 새로운 원자재의 공급처를 개척했다."고 주장했다.[64] 언제나 그렇지만 최소한 운 좋은 극소수의 누군가에게는 혼돈 속에서 새로운 기회가 주어졌을 것이다.

그들은 해양민족이었을까? 그들은 어디로 갔을까?

마침내 해양민족을 검토할 때가 되었다. 그들은 전례 없는 미스터리로 남아 있다. 그들이 침략자였는지 이주민이었는지는 모르겠지만,

해양민족이라는 그들의 별명에도 불구하고 그들은 이동할 때 육로와 해로, 즉 가능한 모든 길을 따라 움직였다.

　해로를 이용했던 사람들은 해안선을 따라 움직였고 밤이 되면 안전한 항구에 정박했던 것 같다. 우가리트 텍스트에서 언급되는 적들의 배라는 것이 해양민족을 지칭하는 것인지, 혹은 알라쉬야의 총독 에슈와라가 보낸 편지에서 암시하는 것처럼 왕국 내부의 반란자들을 지칭하는 것인지는 알 수 없다.[65] 이런 점에서 우리는 우가리트에 있었던 〈우르테누의 집〉에서 발견된 이 편지를 검토해 보고자 한다. 편지에는 "쉬킬라 사람들"이라는 언급이 나오는데, 이들은 이집트 기록에 나오는 셰켈레쉬와 같은 사람들일 것으로 추정된다. 편지를 보낸 사람은 히타이트의 왕으로, 아마도 수필루리우마 2세였을 것이다. 수신자는 우가리트의 총독이다. 편지에서는 나이 어린 우가리트의 왕에 대한 언급이 있는데, "왕은 아무 것도 모른다."고 나와 있다. 다른 학자들처럼 싱어도 그 왕이 암무라피를 지칭하는 것으로 보았다. 암무라피는 당시 우가리트에서 새롭게 왕위에 올랐던 인물이다. 이 편지에서 히타이트의 왕은 입나두슈라는 이름의 인물과 대화를 하고 싶다고 했는데, 입나두슈는 "배에서 살고 있는" 쉬킬라 사람들에게 포로가 되었던 적이 있었다. 입나두슈와의 면담을 통해서 쉬킬라 혹은 셰켈레쉬에 대한 정보를 더 얻고자 했던 것이다.[66] 그러나 면담이 과연 성사되었는지, 혹은 입나두슈로부터 어떤 정보를 입수했는지 우리는 알 수 없다.

　이집트의 기록 이외에 해양민족의 이름이 언급되는 유일한 자료가 이 편지라는 데에는 모두가 동의하고 있다. 그러나 다른 기록도 있다는 주장도 없지 않다. 히타이트의 마지막 왕 수필루리우마 2세가 알라쉬야(즉 키프로스) 군대를 대적해서 바다에서 세 차례 전투를 벌인 뒤, 수필루리우마 2세를 육지에서 공격했던 "알라쉬야의 땅에서 온 적들"도 해양민족을 가리키는 표현일 가능성이 있다. 1998년 하투사에서 발견된 기록도 있는데, 여기에서는 수필루리우마 2세가 이미 아나톨리아 남부 해안으로 상륙한 뒤 북쪽으로 올라오던 해양민족과 전투를 벌였다고 한다.[67] 이집트 기록을 제외한 다른 기록들에서는 대개 "적들의 배"라고만 언급이 될 뿐 해양민족의 이름이 구체적으로 등장하지는 않는다.

    육로를 이용했던 해양민족들은 아마도 주로는 해안선을 따라서 이동했던 것 같다. 해안선을 따라 위치해 있던 도시들을 파괴함으로써 그들은 새로운 영역을 개척해 나갈 수 있었다. 이는 거의 1,000년 이후 알렉산더 대왕의 군대가 진출했던 것과 같은 방식이었다. 그라니쿠스 강, 이수스, 가우가멜라의 전투를 통해 근동 지역의 상당 부분을 차지할 수 있었던 것이다. 하이파 대학의 아사프 야수르-란다우는 일부 해양민족의 이동경로를 추정했다. 그들은 그리스 본토에서 출발해서 터키/아나톨리아 서부 다르다넬스를 지났다. 또 일부는 에게 해에서 온 사람들에게 합류해서 다르다넬스에서 이동을 시작했다. 그는 해양민족의 대다수가 여기서 합류한 사람들이었을 것으로 추정했다. 여기서 터키 남부 해안을 따라 동쪽으로 킬리키아까지 갔다가, 다시 해안선을 따라 레반트 남부 지역으로 내려갔다. 만약 이 경로가 맞다면, 그들은 아나톨리아에서 도시 트로이와 왕국 아르자와, 타르훈타사를, 아나톨리아 남동부와 북부 시리아에서는 도시 타르수스와 우가리트를 맞닥뜨렸을 것이다. 해양민족이 거쳐갔던 것으로 추정되는 모든 도시에서는 파괴의 흔적이 발견되었거나 이후 도시를 버리고 도망쳐 방치된 흔적이 나왔다. 그러나 실제로 해양민족 때문에 그리되었는지는 명확하지 않다.[68]

고고학적 증거들을 보면, 아나톨리아에서 대부분의 유적지는 굳이 해양민족이 불을 질렀다기보다는, 당시 이미 완전히 혹은 거의 전부가 폐허가 되어 있었던 것 같다. 만약 국제 무역과 운송 및 교통로가 전쟁이나 기근 혹은 다른 어떤 무력에 의해 방해를 받았다면, 국제 무역로에 의존해 있던 도시들은 쇠락해졌거나 멸망했을 것이고, 그 결과 도시의 상업 및 문화가 얼마나 빨리 멸망했는가에 따라서 그 주민들도 빠르게 혹은 서서히 도시를 떠나 도망쳤을 것으로 추측해볼 수 있다. 최근 어느 학자의 말처럼, "히타이트의 본거지에서 해양민족이 어떤 활동을 했다는 역사학적 혹은 고고학적 증거가 전혀 없다고 하더라도, 킬리키아와 시리아 해안 지역이 해양민족으로부터 영향을 받았다고 보는 것은 합리적인 추론이다. … 히타이트 왕국의 실질적인 붕괴 원인은 외부에 있었다기보다는 내부에 있었다."[69]

근거 없는 비난의 가장 두드러진 사례는 텔 트웨이니 유적의 방사성탄소연대측정과 관련이 있다. 그곳은 우가리트 왕국 내에 있던 청동기 시대 후기의 항구도시 기발라(Gibala) 유적지다. 실험실에서 연대 측정을 한 결과 고고학자들은 그곳에서 해양민족의 파괴 흔적을 발견했다고 결론지었다. 그리고 그 연대를 기원전 1192년에서 기원전 1190년 사이로 특정하였다.[70] 그들은 주저없이 다음과 같이 말했다. "해양민족은 여러 곳에서 배를 타고 이동해 온 적들이었다. 그들은 해양과 육지 양쪽에서 공격을 감행했으며, 이는 구세계 질서 속에서 이미 약화되었던 제국과 왕국들을 더욱 불안정하게 만들었고, 이집트 영토까지 들어가 장악을 하려 했다. 해양민족은 고대 지중해 세계의 오래고도 복합적인 쇠락의 마지막 단계를 나타내는 것이다."[71]

방사성탄소연대측정을 통해 고고학자들이 확인해준 그 시기에 도시가 파괴된 데 대해서는 의심의 여지가 별로 없다고 하더라도, 파괴를 자행한 주체가 과연 해양민족이었는지는 생각해보아야 할 문제이다. 물론 그랬을 가능성은 있다. 그러나 발굴자들은 해양민족의 역할과 관련해서는 분명한 증거를 제시하지 못했다. 다만 도시가 파괴된 뒤 그 위에 건립된 주거문화층에서 "에게 해 양식의 건축 양식, 현지에서 만들어진 미케네 IIIC 시기 고대 토기류, 마연토기류(hand burnished pottery), 찰흙으로 만든 방추 등이 출토되었다."고만 언급되어 있다.[72] 그들의 말에 따르면, "이러한 유물들은 필리스티아인 주거지에서도 출토되었는데, 이는 이방인 이주자를 나타내는 문화적 지표이며, 그들이 해양민족이었을 가능성이 높다."[73] 그러나 해양민족이 파괴하고 그 위에 다시 정착했던 후보지 가운데 트웨이니가 가장 오래 된 사례일 수는 없다. 의심할 여지 없이 그렇게 볼 수 있을 정도로 확실하지는 않기 때문이다. 더욱이 앞에서 언급한 것처럼, 아니 코베트가 라스 이븐 하니 유적과 관련하여 지적한 바와 같이, 어떤 지역을 파괴한 뒤 그 위에 다시 정착한 사람들이 반드시 그곳을 파괴한 사람들과 동일하다고 확신할 수는 없다.

이미 파괴되었거나 사람들이 도망치고 텅 비어있는 도시에 해양민족들이 들어가서 정착하였다가 그들의 유물을 남겼을 가능성에 대해서도 생각해 보아야 한다. 트웨이니의 경우도 마찬가지였을 수도 있다. 그러한 환경 속에서 해양민족은 다른 지역보다 우선적으로 해안지역에 있었던 도시들, 예컨대 아나톨리아 남동쪽 해안의 타르신과 메르신 같은 곳을 차지했던 것 같다. 터키 남서부와 시리아 북부 사이의 국경 지역에 해당하는 텔 타이나트 지역 같은 곳에서도 이런 일이 없지 않았을 것이다. 오늘날 밝혀진 바에 따르면 그곳은 철기 시대에는 "필리스티아인의 땅"이라고 불렸다.[74]

사실상 전통적인 상식, 특히 문헌 자료에 근거한 상식이 존재한다. 오늘날 이스라엘 북쪽에 해당하는 텔 도르에 정착했던 해양민족에 대해서 특히 그러하다. 예를 들어 이집트의 "웨나문 보고서"라는 자료가 있는데, 그것은 기원전 11세기 전반에 해당하는 기록으로, 거기서는 텔 도르를 제케르 혹은 시킬(셰켈레쉬)의 도시라고 했다. 또 하나의 이집트 텍스트로 "아메네모페의 용어집"이라고 하는 것이 있는데, 기원전 1100년경의 자료이다. 여기에 수록된 목록에는 샤르다나, 제케르, 펠레셋과 아쉬켈론, 아쉬도드, 가자 지역이 나온다.(필리스티아인의 "펜타폴리스" 다섯 곳 중의 세 곳으로 추정됨) 카르멜 해안과 아코 계곡에 있는 도시들이 오래전부터 해양민족이 정착했던 곳으로 나오는데, 예를 들면 샤르다나와 다누나 같은 곳들이다. 이 도시들 가운데 상당수는,

주거지역에서 "필리스티아인"의 흔적이 많이 나왔는데, 아쉬도드, 아쉬켈론, 가자, 에크론 등이 포함된다. 이들 지역에서는 퇴행된 형태의 에게 해 양식의 토기가 발굴되었고 기타 문화적 지표에 해당하는 유물들도 발견되었다.[75] 이러한 것들이 모호한 해양민족이 남긴 유일한 흔적들일 수도 있다. 그러나 이들 지역의 고고학적 유물 상당수는, 훨씬 더 북쪽으로까지 거슬러 올라가서, 에게 해 보다는 키프로스 지역과 더 직접적인 연관이 있는 것 같다. 어쨌거나 기원전 12세기에는 가나안 민족이 아닌 이방인들과 직접적인 연관이 있었다.[76]

흥미롭게도 페니키아라고 알려진 현대의 레바논 지역에서는 그러한 유물이나 어떠한 파괴의 흔적도 발견되지 않았다. 학자들의 연구에도 불구하고 왜 이런 현상이 나타나는지는 불분명하다. 혹은 그 지역이 근동 지역에서는 해안 지역에 비해 상대적으로 발굴이 덜 된 데서 비롯된 착시현상일 수도 있다.[77]

에게 해 및 지중해 동부 지역 청동기 시대 후기의 종말에 대해서 많은 가설들이 제출되었지만, 그 중에서도 텔아비브 대학의 이스라엘 핀켈슈타인이 십여 년 전에 제시한 시나리오가 가장 가능성이 커 보인다. 그는 해양민족의 이주가 단 한 차례의 사건이 아니라 여러 단계에 걸쳐 오래도록 지속된 일이었는데, 첫번째 단계는 람세스 3세 초기인 기원전 1177년경에 시작되었고, 마지막 단계가 람세스 4세 시기인 기원전 1130년경까지 지속되었다고 보았다. 그는 특히 다음과 같이 말했다.

이집트의 텍스트에는 단 한 차례의 사건인 것처럼 기술되어 있지만, 해양민족의 이주는 최소한 반세기 이상 여러 단계에 걸쳐 지속된 과정이었다. … 필리스티아 북부를 포함하여 레반트 해안 지역을 따라 광범위한 파괴 행위를 자행했던 그룹으로부터 시작되었고, 그것이 기원전 12세기 초였다. 람세스 3세가 재위 8년째 되던 해 그들을 쳐부순 적이 있었다. 즉 그들 중 일부는 이집트 삼각주에 주둔을 했었던 것이다. 이후 해양민족의 일부 그룹이 기원전 12세기 후반에 가나안 남부 지역에서 이집트인들을 몰아내는 데 성공했다. 이집트의 거점을 파괴한 뒤에 … 그들은 필리스티아에 정착했고, 그들의 중심지를 아쉬도드, 아쉬켈론, 텔미크네 등지에 건설했다. 이 사람들(나중에 성서에서 블레셋이라고 기록된 민족)의 유물을 보면 에게 해 양식에서 파생된 면모를 쉽게 확인할 수 있다.[78]

대부분의 학자들은 퍼켐슈타인에 동의하고 있다. 고고학적 증거들이 우선 에게 해 지역을 가리키고 있기 때문이다. 아마도 아나톨리아 서부와 키프로스 양식을 거쳤던 것 같은데, 그곳이 그들의 긴 여정 중에 중간 정착지였을 것이다.[79] 해양민족의 상당수가 시칠리아나 사르디니아 등 지중해 서부 지역 출신은 아니었던 것 같다. 그러나 야수르-란다우가 주장했던 것처럼, 만약 그들이 미케네 출신이라 할지라도 그들이 미케네 및 그 주변의 궁전이 파괴된 이후 도망쳤던 사람들은 아니었다. 야수르-란다우는 기원전 13세기 부유했던 그리스 본토 궁정 문화의 흔적, 예컨대 선형문자B 기록 같은 것이 아나톨리아나 가나안 지역에서 발견된 적이 없다는 점에 주목했다. 그곳에 정착했던 이주민들이 기원전 12세기에 남긴 문화는 훨씬 소박한 문화였다. 또한 그들 중 일부는 전사라기보다는 농부였을 것으로 추정되었다. 이주를 통해 좀더 나은 삶을 희망하는 정도였던 것이다. 어쨌든 그들은 "새로운 집을 찾아 온 가족이 이주를 했던" 사람들이었다.[80] 그들이 청동기 시대 후기 문명의 붕괴를 초래했을 가능성은 전혀 없다는 것이 야수르-란다우의 주장이다. 다만 그들에게는 붕괴된 잔해 속에서 거주할 새로운 집을 찾을 수 있는 "기회"가 있었을 뿐이라는 것이다.[81]

다음으로 야수르-란다우는 필리스티아인 군대가 가나안을 정복했다는 전통적인 상식을 재검토했다.

> 주거 환경을 보면 폭력적인 기습 공격이 있었던 것 같지 않다. 최근 아쉬켈론 발굴에 의하면 이주민들은 [사실상] 황무지에 정착했다. 그곳은 부서지다 만 이집트 주둔지였다. … 아쉬도드에는 폭력적인 파괴의 흔적이 분명하게 드러나지 않는다. …에크론에서 조그만 가나안 마을이 … 불에 타서 파괴되기는 했다. 그러나 … 그 위에는 다시 다른 가나안 사람들의 마을이 들어섰다. … 이는 이주민들이 도착하기 전이었다.[82]

대부분의 주거 지역을 보면 적대적인 군사적 정복이 아니라 타문화 상호간의 결혼과 다문화 가족들이 가나안과 에게 해 지역의 전통을 모두 유지했던 것 같다. 그래서 그는 이렇게 말했다.

초기 철기 시대 필리스티아인 지역에 남겨진 유물은 복합적인 성격을 띠는데, 주로 평화적으로 이주민과 현지인들 사이에 교류가 있었음을 드러낸다. … 따라서 나는 감히 필리스티아인 도시들 유적에서는 폭력의 흔적이 없다고 말하고 싶다. … 그리고 에게 해 지역 문화와 현지 문화의 전통이 공존했던 것은 에게 해 이주민과 현지인들이 함께 도시의 기초를 만들었음을 나타낼 뿐, 식민지라고 보기는 어렵다.[83]

다른 학자들도 필리스티아인들이 일부 지역에서 엘리트 지역(예를 들면 궁전과 그 주변)만 파괴했다는 데 동의하고 있다. 현재 우리가 필리스티아인 유적으로 보는 곳들은 "에게 해, 키프로스, 아나톨리아, 남동부 유럽 및 그 너머 지역의 양상이 혼재되어 있는 복합적 성격"을 지니고 있다.[84] 외부적인 요소가 기존의 가나안 물질 문화를 단순히 대체한 것 같지는 않다. 현재 우리가 필리스티아인 문화라고 부르는 것은 다양한 문화가 융합된 결과물로서 예전의 현지 가나안적 요소에 새로운 이국적 요소가 개입된 결과물이다.[85]

다른 말로 하자면, 당시 가나안 지역에 새로운 민족들이 들어와서 정착한 데 대해서는 이론의 여지가 없지만, 평화로운 이주민 그룹이 혼재된 속에서 새로운 시작점을 찾는 과정에서 해양민족 침략자라는 허구적 유령이 등장하게 되었던 것이다. 그들은 오직 파괴를 목적으로 하는 군사적 침략자가 아니라 오히려 피난민에 가까웠다. 그들이 반드시 현지인들을 공격하고 정복해야 할 필요는 없었다. 다만 현지인들 사이에서 정착했을 뿐이다. 어느 경우든, 그들 자체의 힘만으로는 에게 해 및 지중해 동부 지역 문명을 끝장내지 못했을 것이다.[86]

시스템 붕괴 논쟁

1985년 낸시 샌더스가 해양민족에 대한 자신의 고전적인 책의 개정판을 냈을 때, 그녀는 이렇게 말했다. "지중해를 둘러싸고 있는 지역에서는 언제나 지진, 기근, 가뭄, 홍수가 있었고, 사실상 암흑의 시대가 지속되었다." 나아가 이런 말도 했다. "재앙이 인간의 역사를 계속해서 중단시켰지만, 그럼에도 인간은 대체로 살아남았고 너무 많은 것을 잃지는 않았다. 재앙이 닥쳐온 뒤에 인간은 훨씬 더 많은 노력으로 더 큰 성취를 이루어내곤 했다."[87] 그렇다면 샌더스가 말했던 시대와 청동기 시대 후기가 끝나갈 무렵의 차이는 무엇이란 말인가? 왜 이 때는 문명이 단지 회복되거나 계속 유지되지 못했는가?

샌더스는 사려 깊게 다음과 같이 말했다. "많은 가설이 제시되었지만 확정된 것은 거의 없다. 비견할 데 없을 만큼 연속된 지진, 광범위한 흉작과 기근, 초원과 다뉴브 강 유역과 사막 지대로부터의 전방위적 침략, 이 모든 것들이 일부 원인이 되기는 했을 것이다. 그러나 어느 것도 충분한 설명이 되지는 못했다."[88] 샌더스가 옳았다. 이제 시스템 붕괴 쪽으로 눈을 돌려보아야 할 때다. 도미노 현상과 복합적 요인이 모두 작동했던 시스템 붕괴였다. 이로부터 청동기 시대 후기와 같은 국제적이고, 활발하고, 여러 사회가 연결된 네트워크가 다시는 회복되지 못하게 되었다.

케임브리지 대학의 콜린 렌프류는 에게 해 지역 연구자 가운데 존경을 한몸에 받는 대학자인데, 이미 1979년에 시스템 붕괴라는 아이디어를 주장했었다. 당시 그는 재난 이론(catastrophe theory)의 틀 속에서 그것을 설명했다. "사소한 요소의 실패로 인해 연쇄 작용이 일어나면 불안정이 점점 더 큰 규모로 확대되다가, 마침내 전체적인 구조가 붕괴되기에 이른다."는 주장이다.[89] 이른바 나비효과라는 것을 생각해보면 이해하기가 쉬울 것이다. 애초에는 나비의 날개짓이 결과적으로 몇 주 후 지구 반대편에서 토네이도나 허리케인을 몰고 오게 된다.[90] 예를 들자면 앗시리아의 왕 투쿨티 닌우르타 1세가 자신만만했던 히타이트 군대를 공격했던 경우이다. 기원전 13세기 말 투드할리야 4세 재위 시절이었다. 히타이트 군대가 패하자 이웃해 있던 카쉬카가 감히 뒤를 이어 히타이트를 공격하여 히타이트의 수도 하투사를 불태운 적이 있었다.

렌프류는 시스템 붕괴의 일반적인 양상에 주목해서 다음과 같이 4가지로 정리했다.

(1) 중앙 행정 조직의 붕괴
(2) 전통적인 엘리트 계급의 소멸
(3) 중앙집중화된 경제의 붕괴
(4) 주거지 이동과 인구의 쇠락

렌프류에 따르면, 지난 한 세기 동안 완전한 붕괴의 양상이 충분히 드러났지만, 붕괴의 유일한 그리고 충분한 이유는 찾을 수 없었다. 더욱이 붕괴 이후에는 사회정치적 통합의 차원이 보다 낮은 차원으로 이행되었고, 이전 시대를 "낭만적으로" 암흑 시대라고 하는 신화가 발달했다. 이는 기원전 1200년경의 에게 해와 동부 지중해 지역에 대한 이야기만은 아니라고 그는 지적했다. 마야, 이집트 구왕조, 당시 인더스 문명의 다양한 지점들에서도 동일한 현상이 나타났다.[91] 앞에서 언급했던 것처럼 역사적으로 이러한 주제나 "붕괴"에 대한 논의는, 그리고 제국들의 성장과 멸망에 주기가 있다는 이론은 많은 학자들이 채택했던 바이다. 가장 최근에 유명했던 학자로는 재러드 다이아몬드가 있었다.[92]

당연히 모든 학자들이 이러한 청동기 시대 후기의 시스템 붕괴 이론에 동의하는 것은 아니다. 예컨대 반데어빌트 대학의 로버트 드류스는 시스템 붕괴 이론을 가지고는 왜 궁전과 도시들이 파괴되고 불태워졌는지를 설명할 수 없다며 일축해 버렸다.[93]

그러나 우리가 살펴본 것처럼, 청동기 문명의 붕괴 양상은 렌프류가 설명한 기준에 부합한다. 전통적인 엘리트 계급이 소멸했고, 중앙행정과 중앙집중화된 경제가 붕괴했으며, 주거지가 이동했고, 인구가 줄었고, 사회정치적 통합의 단계가 더 낮아졌다. 8세기 이후 호메로스가 쓴 트로이 전쟁 이야기는 말할 것도 없다. 우리가 확인한 것은 기원전 1207년과 기원전 1177년 해양민족의 침입을 넘어서는, 기원전 1225년에서 기원전 1175년까지 그리스와 지중해 동부 지역을 휩쓸었던 지진을 넘어서는, 같은 시기 해당 지역을 휩쓸었던 가뭄과 기후변화를 넘어서는 "퍼펙트 스톰"의 결과였다. 이로써 번성했던 청동기 시대 문화와 민족들, 미케네와 미노아로부터 히타이트, 앗시리아, 카시트, 키프로스, 미타니, 가나안, 심지어 이집트도 마찬가지였다.[94]

내 생각으로는, 그리고 나 이전에 샌더스가 말했던 것처럼, 개별적 원인 중의 어느 하나도 이들 문명 가운데 단 하나라도 무너뜨릴 수 있을 만큼 강력하지 못했다. 그 모두를 무너뜨릴 힘이 없었던 것은 말할 나위도 없다. 그러나 여러 원인들이 결합되었을 수는 있다. 그래서 예기치 않게 각각의 요소들이 극대화되었을 수도 있다. 이를 "복합 효과(multiplier effect)"라고 칭하는 학자들도 있다.[95] 어떤 시스템의 일부분이 도미노 현상을 촉발해서 다른 부분의 재앙을 초래했을 수도 있다. 일련의 "시스템 붕괴"로 한 사회가 다른 사회의 분열을 초래하고, 각 사회가 글로벌 경제의 일부분이었기 때문에, 연속된 붕괴는 각각의 문명이 의존하고 있던 상호 관계를 끊어버렸을 수도 있다.

1987년 이탈리아 로마 대학의 마리오 리베라니는 궁정에 권력과 통제가 집중되어 있었던 문제를 지적했다. 그래서 각 궁정이 무너졌을 때 재앙이 극대화되었다고 보았다. "궁전에 모든 조직, 변화, 교환 등의 모든 요소가 특히 집중화되어 있었던 결과(특히 청동기 시대 후기에 중앙집중화가 극대화되었다.) 물리적으로 단지 궁전이 붕괴되었을 뿐이지만 왕국 전체에 재앙이 닥쳤다."[96] 현대 금융 투자 용어를 빌어 말하자면, 청동기 시대 에게 해 및 근동 지역 군주들은 포트폴리오를 다양화했어야 했다. 그런데 그러지를 못했던 셈이다.

20년 후 크리스토퍼 몬로는 리베라니의 글을 인용하며 다음과 같이 주장했다. 즉 청동기 시대 후기의 경제는 청동기와 귀중품에 점점 더 의존함으로써 불안정의 길로 접어들었다는 주장이다. 특히 그는 "자본중심 기업"(그는 청동기 시대 후기 원거리 무역과 궁정 시스템을 여기에 포함시켰다.)이 청동기 시대의 전통적인 교역과 생산과 소비를 변화시켰고, 외부의 침략과 자연 재해가 "복합 현상"으로 닥쳐오자 시스템은 더 이상 살아남을 수 없었다고 보았다.[97]

몬로는 《운명의 저울(Scale of Fate)》이라는 책에서 청동기 시대 후기에 종말을 맞이한 상황을 설명하면서 에게 해 및 지중해 동부 지역 다양한 세력 간의 상호작용을 "사회 상호적 네트워크"로 설명했는데, 이는 지금까지 이야기한 바와 같은 내용이다. 나와 마찬가지로 그 또한 "특히 조약, 법률, 외교, 교역의 측면에서 최초의 거대한 국제화 시대를 만들어냈다."고 생각했다.[98]

그러나 무엇보다 흥미로운 것은 몬로가 여기에서 더 진전된 시각을 가졌다는 점이다. 즉 그는 어느 사회에나 불가피하게 종말이 닥쳐오기 마련이지만, 그러한 네트워크가 불가피한 붕괴 상황을 연기시키고 있었다고 생각했다. "반란은 제압되었고, 원자재는 계속 발굴되었으며, 새로운 시장이 열렸고, 가격 통제가 실시되었다. 상인들의 재산은 몰수되었고, 무역 금지 조치가 행해졌으며, 전쟁이 빈발했다."[99] 그럼에도 불구하고 "핵심적 세력 집단의 통치자들이 오히려 불안정을 야기했다." 그래서 "텍스트 자료와 고고학적 발굴로 확인된 바와 같이 청동기 시대 후기 궁정 문화가 폭력적으로 파괴된 것은, 다른 여느 붕괴에서와 마찬가지로, 앞날을 멀리 내다보지 못한 데 따른 피할 수 없는 결과였다."[100]

나는 몬로의 의견에 모두 동의하지만 마지막 논점만은 그렇지 않다. 붕괴에 대한 책임을 단순히 "멀리 내다보지 못한 단견"으로만 한

정할 수는 없다. 앞에서 살펴본 것처럼 여러 가지 가능성이 있기 때문이다. 고대 사회의 지도자들이 그러한 원인들을 완벽하게 예측했을 것 같지는 않다. 예상치 못한 시스템 붕괴가 훨씬 가능성이 커 보인다.(기후 변화가 시발점이 되었을 가능성도 크다. 최근에 브랜든 드레이크가 그러한 가설을 제시했고, 다비드 카뉴스키 발굴팀도 그러한 주장을 한 바 있다.[101] 혹은 지진이나 침략이 문제를 악화시켰을 수도 있다.) 그러나 몬로의 말은 오늘날을 살아가는 우리들에게 보내는 경고일 수도 있다. 왜냐하면 그가 청동기 시대 후기를 설명할 때 주로 경제와 상호작용의 측면을 거론하는데, 이는 현대의 글로벌 사회에도 충분히 적용되는 말이다. 현대 사회 또한 기후 변화의 위기를 체감하고 있다.

가능성 목록과 복합 이론

이 장을 시작할 때 언급했던 것처럼, 청동기 시대 후기의 이른바 붕괴 혹은 재앙에 대해서 학자들 사이에 많은 논의가 있었다. 로버트 드류스는 1993년에 출간된 그의 책에서 제기된 각각의 가능성에 대해 한 챕터에 한 문제씩 체계적으로 검토했다. 하지만 그가 잘못 판단하거나 과소평가했던 논점들도 있었다. 예를 들어 그는 시스템 붕괴 가능성에 대해서는 일고의 가치도 없다고 일축해버리는 대신 스스로 주장했던 전쟁 원인설을 선호했다. 그러나 모든 학자들이 전쟁설에 동의하는 것은 아니다.[102]

　　로버트 드류스의 책이 출간된 지 20년이 지난 지금, 이후로도 논쟁이 이어졌고 학술 출판이 계속되었지만, 그럼에도 불구하고 학계에서는 여전히, 청동기 시대의 황혼에 마침표를 찍었던 주요 도시의 파괴에 대하여, 누가 혹은 무엇이 파괴의 원인을 제공했는지에 대한 일반적인 합의에는 도달하지 못했다. 문제는 아래와 같이 간략하게 요약할 수 있다.

주요 관찰 요점

1. 기원전 15세기에서 기원전 13세기까지 번성했던 에게 해와 지중해 동부 지역의 수많은 문명들에 대해서 우리는 알고 있다. 미케네와 미노아를 비롯하여 히타이트, 이집트, 바빌론, 앗시리아, 가나안, 키프로스에 이르기까지. 이들은 독립적인 문명이었지만 끊임없이 서로 교류했고, 교류는 특히 국제 무역로를 통했다.
2. 에게 해, 지중해 동부, 이집트, 근동의 많은 도시들, 청동기 시대 후기의 문명들과 그 주민들이 기원전 1177년 혹은 그 직후에 종말을 맞이했다.
3. 문명의 붕괴와 청동기 시대 후기의 종말을 초래한 사람들이 누군지, 혹은 어떤 재앙이었는지에 대한 이론의 여지가 없는 증거는 나타나지 않았다.

가능성 검토

청동기 시대 후기의 붕괴를 초래했거나 혹은 그에 기여했을 것으로 추정되는 원인들은 많지만, 그 중 어느 것도 그 자체 하나만으로는 재앙의 전적인 원인이 될 수 없다.

A. 당시에 지진이 있었던 것은 분명하다. 그러나 당시의 사회들은 이를 극복할 수 있었다.
B. 기근이 있었다는 문헌자료가 있고, 현대 과학으로도 가뭄과 기후변화가 에게 해 및 지중해 동부 지역에서 발생했음을 확인했다. 그러나 당시 사회들은 당시에는 물론 그 이전에도 이러한 문제를 계속해서 극복해 나왔다.
C. 그리스를 비롯하여 레반트 등 다른 곳에서도 분명하지는 않지만 반란이 일어났던 정황이 있다. 당시 사회들은 이러한 반란 또한 흔히 극복해왔다. 그리고 일반적으로 반란이 그처럼 광범위한 지역에서 그토록 오래도록 지속되지는 않는다.(최근 중동에서 일어나는 현상도 다르지 않다.)
D. 침략자 혹은 최소한 새롭게 유입된 사람들의 흔적이 고고학적으로 드러났다. 아마도 에게 해 지역이나 아나톨리아, 키프로스 섬 혹은 이 모든 곳에서 온 사람들의 흔적이 북으로는 레반트 지역의 우가리트까지, 남으로는 라치쉬까지 발견된다. 이들 도시 중 일부는 파괴가 자행된 뒤 방치되었고, 또 일부에는 다시 사람들이 들어가서 살았으며, 전혀 영향을 받지 않았던 곳도 있다.
E. 국제무역로가 운영되었던 것은 분명하다. 그러나 때때로 중단되었던 적도 있었다. 그러나 그러한 단절이 무역로에 의존했던 모든 개별 문명 간에 한꺼번에 영향을 미쳤는지는 분명하지 않다. 일부는 생존을 위해 외국의 상품에 지나치게 의존하기도 했다. 예를 들면 미케네와 같은 경우이다.

실제로 어떤 문명이 침략자나 지진으로 인해 예전의 상태로 회복되지 못하는 경우도 있고, 가뭄이나 반란으로 무너지는 경우도 있다. 그러나 청동기 시대 후기의 종말에 대해서는 이 모든 요인들이 다 함께 문명의 종말을 초래했다고 설명하는 것보다 더 나은 대안은 없다. 따라서 기존에 제시된 증거들로 보자면, 우리는 시스템 붕괴가 원인이 되어 일련의 사건이 서로 연결되면서 "복합 효과"가 나타났고, 그 속에서 하나의 요인이 다른 요인들에 영향을 미쳤고, 각각의 요인들이 극대화되었던 것이다. 아마도 지진이나 가뭄 등의 재난 가운데 하나만 닥쳤다면 사람들은 살아남았을 것이다. 그러나 지진, 가뭄, 침략 등의 재앙이 빠른 속도로 연이어서 나타났다면 살아남기 힘들었을 것이다. "도미노 효과"가 이어졌고, 그 속에서 하나의 문명이 떨어져 나가자 그 결과 다른 문명이 무너지게 되었다. 당시의 세계화된 특성 때문에 국제 무역로나 심지어 하나의 사회가 무너짐으로 인해 다른 여러 문명들이 사망에 이르렀을 수 있다. 만약 실제로 그러한 상황이었다면 종말을 초래하는 데 꼭 거대한 사건이 있어야만 하는 것은 아닐 것이다.

그러나 필자가 앞에서 논평한 바와 같이, 시스템 붕괴 이론은 에게해, 지중해 동부, 근동 지역의 청동기 시대 후기의 종말을 너무 단순하게 설명하고 있다.[103] 우리는 이른바 융복합 학문 혹은 더 정확히 말하자면 "복합 이론(complexity theory)"이라고 하는 쪽으로 관심을 돌려야 할지도 모르겠다. 그래야 이들 문명이 붕괴한 원인을 포착할 수 있을 것 같다.

융복합 학문 혹은 복합 이론이라고 하는 것은 복합적인 시스템, 혹은 여러 시스템들을 연구하는 학문인데, 그 목적은 "상호작용하는 대상들로부터 나타나는 현상"을 설명하는 것이다. 옥스퍼드 대학의 네일 존슨의 최근 글에 따르면 이 이론이 적용되었거나 해결한 문제들은 교통 혼잡, 주식 폭락, 암 등의 질병, 환경 변화, 전쟁에 이르기까지 다양하다.[104] 수학과 컴퓨터 과학 분야에서 국제관계, 비지니스 등 다른 분야들에 이르기까지, 최근 수십 년 넘도록 이 이론이 적용되었지만, 고고학에는 적용된 바가 없었다. 흥미롭게도 캐롤 벨은 2006년 출간한 책에서 청동기 시대 후기부터 철기시대까지 레반트 지역의 원거리 무역의 변화와 진화를 연구하는 선견지명을 보여주었다. 이 연구는 붕괴의 원인과 이후 시대의 새로운 구조화를 설명할 수 있는 촉망되는 이론적 접근이다.[105]

존슨에 의하면 복합 이론적 접근이 가능하기 위해서는 상호작용에 관여하는 여러 대상과 '행위자'들을 포함하는 시스템이 먼저 존재해야 한다.[106] 우리가 주목하는 문제의 경우, 청동기 시대 후기에는 다양한 문명들이 있었다. 미케네, 미노아, 히타이트, 이집트, 가나안, 키프로스 등이다. 복합 이론에 의하면, 시스템에 참여하는 여러 주체들의 행위가 그들의 기억이나 과거에 일어난 일에 대한 "피드백"으로 영향을 받는다고 한다. 부분적으로는 역사 지식에 근거하여 자신의 전략을 변용할 수 있다는 말이다. 예컨대 자동차 운전자들은 대체로 자신의 근거지 주변 교통에는 익숙하기 마련이다. 그래서 출퇴근할 때면 가장 빠른 길을 예측할 수 있다. 만약 교통 혼잡으로 길이 막히면

운전자는 문제를 피해 다른 길을 선택할 줄 안다.[107] 마찬가지로 청동기 시대 후기가 종말을 향해 다가갈 무렵, 우가리트에서 다른 어느 지역으로 가던 상인들은 적의 함선이나 적이 출몰하는 지역을 피해 다른 길을 선택했을 것이다. 루카 지역 해안이 바로 그런 곳 중의 하나였다.(나중에 리키아로 알려진 곳으로, 아나톨리아 남서쪽에 있었다.)

존슨은 또한 시스템은 "살아있는 생물"이라고 말했다. 즉 시스템은 큰 틀에서 복잡한 방식으로 진화한다는 뜻이다. 또한 시스템은 "열려 있다." 즉 자신이 처한 환경으로부터 영향을 받게 된다. 존슨은 그 예로 현대 사회의 주식 시장을 들었다. 애널리스트들은 흔히 주식 시장이 마치 살아있는 것처럼, 숨을 쉬는 유기체인 것처럼 말할 때가 많다. 어떤 회사가 돈을 벌었다든지 세계의 다른 지역에서 무슨 사건이 일어났다든지 하는 뉴스에 따라 영향을 받거나 행로가 바뀔 수가 있는 것이다. 바로 그래서 셰라트는 십여 년 전에 출간한 자신의 책에서 이러한 내용을 서문에서 언급하기도 했는데, 청동기 시대 후기의 세계가 우리가 살고 있는 현대 세계와 마찬가지로 "통제할 수 없는 글로벌 경제와 문화로 진화한다는 측면에서 점점 더 비슷해지고 있다. … 이러한 시스템 속에서 세계 어느 한 지역의 불확실성이 수천 마일이나 떨어진 다른 사회의 경제에 심각한 영향을 미칠 수 있다."[108] 청동기 시대 후기가 종말을 맞이할 무렵, 에게 해와 지중해 동부 지역에 이런 식의 영향 혹은 위기 요인이 발생했을 가능성은 충분하다. 앞에서 말했던 것처럼 지진, 기근, 가뭄, 기후 변화, 내부 반란, 외부의 침략, 무역로의 단절 등이 모두 그러하다.

존슨의 주장에서 가장 중요한 전제에 대해서 우리가 검토해 보아야 할 필요가 있다. 즉 그러한 시스템은 "전반적으로 놀라운, 아마도 극단적인" 상황을 노출하게 될 것이라는 주장이다. 존슨에 따르면 "기본적으로는 무슨 일이든 일어날 수 있다는 뜻이다. 빨리 혹은 늦게 일어나는 차이는 있겠지만 언젠가는 반드시 일어날 일이다." 존슨이 예로 든 바와 같이 모든 주식 시장은 언젠가는 폭락에 이르게 된다. 교통 시스템에서는 어떤 식으로든 정체가 일어나게 된다. 그러나 이런 일이 일어날 수 있다고, 또한 반드시 일어난다고 충분히 알고 있다 하더라도 그것이 언제 일어날지 알 수 없고 미리 예측하기도 어렵다.[109]

세계의 역사 속에서 종말에 이르지 않은 문명은 없었고, 제러드 다이아몬드를 비롯하여 여러 학자들이 지적했듯이 대체로 유사한 원인 때문에 무너지기도 했듯이, 청동기 시대 후기의 문명들 또한 마침내는 무너질 것으로 예상해볼 수 있다. 그러나 그 때가 언제일지, 모든 문명들이 동시에 무너질지 아니면 하나씩 무너질지에 대해서는, 각 문명에 대해서 잘 알고 있다고 하더라도 알 수 없는 일이다. 존슨의 글에서와 같이 "어떤 자동차의 엔진에 대해서 상세히 알고 있다 하더라도 교통 정체가 언제 어디서 일어날지를 예측하는 데는 그 지식이 쓸모가 없다. 마찬가지로 복잡한 술집에서 각 개인을 잘 알고 있다고 하더라도, 대규모 소동이 일어날지에 대해서 예측하는 데 도움이 되지는 않는다."[110]

따라서 청동기 시대 후기의 종말 시점에 있었던 붕괴를 설명하는 데 복합 이론을 적용한다 하더라도 그 붕괴가 언제 왜 일어날지에 대해서는 도움이 되지 않는다. 캐롤 벨이 지적했듯이, 에게 해와 지중해 동부의 무역 네트워크는 복합 시스템의 사례에 속한다. 그래서 캐롤 벨은 리딩 대학의 켄 다크의 저술을 인용했는데, "그러한 시스템이 점점 복잡해질수록, 시스템의 각 구성 요소 사이의 의존성이 높아질수록, 전체 시스템을 안정적으로 유지하는 것은 점점 더 어려워진다."[111] 다크는 이를 초고도 밀착성(hyper-coherence)라고 했는데, 즉 "시스템을 구성하는 각 요소가 서로 지나치게 의존하게 될수록 그 중 어느 일부라도 변하게 되면 시스템 전체가 불안정해진다."는 것이다.[112] 이처럼 청동기 시대 후기 문명들은 국제화의 정도가 매우 높았고 상품과 서비스에 대한 서로의 의존성이 매우 높았으며, 예를 들면 미케네나 히타이트 같은 그 시스템 속의 어느 왕국에 변화가 일어나더라도 세계 전체가 불안정해질 수가 있었다.

더욱이 청동기 시대 후기 에게 해와 지중해 동부의 왕국들, 제국들은 모두 개별적인 사회정치적 시스템을 갖추고 있었다. 켄 다크가 말했듯이, "복합적인 사회정치적 시스템들은 내부적으로 점점 더 복잡한 방향으로 나아가게 된다. … 각 시스템이 더욱 복잡해질수록, 그것이 무너질 가능성은 더 커진다."[113]

따라서 청동기 시대 후기 에게 해와 지중해 동부 지역에서 각각의 문명이 개별적인 사회정치적 시스템을 갖추고 있었고, 각 문명들이 점점 복잡하게 성장할수록 점점 더 붕괴의 가능성이 커졌던 것은 명백하다. 동시에 각각의 시스템이 결합된 복합 시스템도 갖추고 있었으므로, 서로에 대한 관계와 상호의존성이 얽혀 있었고, 그 중에서 어느 하나에서라도 변화가 발생하면 순식간에 전체가 불안정해질 가능성이 열려 있었다. 톱니바퀴의 이빨 하나가 부러지면 기계장치 전체에 이물질이 누적될 수 있고, 그러면 조그만 부스러기 하나만으로도 자동차 엔진이 망가질 수 있는 것이다.

따라서 청동기 시대 후기의 전반적인 대참사에 주목할 것이 아니라, 미케네처럼 한때 중심적인 지위를 가지고 서로 활발하게 교류했던 지역들이, 내부 혹은 외부의 변화로 인해 점점 멀어지고 축소 고립되어, 복합적인 시스템에 점차적으로 영향을 미쳤을 것으로 추정해볼 수 있다. 이러한 손상이 네트워크의 단절을 가져왔던 것은 명백한 사실이다. 현대 세계의 전력 공급이 폭풍이나 지진으로 중단되는 사례를 생각해보자. 전기 회사는 계속 전기를 생산하고 있지만 개별 소비자에게 전력을 공급할 수는 없게 된다. 오클라호마의 토네이도나 메사추세츠의 눈폭풍 때문에 이런 일이 미국에서는 매년 일어나는 일이다. 오늘날 핵폭발과 같은 대재앙으로 인해 단절이 계속되면, 끝내는 전력 생산도 중단될 것이다. 청동기 시대 후기의 기술 수준이 현대에 비해 낮았다고는 하지만 이와 비슷한 일이 당시에 일어났을 수 있다.

더욱이 캐롤 벨이 지적했듯이, 그러한 불안정의 결과 복합 시스템이 무너지게 되면 "소규모로 잘게 쪼개지게 된다." 이는 청동기 시대 문명이 붕괴된 이후 철기 시대에 그대로 나타났던 현상이다.[114] 따라서 복합 이론을 적용해 보면, 재난 이론과 그에 뒤이어 벌어진 시스템 붕괴가 기원전 1200년 이후 에게 해와 지중해 동부 지역 청동기 시대 후기의 종말을 설명하는 최선의 방안이 될 것이다. "누가 범인인가?"

혹은 "무슨 일이 원인이 되었을까?"하는 질문보다는 "왜 그렇게 되었을까?" 그리고 "어떻게 그런 일이 일어나게 되었을까?"하는 질문이 더 유효하다. 종말을 피할 수 있었을까 하는 것은 또 다른 문제이다.

그러나 복합 이론이 청동기 시대 후기의 붕괴 원인을 분석하는 데 도움이 된다 하더라도, 확실한 결론을 도출하는 데 필요한 정보가 부족한 상황인 만큼 과학적 검증을 해 보아야 한다. 복합 이론이 듣기에는 좋은 말이지만, 정말로 이해가 진전되었다고 볼 수 있을까? 말하자면 복잡한 상황은 어떤 식으로든 무너질 수 있다는 정도로, 당연한 사실을 좀더 멋진 말로 포장한 것에 불과한 것은 아닐까?

청동기 시대 후기 문명의 붕괴가 처음부터 복합적이었던 것은 의심의 여지가 없다. 많은 다양한 변수가 붕괴에 기여했을 것으로 우리는 알고 있다. 그러나 우리가 이런 변수를 모두 파악했는지, 그리고 그 중에서 핵심적인 것은 무엇인지, 그것이 혹시 해당 지역에서는 중요했지만 전체 시스템에는 거의 영향을 미치지 않은 것은 아닌지 등을 확실하게 이해를 한 것일까? 현대의 교통 정체와 비교하자면 더더욱 그러하다. 현재 우리는 교통 문제의 다양한 변수들, 즉 운행되는 차량이 몇 대인지, 도로는 어떠한지(넓은지 좁은지) 등을 모두 알고 있다. 그리고 외부 요인들, 예컨대 주요 길목의 눈보라 등을 감안하여 큰 틀에서 예측도 가능하다. 그러나 청동기 시대 후기에 대해서는 우리가 다 알 수는 없지만 아마도 현대의 교통 상황보다는 수백 가지 변수가 더 있었을 것이다.

더욱이 청동기 시대 문명들이 점점 복합성을 더하고 붕괴의 위기에 직면해 있었다고 하더라도 그 의미가 분명하지는 않다. 상대적으로 최근 3백년 동안 서유럽 문명의 "복합성"과 비교했을 때는 과연 그 복잡함의 정도가 어떠할까? 따라서 우리가 청동기 시대 후기의 각 문명에 대해 더 많은 정보를 가졌을 때 그 붕괴를 이해하는 데 복합 이론이 도움이 되겠지만, 지금 단계에서는 그리 유용하다고 할 수 없다. 단지 청동기 시대 후기에 나타난 다양한 요소들이 불안을 조성했고, 그로 인해 이전 수 세기 동안 다양한 층위에서 상당히 활발하게 작동했던 국제적 시스템이 궁극적으로 붕괴에 이르렀다는, 우리가 알고 있는 사실을 흥미로운 방식으로 재조명해주는 정도이다.

그러나 학술서들은 청동기 시대 후기의 붕괴를 지금도 여전히 단선적인 과정으로 주장하고 있다. 가뭄이 기근을 유발했고, 그로 인해 해양민족의 이동이 시작되었고, 그로 인해 파괴 행위가 초래되었으며, 그것이 붕괴의 원인이 되었다는 식이다.[115] 문제를 그렇게 단순하게 볼 수는 없다. 과정은 그렇게 단순하지 않았다. 현실은 훨씬 더 혼란스러웠다. 아마도 방아쇠를 당긴 결정적인 하나의 계기 같은 것은 없었을 것이다. 그보다는 여러 가지 다양한 부정적 요인들이 있었을 것이고, 변화된 상황에 적응하기 위해 사람들은 각각의 요인에 대해 다양한 방식으로 반응했을 것이다. 복합 이론은, 특히 다양한 과정과 일련의 부정적 요인을 한눈에 보여준다. 따라서 청동기 시대 후기의 막을 내린 붕괴를 설명하는 점에서나 이후 당시의 재앙을 연구하는 방향을 제시해 준다는 점에서 복합 이론의 장점이 있다.

에필로그

재앙의 여파

이상으로 청동기 시대 후기의 3세기 이상(기원전 1500년경 하트셉수트 재위 때부터 기원전 1200년경 모든 것이 무너졌을 때까지) 지중해 지역에서 미노아, 미케네, 히타이트, 앗시리아, 바빌론, 미타니, 가나안, 키프로스, 이집트가 참여했던 국제적 사회와, 이들 모두가 함께 만들었던 범국제적이며 범세계적인 시스템을 살펴보았다. 이러한 국제적 시대는 그 이후로 근대에 이르기까지 거의 형성된 적이 없었다. 청동기 시대의 마지막에 전례 없는 대재앙을 초래했던 것은 바로 이러한 국제성이었다. 근동 지역과 이집트 및 그리스의 문화는 매우 얽혀 있었고 상호의존적이었다. 기원전 1177년에 하나가 무너지자 궁극적으로 다른 사회들도 하나씩 차례로 무너졌다. 번성했던 문명들은 사람에 의해 혹은 자연에 의해 혹은 그 둘의 조합으로 인해 치명적인 붕괴에 이르렀다.

그러나 이 모든 것을 말했다 하더라도 문명 붕괴나 청동기 시대 후기에서 철기 시대로 이행하게 된 분명한 원인(혹은 여러 요인들을) 명확하게 규정할 수는 없다. 심지어 해양민족의 출신지나 동기도 확실하게 규명하지 못한다. 그럼에도 불구하고, 여러 연구들을 통해서 제시된 실마리들을 모두 끌어모아 본다면, 매우 결정적이었지만 여전히 모호한 그 시대에 대해서 무언가 얘기할 수 있을지도 모르겠다.

예를 들어 일부 국제적 접촉과 국제 무역이 시대가 갑자기 막을 내리기 직전 순간까지도 지속되고 있었다는 충분한 증거도 있다.(만약 최근의 연구 성과를 인용한다면 그 이후에도 계속되었다.)[1] 우가리트에서 출토된 문서는 키프로스, 이집트, 히타이트, 에게 해 지역과 접촉했던 사실을 보여주고 있으며, 뿐만 아니라 도시 우가리트가 파괴되기 불과 수십 년 전에 이집트의 파라오 메르넵타가 우가리트의 왕에게 보낸 선물도 기록하고 있다. 문제가 발생하기 전까지는 최소한 당시 교류와 무역이 분명하게 감소했음을 나타내주는 증거가 전혀 없다. 아마도 통화 유통량이 일정치 못했던 사실이 유일한 예외일 것이다.

그러나 그들이 300년 이상 상식으로 이해하고 있었던 그 세계는 마침내 무너졌고 근본까지 파괴되었다. 앞에서 살펴본 것처럼, 이탈리아와 그리스에서 이집트와 메소포타미아에 이르기까지, 에게 해와 지중해 동부 지역 청동기 시대 후기의 종말은, 밀물처럼 밀려온 사건의 연속이었고, 수십 년 동안 혹은 심지어 한 세기 내내 지속되었던 사건이었다. 어느 한 해에 국한되어 일어난 일이 아니었다. 그러나 특정하자면 이집트의 파라오 람세스 3세의 재위 8년째 되던 해인 기원전 1177년(현재 대부분의 이집트학 연구자들이 이용하는 연대표에 의거)은 전체적인 붕괴를 상징하는 대표적인 해라고 할 수 있다. 이집트의 기록에 따르면 그 해에 해양민족이 이집트 지역을 휩쓸었고 두 차례나 파괴를 자행했다고 한다. 그러니까 그 해가 나일 강 삼각주의 육지와 바다에서 큰 전쟁이 있었던 해였고, 사람들이 살아남기 위해서 투쟁해야 했던 해였으며, 청동기 시대의 고도로 발달했던 문명이 파국을 맞이했던 해였다.

실제로 기원전 1177년은 청동기 시대 후기가 막을 내린 해였다. 이는 마치 로마와 서로마 제국이 멸망했던 기원후 476년과 같다. 즉 이들 시점은 현대의 학자들이 편의상 한 시대의 종말로 획정한 때인 것이다. 기원후 5세기 동안 이탈리아가 침략당하고 로마가 약탈당한 해는 여러 번 있었다. 410년에는 알라리크의 서고트가, 455년에는 가이세리크의 반달이 그랬다. 또한 로마가 멸망한 데에는 다른 많은 이유들이 있었다. 이들의 침략 이외에도 이야기는 훨씬 더 복잡하다. 이에 대해서는 이미 여러 로마사 전문가들이 확인한 바와 같다. 그러나 로마의 영광이 종말을 고한 날로는 기원후 476년 오도아케르와 동고트의 침략을 연결시키는 것이 편리하고 학술적 편의로 받아들일 수 있는 것이다.

후기 청동기 시대의 종말과 철기 시대로의 이행도 이와 같은 경우이다. 붕괴와 이행이 지속적인 사건이었고, 대개 기원전 1225년에서 기원전 1175년 혹은 아무리 늦어도 기원전 1130년 사이 어느 시점에 있었던 일이다. 그러나 해양민족의 두 번째 침략으로 이집트인들과 대재앙을 초래한 전투가 벌어졌던 해가 람세스 3세의 재위 8년째인 기원전 1177년이었는데, 이 해를 딱 집어서 특정하기 어려운 한 시대의 종말에 대해 대표성을 부여할 수 있는 연대로 잡는 것이 합리적이다. 우리가 확실하게 얘기할 수 있는 것은, 기원전 1225년까지 거슬러 올라가는 에게 해와 고대 근동 지역의 문명들이 기원전 1177년에 무너지기 시작했고, 기원전 1130년경이면 거의 사라졌다는 사실이다. 강력했던 청동기 시대 왕국들과 제국들은 점차 철기 시대 초기 소규모 왕국으로 대체되었다. 결과적으로 기원전 1200년 즈음의 지중해와 근동 지역 세계의 모습은 기원전 1100년 즈음과는 상당히 다르고, 기원전 1000년 즈음에는 완전히 달라졌다.

몇몇 지역에서 사람들이 새롭게 도시를 건설하고 공동체를 되살리기까지, 그리고 그들이 빠져든 암흑으로부터 다시 벗어나기까지 수십 년 혹은 심지어 수백 년이 걸렸다는 확고한 증거가 있다. 신시네티 대학교의 잭 데이비스는 이런 지적을 했다. "네스토르 궁전이 기원전 1180년경 워낙 철저하게 파괴되어서 궁전은 물론 그들의 공동체도 이후 결코 회복되지 못했다. … 필로스의 미케네 왕국 지역은 전체적으로 볼 때 거의 천 년 동안 사람이 살지 못했다."[2] 하이델베르그 대학의 조셉 마란에 의하면, 그리스 지역에서 실제로 최종적인 파괴가 동시에 일어났는지 아닌지 알 수 없지만, 분명한 것은 재앙이 끝났을 때 "그리스에는 궁전이 하나도 남지 않았고, 문자도 사용되지 않았으며, 뿐만 아니라 모든 행정 조직도 사라졌다. 최고 통치자를 의미하는 와낙스(wanax)의 개념도 고대 그리스 정치 제도에서 사라져 버렸다."[3] 문자 사용과 기록의 측면에서는 우가리트도 이와 마찬가지였으며, 청동기 시대 지중해 동부 지역에서 번성했던 다른 공동체들도 다르지 않았다. 이들 문명이 종말을 고하면서 레반트 지역에서는 더 이상 쐐기문자가 사용되지 않았고, 다른 사람들에 의해 아마도 보다 편리한 문자 시스템이 사용되었다.[4]

공예품뿐만이 아니라 기록을 통해서도 우리는 청동기 시대 이 지역의 상호 교류와 세계화의 정도를 확실하게 알 수 있다. 편지에 등장하는 어떤 개인의 이름을 통해 그들 사이의 분명한 관계를 알 수 있다. 특히 중요한 편지들이 발견된 곳은 이집트의 아마르나인데, 기원전 14세기 중반 파라오 아멘호텝 3세와 아케나텐 시대의 기록이다. 시리아 북부의 우가리트에서는 기원전 13세기 말에서 기원전 12세기 초의 편지들이 발견되었다. 그리고 아나톨리아의 하투사에서는 기원전 14세기에서 기원전 12세기까지의 편지들이 나왔다. 여러 지역에서 발굴된 이 편지들은 청동기 시대 후기에 에게 해와 동부 지중해 지역 사이에 다양한 종류의 네트워크가 존재했던 사실을 기록하고 있다. 그러한 네트워크 중에는 외교적 네트워크, 상업적 네트워크, 물류 네트워크, 의사소통을 위한 네트워크 등이 있었다. 이 모두는 당시 국제화된 경제가 잘 작동하고 부드럽게 흐르는 데 필요한 것이었다. 이러한 네트워크가 단절되거나 부분적으로 훼손되는 것은 오늘날에도 그렇지만 당시에도 재앙과 같은 효과를 초래했다.

그러나 서로마 제국의 멸망과 마찬가지로 청동기 시대 지중해 동부 지역의 제국들의 멸망 또한 단 한 번의 침략이나 단 하나의 원인으로 인한 결과가 아니었다. 여러번에 걸친 침략과 중층적인 이유들이 중첩되어 일어났던 일이다. 기원전 1177년에 침략을 했던 침략자들 중 상당수가 기원전 1207년 파라오 메르넵타의 재위 중에도 살아 있었다. 지진, 가뭄, 그리고 기타 자연 재해들 또한 에게 해와 지중해 동부 지역을 수십 년 동안 휩쓸었다. 따라서 청동기 시대의 종말을 초래한 단 하나의 사건이란 있을 수 없다. 앞에서 살펴본 바와 같이 시대의 종말은 에게 해와 동부 지중해 지역의 서로 연결된 왕국과 제국들을 모두 혼란에 빠뜨렸던 여러 가지 사건들이 이어진 결과였으며, 마침내 시스템 전체가 무너졌던 것이다.

인구 감소 이외에도 궁전이나 혹은 일반적인 건물들의 붕괴 등으로 인해 당시 그 지역의 여러 왕국들 사이의 관계는 사라지거나 혹은 현저하게 쇠락했다. 모든 지역이 파괴되지 않았고, 붕괴가 동시에 일어난 것도 아니지만, 기원전 12세기 중반에는 기존의, 특히 기원전 14세기와 기원전 13세기에 번성했던 상호연결고리와 세계화를 잃어버렸다. 콜롬비아 대학의 마르크 반 데 미에루프가 말했듯이, 외국 상품과 사상이 더 이상 들어오지 않게 되자 엘리트 계급도 그들을 지탱해 주던 국제적 틀거리와 외교적 교류 관계를 잃어버렸다.[5] 이들은 이제 맨바닥에서 다시 시작해야 했다.

청동기 시대의 붕괴와 함께 새로운 세계가 등장했을 때, 그것은 아주 새로운 시대였고, 성장의 기회가 주어졌던 시대였다. 특히 청동기 시대 후기의 상당 기간 동안 주변의 시리아와 가나안 지역을 광범위하게 지배했던 히타이트가 사라지고 이집트가 쇠락했기 때문이었다.[6] 몇몇 지역에서는 어느 정도 연속성이 있었다. 특히 메소포타미아 지역의 앗시리아 신왕조의 경우가 그랬다. 하지만 대부분의 지역에서는 새로운 권력이 창출되었고 새로운 문명이 시작되었다. 아나톨리아 남부와 시리아 북부 및 더 멀리 동쪽까지 히타이트 신왕조가 아울렀다. 가나안 지역에서는 페니키아, 필리스티아(블레셋), 이스라엘이 등장했다. 그리스는 암흑기-고졸기-고전기로 이어졌다. 구세계의 잿더미 위에서 알파벳이 출현했고 다른 발명품들도 쏟아졌다. 철기의 급격한 사용 증가는 물론이다. 이로 인해 새로운 시대의 이름이 철기 시대가 되었다. 세계사 속에서 반복적으로 일어났던 일이기 때문에 이제 사람들은 필연적인 과정이라고 믿을지도 모르겠다. 즉 제국의 등장과 멸망에 뒤이어 새로운 제국이 등장하고, 마침내 그것이 다시 멸망하면 또다시 새로운 제국이 그를 대신한다. 모두가 탄생과 성장, 진화, 쇠락과 멸망의 흐름을 거쳤으며, 궁극적으로는 새로운 형태로 갱신되었다.

고대 세계에 대한 현재의 연구 분야 가운데 가장 흥미로우면서도 연구할 거리가 많은 쪽은 문명이 붕괴된 뒤에 무슨 일이 있었는가 하는 "붕괴 이후" 연구에 놓여 있다. 그러나 이는 또 다른 책의 주제가 될 것이다.[7] 이러한 연구의 한 사례를 들자면 애리조나 대학교의 명예교수이자 라이커밍 대학의 근동 고고학 석좌교수인 윌리엄 데버를 들 수 있다. 그는 가나안 지역의 붕괴 이후 역사에 대해서 이렇게 말했다. "아마도 암흑기(Dark Age)에 대해서 새로운 결론이 나오는 게 가장 중요한 것 같다. … 사실 그런 시기가 아니었다. 고고학적 발견과 연구로 인해 점점 새롭게 드러나고 있는 사실은, 그 시기가 암흑기라기보다는 새로운 시대를 자극하는 시기였다는 것이다. 가나안 문명의 폐허 위에서 건설되었고 현대 서양에 문화적 유산을 남겨준 사람들 중에 페니키아인과 이스라엘인이 있다. 우리에게 그들은 여전히 은인들이다."[8]

더욱이, 크리스토퍼 몬로가 말했듯이 "모든 문명은 궁극적으로는 물질과 사상의 폭력적인 재구성을 경험한다. 그것이 현실적으로는 파괴 혹은 재창조로 나타난다."⁹ 시간의 흐름 속에 등장했다 소멸한 제국들이 반복해서 나타났다. 아카드, 앗시리아, 바빌로니아, 히타이트, 앗시리아 신왕조, 바빌로니아 신왕조, 페르시아, 마케도니아, 로마, 몽골, 오스만 등도 모두 그러했다. 그리고 우리가 살고 있는 현대 세계도 예외로 보아서는 안 된다. 생각보다 이미 훨씬 구체적으로 징후가 드러나고 있다. 2008년 미국 월가의 붕괴는 청동기 시대 후기 지중해 세계의 붕괴에 못지 않았다. 세계적인 규모로 성장한 은행을 즉시 구제하지 않으면 청동기 시대의 지중해와 비슷한 일이 일어날 거라고 경고한 사람들이 있었다. 예를 들면 〈워싱턴 포스트〉는 로버트 조엘릭과 세계은행 총재를 인용하여 "국제 금융 시스템은 '정점'에 이르렀을 수 있다."고 말했다. 여기서 정점이란 "위기가 극에 달해 모든 것이 녹아버려서 정부가 감당하기 너무 어렵게 되는 상태"를 말한다.¹⁰ 오늘날 우리의 세계와 같은 복합 시스템 속에서 이는 전반적인 시스템의 불안정을 야기할 수 있고 붕괴를 초래할 수도 있다.

만약에

청동기 시대 후기는 당연히 세계의 역사상 황금기 중의 하나로, 고대 글로벌 경제가 번창했던 시기로 평가되어 왔다. 그래서 우리는 이런 의문을 갖게 된다. 이 지역에 종말이 오지 않았다면 세계사는 다른 방향으로, 다른 길을 걷게 되었을까? 그리스와 지중해 동부 지역에 연속된 지진이 없었다면 어떻게 되었을까? 가뭄도 없고, 기근도 없고, 이주민과 침략자도 없었다면 어땠을까? 청동기 시대 후기는 어쨌거나 막을 내렸다. 그것은 모든 문명이 성장하면 무너지기 때문일까? 어찌되었거나 이후에는 발전을 하게 되는 걸까? 발전은 계속될 수 있을까? 기술과 문학과 정치 등이 실제로 역사상 등장했던 시점보다 더 앞서 발전할 수는 없었을까?

물론 이는 수사학적 질문에 불과하며 누구도 대답을 줄 수 없는 질문들이다. 청동기 문명은 어쨌거나 멸망했고, 그리스에서 레반트까지, 그리고 그 너머 지역에서도 근본적으로 새로운 발달이 시작되었기 때문이다. 결과적으로 새로운 사람들, 그리고/혹은 새로운 도시 국가들, 지중해 동부의 이스라엘, 아람, 페니키아, 이후 그리스의 아테네와 스파르타가 일어섰다. 그들로부터 새로운 발전과 혁신적인 아이디어가 나왔다. 알파벳, 유일신, 민주주의 같은 것들이다. 때로는 크게 번진 들불이 오랜 숲에 새로운 생태환경을 만들어 새롭게 번창하도록 해 주기도 한다.

등장인물

이집트 왕력은 가장 일반적으로 인정되는 편년을 따랐다. 다음 책을 참조할 것. (Kitchen 1982; Clayton 1994). 이하 목록에는 본문에서 언급된 모든 인물이 등장하지 않았으며, 다만 주요 통치자 및 관련 인물에 한정됨.

네페르티티(Nefertiti): 이집트 제18왕조의 여왕. 기원전 1350년경 통치. 파라오 아케나텐과 결혼하였다. 막후에서 왕권을 행사했을 가능성이 큼.

닉마두 2세(Niqmaddu II): 우가리트의 왕. 기원전 1350-1315년경 통치. 아르마나 텍스트에 등장하는 시기 동안 이집트의 파라오들과 서신 교환.

닉마두 3세(Niqmaddu III): 우가리트의 마지막 왕의 직전 왕. 기원전 1225-1215년경 통치.

닉메파(Niqmepa): 우가리트의 왕. 기원전 1313-1260년경 통치. 닉마두 2세의 아들이자 암미스탐루 2세의 아버지.

람세스 2세(Ramses II): 이집트 제19왕조의 파라오. 기원전 1279-1212년 통치. 카데쉬 전투에서 히타이트의 무와탈리 2세와 싸웠으며 이후에 하투실리 3세와 평화협정을 맺었다.

람세스 3세(Ramses III): 이집트 제20왕조의 파라오. 기원전 1184-1153년 통치. 해양민족들의 2차 침입에 맞서 싸웠다. 궁정 내 권력 암투로 인해 살해됨.

마네토(Manetho): 이집트의 사제. 기원전 3세기 헬레니즘 시대에 활동했다.

메르넵타(Merneptah): 이집트 제19왕조의 파라오. 기원전 1212-1202년 통치. 그의 비문에 해양민족들의 1차 침입에 맞선 전투 및 이스라엘이라는 명칭이 기록된 것으로 유명하다.

무르실리 1세(Mursili I): 히타이트의 왕. 기원전 1620-1590년 통치. 기원전 1595년 바빌론을 정복하고 함무라비 왕조를 무너뜨렸다.

무르실리 2세(Mursili II): 히타이트의 왕. 기원전 1321-1295년 통치. 수필루리우마 1세의 아들. 〈전염병 기도문(Plague Prayers)〉과 기타 역사적으로 중요한 기록을 남겼다.

무와탈리 2세(Muwattalli II): 히타이트의 왕. 기원전 1295-1272년 통치. 카데쉬 전투에서 이집트의 파라오 람세스 2세와 전투를 벌였다.

부르나-부리아쉬 2세(Burna-Buriash II): 바빌론의 카시트족 왕. 기원전 1359-1333년 통치. 아마르나의 파라오들과 서신 교환.

샤우쉬타타르(Saushtatar): 미타니의 왕. 기원전 1430년경 통치. 앗시리아를 공격하여 왕국을 확장했고 히타이트와도 싸웠던 것으로 보인다.

샤우쉬가무와(Shaushgamuwa): 시리아 북부 해안에 있었던 아무루의 왕. 기원전 1225년경 통치. 기원전 13세기 후반에 히타이트와 조약을 맺었는데, 아히야와(Ahhiyawa)라는 명칭을 언급한 바 있음.

샤티와자(Shattiwaza): 미타니의 왕. 기원전 1340년경 통치. 투쉬라타의 아들.

세크넨레(Seknenre): 이집트 제17왕조의 파라오. 기원전 1574년경 통치. 전투에서 머리에 치명상을 입고 사망한 것으로 추정된다.

수필루리우마 1세(Suppiluliuma I): 히타이트의 왕. 기원전 1350-1322년경 통치. 강력한 왕으로서 히타이트의 지배를 아나톨리아 대부분과 시리아 북부까지 확장했다. 이집트의 여왕은 수필루리우마 1세의 아들 중 한 명을 자신의 남편으로 요구하는 서신을 보낸 바 있음.

수필루리우마 2세(Suppiluliuma II): 히타이트의 마지막 왕. 기원전 1207년경 이후 통치. 재위 기간 동안 수차례 해전을 치뤘고 키프로스를 침략했다.

슈타르나 2세(Shuttarna II): 미타니의 왕. 기원전 1380년경 통치. 아마르나의 파라오들과 서신 교환. 딸은 이집트의 파라오 아멘호텝 3세와 혼인하였다.

슈트룩-나훈테(Shutruk-Nahhunte): 남서부 이란 엘람의 왕. 기원전 1190-1155년 통치. 바빌론을 다스린 카시트 왕조의 친척이었는데, 바빌론을 공격하여 기원전 1158년에 그 왕의 지위를 빼앗았다.

시나라누(Sinaranu): 우가리트의 상인. 기원전 1260년경. 배를 미노아의 크레타로 보냈다. 면세 혜택을 받았음.

아다드-니라리 1세(Adad-nirari I): 앗시리아의 왕. 기원전 1307-1275년 통치. 미타니 왕국을 정복.

아멘호텝 3세(Amenhotep III): 이집트 제18왕조의 파라오. 기원전 1391-1353년 통치. 아르마나(Armana) 지역에서 주변국 통치자들과 주고받은 방대한 양의 서신이 발견됨. 메소포타미아와 에게 해 지역에까지 무역로를 건설함.

아수르-우발리트 1세(Assur-uballit I): 앗시리아의 왕. 기원전 1363-1328년 통치. 아마르나의 파라오들과 서신 교환. 현실 정치 세계의 가장 중요한 세력 중 하나.

아이(Ay): 제18왕조의 파라오. 기원전 1325-1321년 통치. 원래는 군인이었으나 투탕카멘이 죽은 이후 안크세나멘과 결혼함으로써 파라오가 되었다.

아크나톤/아케나텐(Akhenaten): 이집트 제18왕조의 파라오. 기원전 1353-1334년 통치. 태양신 아텐만을 숭배하고 기존의 모든 신들을 금지하는 일신교를 도입. 네페르티티의 남편이자 투탕카멘의 아버지.

아포피스(Apophis): 힉소스의 왕. 기원전 1574년경 제15왕조 시대 한동안 이집트를 통치한 적이 있음. 같은 시기에 상이집트를 통치하고 있던 이집트의 파라오 세크넨레와 충돌함.

아흐모세(Ahmose): 이집트 여왕, 제18왕조. 기원전 1520년경. 투트모세 1세의 부인이자 하트셉수트의 어머니.

아흐모세 1세(Ahmose I): 제18왕조의 창시자이자 파라오. 기원전 1570-1546년 통치. 형인 카모세를 이어 이집트에서 힉소스인들을 몰아냈다.

안크세나멘(Ankhsenamen): 이집트 제18왕조의 여왕. 기원전 1330년경. 아케나텐의 딸이자 투탕카멘의 부인.

암무라피(Ammurapi): 우가리트의 마지막 왕. 기원전 1215-1190/85년경 통치.

암미스탐루 1세(Ammistamru I): 우가리트의 왕. 기원전 1360년경 통치. 이집트의 파라오들과 서신을 교환함.

암미스탐루 2세(Ammistamru II): 우가리트의 왕. 기원전 1260-1235년 통치. 우가리트의 상인 시나라누가 그의 배를 우가리트에서 크레타로 보냈을 당시의 통치자.

이다다(Idadda): 카트나의 왕. 히타이트 수필루리우마 1세 때의 총사령관 하누티에게 기원전 1340년경 패배한 것으로 추정된다.

자난자(Zannanza): 히타이트의 왕자, 수필루리우마 1세의 아들. 기원전 1324년경 활동. 미망인이 된 이집트 여왕과 결혼을 약속했지만 이집트로 가는 도중에 암살당했다.

짐리-림(Zimri-Lim): 오늘날의 시리아 지역인 마리의 왕. 기원전 1776-1758년 통치. 바빌론의 함무라비와 동시대인이며 이른바 "마리 편지들"(유적지 마리에서 발굴된 편지들)의 저자. 이 편지들을 통해 기원전 18세기 메소포타미아의 생활을 알 수 있다.

카다쉬만-엔릴 1세(Kadashman-Enlil I): 바빌론의 카시트족 왕. 기원전 1374-1360년경 통치. 아마르나의 파라오들과 서신 교환. 딸은 이집트의 파라오 아멘호텝 3세와 혼인하였다.

카모세(Kamose): 파라오. 이집트 제17왕조의 마지막 왕. 기원전 1573-1570년 통치. 그의 동생인 아흐모세와 더불어 이집트에서 힉소스인들을 몰아냈다.

카쉬틸리아슈 4세(Kashtiliashu IV): 바빌론의 카시트족 왕. 기원전 1232-1225년경 통치. 앗시리아의 투쿨티-닌우르타 1세에게 패배함.

쿠리갈주 1세(Kurigalzu I): 바빌론의 카시트족 왕. 기원전 1400-1375년경 통치. 아마르나의 파라오들과 서신 교환. 딸은 이집트의 파라오 아멘호텝 3세와 혼인하였다.

쿠리갈주 2세(Kurigalzu II): 바빌론의 카시트족 왕. 기원전 1332–1308년경 통치. 앗시리아의 아수르-우발리트 1세에 의해 왕이 된 꼭두각시 왕.

쿠쉬메슈샤(Kushmeshusha): 키프로스의 왕. 기원전 20세기 초반 통치. 쿠쉬메슈샤가 보낸 편지가 우가리트의 〈우르테누의 집〉에서 발견되었다.

키얀(Khyan): 이집트 제15왕조의 힉소스 왕. 기원전 1600년경 통치. 가장 널리 알려진 힉소스 왕들 중의 하나이다. 그의 이름이 쓰여진 유물들이 아나톨리아, 메소포타미아, 에게 해 지역에서 발견되었다.

키쿨리(Kukkuli): 북서 아나톨리아 아수와의 왕. 기원전 1430년경 통치. 히타이트에 대항하여 아수와의 반란을 시작했다.

타르쿤다라두(Tarkhundaradu): 남서부 아나톨리아의 아르자와의 왕. 기원전 1360년 통치. 아마르나의 파라오들과 서신 교환. 딸은 이집트의 파라오 아멘호텝 3세와 혼인하였다.

투드할리야 1세/2세(Tudhaliya I/ II) : 히타이트의 왕. 기원전 1430년경 통치. 아수와의 반란을 진압하고, 후에 미케네의 검을 하투사에 봉헌했다.

투드할리야 4세(Tudhaliya IV): 히타이트의 왕. 기원전 1237–1209년 통치. 하투사 근처, 야즐리카야 성역을 건설함.

투쉬라타(Tushratta): 미타니의 왕. 기원전 1360년경 통치. 슈타르나 2세의 아들. 아마르나 파라오들과 서신 교환. 딸은 이집트의 파라오 아멘호텝 3세와 혼인했다.

투쿨티-닌우르타 1세(Tukulti-Ninurta I): 앗시리아의 왕. 기원전 1243–1207년 통치.

투탕카멘(Tutankhamen): 이집트 제18왕조의 파라오. 기원전 1336–1327년 통치. 젊은 나이에 사망했는데, 무덤에서 엄청난 보물들이 발견된 것으로 유명하다.

투트모세 1세(Thutmose I): 이집트 제18왕조의 파라오. 기원전 1524–1518년 통치. 하트셉수트와 투트모세 2세의 아버지.

투트모세 2세(Thutmose II): 이집트 제18왕조의 파라오. 기원전 1518–1504년 통치. 하트셉수트의 이복 남매이자 남편. 투트모세 3세의 아버지.

투트모세 3세(Thutmose III): 이집트 제18왕조의 파라오. 기원전 1479–1450년 통치. 가장 강력했던 파라오 중에 하나. 재위 첫해에 메기도 전투에서 싸움.

투스레트(Twosret): 이집트의 여왕, 제19왕조의 마지막 통치자. 파라오 세티 2세의 미망인. 기원전 1187–1185년 통치한 것으로 알려져 있다.

티이(Tiyi): 이집트 제18왕조의 여왕. 기원전 1375년경 통치. 아멘호텝 3세의 부인. 아케나텐의 어머니.

하투실리 1세(Hattusili I): 히타이트의 왕. 기원전 1650–1620년 통치. 히타이트의 수도를 하투사로 옮긴 것으로 추정된다.

하투실리 3세(Hattusili III): 히타이트의 왕. 기원전 1267－1237년 통치. 이집트 파라오 람세스 3세와 평화 협정을 맺음.

하트셉수트(Hatshepsut): 이집트 제18왕조의 여왕/파라오. 기원전 1504－1480년 통치. 의붓아들인 투트모세 3세의 섭정으로 왕위에 오름. 파라오로서 거의 20년간 통치.

함무라비(Hammurabi): 바빌론의 왕. 1792－1750년 통치. 함무라비 법전으로 유명함.

미주

서문

01 이 점에 있어서 필자는 Jennings 2011의 의견에 동의한다. Jennings는 최근에 세계화와 고대 세계에 관한 글을 발표한 바 있다. 또한 그 이전의 Sherratt 2003을 참조할 것. 상관관계가 보다 선명해지기 십여년 전에 발표된 논문이다. 그리고 필자가 지도교수로 참여한 석사 논문 Katie Paul (2011) 참조.

02 Diamond 2005; Tainter 1988의 책 및 Yoffee and Cowgill 1988의 책 참조; 또한 Killebrew 2005: 33 – 34의 논의 참조; Liverani 2009; Middleton 2010: 18 – 19, 24, 53; 그리고 최근의 논의는 Middleton 2012; Butzer 2012; Butzer and Endfield 2012 참조. 제국의 흥망에 관해서는, 특히 세계 체제(world-systems)와 관련해서 많은 논란을 불러일으켰다. Frank 1993 참조; Frank and Gillis 1993; Frank and Thompson 2005. 덧붙여, 최근(2012년 12월)에 예루살렘에서 열린 학회의 제목은 "붕괴를 분석하다: 파괴와 유기 그리고 기억(Analyzing Collapse: Destruction, Abandonment and Memory)"이었다.(http://www.collapse.huji.ac.il/the-schedule) 발표문은 아직 출간되지 않았다.

03 Bell 2012: 180.
04 Bell 2012: 180 – 81.
05 Sherratt 2003: 53 – 54. 최근의 성과로는 Singer 2012 참조.
06 Braudel 2001: 114.
07 Mallowan 1976; McCall 2001; Trumpler 2001.

서막

01 Roberts 2008: 5에서는 Emmanuel de Rougé가 1867년의 출판물에서 "해양민족"이란 용어를 최초로 만들었다고 주장했다; 또한 Dothan and Dothan 1992: 23 – 24; Roberts 2009; Killebrew and Lehmann 2013: 1 참조.

02 예를 들어 Killebrew 2005, Yasur-Landau 2010a, 그리고 Singer 2012의 최근 논의 참조.

03 Kitchen 1982: 238 – 39; cf. Monroe 2009: 33 – 34 and n. 28. 일부 이집트학 전문가들은 람세스 재위 8년을 조금 이른 시기(1186 BC)로 보거나 혹은 조금 늦은 시기(1175 BC)로 보기도 한다. 고대 이집트 파라오 재위 년도는 명확하다기보다는 근사치로 보기

때문이다. 그래서 연구자에 따라 조금씩 달라지기도 한다; 이 책에서는 람세스의 재위 기간을 1184 - 1153 BC로 보았다.

04 Raban and Stieglitz 1991; Cifola 1994; Wachsmann 1998: 163 - 97; Barako 2001, 2003a, 2003b; Yasur-Landau 2003a; Yasur-Landau 2010a: 102 - 21, 171 - 86, 336 - 42; Demand 2011: 201 - 3.

05 Edgerton and Wilson 1936: pl. 46; Wilson 1969: 262 - 63의 번역을 따름; 또한 Dothan, T. 1982: 5 - 13 및 삽화 참조.

06 18왕조의 아멘호텝 3세에서부터 20왕조의 람세스 9세를 거쳐 이후 시기까지, 해양민족에 관해서 언급하는 이집트 및 기타 주요 자료 모음은 Adams and Cohen (2013) in Killebrew and Lehmann (eds.) 2013: 645 - 64 and tables 1 - 2 참조.

07 Roberts 2008: 1 - 8; Sandars 1985: 117 - 37, 157 - 77; Vagnetti 2000; Cline and O'Connor 2003; Van De Mieroop 2007: 241 - 43; Halpern 2006 - 7; Middleton 2010: 83; Killebrew and Lehmann 2013: 8 - 11; Emanuel 2013: 14 - 27. 또한 이후에 나올 도자기와 기타 유물들에 관한 문헌들을 참조.

08 다음 책의 논의 참조. Cline and O'Connor 2003; Sandars 1985: 50, 133. 최근의 논의는 Emanuel 2013: 14 - 27 참조. Killebrew and Lehmann 2013: 7 - 8에서는 루카(Lukka)와 다누나(Danuna)가 이전 아멘호텝 3세와 아케나텐 시기의 이집트 기록에서도 언급된다고 했다; tables 1 - 2 그리고 Adams and Cohen 2013의 부록 및 Killebrew and Lehmann이 편집한 책에서 Artzy 2013: 329 - 32 참조.

09 Amos 9: 7 and Jer. 47: 4. 이 책에서는 그레다의 고대 명칭 중 하나로 갑토르(Caphtor)가 있다고 했다. 최근 연구로는 Hitchcock의 출간 예정 도서 참조.

10 Roberts 2008: 1 - 3; Dothan and Dothan 1992: 13 - 28. 또한 초기 성서고고학에서 Albright가 어떻게 펠레셋(Peleset)과 팔레스타인(Philistines)을 연결시켰는지에 대한 보다 명료한 설명은 Finkelstein 2000: 159 - 61과 Finkelstein 2007 : 517 참조; 팔레스타인으로 확인되는 유물에 관해서는 Dothan, T. 1982, Killebrew 2005: 206 - 234, and Yasur-Landau 2010a: 2 - 3, 216 - 81; 그리고 가장 최근의 팔레스타인 규명과 관련된 복잡한 문제와 논의에 관해서는 Maeir, Hitchcock, and Horwitz 2013; Hitchcock and Maeir 2013; 또한 다음 책에서 관련 논의 참조. Hitchcock 2011 and Stockhammer 2013.

11 예를 들어, Cifola 1991; Wachsmann 1998; Drews 2000; Yasur-Landau 2010b, 2012b; Bouzek 2011 참조.

12 Breasted 1930: x - xi. 최근의 자료로는 the biography of Breasted by Abt (2011). Abt가 p. 230에서 언급한 바와 같이, 록펠러는 Breasted가 필요할 거로 생각해서 비밀리에 5만 달러를 추가로 지급했지만, 그에게 지원 사실을 알리지 않았다.

13 예를 들어, Raban and Stieglitz 1991 참조.
14 Edgerton and Wilson 1936: pl. 46; Wilson 1969: 262-63의 번역을 따름.
15 Breasted 1906 (reprinted 2001) 4: 201; Sandars 1985: 133을 따름. 최근 연구 성과로는 Zwickel 2012.
16 가장 최근의 연구 성과로는 Kahn 2012, 더 심도 깊은 참고문헌이 수록됨.
17 Edel 1961을 따름; Bakry 1973 참조.
18 Breasted 1906 (2001) 3:253.
19 Breasted 1906 (2001) 3:241, 243, 249를 따름.
20 다음의 논의 참조. Sandars 1985: 105-15; Cline and O'Connor 2003; Halpern 2006-7.
21 http://www.livescience.com/22267-severed-hands-ancient-egypt-palace.html 그리고 http:// www.livescience.com/22266-grisly-ancient-practice-gold-of-valor.html (마지막 검색 2012.8.15).
22 Edgerton and Wilson 1936: pls. 37-39을 따름.
23 Ben Dor Evian 2011: 11-22.
24 RS 20.238 (Ugaritica 5.24); 번역은 Beckman 1996a: 27을 따름; Nougayrol et al. 1968: 87-89의 최초 출판물. 또한 다음을 참조. Sandars 1985: 142-43; Yon 1992: 116, 119; Lebrun 1995: 86; Huehnergard 1999: 376-77; Singer 1999: 720-21; Bryce 2005: 333 (RS tablet number 오류). 이 편지의 해석에 관해서는 학자들 사이에 이견이 있다. 실제로 도움을 요청한 것인지, 혹은 편지의 초점이 무엇인지도 불분명하기 때문이다.
25 Schaeffer 1962: 31-37; 또한 Nougayrol et al. 1968: 87-89; Sandars 1985: 142-43; Drews 1993: 13-14.
26 예를 들면 다음 책의 논의 참조. Sandars 1985; Drews 1993; Cifola 1994; Ward and Joukowsky (1992)이 편집한 학술대회 논문집. 또한 Oren (1997). 이미 Raban and Stieglitz 1991에서 반론이 제기됨. 그리고 최근 연구 성과는 Killebrew and Lehmann 2013에 실린 논문 참조.
27 예를 들면 Monroe 2009; Yasur-Landau 2010a; Bachhuber and Roberts (2009)가 편집한 학술대회 발표 논문, Galil et al. (2012), Killebrew and Lehmann (2013); 또한 전체 상황에 대한 간략한 요약은 Hitchcock and Maeir 2013과 Strobel 2013의 개요 참조.
28 Bryce 2012: 13.
29 Roberts 2008: 1-19. 또한 다음의 논의를 참조. Roberts 2009; Drews 1992: 21-24; Drews 1993: 48-72; Silberman 1998; Killebrew and Lehmann 2013: 1-2.

제1막

01 Cline 1995b 및 참고문헌; 가장 최근 논의로는 Cline, Yasur-Landau, and Goshen 2011 및 참고문헌 참조.
02 예를 들어, Bietak 1996, 2005 참조; 또한 최근 연구로는 Bietak, Marinatos, and Palyvou 2007 참조.
03 가장 최근 연구로는 Kamrin 2013 참조.
04 Oren 1997.
05 Wente 2003a: 69-71.
06 번역은 다음 책들을 따름. Pritchard 1969: 554-55; Habachi 1972: 37, 49; Redford, D. B. 1992: 120; Redford, D. B. 1997: 14.
07 예를 들어, Bietak 1996: 80.
08 Heimpel 2003: 3-4.
09 Dalley 1984: 89-93, esp. 91-92.
10 마리(Mari)와 다른 지역 사이의 요청에 관해서는 Cline 1995a: 150 참조; 이전의 Zaccagnini 1983: 250-54; Liverani 1990: 227-29 참조. 특히 미노아인들과 메소포타미아 사이의 관계는 Heltzer 1989와 최근의 Sørensen 2009 참조; 에게 해와 메소포타미아 사이의 관계에 대한 보다 폭넓은 질문은 Cline 1994: 24-30 참조.
11 수입품 목록은 Cline 1994: 126-28 (D. 3-12) 참조.
12 번역은 Durard 1983: 454-55를 따름; 또한 Cline 1994: 127 (D. 7) 참조.
13 Cline 1994, 1995a, 1999a, 2007a, 2010의 논의 및 참고문헌 참조.
14 Cline 1994: 126 (D. 2) 및 이전 참고문헌 참조; 또한 Heltzer 1989 참조.
15 Evans 1921-35.
16 Momigliano 2009.
17 미노아 그리고 미노아 사회의 다양한 측면에 관해서는 이미 많은 책이 출간되었다; 예를 들어 Castleden 1993 그리고 Fitton 2002 참조; 또한 가장 최근으로는, Cline (ed.) 2010의 해당 분야 글 참조.
18 키안(Khyan) 뚜껑에 관해서는, Cline 1994: 210 (no. 680) 및 추가 참고문헌 참조.
19 투트모세 3세(Thutmose III)의 항아리에 관해서는, Cline 1994: 217 (no. 742) 및 추가 참고문헌 참조.
20 Cline 1999a: 129-30 및 이전 참고문헌.
21 Pendlebury 1930. 펜들베리의 생애에 관해서는 Grundon 2007 참조. 펜들베리의 책은 최근의 연구로 대체되었다; 그 최근 연구인 Phillips 2008 참조.
22 Cline and Cline 1991에서 이미 언급한 바와 같다.
23 Panagiotopoulos 2006: 379, 392-93.

24 번역은 Strange 1980: 45-46을 따름. 또한 Wachsmann 1987: 35-37, 94; Cline 1994: 109-10 (A. 12) 및 추가 정보와 참고문헌; Rehak 1998; Panagiotopoulos 2006: 382-83 참조.
25 Troy 2006: 146-50.
26 Panagiotopoulos 2006: 379-80.
27 Panagiotopoulos 2006: 380-87.
28 번역은 Strange 1980: 97-98을 따름. 또한 Wachsmann 1987: 120-21; Cline 1994: 110 (A. 13) 참조.
29 Strange 1980: 74; Wachsmann 1987: 119-21; Cline 1994: 110 (A. 14).
30 Panagiotopoulos 2006: 380-83.
31 필자는 Archaeological Institute of America의 연례 학술대회 발표문에서 처음 이것을 지적했다; Cline 1995a: 146 참조. 또한 Cline 1994: 110-11 (A. 16); Panagiotopoulos 2006: 381-82 참조.
32 Panagiotopoulos 2006: 372-73, 394; 그러나 Liverani 2001: 176-82의 반론 참조. 이전 연구는 Cline 1995a: 146-47; Cline 1994: 110 (A. 15) 참조.
33 Clayton 1994: 101-2; Allen 2005: 261; Dorman 2005a: 87-88; Keller 2005: 96-98.
34 Tyldesley 1998: 1; Dorman 2005a: 88. 또한 http://www.drhawass.com/blog/press-release-identifying-hatshepsuts-mummy (마지막 검색 2010.12.29) 참조.
35 Clayton 1994: 105; Dorman 2005b: 107-9.
36 Tyldesley 1998: 144.
37 Clayton 1994: 106-7; Tyldesley 1998: 145-53; Liverani 2001: 166-69; Keller 2005: 96-98; Roth 2005: 149; Panagiotopoulos 2006: 379-80.
38 Panagiotopoulos 2006: 373.
39 번역은 Strange 1980: 16-20, no. 1을 따름; Cline 1997a: 193 참조.
40 Cline 1997a: 194-96 및 이전 참고문헌.
41 Ryan 2010: 277. 또한 Ryan의 무덤 KV 60 재발굴에 대한 종합적인 논의는 같은 책: 5-28, 260-81 참조. 또한 다음과 같은 뉴스 참조: http://www.guardians.net/hawass/hatshepsut/search_for_hatshepsut.html 그리고 http://www.drhawass.com/blog/press-release-identifying-hatshepsuts-mummy (둘 다 최종 검색은 2010.12.29).
42 투트모세 3세의 메기도 진격 및 점령에 관해서는, Cline 2000: chap. 1 및 참고문헌 참조; 또한 아주 간단한 설명으로는, Allen 2005: 261-62.
43 Cline 2000: 28.

44 Darnell and Manassa 2007: 139 – 42; Podany 2010: 131 – 34.
45 Podany 2010: 134.
46 고전적이고 권위 있는 독일어 번역은 Kammenhuber 1961 출간. 말 조련에 키쿨리의 방법을 적용한 현대적인 예시는 Nyland 2009 참고.
47 Redford, D. B. 2006: 333 – 34; Darnell and Manassa 2007: 141; 2013년 5월 23일, Amanda Podany와의 개인적인 대화.
48 Bryce 2005: 140.
49 필자는 이미 Cline 1997a: 196에서 이렇게 주장한 바 있다. 덧붙여, 다음 단락을 비롯, 이하에서 다룰 아수와의 반란과 아히야와 문제에 관해서도 필자는 이미 이전에 다룬 바가 있는데, 동일한 세부사항과 논의 등을 포함해서 이에 대해서는 Cline 2013: 54 – 68 참조; 또한 Cline 1996 및 이전 참고문헌과 Cline 1997a 참조. 또한 Bryce 2005: 124 – 27 및 이전 참고문헌 그리고 Beckman, Bryce, and Cline 2011의 관련 부분 참조.
50 음역 및 번역은 다음을 따름. Unal, Ertekin, and Ediz 1991: 51; Ertekin and Ediz 1993: 721; Cline 1996: 137 – 38; Cline 1997a: 189 – 90.
51 히타이트 및 다음 단락에서 제시될 자료에 관해서는, 특히 Bryce 2002, 2005, 2012의 개관; Collins 2007 참조.
52 히타이트와 성경에 관한 최근의 논의는 Bryce 2012: 64 – 75 참조.
53 신-히타이트와 그들의 세계에 관해서는 Bryce 2012: 47 – 49와 책 곳곳.
54 최근은 Bryce 2012: 13 – 14; 이전은 Bryce 2005 참조.
55 Hittite Law no. 13; 번역은 Hoffner 2007: 219를 따름.
56 앞서 미주 49에서 언급한 바와 같이, 다음 단락을 비롯, 이하에서 다룰 아수와의 반란과 아히야와의 문제에 관해 필자는 이전에 이미 다룬 바가 있는데, 그러한 필자의 이전 주장 및 세부 자료 등에 관해서는 최근의 Cline 2013: 54 – 68 참조; 또한 Cline 1996 및 이전 참고문헌, Cline 1997a, 그리고 Beckman, Bryce, and Cline 2011의 관련 부분 참조.
57 전체 음역 및 번역은 Carruba 1977: 158 – 61; 추가 논의 및 관련 참고문헌은 Cline 1996: 141 참조.
58 번역은 Houwink ten Cate 1970: 62 (cf. also 72 n. 99, 81)을 따름; 또한 추가적인 관련 참고문헌은 Cline 1996: 143 참조.
59 Cline 1996: 145 – 46; Cline 1997a: 192 참조.
60 Cline 2010: 177 – 79의 참고문헌 참조.
61 아히야와의 위치에 관한 논쟁은 Cline 1994, 1996, and 1997a의 참고문헌 참조; 또한 Kelder 2010 and Kelder 2012에 제시된 새로운 시각과 Beckman, Bryce, and Cline

2011 참조.
62 슐리만에 대한 간단한 설명은 Rubalcaba and Cline 2011 및 그 참고문헌 참조.
63 Schliemann 1878; Tsountas and Manatt 1897 참조.
64 Blegen and Rawson 1966: 5-6; 이전은, Blegen and Kourouniotis 1939: 563-64.
65 미케네와 관련해서 가장 최근의 생각에 관해서는 Cline (ed.) 2010의 여러 글 참조.
66 이집트와 근동 지역에서 발견된 미케네 물건들에 관해서는, Cline 1994 (republished 2009) 및 그 참고문헌 참조.
67 Cline 1996: 149; Cline 2013: 54-68 참조.
68 Cline 1997a: 197-98 그리고 Cline 2013: 43-49 및 참고문헌 참조.
69 번역은 Fagles 1990: 185를 따름.
70 Cline 1997a: 202-3에서 언급한 바 있다.
71 Kantor 1947: 73.
72 Panagiotopoulos 2006: 406 n. 1은 다음과 같다. "하트셉수트가 평화주의자였다고 믿을 수 없다. 왜냐하면 그녀의 재위 기간 동안 적어도 4번, 아마도 많게는 6번의 군사적인 침공이 있었으며, 그 중 적어도 한 번은 그녀가 직접 군대를 통솔했다는 믿을 만한 증거가 있기 때문이다." 이전 논의는 Redford, D. B. 1967: 57-62 참조.

제2막

01 Cline 1998: 236-37; Sourouzian 2004. 이 석상에 대해서는 케임브리지의 고대 그리스 로마 연구가 Mary Beard가 다음과 같은 신중한 검토를 하였기에 참조하였다. http://timesonline.typepad.com/dons_life/2011/01/the-colossi-of-memnon.html (2011.1.16 최종 검색)
02 "에개 해 목록"의 복원 작업은 2000년에 시작되었다; 전체 받침돌은 2005년 봄에야 조립이 끝났는데, 쪼개진 조각 800개를 모아 만든 것이다. Sourouzian et al. 2006: 405-6, 433-35, pls. XXIIa, c의 논의 참조.
03 Kitchen 1965: 5-6; 또한 Kitchen 1966 참조.
04 에개 해 목록의 주요 출판물은 Edel 1966; Edel and Görg 2005 참조. 다른 학자들의 의견, 해설, 가설 등은 Hankey 1981; Cline 1987 and 1998 및 이전 출판물들의 인용 등을 참조하였다.
05 Cline and Stannish 2011.
06 Cline 1987, 1990, 1994, and 1998; Phillips and Cline 2005.
07 Cline 1987: 10; 또한 Cline 1990 참조.
08 Cline 1994: xvii-xviii, 9-11, 35, 106; Cline 1999a.
09 Cline 1998: 248; 또한 이전의 Cline 1987과 최근의 Cline and Stannish 2011: 11 참조.

10 Mynářová 2007: 11-39.
11 Amarna Letter EA 41-44; Moran 1992: 114-17 참조.
12 Cohen and Westbrook 2000 참조.
13 모든 편지의 영어 번역은 Moran 1992 참조.
14 Amarna Letter EA 17; 번역은 Moran 1992: 41-42를 따름.
15 Amarna Letter EA 14; Moran 1992: 27-37.
16 예를 들어, Amarna Letter EA 22, 24, and 25; Moran 1992: 51-61, 63-84.
17 Liverani 1990; Liverani 2001: 135-37. 특히 Amarna Letter에 관해서는 최근의 Mynářová 2007: 125-31 참조.
18 이러한 인류학적 연구에 관해서는, Cline 1995a: 143의 논의 및 각주 1에 제시된 참고 문헌을 참조.
19 Ugarit Letter RS 17.166, Cline 1995a: 144에 인용되었고, Liverani 1990: 200의 번역을 따름.
20 Hittite Letter KUB XXIII 102: I 10-19, Cline 1995a: 144에 인용되었고, Liverani 1990: 200의 번역을 따름.
21 이 문제에 관한 이전의 논의 전체에 대해서는, Cline 1995a 참조.
22 Amarna Letter EA 24; 번역은 Moran 1992: 63을 따름. 투쉬라타와 아멘호텝 3세 사이의 관계에 관한 최근의 논의는 Kahn 2011 참조.
23 아멘호텝 3세에게 보내진 Amarna Letter EA 20, Moran 1992: 47-50, 그리고 그 뒤에 아케나텐에게 보내진 Amarna Letter EA 27-29, Moran 1992: 86-99 참조.
24 Amarna Letter EA 22, 43-49행; 번역은 Moran 1992: 51-61, 특히 57을 따름. 이러한 왕실 사이의 결혼이 고대 근동에서 드문 일은 아니었다; Liverani 1990 참조.
25 Cline 1998: 248.
26 Amarna Letter EA 4; 번역은 Moran 1992: 8-10을 따름.
27 Amarna Letter EA 1; 번역은 Moran 1992: 1-5를 따름.
28 Amarna Letter EA 2-3, 5; Moran 1992: 6-8, 10-11.
29 예를 들어, Amarna Letter EA 19; 번역은 Moran 1992: 4를 따름.
30 Amarna Letter EA 3; 번역은 Moran 1992: 7을 따름.
31 Amarna Letter EA 7 and 10; 번역은 Moran 1992: 12-16, 19-20을 따름. 또한 Podany 2010: 249-52를 참조.
32 Amarna Letter EA 7; 번역은 Moran 1992: 14를 따름.
33 Amarna Letter EA 7; Moran 1992: 14. 또한 Amarna Letter 8을 참조하였는데, 이 편지에서 부르나부리아쉬는 아케나텐에게 자신의 상인들에 대한 또 다른 공격에 대해 항의했다. 상인들은 공격으로 죽었다; Moran 1992: 16-17.

34 Malinowski 1922; 또한 Uberoi 1962; Leach and Leach 1983; Mauss 1990: 27 - 29; 그리고 이전의 논의는 Cline 1995a 참조.
35 이러한 점에 대해서는 이전의 Cline 1995a: 149 - 50에서 이미 지적한 바가 있고, Cline 1995a에 더 싶도 깊은 참고문헌들이 인용되어 있다.
36 이러한 점에 대해서도 이전의 Cline 1995a: 150에서 이미 지적한 바 있다. Cline 1995a에는 더 싶도 깊은 참고문헌들이 인용되어 있는데, 예를 들면 Zaccagnini 1983: 250 - 54; Liverani 1990: 227 - 29; Niemeier 1991; Bietak 1992: 26 - 28. 또한 최근의 Niemeier and Niemeier 1998; Pfälzner 2008a, 2008b; Hitchcock 2005, 2008; Cline and Yasur-Landau 2013 참조.
37 Amarna Letter EA 33 - 40. 키프로스의 왕을 알라쉬야로 보는 것은 학문적으로 아주 오래되고도 복잡 난해한 문제이다. 이 문제에 대한 주제 넘은 짧은 논의는 Cline 2005 참조.
38 Amarna Letter EA 35; Moran 1992: 107 - 9. "달란트(talent)"란 단어는 재구성된 것이긴 하지만 여기서는 가장 타당해 보인다.
39 Moran 1992: 39의 짧은 주석 참조.
40 Amarna Letter EA 15; 번역은 Moran 1992: 37 - 38을 따름.
41 Amarna Letter EA 16; 번역은 Moran 1992: 38 - 41을 따름.
42 Van De Mieroop 2007: 131, 138, 175; Bryce 2012: 182 - 83.
43 네페르티티의 두상은 미국 주간지 〈Time〉의 "약탈 유물 탑10"에 선정되었다: http://www.time.com/time/specials/packages/article/0,28804,1883142_1883129_1883119,00.html (2011.1.18 최종 검색). 또한 〈New York Times〉 기사 참조: http://www.nytimes.com/2009/10/19/world/europe/19iht-germany.html?_r=2 (2011.1.18 최종 검색).
44 노래의 가사 참조. 노래는 1970년대 후반에 코미디언 스티브 마틴(Steve Martin)이 생방송 토요일밤(Saturday Night Live)에서 불렀던 것인데, 당시 미국에서는 투탕카멘 순회 전시가 큰 인기를 끌고 있었다. 다양한 동영상을 인터넷에서 찾을 수 있는데, 예를 들면, http://www.hulu.com/watch/55342 그리고 http://www.nbc.com/saturday-night-live/digital-shorts/video/king-tut/1037261/ (둘 다 최종 검색은 2013.5.23).
45 Hawass 2005: 263 - 72.
46 Hawass 2010; Hawass et al. 2010.
47 Reeves 1990: 44.
48 Reeves 1990: 40 - 46.
49 Reeves 1990: 48 - 51.

50 Reeves 1990: 10.
51 Reeves 1990: 52-53의 사진 참조.
52 Bryce 2005: 148-59; Podany 2010: 267-71.
53 Cline 1998: 248-49. 아멘호텝 3세의 다른 왕가와의 결혼에 관해서는, Schulman 1979: 183-85, 189-90; Schulman 1988: 59-60; Moran 1992: 101-3 또한 참조.
54 번역은 Singer 2002: 62를 따름; Bryce 2005: 154-55 (188도 참조)에서 인용 및 논의.
55 Yener 2013a 및 그 참고문헌 참조.
56 Bryce 2005: 155-59, 161-63, 175-80; Bryce 2012: 14 참조.
57 Richter 2005; Merola 2007; Pfälzner 2008a, 2008b. 왕실 보관 문서 전체의 출판물은 Richter and Lange 2012 참조, 아케나텐의 인장에 관해서는 Ahrens, Dohmann-Pfälzner, and Pfälzner 2012 참조, 그리고 기원전 1340년경의 카트나의 최후에 관해서는 Morandi Bonacossi 2013 참조.
58 Beckman, Bryce, and Cline 2011: 158-61의 논의 참조.
59 번역은 Bryce 2005: 178을 따름. 번역을 따르며 Bryce 2005: 178-83의 설명에 힘입은 바 크다. 또한 어린이들을 위한 글이기는 하지만 Cline 2006의 설명도 참조.
60 번역은 Bryce 2005: 180-81을 따름; 편지는 KBo xxviii 51.
61 번역은 Bryce 2005: 181을 따름.
62 번역은 Bryce 2005: 182를 따름.
63 이러한 견해 차이의 예시로, Bryce 2005: 179는 미망인이 안크세나멘이라고 하는 반면, Reeves 1990: 23은 미망인이 네페르티티라고 한다. 또한 안크세나멘이라고 믿는 Podany 2010: 285-89도 참조.
64 Bryce 2005: 183과 각주 130 및 참고문헌 참조.
65 Cline 1991a: 133-43; Cline 1991b: 1-9; Cline 1994: 68-74의 논의 참조.
66 Cline 1998: 249.
67 Bryce 1989a: 1-21; Bryce 1989b: 297-310 참조.

제3막

01 이 난파선에 대한 자료, 세부 사항, 논의는 종류가 많고 내용도 다양하지만, 특히 다음 책들을 참조하였다. Bass 1986, 1987, 1997, 1998; Pulak 1988, 1998, 1999, 2005; Bachhuber 2006; Cline and Yasur-Landau 2007. 또한 최근의 Podany 2010: 256-58 참조.
02 Bass 1967; Bass 1973.
03 Pulak 1998: 188.
04 Pulak 1998: 213.

05 Pulak, Bass, Bachhuber 등의 글 이외에도, Monroe 2009: 11-12의 리스트와 13-15, 234-38의 추가적인 논의를 참조; 또한 Monroe 2010 참조. 2012년 5월 독일 프라이부르크 학술대회에서 Cemal Pulak이 한 강의 덕분에 정보가 약간 업그레이드 되었다.
06 Weinstein 1989.
07 가장 최근으로는 Manning et al. 2009 참조.
08 Payton 1991.
09 RS 16.238+254; 번역은 Heltzer 1988: 12를 따름. 또한 많은 논의들 중에서 Caubet and Matoian 1995: 100; Monroe 2009: 165-66 참조.
10 RS 16.386; 번역은 Monroe 2009: 164-65를 따름.
11 Singer 1999: 634-35. 이 당시 왕들 사이에 주고받은 서신에 대해서는, Nougayrol 1956 참조.
12 Bryce 2005: 234.
13 Bryce 2005: 277.
14 Bryce 2005: 236 및 참고문헌.
15 Bryce 2005: 236-37.
16 번역은 Bryce 2005: 237-38을 따르고, Gardiner를 따름.
17 Bryce 2005: 235.
18 Bryce 2005: 238-39.
19 Bryce 2005: 277-78.
20 번역은 Bryce 2005: 277을 따르고, Kitchen을 따름.
21 Bryce 2005: 277, 282, 284-85.
22 번역은 Bryce 2005: 283을 따르고, Kitchen을 따름.
23 트로이와 트로이 전쟁에 관해서는 이 챕터와 다음 챕터에서 논의되는데, 좀 더 심도 깊은 논의가 Cline 2013에도 있다. Cline 2013은 이 책과 동시에 씌어졌고, 그래서 순서는 좀 다르지만 동일한 소재와 표현을 담고 있고, 지역에 대해서는 보다 자세한 논의를 담고 있다. 그런데 두 책 모두 사실 이전 출판물의 논의를 재현하고 있는 것이다. 코스 가이드(Course Guide)에서 필자가 함께 한 14개 강의를 수록한 오디오 시리즈 〈고고학과 일리아드: 호메로스의 트로이 전쟁 그리고 역사(Archaeology and the Iliad: The Trojan War in Homer and History)〉(Recorded Books/The Modern Scholar, 2006)에 이미 제시된 것으로 출판사의 허락을 얻어 이 책에 재수록하였다.
24 Beckman, Bryce, and Cline 2011: 140-44의 논의 참조.
25 Beckman, Bryce, and Cline 2011: 101-22.
26 Beckman, Bryce, and Cline 2011: 101-22.

27 Beckman, Bryce, and Cline 2011: 101 – 22.
28 Beckman, Bryce, and Cline 2011: 101 – 22.
29 최근의 논의와 더불어 추가적인 참고문헌은 Cline 2013 참조. 또한 전반적인 것은 Strauss 2006 참조.
30 예를 들면, Wood 1996; Allen 1999; 최근의 Cline 2013 참조.
31 Mountjoy 1999a: 254 – 56, 258; 또한 Mountjoy 1999b: 298 – 99; Mountjoy 2006: 244 – 45; Cline 2013: 90 참조.
32 Cline 2013: 87 – 90의 최근 논의 참조.
33 예를 들면, Loader 1998 참조; 또한 Shelmerdine 1998b: 87; Deger-Jalkotzy 2008: 388; Maran 2009: 248 – 50; Maran 2004를 인용한 Kostoula and Maran 2012: 217.
34 Hirschfeld 1990, 1992, 1996, 1999, 2010; Cline 1994: 54, 61; Cline 1999b; Cline 2007a: 195; Maran 2004; Maran 2009: 246 – 47.
35 Cline 1994: 50, 128 – 30. Monroe 2009: 196 – 97, 226 – 27의 최근 논의도 참조.
36 Cline 1994: 60, 130 (Cat. nos. E13 – 14); Palaima 1991: 280 – 81, 291 – 95; Shelmerdine 1998b.
37 Cline 1994: 60, 130; 또한 Palaima 1991: 280 – 81, 291 – 95; Knapp 1991 참조. Yasur-Landau 2010a: 40, table 2.1에는 편리하게 이것들을 하나의 표로 항목별로 적어서, fig. 2.3의 지도 위에 배치했으므로 참조하였다.
38 Cline 1994: 50, 68 – 69, 128 – 31 (Cat. nos. E3, E7, E15 – 18); 렘노스(Lemnos)와 치오스(Chios) 뿐만 아니라 트로이 혹은 트로드(Troad)에서 온 여인들이 필로스 점토판에서 추가적으로 언급되는 것에 관해서는, 가장 최근의 Latacz 2004: 280 – 81 참조. Latacz은 Niemeier 1999: 154를 인용했다.
39 Cline 1994: 50, 129 (Cat. nos. E8 – 11); 이전의 Astour 1964: 194, 1967: 336 – 44; 또한 최근의 Bell 2009: 32.
40 Cline 1994: 35, 128 (Cat. nos. E1 – 2); Shelmerdine 1998a.
41 Zivie 1987.
42 유대인의 이집트 탈출에 관한 이하의 논의 및 참고문헌은 Cline 2007b에서 이미 출판되었던 내용을 편집한 것으로, 출판사의 동의를 얻어 여기 재수록했다.
43 Diodorus Siculus 1.47; Oldfather 1961 번역.
44 Cline 2007b: 61 – 92의 논의 및 참고문헌 참조; 또한 Miller and Hayes 2006: 39 – 41; Bryce 2012: 187 – 88.
45 번역은 Pritchard 1969: 378을 따름.
46 Cline 2007b: 83 – 85의 논의 및 참고문헌 참조; 또한 Ben-Tor and Rubiato 1999 그리고 Hoffmeier 2005.

47 Cline 2007b: 85-87의 논의 및 참고문헌 참조.
48 이런 식의 주장은 대부분 인터넷에서 아주 쉽게 찾을 수 있다; 예를 들어, http://www.discoverynews.us/DISCOVERY%20MUSEUM/BibleLandsDisplay/Red_Sea_Chariot_Wheels/Red_Sea_Chariot_Wheels_1.html 참조 (최종 검색은 2013.5.27).
49 산토리니 화산 폭발의 시기에 관해서는, 지난 수십 년 동안 학문적인 논쟁이 있었는데, Manning 1999, 2010 및 기타 참고문헌을 참조.
50 Cline 2007b, 2009a, 2009b 및 참고문헌.
51 Garstang, Yadin, Ben-Tor 등을 인용한 Zuckerman 2007a: 17. 또한 최근의 Ben-Tor 2013 참조.
52 Zuckerman 2007a: 24.
53 Ben-Tor and Zuckerman 2008: 3-4, 6.
54 Ben-Tor 1998, 2006, 2013; Ben-Tor and Rubiato 1999; Zuckerman 2006, 2007a, 2007b, 2009, 2010; Ben-Tor and Zuckerman 2008; 최근의 Ashkenazi 2012; Zeiger 2012; Marom and Zuckerman 2012 참조.
55 Cline 2007b: 86-92; Cline 2009a: 76-78의 논의 및 참고문헌 참조; 또한 Cline 2009b 참조.
56 Bryce 2009: 85.
57 Kuhrt 1995: 353-54; Bryce 2012: 182-83.
58 Bryce 2005: 314.
59 Porada 1992: 182-83; Kuhrt 1995: 355-58; Singer 1999: 688-90; Potts 1999: 231; Bryce 2005: 314-19; Bryce 2009: 86; Bryce 2012: 182-85. Singer는 투쿨티-닌우르타의 재위가 기원전 1244년이 아니라 기원전 1233년부터 시작되었다고 보았다.
60 투쿨티-닌우르타 1세는 메소포타미아 북부의 니리야(Nihriya)에서 히타이트와 전투를 벌였는데, 이에 대해서는 여러 책 중에서 Bryce 2012: 54, 183-84 참조. 보이오티아 지방 테베로 보낸 선물에 관해서는, Porada 1981의 최초 논의와 Cline 1994: 25-26의 짧은 논의 참조.
61 번역은 Beckman, Bryce, and Cline 2011: 61을 따름; 이전에는 Bryce 2005: 315-19.
62 번역은 Beckman, Bryce, and Cline 2011: 63을 따름.
63 이 엠바고에 대해서는 필자가 이미 여러 책을 통해 다루었다; 가장 최근의 Cline 2007a: 197 및 여기 수록된 참고문헌 참조.
64 번역은 Beckman, Bryce, and Cline 2011: 61을 따름; 이전에는 Bryce 2005: 309-10.

65 Beckman, Bryce, and Cline 2011: 101-22의 논의 참조; 이전에는 Bryce 1985, 2005: 306-8.
66 Bryce 2005: 321-22; Demand 2011: 195. 이하에서 더 다룰 당시 키프로스 지역의 가뭄에 관해서는 최근의 Kaniewski et al. 2013 역시 참조.
67 번역은 Güterbock를 따른 Bryce 2005: 321을 따름, 또한 321-22 그리고 333의 논의 참조; 또한 Beckman 1996b: 32의 유사한 번역 그리고 Hoffner 1992: 48-49의 논의 참조.
68 번역은 Beckman 1996b: 33을 따름; 또한 Bryce 2005: 332; Singer 2000: 27; Singer 1999: 719, 721-22; Hoffner 1992: 48-49; Sandars 1985: 141-42 참조.
69 Bryce 2005: 323, 327-33; Singer 2000: 25-27; Hoffner 1992: 48-49.
70 Singer 2000: 27.
71 Phelps, Lolos, and Vichos 1999; Lolos 2003.
72 Bass 1967; Bass 1973.
73 Bass 1988; Bass 2013.
74 Cline 1994: 100-101.

제4막

01 Yon 2006: 7. 이들 유적지에 대한 학술적인 문헌들은 어마어마하다. 그러나 Yon 2006은 이전의 Curtis 1999가 그랬던 것처럼, 매우 간결하면서 이해하기 쉽다. 우가리트 정치와 경제의 역사에 관해서는, Singer 1999의 훌륭한 개괄과 요약을 또한 참조. 또한 Podany 2010: 273-75 참조.
02 Caubet 2000; Yon 2003, 2006: 7-8.
03 가나안에서 만든 항아리의 그림과 짧은 논의, 추가 참고문헌은 Yon 2006: 142-43 참조.
04 Dietrich and Loretz 1999; Yon 2006: 7-8, 44, 추가 참고문헌.
05 Yon 2006: 7-8, 19, 24; Lackenbacher 1995a: 72; Singer 1999: 623-27, 641-42, 680-81, 701-4. 우가리트 왕이 보낸 Amarna Letter EA 45 그리고 49이고, EA 46-48은 관련된 편지이다; Moran 1992 참조.
06 Van Soldt 1991; Lackenbacher 1995a: 69-70; Millard 1995: 121; Huehnergard 1999: 375; Singer 1999: 704. 보다 최근에는 Singer 2006: 특히 256-58; Bell 2006: 17; McGeough 2007: 325-32 참조.
07 Singer 1999: 657-60, 668-73; Pitard 1999: 48-51; Bell 2006: 2, 17; McGeough 2007; Bell 2012: 180.
08 Yon 2006: 20-21, 특히 129-72에는 삽화를 싣고 물건들을 검토했는데, 168-69에

는 검을 다루었다; Singer 1999: 625, 676; McGeough 2007: 297–305.
09 점토판 RS 17.382 + RS 17.380에 기록된 내용; Singer 1999: 635; McGeough 2007: 325 참조.
10 Lackenbacher 1995a; Bordreuil and Malbran-Labat 1995; Malbran-Labat 1995. Astour 1965와 Sandars 1985 등을 포함한 우가리트의 종말에 관한 이전의 논의들.
11 Yon 2006: 51, 54; McGeough 2007: 183–84, 254–55, 333–35; Bell 2012: 182–83. 키프로스-미노아어에 관해서는 Hirschfeld 2010 및 그 참고문헌 참조.
12 Yon 2006: 73–77, 참고문헌; van Soldt 1999: 33–34; Bell 2006: 65; Mc-Geough 2007: 247–49; Bell 2012: 182.
13 Ugaritic text RS 20.168; Singer 1999: 719–20; Nougayrol et al. 1968: 80–83의 원래 출판물 참조.
14 Malbran-Labat 1995; Bordreuil and Malbran-Labat 1995; Singer 1999: 605; van Soldt 1999: 35–36; Yon 2006: 22, 87–88; Bell 2006: 67; McGeough 2007: 257–59; Bell 2012: 183–84. 또한 최근의 Bordreuil, Pardee, and Hawley 2012 참조.
15 RS 34.165. Lackenbacher in Bordreuil 1991: 90–100; Hoffner 1992: 48; Singer 1999: 689–90.
16 Singer 1999: 658–59; 또한 Cohen and Singer 2006; McGeough 2007: 184, 335 참조.
17 이전 보고서를 요약한 Singer 1999: 719–20; Bordreuil and Malbran-Labat 1995: 445.
18 Lackenbacher and Malbran-Labat 2005: 237–38 그리고 주석 69, 76; Singer 2006: 256–58; Cline and Yasur-Landau 2007: 130; Bryce 2010; Bell 2012: 184. 히타이트 왕(아마도 수필루리우마 2세)이 보낸 편지는 RS 94.2530; 총리대신이 보낸 편지는 RS 94.2523.
19 RS 88.2158. Lackenbacher 1995b: 77–83; Lackenbacher in Yon and Arnaud 2001: 239–47; Singer 1999: 708–712; Singer 2000: 22의 논의 참조.
20 RS 34.153; Bordreuil 1991: 75–76; 번역은 Monroe 2009: 188–89를 따름.
21 RS 17.450A; Monroe 2009: 180, 188–89의 논의 참조.
22 Malbran-Labat 1995: 107.
23 Millard 1995: 121.
24 Singer 1999: 729–30 그리고 주석 427; Caubet 1992: 123; Yon 2006: 22; Kaniewski et al. 2011: 4–5.
25 Yon 1992: 111, 117, 120; Singer 1999: 730; Bell 2006: 12, 101–2.

26 Ugarit text RS 86.2230. Yon 1992: 119; Hoffner 1992: 49; Drews 1993: 13; Singer 1999: 713–15; Arnaud in Yon and Arnaud 2001: 278–79 Yasur-Landau 2003d: 236; Bell 2006: 12; Yon 2006: 127; Yasur-Landau 2010a: 187; Kaniewski et al. 2010: 212; Kaniewski et al. 2011: 5 참조.
27 KTU 1.78 (RS 12.061); Dietrich and Loretz 2002를 인용한 Kaniewski et al. 2010: 212 그리고 Kaniewski et al. 2011: 5 참조. Lipinski의 이전 저작물을 인용한 Contra Demand 2011: 199 참조. Lipinski는 도시의 파괴 시점이 기원전 1160년보다 늦지는 않을 것으로 보았다.
28 예를 들면, Sandars 1985 참조.
29 이전의 참고문헌과 함께 Millard 1995: 119 그리고 Singer 1999: 705 참조; 또한 van Soldt 1999: 32; Yon 2006: 44; Van De Mieroop 2007: 245; McGeough 2007: 236–37; McGeough 2011: 225.
30 Yon 1992: 117; Caubet 1992: 129; McClellan 1992: 165–67; Drews 1993: 15, 17; Singer 2000: 25.
31 Caubet 1992: 127에 인용된 Courbin 1990; 또한 Lagarce and Lagarce 1978 참조.
32 Bounni, Lagarce, and Saliby 1976; Caubet 1992: 124에 인용된 Bounni, Lagarce, and Saliby 1978; 또한 Drews 1993: 14; Singer 2000: 24; Yasur-Landau 2010a: 165–66; Killebrew and Lehmann 2013: 12 참조.
33 Kaniewski et al. 2011: 1 그리고 도판 2 참조. 이 지역에서 이루어진 발굴에 관한 이전의 논의는 Maqdissi et al. 2008; Bretschneider and Van Lerberghe 2008, 2011; Vansteenhuyse 2010; Bretschneider, Van Vyve, and Jans 2011 참조.
34 Kaniewski et al. 2011: 1–2.
35 Kaniewski et al. 2011: 1.
36 Badre 2003을 참조하고 논의를 따름; 또한 Badre et al. 2005; Badre 2006, 2011; Jung 2009; Jung 2010: 177–78 참조.
37 Jung 2012: 115–16.
38 Drews 1993: 7 n. 11, 15–16; cf. 이전의 Franken 1961; Dothan, T. 1983: 101, 104; Dever 1992: 104. 또한 최근의 Gilmour and Kitchen 2012 참조.
39 Weinstein 1992: 143의 짧은 논의와 이전의 참고문헌 참조.
40 Dever 1992: 101–2의 짧은 개관과 논의 참조.
41 Loud 1948: 29 그리고 도판 70–71; cf. also Kempinski 1989: 10, 76–77, 160; Finkelstein 1996: 171–72; Nur and Ron 1997: 537–39; Nur and Cline 2000: 59.
42 Ussishkin 1995; 또한 2013년 5월의 사적인 대화.
43 Weinstein 1992: 144–45; Ussishkin 1995: 214; Finkelstein 1996: 171; cf. Loud

1939: pl. 62 no. 377.
44 최근의 Feldman 2002, 2006, and 2009; Steel 2013: 162-69 참조. 이전의 Loud 1939; Kantor 1947 참조.
45 Weinstein 1992: 144-45; Ussishkin 1995: 214; Finkelstein 1996: 171; 또한 Yasur-Landau 2003d: 237-38; Zwickel 2012: 599-600 참조.
46 Israel Finkelstein, Eran Arie, and Michael Toffolo에게서 받은 정보이다; 고맙게도 그들은 아직 출판이 되지 않은 그들의 연구를 내가 쓸 수 있도록 허락해주었다.
47 Ussishkin 1995: 215.
48 Ussishkin 2004b: tables 2.1 and 3.3.
49 Ussishkin 2004b: 60-69.
50 Ussishkin 2004b: 60-62.
51 Ussishkin 2004b: 62, 65-68.
52 Ussishkin 2004b: 71; Barkay and Ussishkin 2004: 357.
53 Barkay and Ussishkin 2004: 353, 358-61 그리고 Smith 2004: 2504-7을 인용한 Zuckerman 2007a: 10.
54 Barkay and Ussishkin 2004: 361; Zuckerman 2007a: 10.
55 Ussishkin 2004b: 70; 또한 Ussishkin 1987.
56 Ussishkin 2004b: 69-70 및 참고문헌.
57 Ussishkin 1987; Ussishkin 2004b: 64 그리고 136의 컬러 삽화; 또한 Weinstein 1992: 143-44; Giveon, Sweeney, and Lalkin. 2004: 1626-28; 삽화가 있는 Ussishkin 2004d 참조. 또한 최근의 Zwickel 2012: 597-98 참조.
58 Ussishkin 1987.
59 Carmi and Ussishkin 2004: 2508-13 및 표 35.1; Barkay and Ussishkin 2004: 361; Ussishkin 2004b: 70; Giveon, Sweeney, and Lalkin 2004: 1627-28 및 이전 참고문헌. Ussishkin은 2013년 5월 14일 필자에게 다음과 같이 말했다: "라치쉬 VI의 파괴 시점을 기원전 1130년으로 조정한 것은 방사성 탄소 연대 측정법에 기초한 것은 아니다. 대신 '이집트인들은 메기도나 베트 샨을 보유한 기간만큼 틀림없이 라치쉬도 보유했을 것이다. 메기도의 람세스 4세의 이름이 적힌 청동상에 기초해서 이 도시들은 틀림없이 기원전 1130년경까지는 존속했을 것이다.'는 가정에 기초해서 주장한 것이다. 이 견해는 지금도 유효하다."
60 Zwickel 2012: 598 및 이전 참고문헌.
61 Ussishkin 2004b: 70.
62 Ussishkin 2004b: 70.
63 Ussishkin 2004b: 69-72 및 이전의 참고문헌.

64 Ussishkin 1987; Ussishkin 2004b: 71-72; Zuckerman 2007a: 10. 또한 최근의 Zwickel 2012: 597-98 참조.
65 Ussishkin 2004b: 71 그리고 127의 컬러 삽화; 또한 Barkay and Ussishkin 2004: 358, 363; Smith 2004: 2504-7 참조.
66 이전의 Nur and Ron 1997; Nur and Cline 2000, 2001; Nur and Burgess 2008; Cline 2011 참조.
67 Ussishkin 2004c: 216, 267, 270-71.
68 Weinstein 1992: 147.
69 Master, Stager, and Yasur-Landau 2011: 276; 이전의 Dothan, M. 1971: 25; Dothan, T. 1982: 36-37; Dever 1992: 102-3; Dothan and Dothan 1992: 160-61; Dothan, M. 1993: 96; Dothan and Porath 1993: 47; Dothan, T. 1990, 2000; Stager 1995; Killebrew 1998: 381-82; Killebrew 2000; Gitin 2005; Barako 2013: 41 참조. 최근의 Demand 2011: 208-10의 간단한 논의를 참조하였다. 그리고 필리스티아 문화는 어떻게 구성되었는지, 필리스티아인들은 가나안 지역 사람들과 어떻게 교류하였는지에 관한 상세한 토론과 논의, 참고문헌은 Killebrew 2005: 197-245; Killebrew 2006-7; Killebrew 2013; Yasur-Landau 2010a: esp. 216-334; Faust and Lev-Tov 2011; Yasur-Landau 2012a; Killebrew and Lehmann 2013: 16; Sherratt 2013; and Maeir, Hitchcock, and Horwitz 2013 참조.
70 Dothan, T. 2000: 147; Dothan, T. 1998: 151의 매우 비슷한 진술 역시 참조. 또한 Yasur-Landau 2010a: 223-24 참조.
71 Master, Stager, and Yasur-Landau 2011: 261, 274-76, 그리고 책 곳곳; 또한 이전의 Dothan, T. 1982: 36 참조.
72 Yasur-Landau 2012a: 192에서 특히 인용한 Stager 1995: 348. 또한 Middleton 2010: 85, 87 참조.
73 Potts 1999: 206, 233, 그리고 표 7.5-7.6. 또한 Zettler 1992: 174-76의 논의 참조.
74 번역은 Potts 1999: 233 그리고 표 7.6을 따름.
75 Potts 1999: 188, 233, 그리고 표 7.9; Bryce 2012: 185-87.
76 Yener 2013a; Yener 2013b: 144.
77 Drews 1993: 9.
78 Güterbock 1992: 55에서 바로 이 문제에 관해 언급했는데, Kurt Bittel, Heinrich Otten 등등의 이전 저작물을 참고문헌으로 하여 참조. 또한 최근 Bryce 2012: 14-15 의 논의 참조.
79 Neve 1989: 9; Hoffner 1992: 48; Güterbock 1992: 53; Bryce 2005: 269-71, 319-21; Genz 2013: 469-72.

80 Hoffner 1992: 49, 51.
81 Kurt Bittel, Heinrich Otten 등등의 이전 저작물을 참고문헌으로 하여 Hoffner 1992: 46-47; 또한 Singer 2001; Middleton 2010: 56.
82 Muhly 1984: 40-41.
83 Bryce 2012: 12; Genz 2013: 472.
84 Seeher 2001; Bryce 2005: 345-46; Van De Mieroop 2007: 240-41; Demand 2011: 195; Bryce 2012: 11; Genz 2013: 469-72.
85 Drews 1993: 9, 11 및 참고문헌; Yasur-Landau 2010a: 159-61, 186-87 및 참고문헌. 타르수스에 관해서는 최근의 Yalçin 2013 참조.
86 Drews 1993: 9 및 참고문헌.
87 Bryce 2005: 347-48. Bryce 이전에 이러한 사실을 알아챈 사람들이 있는데, 예를 들면 Bittel을 인용한 Güterbock 1992: 53; 또한 최근의 Genz 2013 참조.
88 이전 챕터에서 트로이와 트로이 전쟁을 다뤘던 부분과 마찬가지로, 트로이 VIIa와 그 파괴에 관한 짧은 논의는 Cline 2013에서도 역시 반복하여 제시된다. 이 책과 Cline 2013이 동시에 쓰여졌기 때문이다. 또한 앞서 얘기한 바와 같이, 두 책 모두 이전 출판물의 논의를 재현하고 있는 것이다. 코스 가이드(Course Guide)에서 필자가 함께 한 14개 강의를 수록한 오디오 시리즈 〈고고학과 일리아드: 호메로스의 트로이 전쟁 그리고 역사(Archaeology and the Iliad: The Trojan War in Homer and History)〉(Recorded Books/The Modern Scholar, 2006)에 이미 제시된 논의로서, 출판사의 허락을 얻어 이 책에 재수록하였다.
89 Mountjoy 1999b: 300-301 그리고 298의 표 1; Mountjoy 2006: 245-48; 최근의 Cline 2013: 91 참조.
90 Mountjoy 1999b: 296-97; 최근의 Cline 2013: 93-94 참조.
91 예를 들면, Blegen et al. 1958: 11-12 참조.
92 BBC 다큐멘터리 〈트로이의 진실(The Truth of Troy)〉의 방송 내용으로, http://www.bbc.co.uk/science/horizon/2004/troytrans.shtml (최종 검색은 2012.4.17); 또한 Cline 2013: 94-101의 최근 논의 참조.
93 Mountjoy 1999b: 333-34 그리고 최근의 Cline 2013: 94 참조.
94 예를 들면, Deger-Jalkotzy 2008: 387, 390 그리고 Shelmerdine 2001: 373 각주 275의 지역 목록 참조.
95 Middleton 2010: 14-15. 최근의 진전된 논의는 Middleton 2012: 283-85 참조.
96 Blegen and Lang 1960: 159-60. 97. Rutter 1992: 70; 또한 Deger-Jalkotzy 2008: 387 참조.
97 Rutter 1992: 또한 Deger-Jalkotzy 2008: 387 참조.

98 원래 Blegen and Rawson 1966: 421 – 22 참조. 필로스 파괴 시기를 다시 정하는 것에 관해서는, Mountjoy 1997; Shelmerdine 2001: 381 참조.
99 Blegen and Kourouniotis 1939: 561.
100 Davis 2010: 687. 또한 Davis 1998: 88, 97의 논의 참조.
101 Blegen 1955: 32 그리고 또한 Blegen and Rawson 1966의 의견 참조.
102 가장 최근의 Deger-Jalkotzy 2008: 389 참조 및 Hooker 1982, Baumbach 1983, and Palaima 1995 등을 포함해 이 논의와 관련된 참고문헌 참조; 또한 Shelmerdine 1999 그리고 Maran 2009: 245 및 참고문헌 참조.
103 Iakovidis 1986: 259.
104 Taylour 1969: 91 – 92, 95; Nur and Cline 2000: 50에 인용된 Iakovidis 1986: 244 – 45.
105 Wardle, Crouwel and French 1973: 302.
106 French 2009: 108; 또한 French 2010: 676 – 77 참조.
107 Iakovidis 1986: 259; 또한 Middleton 2010: 100 참조.
108 Iakovidis 1986: 260.
109 Yasur-Landau 2010a: 69 – 71 참조; 또한 최근의 Murray 2013의 박사 학위 논문과 Enverova 2012의 석사 학위 논문 참조.
110 Maran 2009: 246 – 47; Cohen, Maran, and Vetters 2010; Kostoula and Maran 2012.
111 Kilian 1996을 인용한 Maran 2010: 729.
112 이 자료가 처음 출간된 Nur and Cline 2000: 51 – 52의 모든 참고문헌 참조; 또한 Nur and Cline 2001 참조.
113 Nur and Cline 2000: 52에 인용된 Kilian 1996: 63.
114 Yasur-Landau 2010a: 58 – 59, 66 – 69 및 참고문헌 추가 참조; Maran 2010; Middleton 2010: 97 – 99; Middleton 2012: 284.
115 Karageorghis 1982: 82.
116 Karageorghis 1982: 82 – 87; 이후 Karageorghis 1992: 79 – 86에 추가된 내용; 또한 최근의 Karageorghis 2011 참조. 또한 Sandars 1985: 144 – 48; Drews 1993: 11 – 12; Bunimovitz 1998; Yasur-Landau 2010a: 150 – 51; Middleton 2010: 83; Jung 2011 참조.
117 Karageorghis 1982: 86 – 88, 91.
118 Karageorghis 1982: 88; 최근 Demand 2011: 205 – 6의 짧은 논의 참조.
119 Karageorghis 1982: 89.
120 엔코미의 파괴에 대해서는, 이전 발굴 보고서를 인용한 Steel 2004: 188; 또한 최

근 Mountjoy 2005 참조. 우가리트 출토 텍스트에 관해서는 — RS 20.18 (Ugaritica 5,22)— Karageorghis 1982: 83 참조; Nougayrol et al. 1968: 83–85의 최초 출판과 함께 Bryce 2005: 334에서 인용된 새로운 번역 참조; 또한 Sandars 1985: 142 참조.
121 Drews 1993: 11–12; Muhly 1984; Karageorghis 1992.
122 Steel 2004: 187. 또한 최근의 Iacovou 2008과 Iacovou 2013 참조 (Iacovou의 책은 2001년에 처음 출판되고 2008년에 업데이트 되었는데, 저자에 따르면, 그때부터 이런 의견은 아니었다고 한다).
123 Steel 2004: 188.
124 Steel 2004: 188–90; 또한 이들 지역에서 출토된 도기에 관한 최근 논의는 Jung 2011 참조.
125 Voskos and Knapp 2008; Middleton 2010: 84; Knapp 2012; 또한 최근 Karageorghis 2011에서 이 주제에 관한 그의 견해 참조.
126 Åström 1998: 83.
127 Kaniewski et al. 2013.
128 Karageorghis 1982: 89–90. For a translation of "웨나문 보고서"의 번역에 관해서는 Wente 2003b 참조.
129 Steel 2004: 186–87, 208–13; 또한 Iacovou 2008의 논의 참조.
130 Kitchen 2012: 7–11.
131 Snape 2012: 412–13; 이전의 Clayton 1994: 164–65. 암살 음모의 전체 이야기는 Redford, S. 2002 참조.
132 Clayton 1994: 165; Redford, S. 2002: 131.
133 Zink et al. 2012와 더불어 〈Los Angeles Times〉, 〈USA Today〉 등의 미디어 보도를 참조, http://articles.latimes.com/2012/dec/18/science/la-sci-sn-egypt-mummy-pharoah-ramses-murder-throat-slit-20121218, http://www.usatoday.com/story/tech/sciencefair/2012/12/17/ramses-ramesses-murdered-bmj/1775159/, 그리고 http://www.pasthorizonspr.com/index.php/archives/12/2012/ramesses-iii-and-the-harem-conspiracy-murder (모두 최종 검색은 2013.5.29).
134 역시 Zink et al. 2012와 더불어 〈Los Angeles Times〉, 〈USA Today〉 등의 미디어 보도를 참조, http://articles.latimes.com/2012/dec/18/science/la-sci-sn-egypt-mummy-pharoah-ramses-murder-throat-slit-20121218, http://www.usatoday.com/story/tech/sciencefair/2012/12/17/ramses-ramesses-murdered-bmj/1775159/, 그리고 http://www.pasthorizonspr.com/index.php/archives/12/2012/ramesses-iii-and-the-harem-conspiracy-murder (모두 최종 검색은 2013.5.29).

135 LH IIIC1 토기를 만들고 사용했던 사람들이 라스 이븐 하니 같은 지역에 재정착한 것에 관해서는 Singer 2000: 24와 Caubet 1992: 124를 비교 참조. 또한 최근의 Sherratt 2013: 627 – 28 참조.
136 Caubet 1992: 127; 또한 now Yasur-Landau 2010a: 166; Killebrew and Lehmann 2013: 12 및 추가 참고문헌 참조.
137 다양한 이전 연구를 인용한 Steel 2004: 188 – 208; 또한 Yasur-Landau 2010a 곳곳을 참조.

제5막

01 아서 코난 도일 경의 소설 〈바스커빌의 개(The hound of the Baskervilles)〉에 나오는 말이다.
02 예를 들어, Sandars 1985; Drews 1993; Ward and Joukowsky (1992)가 편집한 학술대회 자료집의 발표문 (특히 Muhly [1992]의 개관 수록) 그리고 Oren (1997)이 편집한 자료집의 발표문 참조.
03 다시 예를 들어, Monroe 2009; Middleton 2010; Yasur-Landau 2010a; Bachhuber and Roberts (2009), Galil et al. (2012), 그리고 Killebrew and Lehmann (2013) 등이 각각 편집한 학술대회 자료집의 발표문들 참조; 또한 짧은 요약이나 긴 논의를 다음 책들에서 참조, Killebrew 2005: 33 – 37; Bell 2006: 12 – 17; Dickinson 2006: 46 – 57; Friedman 2008: 163 – 202; Dickinson 2010; Jung 2010; Wallace 2010: 13, 49 – 51; Kaniewski et al. 2011: 1; Stuobel 2013.
04 Davis 2010: 687.
05 Deger-Jalkotzy 2008: 390 – 91; Maran 2009: 242. 또한 Shelmerdine 2001: 374 – 76, 381, 그리고 청동기 시대 에게 해의 붕괴 원인에 대한 Middleton 2010과 Middleton 2012의 특별히 자세한 조사, 또한 Murray 2013과 Enverova 2012의 논의를 참조
06 Schaeffer 1948: 2; Schaeffer 1968: 756, 761, 763 – 765, 766, 768; Drews 1993: 33 – 34; Nur and Cline 2000: 58; Bryce 2005: 340 – 41; Bell 2006: 12.
07 Callot 1994: 203; Callot and Yon 1995: 167; Singer 1999: 730.
08 Nur and Cline 2001 및 Nur and Cline 2000의 전체 논의와 참고문헌 참조.
09 Nur and Cline 2001: 34에 인용된 Kochavi 1977: 8; Nur and Cline 2000: 60. 또한 Cline 2011의 논의 참조.
10 Nur and Cline 2000; Nur and Cline 2001; 또한 Nur and Burgess 2008 참조.
11 Nur and Cline 2001: 33 – 35 및 Nur and Cline 2000의 전체 논의, Drews 1993: 33 – 47의 자세한 논의 참조; 또한 최근의 Middleton 2010: 38 – 41; Middleton 2012:

283-84; Demand 2011: 198의 논의 참조. 엔코미가 추가된 것은 Steel 2004: 188과 각주 13 및 이전 참고문헌 참조.
12 모든 예시는 Nur and Cline 2000: 50-53과 도판 12-13, 해당 페이지에 인용된 참고 문헌 참조.
13 Stiros and Jones 1996; 다시 Nur and Cline 2000; Nur and Cline 2001; 또한 Shelmerdine 2001: 374-77; Nur and Burgess 2008 참조. 티린스에 다시 사람이 살았던 문제에 관해서는, Muhlenbruch 2007, 2009; 또한 Dickinson 2010: 486-87 그리고 Jung 2010: 171-73, 175의 의견 참조.
14 Anthony 1990, 1997; Yakar 2003: 13; Yasur-Landau 2007: 610-11; Yasur-Landau 2010a: 30-32; Middleton 2010: 73 참조.
15 Carpenter 1968 참조.
16 Drews 1992: 14-16 그리고 Drews 1993: 77-84의 논의 참조; 그러나 또한 Drake 2012는 카펜터의 이론에 다른 측면에서 새로운 숨결을 불어넣었기에 참조. 청동기 시대의 마감이 철기 시대 그리스의 인구와 무역에 어떤 영향을 미쳤는지에 관한 최근의 재검토에 대해서는, Murray 2013과 Enverova 2012 참조.
17 Singer 1999: 661-62; Demand 2011: 195; Kahn 2012: 262-63 참조.
18 Hittite text KUB 21.38; 번역은 Singer 1999: 715를 따름; 또한 Demand 2011: 195 참조.
19 Egyptian text KRI VI 5, 3; 번역은 Singer 1999: 707-8을 따름; 또한 Hoffner 1992: 49; Bryce 2005: 331; 최근 Kaniewski et al. 2010: 213 참조.
20 Hittite text KBo 28.10; 번역은 Singer 1999: 717-18을 따름.
21 RS 20.212; 번역은 Monroe 2009: 83; McGeough 2007: 331-32를 따름; 이전의 Nougayrol et al. 1968: 105-7, 731; 또한 Hoffner 1992: 49; Singer 1999: 716-17 및 참고문헌; Bryce 2005: 331-32; Kaniewski et al. 2010: 213 참조.
22 RS 26.158; Nougayrol et al. 1968: 731-33에서 논의; Lebrun 1995: 86; Singer 1999: 717 n. 381 참조.
23 발견된 편지는 우가리트어로 번역된 것이었다: KTU 2.39/ RS 18.038; Singer 1999: 707-8, 717; Pardee 2003: 94-95. 최초의 견해에 관해서는, Nougayrol et al. 1968: 722 참조. 가장 최근 견해로는, Kaniewski et al. 2010: 213 참조.
24 Singer 1999: 717.
25 Ugarit text RS 34.152; Bordreuil 1991: 84-86; 번역은 Cohen and Singer 2006: 135를 따름. Cohen and Singer 2006: 123, 134-35, 및 Lackenbacher 1995a를 참조한 부분 참조; 또한 Singer 1999: 719, 727; Singer 2000: 24; 가장 최근의 Kaniewski et al. 2010: 213 참조.

26 우르테누의 집에서 발견된 편지에 관해서는 (RS 94.2002+2003), Singer 1999: 711 – 12; 또한 Hoffner 1992: 49 참조.
27 RS 18.147; 번역은 Pardee 2003: 97을 따름. 이 문구가 쓰어진 원본 편지는 발견되지 않았지만 이 문구는 답장 편지에서 그대로 인용되었다.
28 KTU 2.38/ RS 18.031; 번역은 Monroe 2009: 98 그리고 Pardee 2003: 93 – 94를 따름; 또한 Singer 1999: 672 – 73, 716 및 참고문헌 참조.
29 예를 들어, Carpenter 1968; 또한 Shrimpton 1987; Drews 1992; Drews 1993: 58; 최근으로는 Dickinson 2006: 54 – 56; Middleton 2010: 36 – 38; Demand 2011: 197 – 98; Kahn 2012: 262 – 63; Drake 2012 참조.
30 예를 들어, Weiss 2012 참조.
31 Kaniewski et al. 2010 그리고 최근의 Kaniewski, Van Campo, and Weiss 2012; 또한 Kaniewski et al. 2013 참조.
32 Kaniewski et al. 2010: 207. 다른 연구들은 아이스 코어나 침전물의 폴렌 코어를 이용했다; 예를 들면, Rohling et al. 2009 그리고 또한 Drake 2012d에 인용된 다른 연구들 참조.
33 Kaniewski et al. 2013.
34 Kaniewski et al. 2013: 6.
35 Kaniewski et al. 2013: 9.
36 Drake 2012: 1862 – 65.
37 Drake 2012: 1868; 그는 특히 다음과 같이 말했다. "베이즈의 전환점 분석(Bayesian change-point analysis) 이론에 따르면 그러한 기후 변화는 기원전 1250 – 1197년 이전에 발생했을 것이다. 와편모충류(渦鞭毛蟲類, dinoflagellates)/유공충(有孔蟲, Foraminifera) 수치에 따른 높은 사후 확률(high posterior probabilities)에 기초한 것이다."
38 Drake 2012: 1862, 1866, 1868.
39 http://www.imra.org.il/story.php3?id=62135에 소개된 보도자료 참조, 그리고 공식적인 저작물인 Langgut, Finkelstein, and Litt 2013 참조. 유사한 건기(dry period)가 거의 동일한 시기 이집트에서도 있었다; Bernhardt, Horton, and Stanley 2012 참조.
40 Drake 2012: 1866, 1868.
41 Carpenter 1968: 53; 또한 이전의 Andronikos 1954와 최근의 Drake 2012: 1867 참조.
42 Zuckerman 2007a: 25 – 26.
43 Zuckerman 2007a: 26. 그러나 주커만에 동의하지 않는 Ben-Tor 2013도 참조.
44 Bell 2012: 180.

미주 *333*

45 Carpenter 1968: 40-53의 논의 참조; Drews 1993: 62-65; Dickinson 2006: 44-45; Middleton 2010: 41-45 참조.
46 Carpenter 1968: 52-53; Sandars 1985: 184-86.
47 가장 최근으로는, Murray 2013 참조.
48 Singer 1999: 733; Monroe 2009: 361-63; 둘 다 Bell 2006: 1에 언급되고 인용되었다.
49 RS L 1 (Ugaritica 5.23); 번역은 Singer 1999: 728 그리고 Bryce 2005: 334를 따름; 또한 Sandars 1985: 142-43 그리고 Nougayrol et al. 1968: 85-86의 원래 저작물 참조; 또한 Yon 1992: 119 참조. van Soldt 1999: 33 각주 40에 따르면, 이 편지 텍스트는 사실 골동품 시장에서 구입한 것임을 주의하라.
50 RS 20.18 (Ugaritica 5.22), Bryce 2005: 334에 인용된 번역을 따르고 Singer 1999: 721의 논의를 따름; 또한 Sandars 1985: 142 그리고 Nougayrol et al. 1968: 83-85의 원래 저작물 참조.
51 RS 88.2009; Yon and Arnaud 2001: 249-50의 Malbran-Labat 저작물; Singer 1999: 729의 더 진전된 논의.
52 RS 19.011; 번역은 Singer 1999: 726을 따름.
53 Singer 1999: 730.
54 저장고들의 구체적 위치는 Singer 1999: 731의 목록 참조.
55 Singer 1999: 733.
56 RS 34.137; Monroe 2009: 147 참조.
57 Sherratt 1998: 294.
58 Sherratt 1998: 307; 또한 Middleton 2010: 32-36의 관련 논의 참조.
59 Kilian 1990: 467.
60 Artzy 1998. 참조 또한 최근 Killebrew and Lehmann 2013: 12 참조, 그리고 Killebrew and Lehmann이 편집한 Artzy 2013 참조.
61 Bell 2006: 112.
62 Artzy 1998과 Liverani 2003을 인용한 Routledge and McGeough 2009: 22.
63 Routledge and McGeough 2009: 22, 29.
64 Muhly 1992: 10, 19.
65 Liverani 1995: 114-15.
66 RS 34.129; Bordreuil 1991: 38-39; Yon 1992: 116; Singer 1999: 722, 728 및 이전 참고문헌 참조; 또한 Sandars 1985: 142; Singer 2000: 24; Strobel 2013: 511.
67 Hoffner 1992: 48-51을 인용한 Singer 2000: 27 참조.
68 Yasur-Landau 2003a; Yasur-Landau 2010a: 114-18; Yasur-Landau 2012b. 또한 최근의 Singer 2012 및 Strobel 2013: 512-13의 반대 의견 참조.

69 Genz 2013: 477.
70 Kaniewski et al. 2011.
71 Kaniewski et al. 2011: 1.
72 Kaniewski et al. 2011: 4.
73 Kaniewski et al. 2011: 4.
74 Harrison 2009, 2010; Hawkins 2009, 2011; Yasur-Landau 2010a: 162-63; Bryce 2012: 128-29; Singer 2012; Killebrew and Lehmann 2013: 11. 또한 타이나트와 에게 해에 관해서는 이전의 Janeway 2006-7 참조.
75 Yasur-Landau 2003a; 또한 Yasur-Landau 2003b, 2003c, and 2010a 및 이전 참고 문헌들; Bauer 1998; Barako 2000, 2001; Gilboa 2005; Ben-Shlomo et al. 2008; Maeir, Hitchcock and Horwitz 2013 참조.
76 Demand 2011: 210-12, Stern 2012, Artzy 2013, 그리고 Strobel 2013: 526-27 등의 여러 논의 참조. 또한 Gilboa 1998, 2005, and 2006-7 및 참고문헌들; Dothan, T. 1982: 3-4; Dever 1992: 102-3; Stern 1994, 1998, 2000; Cline and O'Connor 2003, 특히 112-16, 138; Killebrew 2005: 204-5; Killebrew and Lehmann 2013: 13; Barakao 2013; Sharon and Gilboa 2013; Mountjoy 2013; Killebrew 2013; Lehmann 2013; Sherratt 2013 참조. 샤르다나와 관련된 지역을 이스라엘 메기도 근처에서 찾았다는 Zertal의 주장을 Finkelstein은 완전히 거부했다; Zertal 2002 and Finkelstein 2002 참조. "웨나문 보고서"의 번역은 Wente 2003b 참조.
77 Bell 2006: 110-11.
78 Finkelstein 2000: 165; 또한 Finkelstein 1998의 유사한 서술 참조, 그리고 최근의 Finkelstein 2007 참조. Weinstein 1992: 147은 이미 유사한 시나리오를 제시했는데, 그 시나리오에 따르면 가나안의 이집트 제국은 두 단계로 붕괴했으며, 첫 단계는 람세스 3세 재위 기간 동안, 둘째 단계는 람세스 4세 재위 기간 동안 벌어졌다는 것이다. 또한 최근의 Yasur-Landau 2007: 612-13, 616 그리고 Yasur-Landau 2010a: 340-41 등의 유사한 결론 참조.
79 이전 견해의 요약을 위해서는 Killebrew 2005: 230-31 참조.
80 Yasur-Landau 2003a; 또한 Yasur-Landau 2010a: 335-45; Yasur-Landau 2012b; Bryce 2012: 33; Killebrew and Lehmann 2013: 17 등의 논의 참조.
81 Yasur-Landau와 2012년 7월 나눈 개인적인 대화.
82 Yasur-Landau 2012a: 193-94; 또한 최근의 Yasur-Landau 2012b 그리고 이전의 Yasur-Landau 2007: 615-16 참조.
83 Yasur-Landau 2012a: 195.
84 Hitchcock and Maeir 2013: 51-56, 특히 53; 또한 Maeir, Hitchcock, and Horwitz

2013.
85 다시 Hitchcock and Maeir 2013: 51-56, 특히 53; 또한 Maeir, Hitchcock, and Horwitz 2013 참조.
86 또한 Strobel 2013: 525-26의 관련 논의 참조.
87 Sandars 1985: 11, 19. 해양민족과 청동기 시대 종말이라는 주제에 관해서는 Sandars가 전문가로 여겨지는데, Sandars 이외에 특별히 이 주제에 관해 글을 쓰려고 시도했던 저자는 Nibbi 1975과 Robbins 2003 등 몇몇뿐이다. 그러나 최근, Roberts의 2008년 논문을 참조했는데, Nibbi의 1975 책과 동일한 제목을 가진 논문이다.
88 Sandars 1985: 11.
89 Renfrew 1979를 인용한 Demand 2011: 193.
90 예를 들어, Lorenz 1969, 1972 참조. 최근 Yasur-Landau 2010a: 334를 참조했는데, Yasur-Landau도 역시 청동기 시대가 막을 내릴 때의 여러 일련의 사건들에 나비효과의 비유를 적용했다.
91 Renfrew 1979: 482-87.
92 Diamond 2005; 또한 최근 Middleton 2010 및 2012, 또한 이전 Tainter (1988) 그리고 Yoffee and Cowgill (1988)의 책, 덧붙여 앞의 서문 미주 2에서 언급한 여러 참고문헌 참조.
93 Drews 1993: 85-90, 특히 88; 또한 Deger-Jalkotzy 2008: 391 참조.
94 Dever 1992: 106-7에서 당시 가나안에서 일어난 시스템 붕괴에 관한 Dever의 짧은 견해 참조. 또한 에게 해 청동기 문명 붕괴의 여러 요인에 관해서는 Middleton 2010: 118-21 참조, 그리고 Drake 2012: 1866-68 참조.
95 Liverani 1987: 69; 또한 Liverani를 인용한 Drews 1993: 86과 Monroe 2009: 293.
96 Liverani 1987: 69; Liverani의 관점에 대한 비판으로 Monroe 2009: 292-96 참조.
97 Monroe 2009: 294-96.
98 Monroe 2009: 297.
99 Monroe 2009: 297.
100 Monroe 2009: 297.
101 Drake 2012: 1866-68; Kaniewski et al. 2013.
102 Drews 1993; Cline 1997b에서 Drews 책에 대한 필자 자신의 리뷰 참조.
103 Middleton 2012 같은 책에서 문명 붕괴와 그 가능한 원인들에 관한 최근의 논의 참조.
104 Johnson 2007: 3-5.
105 Bell 2006: 14-15.
106 Johnson 2007: 13.
107 Johnson 2007: 13-16.

108 Johnson 2007: 14-15; Sherratt 2003: 53-54.
109 Johnson 2007: 15.
110 Johnson 2007: 17.
111 Dark 1998: 65, 106, 120을 인용한 Bell 2006: 15.
112 Dark 1998: 120.
113 Dark 1998: 120-21.
114 Bell 2006: 15. 또한 최근의 Killebrew and Lehmann 2013: 16-17 참조.
115 가장 최근의 Langgut, Finkelstein, and Litt 2013: 166 참조.

에필로그

01 Murray 2013 학위 논문 참조.
02 Davis 2010: 687.
03 Maran 2009: 242.
04 Cf. Millard 1995: 122-24; Bryce 2012: 56-57; Millard 2012; Lemaire 2012; Killebrew and Lehmann 2013: 5-6.
05 Van De Mieroop 2007: 252-53.
06 Sherratt 2003: 53-54; Bryce 2012: 195.
07 Diamond의 2005년 책에 대해 적어도 부분적으로는 대응해서, Schwartz and Nichols (2006) 그리고 McAnany and Yoffee (2010) 참조. 이 주제에 대한 학회가 최근인 2013년 3월 Southern Illinois University에서 개최되었다: "붕괴를 넘어서: 복잡 사회의 회복, 부활 그리고 재편에 관한 고고학적 시각(Archaeological Perspectives on Resilience, Revitalization & Reorganization in Complex Societies)"
08 Dever 1992: 108.
09 Monroe 2009: 292.
10 Cho and Appelbaum 2008, A1.

참고문헌

Abt, J. 2011. *American Egyptologist: The Life of James Henry Breasted and the Creation of His Oriental Institute*. Chicago: University of Chicago Press.

Adams, M. J., and M. E. Cohen. 2013. Appendix: The *"Sea Peoples"* in Primary Sources. In *The Philistines and Other "Sea Peoples" in Text and Archaeology*, ed. A. E. Killebrew and G. Lehmann, 645–64. Atlanta: Society of Biblical Literature.

Ahrens, A., H. Dohmann-Pfälzner, and P. Pfälzner. 2012. New Light on the Amarna Period from the Northern Levant. A Clay Sealing with the Throne sName of Amenhotep IV/ Akhenaten from the Royal Palace at Tall Misrife/ Qatna. *Zeitschrift für Orient-Archäologie* 5: 232–48.

Allen, J. P. 2005. After Hatshepsut: The Military Campaigns of Thutmose III. In *Hatshepsut: From Queen to Pharaoh*, ed. C. Roehrig, 261–62. New Haven: Yale University Press.

Allen, S. H. 1999. *Finding the Walls of Troy: Frank Calvert and Heinrich Schliemann at Hisarlik*. Berkeley: University of California Press.

Andronikos, M. 1954. E 'dorike Eisvole' kai ta archaiologika Euremata. *Hellenika* 13: 221–40. (in Greek) Anthony, D. W. 1990. Migration in Archaeology: The Baby and the Bathwater. *American Anthropologist* 92: 895–914.

Anthony, D. W. 1997. Prehistoric Migrations as a Social Process. In *Migrations and Invasions in Archaeological Explanation*, ed. J. Chapman and H. Hamerow, 21–32. Oxford: Tempus Reparatum. Artzy, M. 1998. Routes, Trade, Boats and "Nomads of the Sea." In *Mediterranean Peoples in Transition: Thirteenth to Early Tenth Centuries BCE*, ed. S. Gitin, A. Mazar, and E. Stern, 439–48. Jerusalem: Israel Exploration Society.

Artzy, M. 2013. On the Other "Sea Peoples." In *The Philistines and Other "Sea Peoples" in Text and Archaeology*, ed. A. E. Killebrew and G. Lehmann, 329–44. Atlanta: Society of Biblical Literature.

Aruz, J., ed. 2008. *Beyond Babylon: Art, Trade, and Diplomacy in the Second Millennium B.C. Catalogue of an Exhibition at the Metropolitan Museum of Art, New York*. New York: Metropolitan Museum of Art.

Ashkenazi, E. 2012. A 3,400-Year-Old Mystery: Who Burned the Palace of

Canaanite Hatzor? Archaeologists Take on the Bible during Tel Hatzor Excavations, When Disagreements Arise over the Destroyer of the City. *Haaretz*, July 23, 2012, http:// www.haaretz.com/ news/ national/ a-3-400-year-old-mystery-who-burned-the-palace-of-canaanite-hatzor. premium-1.453095 (last accessed August 6, 2012).

Astour, M. C. 1964. Greek Names in the Semitic World and Semitic Names in the Greek World. *Journal of Near Eastern Studies* 23: 193–201.

Astour, M. C. 1965. New Evidence on the Last Days of Ugarit. *American Journal of Archaeology* 69: 253–58. Astour, M. C. 1967. *HellenoSemitica*. 2nd Edition. Leiden: E. J. Brill.

Åström, P. 1998. Continuity or Discontinuity: Indigenous and Foreign Elements in Cyprus around 1200 BCE. In *Mediterranean Peoples in Transition: Thirteenth to Early Tenth Centuries BCE*, ed. S. Gitin, A. Mazar, and E. Stern, 80–86. Jerusalem: Israel Exploration Society.

Bachhuber, C. 2006. Aegean Interest on the Uluburun Ship. *American Journal of Archaeology* 110: 345–63.

Bachhuber, C., and R. G. Roberts. 2009. *Forces of Transformation: The End of the Bronze Age in the Mediterranean*. Oxford: Oxbow Books.

Badre, L. 2003. Handmade Burnished Ware and Contemporary Imported Pottery from Tell Kazel. In *Sea Routes ... : Interconnections in the Mediterranean 16th–6th c. BC. Proceedings of the International Symposium Held at Rethymnon, Crete in September 29th–October 2nd 2002*, ed. N. Chr. Stampolidis and V. Karageorghis, 83–99. Athens: University of Crete and the A. G. Leventis Foundation.

Badre, L. 2006. Tell Kazel-Simyra: A Contribution to a Relative Chronological History in the Eastern Mediterranean during the Late Bronze Age. *Bulletin of the American Schools of Oriental Research* 343: 63–95.

Badre, L. 2011. Cultural Interconnections in the Eastern Mediterranean: Evidence from Tell Kazel in the Late Bronze Age. In *Intercultural Contacts in the Ancient Mediterranean. Proceedings of the International Conference at the Netherlands-Flemish Institute in Cairo, 25th to 29th October 2008*, ed. K. Duistermaat and I. Regulski, 205–23. Leuven: Uitgeveru Peeters. Badre, L., M.-C.

Boileau, R. Jung, and H. Mommsen. 2005. The Provenance of Aegean- and Surian-type Pottery Found at Tell Kazel (Syria). *Egypt and the Levant* 15: 15–47.

Bakry, H. 1973. The Discovery of a Temple of Mernptah at On. *Aegyptus* 53: 3–21. Barako, T. J. 2000. The Philistine Settlement as Mercantile Phenomenon? *American Journal of Archaeology* 104/ 3: 513–30.

Barako, T. J. 2001. *The Seaborne Migration of the Philistines*. Ph.D. Dissertation, Harvard University.

Barako, T. J. 2003a. One If by Sea ... Two If by Land: How Did the Philistines Get to Canaan? One: by Sea— A Hundred Penteconters Could Have Carried 5,000 People Per Trip. *Biblical Archaeology Review* 29/ 2: 26–33, 64–66.

Barako, T. J. 2003b. The Changing Perception of the Sea Peoples Phenomenon: Migration, Invasion or Cultural Diffusion? In *Sea Routes ... : Interconnections in the Mediterranean 16th–6th c. BC. Proceedings of the International Symposium Held at Rethymnon, Crete in September 29th–October 2nd 2002*, ed. N. Chr. Stampolidis and V. Karageorghis, 163–69. Athens: University of Crete and the A. G. Leventis Foundation.

Barako, T. J. 2013. Philistines and Egyptians in Southern Coastal Canaan during the Early Iron Age. In *The Philistines and Other "Sea Peoples" in Text and Archaeology*, ed. A. E. Killebrew and G. Lehmann, 37–51. Atlanta: Society of Biblical Literature.

Barkay, G., and D. Ussishkin. 2004. Area S: The Late Bronze Age Strata. In *The Renewed Archaeological Excavations at Lachish (1973–1994)*, ed. D. Ussishkin, 316–407. Tel Aviv: Tel Aviv University.

Bass, G. F. 1967. *Cape Gelidonya*. Transactions of the American Philosophical Society, vol. 57, pt. 8. Philadelphia: American Philosophical Society.

Bass, G. F. 1973. Cape Gelidonya and Bronze Age Maritime Trade. In *Orient and Occident*, ed. H. A. Hoffner, Jr., 29–38. Neukirchener-Vluyn: Neukirchener Verlag.

Bass, G. F. 1986. A Bronze Age Shipwreck at Ulu Burun (Kas): 1984 Campaign. *American Journal of Archaeology* 90/ 3: 269–96.

Bass, G. F. 1987. Oldest Known Shipwreck Reveals Splendors of the Bronze Age. *National Geographic* 172/ 6: 693–733.

Bass, G. F. 1988. Return to Cape Gelidonya. INA *Newsletter* 15/ 2: 3–5.

Bass, G. F. 1997. Prolegomena to a Study of Maritime Traffic in Raw Materials to the Aegean during the Fourteenth and Thirteenth Centuries B.C. In *Techne: Craftsmen, Craftswomen and Craftsmanship in the Aegean Bronze Age. Proceedings of the 6th International Aegean Conference, Philadelphia, Temple University, 18–21 April 1996*, ed. R. Laffineur and P. P. Betancourt, 153–70. Liège: Université de Liège.

Bass, G. F. 1998. Sailing between the Aegean and the Orient in the Second Millennium BC. In *The Aegean and the Orient in the Second Millennium. Proceedings of the 50th Anniversary Symposium, Cincinnati, 18–20 April 1997*, ed.

E. H. Cline and D. H. Cline, 183–91. Liège: Université de Liège.
Bass, G. F. 2013. Cape Gelidonya Redux. In *Cultures in Contact: From Mesopotamia to the Mediterranean in the Second Millennium B.C.*, ed. J. Aruz, S. B. Graff, and Y. Rakic, 62–71. New York: Metropolitan Museum of Art.
Bauer, A. A. 1998. Cities of the Sea: Maritime Trade and the Origin of Philistine Settlement in the Early Iron Age Southern Levant. *Oxford Journal of Archaeology* 17/ 2: 149–68.
Baumbach, L. 1983. An Examination of the Evidence for a State of Emergency at Pylos c. 1200 BC from the Linear B Tablets. In *Res Mycenaeae*, ed. A. Heubeck and G. Neumann, 28–40. Göttingen: Vandenhoeck and Ruprecht.
Beckman, G. 1996a. Akkadian Documents from Ugarit. In *Sources for the History of Cyprus*, vol. 2, *Near Eastern and Aegean Texts from the Third to the First Millennia BC*, ed. A. B. Knapp, 26–28. Altamont, NY: Greece and Cyprus Research Center.
Beckman, G. 1996b. Hittite Documents from Hattusa. In *Sources for the History of Cyprus*, vol. 2, *Near Eastern and Aegean Texts from the Third to the First Millennia BC*, ed. A. B. Knapp, 31–35. Altamont, NY: Greece and Cyprus Research Center.
Beckman, G., T. Bryce, and E. H. Cline. 2011. *The Ahhiyawa Texts*. Atlanta: Society of Biblical Literature. Reissued in hardcopy, Leiden: Brill, 2012.
Bell, C. 2006. *The Evolution of Long Distance Trading Relationships across the LBA/ Iron Age Transition on the Northern Levantine Coast: Crisis, Continuity and Change*. BAR International Series 1574. Oxford: Archaeopress.
Bell, C. 2009. Continuity and Change: The Divergent Destinies of Late Bronze Age Ports in Syria and Lebanon across the LBA/ Iron Age Transition. In *Forces of Transformation: The End of the Bronze Age in the Mediterranean*, ed. C. Bachhuber and R. G. Roberts, 30–38. Oxford: Oxbow Books.
Bell, C. 2012. The Merchants of Ugarit: Oligarchs of the Late Bronze Age Trade in Metals? In *Eastern Mediterranean Metallurgy and Metalwork in the Second Millennium BC: A Conference in Honour of James D. Muhly; Nicosia, 10th–11th October 2009*, ed. V. Kassianidou and G. Papasavvas, 180–87. Oxford: Oxbow Books.
Ben Dor Evian, S. 2011. Shishak's Karnak Relief— More Than Just Name-Rings. In Egypt, *Canaan and Israel: History, Imperialism, Ideology and Literature: Proceedings of a Conference at the University of Haifa, 3–7 May 2009*, ed. S. Bar, D. Kahn, and J. J. Shirley, 11–22. Leiden: Brill.
Ben-Shlomo, D., I. Shai, A. Zukerman, and A. M. Maeir. 2008. Cooking Identities:

Aegean-Style Cooking Jugs and Cultural Interaction in Iron Age Philistia and Neighboring Regions. *American Journal of Archaeology* 112/ 2: 225–46.

Ben-Tor, A. 1998. The Fall of Canaanite Hazor— The "Who" and "When" Questions. In *Mediterranean Peoples in Transition: Thirteenth to Early Tenth Centuries BCE*, ed. S. Gitin, A. Mazar, and E. Stern, 456–68. Jerusalem: Israel Exploration Society.

Ben-Tor, A. 2006. The Sad Fate of Statues and the Mutilated Statues of Hazor. In *Confronting the Past: Archaeological and Historical Essays on Ancient Israel in Honor of William G. Dever*, ed. S. Gitin, J. E. Wright, and J. P. Dessel, 3–16. Winona Lake, IN: Eisenbrauns.

Ben-Tor, A. 2013. Who Destroyed Canaanite Hazor? *Biblical Archaeology Review* 39/ 4: 26–36, 58–60.

Ben-Tor, A., and M. T. Rubiato. 1999. Excavating Hazor, Part Two: Did the Israelites Destroy the Canaanite City? *Biblical Archaeology Review* 25/ 3: 22–39.

Ben-Tor, A., and S. Zuckerman. 2008. Hazor at the End of the Late Bronze Age: Back to Basics. *Bulletin of the American Schools of Oriental Research* 350: 1–6.

Bernhardt, C. E., B. P. Horton, and J.-D. Stanley. 2012. Nile Delta Vegetation Response to Holocene Climate Variability. *Geology* 40/ 7: 615–18.

Bietak, M. 1992. Minoan Wall-Paintings Unearthed at Ancient Avaris. *Egyptian Archaeology* 2: 26–28

Bietak, M. 1996. *Avaris: The Capital of the Hyksos. Recent Excavations at Tell el-Dabʻa*. London: British Museum Press.

Bietak, M. 2005. Egypt and the Aegean: Cultural Convergence in a Thutmoside Palace at Avaris. In *Hatshepsut: From Queen to Pharaoh*, ed. C. Roehrig, 75–81. New Haven: Yale University Press.

Bietak, M., N. Marinatos, and C. Palyvou. 2007. *Taureador Scenes in Tell El-Dabʻa (Avaris) and Knossos*. Vienna: Austrian Academy of Sciences.

Blegen, C. W. 1955. The Palace of Nestor Excavations of 1954. *American Journal of Archaeology* 59/ 1: 31–37.

Blegen, C. W., C. G. Boulter, J. L. Caskey, and M. Rawson. 1958. Troy IV: Settlements VIIa, VIIb and VIII. Princeton, NJ: Princeton University Press.

Blegen, C. W., and K. Kourouniotis. 1939. Excavations at Pylos, 1939. *American Journal of Archaeology* 43/ 4: 557–76.

Blegen, C. W., and M. Lang. 1960. The Palace of Nestor Excavations of 1959. *American Journal of Archaeology* 64/ 2: 153–64.

Blegen, C. W., and M. Rawson. 1966. *The Palace of Nestor at Pylos in Western Messenia*.

Vol. 1, *The Buildings and Their Contents*. Pt. 1, *Text*. Princeton, NJ: Princeton University Press.

Bordreuil, P., ed. 1991. *Une bibliothèque au sud de la ville: Les textes de la 34e campagne (1973)*. Ras Shamra-Ougarit VII. Paris: Éditions Recherche sur les Civilisations.

Bordreuil, P., and F. Malbran-Labat. 1995. Les archives de la maison d'Ourtenou. *Comptes-rendus des séances de l'Académie des Inscriptions et Belles-Lettres* 139/ 2: 443–51.

Bordreuil, P., D. Pardee, and R. Hawley. 2012. *Une bibliothèque au sud de la ville***. Textes 1994–2002 en cunéiforme alphabétique de la maison d'Ourtenou Ras Shamra-Ougarit XVIII*. RSO 18. Lyon: Maison de l'Orient et de la Méditerranée–Jean Pouilloux.

Bounni, A., A. and J. Lagarce, and N. Saliby. 1976. Rapport préliminaire sur la première campagne de fouilles (1975) à Ibn Hani (Syrie). *Syria* 55: 233–79.

Bounni, A., A. and J. Lagarce, and N. Saliby. 1978. Rapport préliminaire sur la deuxième campagne de fouilles (1976) à Ibn Hani (Syrie). *Syria* 56: 218–91.

Bouzek, J. 2011. Bird-Shaped Prows of Boats, Sea Peoples and the Pelasgians. In *Exotica in the Prehistoric Mediterranean*, ed. A. Vianello, 188–93. Oxford: Oxbow Books.

Braudel, F. 2001. *The Mediterranean in the Ancient World*. London: Allen Lane, Penguin Books.

Breasted, J. H. 1906. *Ancient Records of Egypt*. Urbana: University of Illinois Press. Reprinted 2001.

Breasted, J. H. 1930. Foreword. In *Medinet Habu*, vol. 1, *Earlier Historical Records of Ramses III*, ed. The Epigraphic Survey, ix–xi. Chicago: University of Chicago Press.

Bretschneider J., and K. Van Lerberghe, eds. 2008. In *Search of Gibala: An Archaeological and Historical Study Based on Eight Seasons of Excavations at Tell Tweini (Syria) in the A and C Fields (1999–2007)*. Aula Orientalis–Supplementa 24. Barcelona: Sabadell.

Bretschneider, J., and K. Van Lerberghe. 2011. The Jebleh Plain through History: Tell Tweini and Its Intercultural Contacts in the Bronze and Early Iron Age. In *Intercultural Contacts in the Ancient Mediterranean. Proceedings of the International Conference at the Netherlands-Flemish Institute in Cairo, 25th to 29th October 2008*, ed. K. Duistermaat and I. Regulski, 183–203. Leuven: Uitgeveru Peeters.

Bretschneider, J., A.-S. Van Vyve,, and G. Jans. 2011. Tell Tweini: A Multi-Period Harbour Town at the Syrian Coast. In *Egypt and the Near East— the*

Crossroads: Proceedings of an International Conference on the Relations of Egypt and the Near East in the Bronze Age, Prague, September 1–3, 2010, ed. J. Mynářová, 73–87. Prague: Charles University in Prague.

Bryce, T. R. 1985. A Reinterpretation of the Milawata Letter in the Light of the New Join Piece. *Anatolian Studies* 35: 13–23.

Bryce, T. R. 1989a. The Nature of Mycenaean Involvement in Western Anatolia. *Historia* 38: 1–21.

Bryce, T. R. 1989b. Ahhiyawans and Mycenaeans— An Anatolian Viewpoint. *Oxford Journal of Archaeology* 8: 297–310.

Bryce, T. R. 2002. *Life and Society in the Hittite World*. Oxford: Oxford University Press.

Bryce, T. R. 2005. *The Kingdom of the Hittites*. New Edition. Oxford: Oxford University Press.

Bryce, T. R. 2009. *The Routledge Handbook of the Peoples and Places of Ancient Western Asia: From the Early Bronze Age to the Fall of the Persian Empire*. London: Routledge.

Bryce, T. R. 2010. The Hittite Deal with the Hiyawa-Men. In *Pax Hethitica: Studies on the Hittites and Their Neighbours in Honor of Itamar Singer*, ed. Y. Cohen, A. Gilan, and J. L. Miller, 47–53. Wiesbaden: Harrassowitz Verlag.

Bryce, T. R. 2012. *The World of the Neo-Hittite Kingdoms*. Oxford: Oxford University Press.

Bunimovitz, S. 1998. Sea Peoples in Cyprus and Israel: A Comparative Study of Immigration Processes. In *Mediterranean Peoples in Transition: Thirteenth to Early Tenth Centuries BCE*, ed. S. Gitin, A. Mazar, and E. Stern, 103–13. Jerusalem: Israel Exploration Society.

Butzer, K. W. 2012. Collapse, Environment, and Society. *Proceedings of the National Academy of Sciences* 109/ 10: 3632–39.

Butzer, K. W., and G. H. Endfield. 2012. Critical Perspectives on Historical Collapse. *Proceedings of the National Academy of Sciences* 109/ 10: 3628–31.

Callot, O. 1994. *Ras Shamra-Ougarit X: La tranchée «Ville sud»*. *Études d'architecture domestique*. Paris: Éditions Recherche sur les Civilisations.

Callot, O., and M. Yon. 1995. Urbanisme et architecture. In *Le Pays d'Ougarit autour de 1200 av. J.-C.: Historie et archéologie. Actes du Colloque International; Paris, 28 juin–1er juillet 1993*, ed. M. Yon, M. Sznycer, and P. Bordreuil, 155–68. Paris: Éditions Recherche sur les Civilisations.

Carmi, I., and D. Ussishkin. 2004. 14C Dates. In *The Renewed Archaeological Excavations at Lachish (1973–1994)*, ed. D. Ussishkin, 2508–13. Tel Aviv: Tel

Aviv University.

Carpenter, R. 1968. *Discontinuity in Greek Civilization*. New York: W. W. Norton & Co.

Carruba, O. 1977. Beitrage zur mittelhethitischen Geschichtc, I: Die Tuthalijas und die Arnuwandas. *Studi micenei ed egeo-anatolici* 18: 137–74.

Castleden, R. 1993. *Minoan Life in Bronze Age Crete*. London: Routledge.

Caubet, A. 1992. Reoccupation of the Syrian Coast after the Destruction of the "Crisis Years." In *The Crisis Years: The 12th Century B.C.*, ed. W. A. Ward and M. S. Joukowsky, 123–30. Dubuque, IA: Kendall/ Hunt Publishing Co.

Caubet, A. 2000. Ras Shamra-Ugarit before the Sea Peoples. In *The Sea Peoples and Their World: A Reassessment*, ed. E. D. Oren, 35–49. Philadelphia: University of Pennsylvania.

Caubet, A., and V. Matoian. 1995. Ougarit et l'Égée. In *Le Pays d'Ougarit autour de 1200 av. J.-C.: Historie et archéologie. Actes du Colloque International; Paris, 28 juin–1er juillet 1993*, ed. M. Yon, M. Sznycer, and P. Bordreuil, 99–112. Paris: Éditions Recherche sur les Civilisations.

Cho, D., and B. Appelbaum. 2008. Unfolding Worldwide Turmoil Could Reverse Years of Prosperity. *Washington Post*, October 7, 2008, A1.

Cifola, B. 1991. The Terminology of Ramses III's Historical Records with a Formal Analysis of the War Scenes. *Orientalia* 60: 9–57.

Cifola, B. 1994. The Role of the Sea Peoples at the End of the Late Bronze Age: A Reassessment of Textual and Archaeological Evidence. *Oriens Antiqvi Miscellanea* 1: 1–57.

Clayton, P. A. 1994. *Chronicle of the Pharaohs: The Reign-by-Reign Record of the Rulers and Dynasties of Ancient Egypt*. London: Thames and Hudson.

Cline, E. H. 1987. Amenhotep III and the Aegean: A Reassessment of Egypto-Aegean Relations in the 14th Century BC. *Orientalia* 56/ 1: 1–36.

Cline, E. H. 1990. An Unpublished Amenhotep III Faience Plaque from Mycenae. *Journal of the American Oriental Society* 110/ 2: 200–212.

Cline, E. H. 1991a. Hittite Objects in the Bronze Age Aegean. *Anatolian Studies* 41: 133–43.

Cline, E. H. 1991b. A Possible Hittite Embargo against the Mycenaeans. *Historia* 40/ 1: 1–9.

Cline, E. H. 1994. *Sailing the Wine-Dark Sea: International Trade and the Late Bronze Age Aegean*. Oxford: Tempus Reparatum. Republished 2009.

Cline, E. H. 1995a. 'My Brother, My Son': Rulership and Trade between the LBA Aegean, Egypt and the Near East. In *The Role of the Ruler in the Prehistoric Aegean*, ed. P. Rehak, 143–50. Aegaeum 11. Liège: Université de Liège.

Cline, E. H. 1995b. Tinker, Tailor, Soldier, Sailor: Minoans and Mycenaeans Abroad. In *Politeia: Society and State in the Aegean Bronze Age*, ed. W.-D. Niemeier and R. Laffineur, 265–87. Aegaeum 12. Liège: Université de Liège.

Cline, E. H. 1996. Aššuwa and the Achaeans: The 'Mycenaean' Sword at Hattušas and Its Possible Implications. *Annual of the British School at Athens* 91: 137–51.

Cline, E. H. 1997a. Achilles in Anatolia: Myth, History, and the Aššuwa Rebellion. In *Crossing Boundaries and Linking Horizons: Studies in Honor of Michael Astour on His 80th Birthday*, ed. G. D. Young, M. W. Chavalas, and R. E. Averbeck, 189–210. Bethesda, MD: CDL Press.

Cline, E. H. 1997b. Review of R. Drews, *The End of the Bronze Age (Princeton 1993)*. *Journal of Near Eastern Studies* 56/ 2: 127–29.

Cline, E. H. 1998. Amenhotep III, the Aegean and Anatolia. In *Amenhotep III: Perspectives on His Reign*, ed. D. O'Connor and E. H. Cline, 236–50. Ann Arbor: University of Michigan Press.

Cline, E. H. 1999a. The Nature of the Economic Relations of Crete with Egypt and the Near East during the Bronze Age. In *From Minoan Farmers to Roman Traders: Sidelights on the Economy of Ancient Crete*, ed. A. Chaniotis. 115–43. Munich: G. B. Steiner.

Cline, E. H. 1999b. Coals to Newcastle, Wallbrackets to Tiryns: Irrationality, Gift Exchange, and Distance Value. In *Meletemata: Studies in Aegean Archaeology Presented to Malcolm H. Wiener As He Enters His 65th Year*, ed. P. P. Betancourt, V. Karageorghis, R. Laffineur, and W.-D. Niemeier, 119–23. Aegaeum 20. Liège: Université de Liège.

Cline, E. H. 2000. *The Battles of Armageddon: Megiddo and the Jezreel Valley from the Bronze Age to the Nuclear Age*. Ann Arbor: University of Michigan Press.

Cline, E. H. 2005. Cyprus and Alashiya: One and the Same! *Archaeology Odyssey* 8/ 5: 41–44.

Cline, E. H. 2006. A Widow's Plea and a Murder Mystery. *Dig* magazine, January 2006, 28–30.

Cline, E. H. 2007a. Rethinking Mycenaean International Trade. In *Rethinking Mycenaean Palaces*, ed. W. Parkinson and M. Galaty, 190–200. 2nd Edition. Los Angeles: Cotsen Institute of Archaeology.

Cline, E. H. 2007b. *From Eden to Exile: Unraveling Mysteries of the Bible*. Washington, DC: National Geographic Books.

Cline, E. H. 2009a. *Biblical Archaeology: A Very Short Introduction*. New York: Oxford University Press.

Cline, E. H. 2009b. The Sea Peoples' Possible Role in the Israelite Conquest of Canaan. In *Doron: Festschrift for Spyros E. Iakovidis*, ed. D. Danielidou, 191–98. Athens: Athens Academy.

Cline, E. H. 2010. Bronze Age Interactions between the Aegean and the Eastern Mediterranean Revisited: Mainstream, Margin, or Periphery? In *Archaic State Interaction: The Eastern Mediterranean in the Bronze Age*, ed. W. Parkinson and M. Galaty, 161–80. Santa Fe, NM: School for Advanced Research.

Cline, E. H., ed. 2010. *The Oxford Handbook of the Bronze Age Aegean*. New York: Oxford University Press.

Cline, E. H. 2011. Whole Lotta Shakin' Going On: The Possible Destruction by Earthquake of Megiddo Stratum VIA. In *The Fire Signals of Lachish: Studies in the Archaeology and History of Israel in the Late Bronze Age, Iron Age, and Persian Period in Honor of David Ussishkin*, ed. I. Finkelstein and N. Na'aman, 55–70. Tel Aviv: Tel Aviv University.

Cline, E. H. 2013. *The Trojan War: A Very Short Introduction*. Oxford: Oxford University Press.

Cline, E. H., and M. J. Cline. 1991. Of Shoes and Ships and Sealing Wax: International Trade and the Late Bronze Age Aegean. *Expedition* 33/ 3: 46–54.

Cline, E. H., and D. Harris-Cline, eds. 1998. *The Aegean and the Orient in the Second Millennium. Proceedings of the 50th Anniversary Symposium, Cincinnati, 18–20 April 1997*. Aegaeum 18. Liège: Université de Liège.

Cline, E. H., and D. O'Connor. 2003. The Mystery of the 'Sea Peoples'. In *Mysterious Lands*, ed. D. O'Connor and S. Quirke, 107–38. London: UCL Press.

Cline, E. H., and D. O'Connor, eds. 2006. *Thutmose III: A New Biography*. Ann Arbor: University of Michigan Press.

Cline, E. H., and D. O'Connor, eds. 2012. *Ramesses III: The Life and Times of Egypt's Last Hero*. Ann Arbor: University of Michigan Press.

Cline, E. H., and S. M. Stannish. 2011. Sailing the Great Green Sea: Amenhotep III's "Aegean List" from Kom el-Hetan, Once More. *Journal of Ancient Egyptian Interconnections* 3/ 2: 6–16.

Cline, E. H., and A. Yasur-Landau. 2007. Musings from a Distant Shore: The Nature and Destination of the Uluburun Ship and Its Cargo. *Tel Aviv* 34/ 2: 125–41.

Cline, E. H., and A. Yasur-Landau. 2013. Aegeans in Israel: Minoan Frescoes at Tel Kabri. *Biblical Archaeology Review* 39/ 4 (July/ August 2013) 37–44, 64, 66.

Cline, E. H., A. Yasur-Landau, and N. Goshen. 2011. New Fragments of Aegean-

Style Painted Plaster from Tel Kabri, Israel. *American Journal of Archaeology* 115/ 2: 245–61.

Cohen, C., J. Maran, and M. Vetters, 2010. An Ivory Rod with a Cuneiform Inscription, Most Probably Ugaritic, from a Final Palatial Workshop in the Lower Citadel of Tiryns. *Archäologischer Anzeiger* 2010/ 2: 1–22.

Cohen, R., and R. Westbrook., eds. 2000. *Amarna Diplomacy: The Beginnings of International Relations.* Baltimore: Johns Hopkins University Press.

Cohen, Y., and I. Singer. 2006. A Late Synchronism between Ugarit and Emar. In *Essays on Ancient Israel in Its Near Eastern Context: A Tribute to Nadav Na'aman*: 123–39, ed. Y. Amit, E. Ben Zvi, I. Finkelstein, and O. Lipschits. Winona Lake, IN: Eisenbrauns.

Collins, B. J. 2007. *The Hittites and Their World.* Atlanta: Society of Biblical Literature.

Courbin, P. 1990. Bassit Poidaeion in the Early Iron Age. In *Greek Colonists and Native Populations. First Australian Congress of Classical Archaeology in Honour of A. D. Trendall*, ed. J.-P. Descoeudres, 504–9. Oxford: Clarendon Press.

Curtis, A.H.W. 1999. Ras Shamra, Minet el-Beida and Ras Ibn Hani: The Material Sources. In *Handbook of Ugaritic Studies*, ed. W.G.E. Watson and N. Wyatt, 5–27. Leiden: Brill.

Dalley, S. 1984. *Mari and Karana: Two Old Babylonian Cities.* London: Longman. Dark, K. R. 1998. *Waves of Time: Long Term Change and International Relations.* New York: Continuum.

Darnell, J. C., and C. Manassa. 2007. *Tutankhamun's Armies: Battle and Conquest during Ancient Egypt's Late Eighteenth Dynasty.* Hoboken, NJ: John Wiley & Sons.

Davies, N. de G. 1943. *The Tombs of Rekh-mi-Re' at Thebes* (= PMMA, 11). New York: Metropolitan Museum of Art.

Davis, J. L., ed. 1998. *Sandy Pylos. An Archaeological History from Nestor to Navarino.* Austin: University of Texas Press.

Davis, J. L. 2010. Pylos. In *The Oxford Handbook of the Bronze Age Aegean*, ed. E. H. Cline, 680–89. New York: Oxford University Press.

Deger-Jalkotzy, S. 2008. Decline, Destruction, Aftermath. In *The Cambridge Companion to the Aegean Bronze Age*, ed. C. W. Shelmerdine, 387–415. Cambridge: Cambridge University Press.

Demand, N. H. 2011. *The Mediterranean Context of Early Greek History.* Oxford: Wiley-Blackwell.

Dever, W. G. 1992. The Late Bronze–Early Iron I Horizon in Syria-Palestine: Egyptians, Canaanites, 'Sea Peoples,' and Proto-Israelites. In *The Crisis Years: The 12th Century B.C.*, ed. W. A. Ward and M. S. Joukowsky, 99–110.

Dubuque, IA: Kendall/ Hunt Publishing Co.

Diamond, J. 2005. *Collapse: How Societies Choose to Fail or Succeed*. New York: Viking.

Dickinson, O. 2006. *The Aegean from Bronze Age to Iron Age. Continuity and Change between the Twelfth and Eighth Centuries BC*. New York: Routledge.

Dickinson, O. 2010. The Collapse at the End of the Bronze Age. In *The Oxford Handbook of the Bronze Age Aegean*, ed. E. H. Cline, 483–90. New York: Oxford University Press.

Dietrich, M., and O. Loretz. 1999. Ugarit, Home of the Oldest Alphabets. In *Handbook of Ugaritic Studies*, ed. W.G.E. Watson and N. Wyatt, 81–90. Leiden: Brill.

Dietrich, M., and O. Loretz. 2002. Der Untergang von Ugarit am 21. Januar 1192 v. Chn? Der astronomisch-hepatoskopische Bericht KTU 1.78 (RS 12.061). *Ugarit-Forschungen* 34: 53–74.

Dorman, P. F. 2005a. Hatshepsut: Princess to Queen to Co-Ruler. In *Hatshepsut: From Queen to Pharaoh*, ed. C. Roehrig, 87–89. New Haven: Yale University Press.

Dorman, P. F. 2005b. The Career of Senenmut. In *Hatshepsut: From Queen to Pharaoh*, ed. C. Roehrig, 107–9. New Haven: Yale University Press.

Dothan, M. 1971. Ashdod II–III. *The Second and Third Season of Excavations 1963, 1965, Sounding in 1967. Text and Plates*. 'Atiqot 9–10. Jerusalem: Israel Antiquities Authority.

Dothan, M. 1993. Ashdod. In *The New Encyclopedia of Archaeological Excavations in the Holy Land*, ed. E. Stern, 93–102. Jerusalem: Carta.

Dothan, M., and Y. Porath. 1993. Ashdod V. *Excavations of Area G. The Fourth–Sixth Season of Excavations 1968–1970*. 'Atiqot 23. Jerusalem: Israel Antiquities Authority.

Dothan, T. 1982. *The Philistines and Their Material Culture*. New Haven: Yale University Press.

Dothan, T. 1983. Some Aspects of the Appearance of the Sea Peoples and Philistines in Canaan. In *Griechenland, die Ägäis und die Levante während der "Dark Ages,"* ed. S. Deger-Jalkotzy, 99–117. Vienna: Österreichische Akademie der Wissenschaft.

Dothan, T. 1990. Ekron of the Philistines, Part 1: Where They Came From, How They Settled Down and the Place They Worshiped In. *Biblical Archaeology Review* 18/ 1: 28–38.

Dothan, T. 1998. Initial Philistine Settlement: From Migration to Coexistence. In

Mediterranean Peoples in Transition: Thirteenth to Early Tenth Centuries BCE, ed. S. Gitin, A. Mazar, and E. Stern, 148–61. Jerusalem: Israel Exploration Society.

Dothan, T. 2000. Reflections on the Initial Phase of Philistine Settlement. In *The Sea Peoples and Their World: A Reassessment*, ed. E. D. Oren, 146–58. Philadelphia: University of Pennsylvania.

Dothan, T., and M. Dothan. 1992. *People of the Sea: The Search for the Philistines.* New York: Macmillan Publishing Company.

Drake, B. L. 2012. The Influence of Climatic Change on the Late Bronze Age Collapse and the Greek Dark Ages. *Journal of Archaeological Science* 39: 1862–70.

Drews, R. 1992. Herodotus 1.94, the Drought ca. 1200 B.C., and the Origin of the Etruscans. *Historia* 41: 14–39.

Drews, R. 1993. *The End of the Bronze Age: Changes in Warfare and the Catastrophe ca. 1200 B.C.* Princeton, NJ: Princeton University Press.

Drews, R. 2000. Medinet Habu: Oxcarts, Ships, and Migration Theories. *Journal of Near Eastern Studies* 59: 161–90. Durard, J.-M. 1983. *Textes administratifs des salles 134 et 160 du Palais de Mari.* ARMT XX. Paris: Librairie Orientaliste Paul Geuthner.

Edel, E. 1961. Ein kairener fragment mit einem Bericht über den libyerkrieg Merneptahs, *Zeitschrift für Ägyptische Sprache und Altertumskunde* 86: 101–3.

Edel, E. 1966. *Die Ortsnamenlisten aus dem Totentempel Amenophis III.* Bonn: Peter Hanstein Verlag.

Edel, E., and M. Görg. 2005. *Die Ortsnamenlisten im nördlichen Säulenhof des Totentempels Amenophis' III.* Wiesbaden: Harrassowitz Verlag.

Edgerton, W. F., and J. A. Wilson. 1936. *Historical Records of Ramses III: The Texts in Medinet Habu.* Vols. 1 and 2. Chicago: University of Chicago Press.

Emanuel, J. P. 2013. 'ŠRDN from the Sea': The Arrival, Integration, and Acculturation of a 'Sea People.' *Journal of Ancient Egyptian Interconnections* 5/ 1: 14–27.

Enverova, D. A. 2012. *The Transition from Bronze Age to Iron Age in the Aegean: An Heterarchical Approach.* M.A. Thesis, Bilkent University http:// www.thesis.bilkent.edu.tr/ 0006047. pdf (last accessed September 11, 2013).

Ertekin, A., and I. Ediz. 1993. The Unique Sword from Bogazkoy/ Hattusa. In *Aspects of Art and Iconography: Anatolia and Its Neighbors. Studies in Honor of Nonet Ozguc*, ed. M. J. Mellink, E. Porada, and T. Ozguc, 719–25. Ankara: Türk Tarih Kurumu Basimevi.

Evans, A. J. 1921–35. *The Palace of Minos at Knossos*. Vols. 1–4. London: Macmillan and Co.

Fagles, R. 1990. Homer: *The Iliad*. New York: Penguin.

Faust, A., and J. Lev-Tov. 2011. The Constitution of Philistine Identity: Ethnic Dynamics in Twelfth to Tenth Century Philistia. *Oxford Journal of Archaeology* 30: 13–31.

Feldman, M. 2002. Luxurious Forms: Redefining a Mediterranean "International Style," 1400–1200 B.C.E. *Art Bulletin* 84/ 1: 6–29.

Feldman, M. 2006. *Diplomacy by Design: Luxury Arts and an "International Style" in the Ancient Near East, 1400–1200 BCE*. Chicago: University of Chicago Press.

Feldman, M. 2009. Hoarded Treasures: The Megiddo Ivories and the End of the Bronze Age. *Levant* 41/ 2: 175–94.

Finkelstein, I. 1996. The Stratigraphy and Chronology of Megiddo and Beth-Shean in the 12th–11th Centuries BCE. *Tel Aviv* 23: 170–84.

Finkelstein, I. 1998. Philistine Chronology: High, Middle or Low? In *Mediterranean Peoples in Transition: Thirteenth to Early Tenth Centuries BCE*, ed. S. Gitin, A. Mazar, and E. Stern, 140–47. Jerusalem: Israel Exploration Society.

Finkelstein, I. 2000. The Philistine Settlements: When, Where and How Many? In *The Sea Peoples and Their World: A Reassessment*, ed. E. D. Oren, 159–80. Philadelphia: University of Pennsylvania.

Finkelstein, I. 2002. El-Aḥwat: A Fortified Sea People City? *Israel Exploration Journal* 52/ 2: 187–99.

Finkelstein, I. 2007. Is the Philistine Paradigm Still Viable? In *The Synchronisation of Civilisations in the Eastern Mediterranean in the Second Millennium B.C. III, Proceedings of the SCIEM 2000— 2nd EuroConference, Vienna, 28th of May–1st of June 2003*, ed. M. Bietak and E. Czerny, 517–23. Vienna: Verlag der Österreichischen Akademie der Wissenschaften.

Fitton, J. L. 2002. Minoans. London: British Museum Press. Frank. A. G. 1993. Bronze Age World System and Its Cycles. *Current Anthropology* 34: 383–429.

Frank, A. G., and B. K. Gillis. 1993. *The World System: Five Hundred Years or Five Thousand?* London: Routledge.

Frank, A. G., and W. R. Thompson. 2005. Afro-Eurasian Bronze Age Economic Expansion and Contraction Revisited. *Journal of World History* 16: 115–72.

Franken, H. J. 1961. The Excavations at Deir 'Alla, Jordan. *Vetus Testamentum* 11: 361–72.

French, E. 2009. The Significance of Changes in Spatial Usage at Mycenae. In *Forces of Transformation: The End of the Bronze Age in the Mediterranean*, ed. C.

Bachhuber and R. G. Roberts, 108–10. Oxford: Oxbow Books.
French, E. 2010. Mycenae. In *The Oxford Handbook of the Bronze Age Aegean*, ed. E. H. Cline, 671–79. New York: Oxford University Press.
Friedman, K. E. 2008. Structure, Dynamics, and the Final Collapse of Bronze Age Civilizations in the Second Millennium. In *Historical Transformations: The Anthropology of Global Systems*, ed. K. E. Friedman and J. Friedman, 163–202. Lanham, MD: Altamira Press.
Galil, G., A. Gilboa, A. M. Maeir, and D. Kahn, eds. 2012. *The Ancient Near East in the 12th–10th Centuries BCE: Culture and History. Proceedings of the International Conference Held at the University of Haifa*, 2–5 May, 2010. AOAT 392. Münster: Ugarit-Verlag.
Genz, H. 2013. "No Land Could Stand before Their Arms, from Hatti … On . . ."? New Light on the End of the Hittite Empire and the Early Iron Age in Central Anatolia. In *The Philistines and Other "Sea Peoples" in Text and Archaeology*, ed. A. E. Killebrew and G. Lehmann, 469–77. Atlanta: Society of Biblical Literature.
Gilboa, A. 1998. Iron I-IIA Pottery Evolution at Dor— Regional Contexts and the Cypriot Connection. In *Mediterranean Peoples in Transition: Thirteenth to Early Tenth Centuries BCE*, ed. S. Gitin, A. Mazar, and E. Stern, 413–25. Jerusalem: Israel Exploration Society.
Gilboa, A. 2005. Sea Peoples and Phoenicians along the Southern Phoenician Coast— A Reconciliation: An Interpretation of Šikila (SKL) Material Culture. *Bulletin of the American Schools of Oriental Research* 337: 47–78.
Gilboa, A. 2006–7. Fragmenting the Sea Peoples, with an Emphasis on Cyprus, Syria and Egypt: A Tel Dor Perspective. *Scripta Mediterranea* 27–28: 209–44.
Gillis, C. 1995. Trade in the Late Bronze Age. In *Trade and Production in Premonetary Greece: Aspects of Trade*, ed. C. Gillis, C. Risberg, and B. Sjöberg, 61–86. Jonsered: Paul Åström Förlag.
Gilmour, G., and K. A. Kitchen. 2012. Pharaoh Sety II and Egyptian Political Relations with Canaan at the End of the Late Bronze Age. *Israel Exploration Journal* 62/ 1: 1–21.
Gitin, S. 2005. Excavating Ekron. Major Philistine City Survived by Absorbing Other Cultures. *Biblical Archaeology Review* 31/ 6: 40–56, 66–67.
Giveon, R., D. Sweeney, and N. Lalkin. 2004. The Inscription of Ramesses III. In *The Renewed Archaeological Excavations at Lachish (1973–1994)*, ed. D. Ussishkin, 1626–28. Tel Aviv: Tel Aviv University.
Grundon, I. 2007. *The Rash Adventurer: A Life of John Pendlebury*. London: Libri

Publications. Güterbock, H. G. 1992. Survival of the Hittite Dynasty. In *The Crisis Years: The 12th Century B.C.*, ed. W. A. Ward and M. S. Joukowsky, 53–55. Dubuque, IA: Kendall/ Hunt Publishing Co.

Habachi, L. 1972. *The Second Stele of Kamose*. Gluckstadt: J. J. Augustin. Halpern, B. 2006–7. The Sea-Peoples and Identity. *Scripta Mediterranea* 27–28: 15–32.

Hankey, V. 1981. The Aegean Interest in El Amarna. *Journal of Mediterranean Anthropology and Archaeology* 1: 38–49.

Harrison, T. P. 2009. Neo-Hittites in the "Land of Palistin." Renewed Investigations at Tell Ta'yinat on the Plain of Antioch. *Near Eastern Archaeology* 72/ 4: 174–89.

Harrison, T. P. 2010. The Late Bronze/ Early Iron Age Transition in the North Orontes Valley. In *Societies in Transition: Evolutionary Processes in the Northern Levant between Late Bronze Age II and Early Iron Age. Papers Presented on the Occasion of the 20th Anniversary of the New Excavations in Tell Afis. Bologna, 15th November 2007*, ed. F. Venturi, 83–102. Bologna: Clueb.

Hawass, Z. 2005. *Tutankhamun and the Golden Age of the Pharaohs*. Washington, DC: National Geographic Society.

Hawass, Z. 2010. King Tut's Family Secrets. *National Geographic*, September 2010, 34–59.

Hawass, Z., et al. 2010. Ancestry and Pathology in King Tutankhamun's Family. *Journal of the American Medical Association* 303/ 7 (2010): 638–47.

Hawkins, J. D. 2009. Cilicia, the Amuq and Aleppo: New Light in a Dark Age. *Near Eastern Archaeology* 72/ 4: 164–73.

Hawkins, J. D. 2011. The Inscriptions of the Aleppo Temple. *Anatolian Studies* 61: 35–54.

Heimpel, W. 2003. *Letters to the King of Mari: A New Translation, with Historical Introduction, Notes, and Commentary*. Winona Lake, IN: Eisenbrauns.

Heltzer, M. 1988. Sinaranu, Son of Siginu, and the Trade Relations between Ugarit and Crete. *Minos* 23: 7–13.

Heltzer, M. 1989. The Trade of Crete and Cyprus with Syria and Mesopotamia and Their Eastern Tin-Sources in the XVIII–XVII Centuries B.C. *Minos* 24: 7–28.

Hirschfeld, N. 1990. *Incised Marks on LH/ LM III Pottery*. M.A. Thesis, Institute of Nautical Archaeology, Texas A&M University.

Hirschfeld, N. 1992. Cypriot Marks on Mycenaean Pottery. In *Mykenaïka: Actes du IXe Colloque international sur les textes mycéniens et égéens, Athènes, 2–6 octobre 1990*, ed. J.-P. Olivier, 315–19. Paris: Diffusion de Bocard.

Hirschfeld, N. 1996. Cypriots in the Mycenaean Aegean. In *Atti e Memorie del Secondo Congresso Internazionale di Micenologia, Roma-Napoli, 14–20 Ottobre 1991*, ed. E. De Miro, L. Godart, and A. Sacconi, 1: 289–97. Rome/ Naples: Gruppo Editoriale Internatzionale.

Hirschfeld, N. 1999. *Potmarks of the Late Bronze Age Eastern Mediterranean*. Ph.D. Dissertation, University of Texas at Austin.

Hirschfeld, N. 2010. Cypro-Minoan. In *The Oxford Handbook of the Bronze Age Aegean*, ed. E. H. Cline, 373–84. New York: Oxford University Press.

Hitchcock, L. A. 2005. 'Who will personally invite a foreigner, unless he is a craftsman?': Exploring Interconnections in Aegean and Levantine Architecture. In *Emporia. Aegeans in the Central and Eastern Mediterranean. Proceedings of the 10th International Aegean Conference. Athens, Italian School of Archaeology, 14–18 April 2004*, ed. R. Laffineur and E. Greco, 691–99. Aegaeum 25. Liège: Université de Liège.

Hitchcock, L. A. 2008. 'Do you see a man skillful in his work? He will stand before kings': Interpreting Architectural Influences in the Bronze Age Mediterranean. *Ancient West and East* 7: 17–49.

Hitchcock, L. A. 2011. 'Transculturalism' as a Model for Examining Migration to Cyprus and Philistia at the End of the Bronze Age. *Ancient West and East* 10: 267–80. Hitchcock, L. A. In press. 'All the Cherethites, and all the Pelethites, and all the Gittites': A Current Assessment of the Evidence for the Minoan Connection with the Philistines. To be published in the *Proceedings of the 11th International Congress of Cretan Studies, 21–27 October 2011, Rethymnon, Crete*.

Hitchcock, L. A., and A. M. Maeir. 2013. Beyond Creolization and Hybridity: Entangled and Transcultural Identities in Philistia. *Archaeological Review from Cambridge* 28/ 1: 51–74.

Hoffmeier, J. K. 2005. *Ancient Israel in Sinai: The Evidence for the Authenticity of the Wilderness Tradition*. Oxford: Oxford University Press.

Hoffner, H. A., Jr. 1992. The Last Days of Khattusha. In *The Crisis Years: The 12th Century B.C.*, ed. W. A. Ward and M. S. Joukowsky, 46–52. Dubuque, IA: Kendall/ Hunt Publishing Co.

Hoffner, H. A., Jr. 2007. Hittite Laws. In *Law Collections from Mesopotamia and Asia Minor*, ed. M. T. Roth, 213–40. 2nd Edition. Atlanta: Scholars Press.

Hooker, J. T. 1982. The End of Pylos and the Linear B Evidence. *Studi micenei ed egeo- anatolici* 23: 209–17.

Houwink ten Cate, P.H.J. 1970. *The Records of the Early Hittite Empire (c. 1450–1380 B.C.)*. Istanbul: Nederlands Historisch-Archaeologisch Instituut in het

Nabije Oosten.

Huehnergard, J. 1999. The Akkadian Letters. In *Handbook of Ugaritic Studies*, ed. W.G.E. Watson and N. Wyatt, 375–89. Leiden: Brill.

Iacovou, M. 2008. Cultural and Political Configurations in Iron Age Cyprus: The Sequel to a Protohistoric Episode. *American Journal of Archaeology* 112/ 4: 625–57.

Iacovou, M. 2013. Aegean-Style Material Culture in Late Cypriot III: Minimal Evidence, Maximal Interpretation. In *The Philistines and Other "Sea Peoples" in Text and Archaeology*, ed. A. E. Killebrew and G. Lehmann, 585–618. Atlanta: Society of Biblical Literature.

Iakovidis, Sp. E. 1986. Destruction Horizons at Late Bronze Age Mycenae. In *Philia Epi eis Georgion E. Mylonan, v. A*, 233–60. Athens: Library of the Archaeological Society of Athens.

Janeway, B. 2006–7. The Nature and Extent of Aegean Contact at Tell Ta'yinat and Vicinity in the Early Iron Age: Evidence of the Sea Peoples? *Scripta Mediterranea* 27–28: 123–46.

Jennings, J. 2011. *Globalizations and the Ancient World*. Cambridge: Cambridge University Press.

Johnson, N. 2007. *Simply Complexity: A Clear Guide to Complexity Theory*. Oxford: OneWorld Publications.

Jung, R. 2009. "' Sie vernichteten sie, als ob sie niemals existiert hätten"— Was blieb von den Zerstörungen der Seevölker?' In *Schlachtfeldarchäologie / Battlefield Archaeology. 1. Mitteldeutscher Archäologentag vom 09. Bis 11. Oktober 2008 in Halle (Saale) (Tagungen des Landesmuseums für Vorgeschichte Halle 2)*, ed. H. Meller, 31–48. Halle (Saale): Landesmuseum für Vorgeschichte.

Jung, R. 2010. End of the Bronze Age. In *The Oxford Handbook of the Bronze Age Aegean*, ed. E. H. Cline, 171–84. New York: Oxford University Press.

Jung, R. 2011. Innovative Cooks and New Dishes: Cypriote Pottery in the 13th and 12th Centuries BC and Its Historical Interpretation. In *On Cooking Pots, Drinking Cups, Loomweights and Ethnicity in Bronze Age Cyprus and Neighbouring Regions. An International Archaeological Symposium Held in Nicosia, November 6th–7th 2010*, ed. V. Karageorghis and O. Kouka, 57–85. Nicosia: A. G. Leventis Foundation.

Jung, R. 2012. Can We Say, What's behind All Those Sherds? Ceramic Innovations in the Eastern Mediterranean at the End of the Second Millennium. In *Materiality and Social Practice: Transformative Capacities of Intercultural Encounters*, ed. J. Maran and P. W. Stockhammer, 104–20. Oxford: Oxbow Books.

Kahn, D. 2011. One Step Forward, Two Steps Backward: The Relations between

Amenhotep III, King of Egypt and Tushratta, King of Mitanni. In *Egypt, Canaan and Israel: History, Imperialism, Ideology and Literature: Proceedings of a Conference at the University of Haifa, 3–7 May 2009*, ed. S. Bar, D. Kahn, and J. J. Shirley, 136–54. Leiden: Brill.

Kahn, D. 2012. A Geo-Political and Historical Perspective of Merneptah's Policy in Canaan. In *The Ancient Near East in the 12th–10th Centuries BCE: Culture and History. Proceedings of the International Conference Held at the University of Haifa, 2–5 May, 2010*, ed. G. Galil, A. Gilboa, A. M. Maeir, and D. Kahn, 255–68. AOAT 392. Münster: Ugarit-Verlag.

Kammenhuber, A. 1961. *Hippologia hethitica*. Wiesbaden: O. Harrassowitz.

Kamrin, J. 2013. The Procession of "Asiatics" at Beni Hasan. In *Cultures in Contact: From Mesopotamia to the Mediterranean in the Second Millennium B.C.*, ed. J. Aruz, S. B. Graff, and Y. Rakic, 156–69. New York: Metropolitan Museum of Art.

Kaniewski, D., E. Paulissen, E. Van Campo, H. Weiss, T. Otto, J. Bretschneider, and K. Van Lerberghe. 2010. Late Second–Early First Millennium BC Abrupt Climate Changes in Coastal Syria and Their Possible Significance for the History of the Eastern Mediterranean. *Quaternary Research* 74: 207–15.

Kaniewski, D., E. Van Campo, K. Van Lerberghe, T. Boiy, K. Vansteenhuyse, G. Jans, K. Nys, H. Weiss, C. Morhange, T. Otto, and J. Bretschneider. 2011. The Sea Peoples, from Cuneiform Tablets to Carbon Dating. *PloS ONE* 6/6: e20232, http:// www.plosone.org/ article/ info% 3Adoi% 2F10.1371% 2Fjournal.pone. 0020232 (last accessed August 25, 2013).

Kaniewski, D., E. Van Campo, J. Guiot, S. Le Burel, T. Otto, and C. Baeteman. 2013. Environmental Roots of the Late Bronze Age Crisis. *PloS ONE* 8/8: e71004, http:// www.plosone.org/ article/ info% 3Adoi% 2F10.1371% 2Fjournal.pone. 0071004 (last accessed August 25, 2013).

Kaniewski, D., E. Van Campo, and H. Weiss. 2012. Drought Is a Recurring Challenge in the Middle East. *Proceedings of the National Academy of Sciences* 109/ 10: 3862–67.

Kantor, H. J. 1947. *The Aegean and the Orient in the Second Millennium BC*. AIA Monograph no. 1. Bloomington, IN: Principia Press.

Karageorghis, V. 1982. *Cyprus: From the Stone Age to the Romans*. London: Thames and Hudson.

Karageorghis, V. 1992. The Crisis Years: Cyprus. In *The Crisis Years: The 12th Century B.C.*, ed. W. A. Ward and M. S. Joukowsky, 79–86. Dubuque, IA: Kendall/ Hunt Publishing Co.

Karageorghis, V. 2011. What Happened in Cyprus c. 1200 BC: Hybridization,

Creolization or Immigration? An Introduction. In *On Cooking Pots, Drinking Cups, Loomweights and Ethnicity in Bronze Age Cyprus and Neighbouring Regions. An International Archaeological Symposium Held in Nicosia, November 6th–7th 2010*, ed. V. Karageorghis and O. Kouka, 19–28. Nicosia: A. G. Leventis Foundation.

Kelder, J. M. 2010. *The Kingdom of Mycenae: A Great Kingdom in the Late Bronze Age Aegean*. Bethesda, MD: CDL Press.

Kelder, J. M. 2012. Ahhiyawa and the World of the Great Kings: A Re-evaluation of Mycenaean Political Structures. *Talanta* 44: 1–12.

Keller, C. A. 2005. The Joint Reign of Hatshepsut and Thutmose III. In *Hatshepsut: From Queen to Pharaoh*, ed. C. Roehrig, 96–98. New Haven: Yale University Press.

Kempinski, A. 1989. *Megiddo: A City-State and Royal Centre in North Israel*. Munich: Verlag C. H. Beck.

Kilian, K. 1990. Mycenaean Colonization: Norm and Variety. In *Greek Colonists and Native Populations: Proceedings of the First Australian Congress of Classical Archaeology Held in Honour of Emeritus Professor A. D. Trendall*, ed. J.-P. Descoeudres, 445–67. Oxford: Clarendon Press.

Kilian, K. 1996. Earthquakes and Archaeological Context at 13th Century BC Tiryns. In *Archaeoseismology*, ed. S. Stiros and R. E. Jones, 63–68. Fitch Laboratory Occasional Papers 7. Athens: British School at Athens.

Killebrew, A. E. 1998. Ceramic Typology and Technology of Late Bronze II and Iron I Assemblages from Tel Miqne-Ekron: The Transition from Canaanite to Philistine Culture. In *Mediterranean Peoples in Transition: Thirteenth to Early Tenth Centuries BCE*, ed. S. Gitin, A. Mazar, and E. Stern, 379–405. Jerusalem: Israel Exploration Society.

Killebrew, A. E. 2000. Aegean-Style Early Philistine Pottery in Canaan during the Iron I Age: A Stylistic Analysis of Mycenaean IIIC: 1b Pottery and Its Associated Wares. In *The Sea Peoples and Their World: A Reassessment*, ed. E. D. Oren, 233–53. Philadelphia: University of Pennsylvania.

Killebrew, A. E. 2005. *Biblical Peoples and Ethnicity. An Archaeological Study of Egyptians, Canaanites, Philistines, and Early Israel 1300–1100 B.C.E.* Atlanta: Society of Biblical Literature.

Killebrew, A. E. 2006–7. The Philistines in Context: The Transmission and Appropriation of Mycenaean-Style Culture in the East Aegean, Southeastern Coastal Anatolia, and the Levant. *Scripta Mediterranea* 27–28: 245–66.

Killebrew, A. E. 2013. Early Philistine Pottery Technology at Tel Miqne-Ekron: Implications for the Late Bronze–Early Iron Age Transition in the Eastern Mediterranean. In *The Philistines and Other "Sea Peoples" in Text and Archaeology*, ed. A. E. Killebrew and G. Lehmann, 77–129. Atlanta: Society of Biblical Literature.

Killebrew, A. E. and G. Lehmann. 2013. Introduction: The World of the Philistines and Other "Sea Peoples." In *The Philistines and Other "Sea Peoples" in Text and Archaeology*, ed. A. E. Killebrew and G. Lehmann, 1–17. Atlanta: Society of Biblical Literature.

Killebrew, A. E. and Lehmann, G., eds. 2013. The Philistines and Other "Sea Peoples" in Text and Archaeology. Atlanta: Society of Biblical Literature.

Kitchen, K. A. 1965. Theban Topographical Lists, Old and New. *Orientalia* 34: 5–6.

Kitchen, K. A. 1966. Aegean Place Names in a List of Amenophis III. *Bulletin of the American Schools of Oriental Research* 191: 23–24.

Kitchen, K. A. 1982. *Pharaoh Triumphant: The Life and Times of Ramesses II*. Warminster: Aris & Phillips.

Kitchen, K. A. 2012. Ramesses III and the Ramesside Period. In *Ramesses III: The Life and Times of Egypt's Last Hero*, ed. E. H. Cline and D. O'Connor, 1–26. Ann Arbor: University of Michigan Press.

Knapp, A. B. 1991. Spice, Drugs, Grain and Grog: Organic Goods in Bronze Age East Mediterranean Trade. In *Bronze Age Trade in the Aegean*, ed. N. H. Gale, 21–68. Jonsered: Paul Åström Förlag.

Knapp, A. B. 2012. Matter of Fact: Transcultural Contacts in the Late Bronze Age Eastern Mediterranean. In *Materiality and Social Practice: Transformative Capacities of Intercultural Encounters*, ed. J. Maran and P. W. Stockhammer, 32–50. Oxford: Oxbow Books.

Kochavi, M. 1977. *Aphek-Antipatris: Five Seasons of Excavation at Tel Aphek-Antipatris (1972–1976)*. Tel Aviv: The Israel Exploration Society.

Kostoula, M., and J. Maran. 2012. A Group of Animal-Headed Faience Vessels from Tiryns. In *All the Wisdom of the East: Studies in Near Eastern Archaeology and History in Honor of Eliezer D. Oren*, ed. M. Gruber, S. Ahituv, G. Lehmann, and Z. Talshir, 193–234. Orbis Biblicus et Orientalis 255. Fribourg: Vandenhoeck & Ruprecht Göttingen.

Kuhrt, A. 1995. *The Ancient Near East c. 3000–330 BC*. Vol. 1. London: Routledge.

Lackenbacher, S. 1995a. La correspondence international dans les archives d'Ugarit. *Revue d'assyriologie et d'archéologie orientale* 89: 67–75.

Lackenbacher, S. 1995b. Une correspondance entre l'Administration du Pharaon

Merneptah et le Roi d'Ougarit. In *Le Pays d'Ougarit autour de 1200 av. J.-C.: Historie et archéologie. Actes du Colloque International; Paris, 28 juin–1er juillet 1993*, ed. M. Yon, M. Sznycer, and P. Bordreuil, 77–83. Paris: Éditions Recherche sur les Civilisations.

Lackenbacher, S., and F. Malbran-Labat. 2005. Ugarit et les Hittites dans les archives de la "Maison d'Urtenu." *Studi micenei ed egeo-anatolici* 47: 227–40.

Lagarce, J., and E. Lagarce. 1978. Découvertes archéologiques à Ras Ibn Hani près de Ras Shamra: un palais du roi d'Ugarit, des tablettes inscrites en caractères cuneiforms, un petit établissement des peoples de la mer et une ville hellénistique. *Comptes rendus de l'Académie des inscriptions et belles-lettres* 1978: 45–64.

Langgut, D., I. Finkelstein, and T. Litt. 2013. Climate and the Late Bronze Collapse: New Evidence from the Southern Levant. *Tel Aviv* 40: 149–75.

Latacz, J. 2004. *Troy and Homer: Towards a Solution of an Old Mystery*. Oxford: Oxford University Press.

Leach, J. W., and E. Leach, eds. 1983. *The Kula: New Perspectives on Massim Exchange*. Cambridge: Cambridge University Press.

Lebrun, R. 1995. Ougarit et le Hatti à la fin du XIIIe siècle av. J.-C. In *Le Pays d'Ougarit autour de 1200 av. J.-C.: Historie et archéologie. Actes du Colloque International; Paris, 28 juin–1er juillet 1993*, ed. M. Yon, M. Sznycer, and P. Bordreuil, 85–88. Paris: Éditions Recherche sur les Civilisations.

Lehmann, G. 2013. Aegean-Style Pottery in Syria and Lebanon during Iron Age I. In *The Philistines and Other "Sea Peoples" in Text and Archaeology*, ed. A. E. Killebrew and G. Lehmann, 265–328. Atlanta: Society of Biblical Literature.

Lemaire, A. 2012. West Semitic Epigraphy and the History of the Levant during the 12th–10th Centuries BCE. In *The Ancient Near East in the 12th–10th Centuries BCE: Culture and History. Proceedings of the International Conference Held at the University of Haifa, 2–5 May, 2010*, ed. G. Galil, A. Gilboa, A. M. Maeir, and D. Kahn, 291–307. AOAT 392. Münster: Ugarit-Verlag.

Liverani, M. 1987. The Collapse of the Near Eastern Regional System at the End of the Bronze Age: The Case of Syria. In *Centre and Periphery in the Ancient World*, ed. M. Rowlands, M. Larsen, and K. Kristiansen, 66–73. Cambridge: Cambridge University Press.

Liverani, M. 1990. *Prestige and Interest: International Relations in the Near East ca. 1600–1100 B.C.*. Padua: Sargon Press.

Liverani, M. 1995. La Fin d'Ougarit: Quand? Pourquoi? Comment? In *Le Pays d'Ougarit autour de 1200 av. J.-C.: Historie et archéologie. Actes du Colloque*

International; Paris, 28 juin–1er juillet 1993, ed. M. Yon, M. Sznycer, and P. Bordreuil, 113–17. Paris: Éditions Recherche sur les Civilisations.

Liverani, M. 2001. *International Relations in the Ancient Near East*, 1600–1100 BC. London: Palgrave.

Liverani, M. 2003. The Influence of Political Institutions on Trade in the Ancient Near East (Late Bronze to Early Iron Ages). In *Mercanti e politica nel Mondo Antico*, ed. C. Zaccagnini, 119–37. Rome: L'Erma di Bretschneider.

Liverani, M. 2009. Exploring Collapse. In *Scienze dell'antichità: Storia Archeologia Antropologia* 15: 15–22.

Loader, N. C. 1998. *Building in Cyclopean Masonry: With Special Reference to the Mycenaean Fortifications on Mainland Greece*. Jonsered: Paul Åströms Förlag.

Lolos, Y. G. 2003. Cypro-Mycenaean Relations ca. 1200 BC: Point Iria in the Gulf of Argos and Old Salamis in the Saronic Gulf. In *Sea Routes ... : Interconnections in the Mediterranean 16th–6th c. BC. Proceedings of the International Symposium Held at Rethymnon, Crete in September 29th–October 2nd 2002*, ed. N. Chr. Stampolidis and V. Karageorghis, 101–16. Athens: University of Crete and the A. G. Leventis Foundation.

Lorenz, E. N. 1969. Atmospheric Predictability as Revealed by Naturally Occurring Analogues. *Journal of the Atmospheric Sciences* 26/ 4: 636–46.

Lorenz, E. N. 1972. Predictability: Does the Flap of a Butterfly's Wings in Brazil Set Off a Tornado in Texas? Paper presented at the annual meeting of the American Association for the Advancement of Science.

Loud, G. 1939. *Megiddo Ivories*. Chicago: University of Chicago Press.

Loud, G. 1948. *Megiddo II: Season of 1935–39*. Chicago: University of Chicago Press.

Maeir, A. M., L. A. Hitchcock, and L. K. Horwitz. 2013. On the Constitution and Transformation of Philistine Identity. *Oxford Journal of Archaeology* 32/ 1: 1–38.

Malbran-Labat, F. 1995. La découverte épigraphique de 1994 à Ougarit (Les textes Akkadiens). *Studi micenei ed egeo-anatolici* 36: 103–11.

Malinowski, B. 1922. *Argonauts of the Western Pacific*. New York: Dutton.

Mallowan, A. C. (Agatha Christie). 1976. *Come, Tell Me How You Live*. New York: HarperCollins.

Manning, S. W. 1999. *A Test of Time: The Volcano of Thera and the Chronology and History of the Aegean and East Mediterranean in the Mid-second Millennium BC*. Oxford: Oxbow Books.

Manning, S. W. 2010. Eruption of Thera/ Santorini. In *The Oxford Handbook of the*

Bronze Age Aegean, ed. E. H. Cline, 457–74. New York: Oxford University Press.

Manning S. W., C. Pulak, B. Kromer, S. Talamo, C. Bronk Ramsey, and M. Dee. 2009. Absolute Age of the Uluburun Shipwreck: A Key Late Bronze Age Time-Capsule for the East Mediterranean. In *Tree-Rings, Kings, and Old World Archaeology and Environment*, ed. S. W. Manning and M. J. Bruce, 163–87. Oxford: Oxbow Books.

Maqdissi, al-, M., M. Badawy, J. Bretschneider, H. Hameeuw, G. Jans, K. Vansteenhuyse, G. Voet, and K. Van Lerberghe. 2008. The Occupation Levels of Tell Tweini and Their Historical Implications. In *Proceedings of the 51st Rencontre Assyriologique Internationale Held at the Oriental Institute of the University of Chicago, July 18–22, 2005*, ed. R. D. Biggs, J. Myers, and M. T. Roth, 341–50. Chicago: University of Chicago Press.

Maran, J. 2004. The Spreading of Objects and Ideas in the Late Bronze Age Eastern Mediterranean: Two Case Examples from the Argolid of the 13th and 12th Centuries B.C. *Bulletin of the American Schools of Oriental Research* 336: 11–30.

Maran, J. 2009. The Crisis Years? Reflections on Signs of Instability in the Last Decades of the Mycenaean Palaces. In *Scienze dell'antichità: Storia Archeologia Antropologia* 15: 241–62.

Maran, J. 2010. Tiryns. In *The Oxford Handbook of the Bronze Age Aegean*, ed. E. H. Cline, 722–34. New York: Oxford University Press.

Marom, N., and S. Zuckerman. 2012. The Zooarchaeology of Exclusion and Expropriation: Looking Up from the Lower City in Late Bronze Age Hazor. *Journal of Anthropological Archaeology* 31: 573–85.

Master, D. M., L. E. Stager, and A. Yasur-Landau. 2011. Chronological Observations at the Dawn of the Iron Age in Ashkelon. Egypt and the Levant 21: 261–80.

Mauss, M. 1990. *The Gift: The Form and Reason for Exchange in Archaic Societies*. New York: W. W. Norton.

McAnany, P. A., and N. Yoffee. 2010. *Questioning Collapse: Human Resilience, Ecological Vulnerability, and the Aftermath of Empire*. Cambridge: Cambridge University Press.

McCall, H. 2001. *The Life of Max Mallowan: Archaeology and Agatha Christie*. London: British Museum Press.

McClellan, T. L. 1992. Twelfth Century B.C. Syria: Comments on H. Sader's Paper. In *The Crisis Years: The 12th Century B.C.*, ed. W. A. Ward and M. S. Joukowsky, 164–73. Dubuque, IA: Kendall/ Hunt Publishing Co.

McGeough, K. M. 2007. *Exchange Relationships at Ugarit.* Leuven: Peeters.
McGeough, K. M. 2011. *Ugaritic Economic Tablets: Text, Translation and Notes.* Edited by Mark S. Smith. Leuven: Peeters.
Merola, M. 2007. Messages from the Dead. *Archaeology* 60/ 1: 20–27.
Middleton, G. D. 2010. *The Collapse of Palatial Society in LBA Greece and the Postpalatial Period.* BAR International Series 2110. Oxford: Archaeopress.
Middleton, G. D. 2012. Nothing Lasts Forever: Environmental Discourses on the Collapse of Past Societies. *Journal of Archaeological Research* 20: 257–307.
Millard, A. 1995. The Last Tablets of Ugarit. In *Le Pays d'Ougarit autour de 1200 av. J.-C.: Historie et archéologie. Actes du Colloque International; Paris, 28 juin–1er juillet 1993,* ed. M. Yon, M. Sznycer, and P. Bordreuil, 119–24. Paris: Éditions Recherche sur les Civilisations.
Millard, A. 2012. Scripts and Their Uses in the 12th–10th Centuries BCE. In *The Ancient Near East in the 12th–10th Centuries BCE: Culture and History. Proceedings of the International Conference Held at the University of Haifa, 2–5 May, 2010,* ed. G. Galil, A. Gilboa, A. M. Maeir, and D. Kahn, 405–12. AOAT 392. Münster: Ugarit-Verlag.
Miller, J. M., and J. H. Hayes. 2006. *A History of Ancient Israel and Judah.* 2nd Edition. Louisville, KY: Westminster John Knox Press.
Momigliano, N. 2009. *Duncan Mackenzie: A Cautious Canny Highlander and the Palace of Minos at Knossos.* Bulletin of the Institute of Classical Studies Supplement no. 72. London: University of London.
Monroe, C. M. 2009. *Scales of Fate: Trade, Tradition, and Transformation in the Eastern Mediterranean ca. 1350–1175 BCE.* Münster: Ugarit-Verlag.
Monroe, C. M. 2010. Sunk Costs at Late Bronze Age Uluburun. *Bulletin of the American Schools of Oriental Research* 357: 19–33.
Moran, W. L. 1992. *The Amarna Letters.* Baltimore: Johns Hopkins University Press.
Morandi Bonacossi, D. 2013. The Crisis of Qatna at the Beginning of the Late Bronze Age II and the Iron Age II Settlement Revival Towards the Collapse of the Late Bronze Age Palace System in the Northern Levant. In *Across the Border: Late Bronze–Iron Age Relations between Syria and Anatolia. Proceedings of a Symposium Held at the Research Center of Anatolian Studies, Koç University, Istanbul May 31–June 1, 2010,* ed. K.A. Yener, 113–46. Leuven: Peeters.
Mountjoy, P. A. 1997. The Destruction of the Palace at Pylos Reconsidered. *Annual of the British School at Athens* 92: 109–37.
Mountjoy, P.A. 1999a. The Destruction of Troia VIh. *Studia Troica* 9: 253–93.
Mountjoy, P. A. 1999b. Troia VII Reconsidered. *Studia Troica* 9: 295–346.

Mountjoy, P. A. 2005. The End of the Bronze Age at Enkomi, Cyprus: The Problem of Level IIIB. *Annual of the British School at Athens* 100: 125–214.
Mountjoy, P. A. 2006. Mykenische Keramik in Troia— Ein Überblick. In *Troia: Archäologie eines Siedlungshügels und seiner Landschaft*, ed. M. O. Korfman, 241–52. Mainz am Rhein: Philipp von Zabern.
Mountjoy, P. A. 2013. The Mycenaean IIIC Pottery at Tel Miqne-Ekron. In *The Philistines and Other "Sea Peoples" in Text and Archaeology*, ed. A. E. Killebrew and G. Lehmann, 53–75. Atlanta: Society of Biblical Literature.
Muhlenbruch, T. 2007. The Post-Palatial Settlement in the Lower Citadel of Tiryns. In *LH IIIC Chronology and Synchronisms II: LH IIIC Middle. Proceedings of the International Workshop Held at the Austrian Academy of Sciences at Vienna, October 29th and 30th, 2004*, ed. S. Deger-Jalkotzy and M. Zavadil, 243–51. Vienna: Verlag der Österreichischen Akademie der Wissenschaften.
Muhlenbruch, T. 2009. Tiryns— The Settlement and Its History in LH IIIC. In *LH IIIC Chronology and Synchronisms III: LH IIIC Late and the Transition to the Early Iron Age. Proceedings of the International Workshop Held at the Austrian Academy of Sciences at Vienna, February 23rd and 24th, 2007*, ed. S. Deger-Jalkotzy and E. Bächle, 313–26. Vienna: Verlag der Österreichischen Akademie der Wissenschaften.
Muhly, J. D. 1984. The Role of the Sea Peoples in Cyprus during the LC III Period. In *Cyprus at the Close of the Late Bronze Age*, ed. V. Karageorghis and J. D. Muhly, 39–56. Nicosia: Leventis.
Muhly, J. D. 1992. The Crisis Years in the Mediterranean World: Transition or Cultural Disintegration? In *The Crisis Years: The 12th Century B.C.*, ed. W. A. Ward and M. S. Joukowsky, 10–22. Dubuque, IA: Kendall/ Hunt Publishing Co. Murray, Sarah C. 2013. *Trade, Imports and Society in Early Greece*. Ph.D. Dissertation, Stanford University.
Mynářová, J. 2007. Language of Amarna— *Language of Diplomacy: Perspectives on the Amarna Letters*. Prague: Czech Institute of Egyptology.
Neve, P. J. 1989. Bogazkoy-Hattusha. New Results of the Excavations in the Upper City. Anatolica 16: 7–19. Newberry, P. E. 1893. Beni Hasan, vol. 1. *Archaeological Survey of Egypt* 1. London: Egypt Exploration Fund.
Nibbi, A. 1975. *The Sea Peoples and Egypt*. Park Ridge, NJ: Noyes Press.
Niemeier, W.-D. 1991. Minoan Artisans Travelling Overseas: The Alalakh Frescoes and the Painted Plaster Floor at Tel Kabri (Western Galilee). In *Thalassa: L'Égée prehistorique et la mer*, ed. R. Laffineur and L. Basch, 189–201. Aegaeum 7. Liège: Université de Liège.

Niemeier, W.-D. 1999. Mycenaeans and Hittites in War in Western Asia Minor. In *Polemos: Le contexte guerrier en Égée a l'âge du Bronze*, ed. R. Laffineur, 141–55. Liège: Université de Liège.

Niemeier, W.-D., and B. Niemeier. 1998. "Minoan Frescoes in the Eastern Mediterranean." In *The Aegean and the Orient in the Second Millennium*, ed. E. H. Cline and D. Harris-Cline, 69–97. Aegaeum 18. Liège: Université de Liège; Austin: University of Texas at Austin.

Nougayrol, J. 1956. *Textes accadiens des archives Sud*. Le Palais Royal d'Ugarit 4. Paris: Librairie C. Klincksieck.

Nougayrol, J., E. Laroche, C. Virolleaud, and C.F.A. Schaeffer. 1968. Ugaritica 5. Mission de Ras Shamra 16. Paris: Geuthner.

Nur, A., and D. Burgess. 2008. *Apocalypse: Earthquakes, Archaeology, and the Wrath of God*. Princeton, NJ: Princeton University Press.

Nur, A., and E. H. Cline. 2000. Poseidon's Horses: Plate Tectonics and Earthquake Storms in the Late Bronze Age Aegean and Eastern Mediterranean. *Journal of Archaeological Science* 27: 43–63.

Nur, A., and E. H. Cline. 2001. What Triggered the Collapse? Earthquake Storms. *Archaeology Odyssey* 4/ 5: 31–36, 62–63.

Nur, A., and H. Ron. 1997. Armageddon's Earthquakes. *International Geology Review* 39: 532–41.

Nyland, A. 2009. *The Kikkuli Method of Horse Training*. 2009 Revised Edition. Sydney: Maryannu Press.

O'Connor, D., and E. H. Cline, eds. 1998. *Amenhotep III: Perspectives on His Reign*. Ann Arbor: University of Michigan Press.

Oldfather, C. H. 1961. *Diodorus Siculus: Library of History*. Loeb Classical Library, vol. 303. Cambridge, MA: Harvard University Press.

Oren, E. D., ed. 1997. *The Hyksos: New Historical and Archaeological Perspectives*. Philadelphia: University of Pennsylvania.

Oren, E. D., ed. 2000. *The Sea Peoples and Their World: A Reassessment*. Philadelphia: University of Pennsylvania.

Palaima, T. G. 1991. Maritime Matters in the Linear B Tablets. In *Thalassa: L'Égée préhistorique et la mer*, ed. R. Laffineur and L. Basch, 273–310. Aegaeum 7. Liège: Université de Liège.

Palaima, T. G. 1995. The Last Days of the Pylos Polity. In *Politeia: Society and State in the Aegean Bronze Age*, ed. W.-D. Niemeier and R. Laffineur, 265–87. Aegaeum 12. Liège: Université de Liège.

Panagiotopoulos, D. 2006. Foreigners in Egypt in the Time of Hatshepsut and

Thutmose III. In *Thutmose III: A New Biography*, ed. E. H. Cline and D. O'Connor, 370–412. Ann Arbor: University of Michigan Press.

Pardee, D. 2003. Ugaritic Letters. In *The Context of Scripture*, vol. 3, *Archival Documents from the Biblical World*, ed. W. W. Hallo, 87–116. Leiden: E. J. Brill.

Paul, K. A. 2011. *Bronze Age Aegean Influence in the Mediterranean: Dissecting Reflections of Globalization in Prehistory*. MA Thesis, George Washington University.

Payton, R. 1991. The Ulu Burun Writing-Board Set. *Anatolian Studies* 41: 99–106.

Pendlebury, J.D.S. 1930. *Aegyptiaca: A Catalogue of Egyptian Objects in the Aegean Area*. Cambridge: Cambridge University Press.

Pfälzner, P. 2008a. Between the Aegean and Syria: The Wall Paintings from the Royal Palace of Qatna. In *Fundstellen Gesammelte Schriften zur Archäologie und Geschichte Altvorderasiens ad honorem Hartmut Kühne*, ed. D. Bonatz, R. M. Czichon, and F. J. Kreppner, 95–118. Wiesbaden: Harrassowitz.

Pfälzner, P. 2008b. The Royal Palace at Qatna: Power and Prestige in the Late Bronze Age. In *Beyond Babylon: Art, Trade, and Diplomacy in the Second Millennium B.C. Catalogue of an Exhibition at the Metropolitan Museum of Art, New York*, ed. J. Aruz, 219–21. New York: Metropolitan Museum of Art.

Phelps, W., Y. Lolos, and Y. Vichos, eds. 1999. *The Point Iria Wreck: Interconnections in the Mediterranean ca. 1200 BC*. Athens: Hellenic Institute of Marine Archaeology.

Phillips, J. 2008. *Aegyptiaca on the Island of Crete in Their Chronological Context: A Critical Review*. Vols. 1 and 2. Vienna: Verlag der Österreichischen Akademie der Wissenschaften/ Austrian Academy of Sciences Press.

Phillips, J., and E. H. Cline. 2005. Amenhotep III and Mycenae: New Evidence. In *Autochthon: Papers Presented to O.T.P.K. Dickinson on the Occasion of His Retirement*, ed. A. Dakouri-Hild and E. S. Sherratt, 317–28. BAR International Series 1432. Oxford: Archaeopress.

Pitard, W. T. 1999. The Written Sources: 2. The Alphabetic Ugaritic Tablets. In *Handbook of Ugaritic Studies*, ed. W.G.E. Watson and N. Wyatt, 46–57. Leiden: Brill.

Podany, A. H. 2010. *Brotherhood of Kings: How International Relations Shaped the Ancient Near East*. New York: Oxford University Press.

Porada, E. 1981. The Cylinder Seals Found at Thebes in Boeotia. *Archiv für Orientforschung* 28: 1–70, 77.

Porada, E. 1992. Sidelights on Life in the 13th and 12th Centuries B.C. in Assyria. In *The Crisis Years: The 12th Century B.C.*, ed. W. A. Ward and M. S. Joukowsky, 182–87. Dubuque, IA: Kendall/ Hunt Publishing Co.

Potts, D. T. 1999. *The Archaeology of Elam: Formation and Transformation of an Ancient Iranian State*. Cambridge: Cambridge University Press.

Pritchard, J. B., ed. 1969. *Ancient Near Eastern Texts Relating to the Old Testament*. Princeton, NJ: Princeton University Press.

Pulak, C. 1988. The Bronze Age Shipwreck at Ulu Burun, Turkey: 1985 Campaign. *American Journal of Archaeology* 92: 1–37.

Pulak, C. 1998. The Uluburun Shipwreck: An Overview. *International Journal of Nautical Archaeology* 27/3: 188–224.

Pulak, C. 1999. Shipwreck! Recovering 3,000-Year-Old Cargo. *Archaeology Odyssey* 2/4: 18–29, 59.

Pulak, C. 2005. Who Were the Mycenaeans Aboard the Uluburun Ship? In *Emporia. Aegeans in the Central and Eastern Mediterranean. Proceedings of the 10th International Aegean Conference. Athens, Italian School of Archaeology, 14–18 April 2004*, ed. R. Laffineur and E. Greco, 295–310. Aegaeum 25. Liège: Université de Liège.

Raban, A., and R. R. Stieglitz. 1991. The Sea Peoples and Their Contributions to Civilization. *Biblical Archaeology Review* 17/6: 35–42, 92–93.

Redford, D. B. 1967. *History and Chronology of the Eighteenth Dynasty of Egypt: Seven Studies*. Toronto: University of Toronto Press.

Redford, D. B. 1992. *Egypt, Canaan, and Israel in Ancient Times*. Princeton, NJ: Princeton University Press.

Redford, D. B. 1997. Textual Sources for the Hyksos Period. In *The Hyksos: New Historical and Archaeological Perspectives*, ed. E. Oren, 1–44. Philadelphia: University of Pennsylvania.

Redford, D. B. 2006. The Northern Wars of Thutmose III. In *Thutmose III: A New Biography*, ed. E. H. Cline and D. O'Connor, 325–41. Ann Arbor: University of Michigan Press.

Redford, S. 2002. *The Harem Conspiracy: The Murder of Ramesses III*. DeKalb: Northern Illinois University Press.

Reeves, N. 1990. *The Complete Tutankhamun*. London: Thames and Hudson.

Rehak, P. 1998. Aegean Natives in the Theban Tomb Paintings: The Keftiu Revisited. In *The Aegean and the Orient in the Second Millennium*, ed. E. H. Cline and D. Harris-Cline, 39–49. Aegaeum 18. Liège: Université de Liège.

Renfrew, C. 1979. Systems Collapse as Social Transformation. In *Transformations, Mathematical Approaches to Culture Change*, ed. C. Renfrew and K. L. Cooke, 481–506. New York: Academic Press.

Richter, T. 2005. Qatna in the Late Bronze Age: Preliminary Remarks. In *Studies on* the *Civilization and Culture of Nuzi and the Hurrians*, vol. 15, ed. D. L. Owen and G. Wilhelm, 109–26. Bethesda, MD: CDL Press.

Richter, T., and S. Lange. 2012. *Das Archiv des Idadda: Die Keilschrifttexte aus den deutsch-syrischen Ausgrabungen 2001–2003 im Königspalast von Qaṭna*. Qatna-Studien. Ergebnisse der Ausgrabungen 3. Wiesbaden: Harrassowitz.

Robbins, M. 2003. *Collapse of the Bronze Age: The Story of Greece, Troy, Israel, Egypt, and the Peoples of the Sea*. San Jose, CA: Authors Choice Press.

Roberts, R. G. 2008. *The Sea Peoples and Egypt*. Ph.D. Dissertation, University of Oxford.

Roberts, R. G. 2009. Identity, Choice, and the Year 8 Reliefs of Ramesses III at Medinet Habu. In *Forces of Transformation: The End of the Bronze Age in the Mediterranean*, ed. C. Bachhuber and R. G. Roberts, 60–68. Oxford: Oxbow Books.

Roehrig, C., ed. 2005. *Hatshepsut: From Queen to Pharaoh*, 75–81. New Haven: Yale University Press.

Rohling, E. J., A. Hayes, P. A. Mayewski, and M. Kucera. 2009. Holocene Climate Variability in the Eastern Mediterranean, and the End of the Bronze Age. In *Forces of Transformation: The End of the Bronze Age in the Mediterranean*, ed. C. Bachhuber and R. G. Roberts, 2–5. Oxford: Oxbow Books.

Roth, A. M. 2005. Hatshepsut's Mortuary Temple at Deir el-Bahri. In *Hatshepsut: From Queen to Pharaoh*, ed. C. Roehrig, 147–51. New Haven: Yale University Press.

Routledge, B., and K. McGeough. 2009. Just What Collapsed? A Network Perspective on 'Palatial' and 'Private' Trade at Ugarit. In *Forces of Transformation: The End of the Bronze Age in the Mediterranean*, ed. C. Bachhuber and R. G. Roberts, 22–29. Oxford: Oxbow Books.

Rubalcaba, J., and E. H. Cline. 2011. *Digging for Troy: From Homer to Hisarlik*. Watertown, MA: Charlesbridge.

Rutter, J. B. 1992. Cultural Novelties in the Post-Palatial Aegean: Indices of Vitality or Decline? In *The Crisis Years: The 12th Century B.C.*, ed. W. A. Ward and M. S. Joukowsky, 61–78. Dubuque, IA: Kendall/ Hunt Publishing Co.

Ryan, D. P. 2010. *Beneath the Sands of Egypt: Adventures of an Unconventional Archaeologist*. New York: HarperCollins Publishers.

Sandars, N. K. 1985. *The Sea Peoples: Warriors of the Ancient Mediterranean*. Revised Edition. London: Thames and Hudson.

Schaeffer, C.F.A. 1948. *Stratigraphie comparée et chronologie de l'Asie occidentale*. London: Oxford University Press. Schaeffer, C.F.A. 1962. *Ugaritica* 4. Mission de Ras Shamra 15. Paris: Geuthner.

Schaeffer, C.F.A. 1968. Commentaires sur les lettres et documents trouvés dans les bibliothèques privées d'Ugarit. In *Ugaritica* 5, 607–768. Paris: Geuthner.

Schliemann, H. 1878. *Mycenae*. Leipzig: F. A. Brockhaus.

Schulman, A. R. 1979. Diplomatic Marriage in the Egyptian New Kingdom. *Journal of Near Eastern Studies* 38: 177–93.

Schulman, A. R. 1988. Hittites, Helmets and Amarna: Akhenaten's First Hittite War. In *The Akhenaten Temple Project*, vol. 2, *Rwd-Mnw, Foreigners and Inscriptions*, ed. D. B. Redford, 54–79. Toronto: Akhenaten Temple Project.

Schwartz, G. M., and J. J. Nichols. 2006. *After Collapse: The Regeneration of Complex Societies*. Tucson: University of Arizona Press.

Seeher, J. 2001. Die Zerstörung der Stadt Hattusa. In *Akten IV. Internationalen Kongresses für Hethitologie. Würzburg, 4.–8. Oktober 1999*, ed. G. Wilhelm, 623–34. Wiesbaden: Harrassowitz.

Sharon, I., and A. Gilboa. 2013. The SKL Town: Dor in the Early Iron Age. In *The Philistines and Other "Sea Peoples" in Text and Archaeology*, ed. A. E. Killebrew and G. Lehmann, 393–468. Atlanta: Society of Biblical Literature.

Shelmerdine, C. W. 1998a. Where Do We Go from Here? And How Can the Linear B Tablets Help Us Get There? In *The Aegean and the Orient in the Second Millennium. Proceedings of the 50th Anniversary Symposium, Cincinnati, 18–20 April 1997*, ed. E. H. Cline and D. Harris-Cline, 291–99. Aegaeum 18. Liège: Université de Liège.

Shelmerdine, C. W. 1998b. The Palace and Its Operations. In *Sandy Pylos. An Archaeological History from Nestor to Navarino*, ed. J. L. Davis, 81–96. Austin: University of Texas Press.

Shelmerdine, C. W. 1999. Pylian Polemics: the Latest Evidence on Military Matters. In *Polemos: Le contexte en Égée à l'âge du Bronze. Actes la 7e Rencontre égéenne internationale (Liège 1998)*, ed. R. Laffineur, 403–8. Aegaeum 19. Liège: Université de Liège.

Shelmerdine, C. W. 2001. The Palatial Bronze Age of the Southern and Central Greek Mainland. In *Aegean Prehistory: A Review*, ed. T. Cullen, 329–82. Boston: Archaeological Institute of America.

Shelmerdine, C. W., ed. 2008. *The Cambridge Companion to the Aegean Bronze Age*. Cambridge: Cambridge University Press.

Sherratt, S. 1998. "Sea Peoples" and the Economic Structure of the Late Second Millennium in the Eastern Mediterranean. In *Mediterranean Peoples in Transition: Thirteenth to Early Tenth Centuries BCE*, ed. S. Gitin, A. Mazar, and E. Stern, 292–313. Jerusalem: Israel Exploration Society.

Sherratt, S. 2003. The Mediterranean Economy: "Globalization" at the End of the Second Millennium B.C.E. In *Symbiosis, Symbolism, and the Power of the Past: Canaan, Ancient Israel, and Their Neighbors from the Late Bronze Age through Roman Palaestina. Proceedings of the Centennial Symposium W. F. Albright Institute of Archaeological Research and American Schools of Oriental Research, Jerusalem, May 29–31, 2000*, ed. W. G. Dever and S. Gitin, 37–54. Winona Lake, IN: Eisenbrauns.

Sherratt, S. 2013. The Ceramic Phenomenon of the "Sea Peoples": An Overview. In *The Philistines and Other "Sea Peoples" in Text and Archaeology*, ed. A. E. Killebrew and G. Lehmann, 619–44. Atlanta: Society of Biblical Literature.

Shrimpton, G. 1987. Regional Drought and the Economic Decline of Mycenae. *Echos du monde classique* 31: 133–77.

Silberman, N. A. 1998. The Sea Peoples, the Victorians, and Us: Modern Social Ideology and Changing Archaeological Interpretations of the Late Bronze Age Collapse. In *Mediterranean Peoples in Transition: Thirteenth to Early Tenth Centuries BCE*, ed. S. Gitin, A. Mazar, and E. Stern, 268–75. Jerusalem: Israel Exploration Society.

Singer, I. 1999. A Political History of Ugarit. In *Handbook of Ugaritic Studies*, ed. W.G.E. Watson and N. Wyatt, 603–733. Leiden: Brill.

Singer, I. 2000. New Evidence on the End of the Hittite Empire. In *The Sea Peoples and Their World: A Reassessment*, ed. E. D. Oren, 21–33. Philadelphia: University of Pennsylvania.

Singer, I. 2001. The Fate of Hattusa during the Period of Tarhuntassa's Supremacy. In *Kulturgeschichten: altorientalistische Studien für Volkert Haas zum 65. Geburtstag*, 395–403. Saarbrücken: Saarbücker Druckerei und Verlag.

Singer, I. 2002. *Hittite Prayers*. Atlanta: Society of Biblical Literature.

Singer, I. 2006. Ships Bound for Lukka: A New Interpretation of the Companion Letters RS 94.2530 and RS 94.2523. *Altorientalische Forschungen* 33: 242–62.

Singer, I. 2012. The Philistines in the North and the Kingdom of Taita. In *The Ancient Near East in the 12th–10th Centuries BCE: Culture and History. Proceedings of the International Conference Held at the University of Haifa, 2–5 May, 2010*, ed. G. Galil, A. Gilboa, A. M. Maeir, and D. Kahn, 451–72. AOAT 392. Münster: Ugarit-Verlag.

Smith, P. 2004. Skeletal Remains from Level VI. In *The Renewed Archaeological Excavations at Lachish (1973–1994)*, ed. D. Ussishkin, 2504–7. Tel Aviv: Tel Aviv University.

Snape, S. R. 2012. The Legacy of Ramesses III and the Libyan Ascendancy. In

Ramesses III: The Life and Times of Egypt's Last Hero, ed. E. H. Cline and D. O'Connor, 404–41. Ann Arbor: University of Michigan Press.

Sørensen, A. H. 2009. Approaching Levantine Shores. Aspects of Cretan Contacts with Western Asia during the MM–LM I Periods. In *Proceedings of the Danish Institute at Athens 6*, ed. E. Hallager and S. Riisager, 9–55. Athens: Danish Institute at Athens.

Sourouzian, H. 2004. Beyond Memnon: Buried for More Than 3,300 Years, Remnants of Amenhotep III's Extraordinary Mortuary Temple at Kom el-Hettan Rise from beneath the Earth. ICON magazine, Summer 2004, 10–17.

Sourouzian, H., R. Stadelmann, N. Hampikian, M. Seco Alvarez, I. Noureddine, M. Elesawy, M. A. López Marcos, and C. Perzlmeier. 2006. Three Seasons of Work at the Temple of Amenhotep III at Kom El Hettan. Part III: Works in the Dewatered Area of the Peristyle Court and the Hypostyle Hall. *Annales du Service des antiquités de l'Egypte* 80: 401–88.

Stager, L. E. 1995. The Impact of the Sea Peoples in Canaan. In *The Archaeology of Society in the Holy Land*, ed. T. E. Levy, 332–48. London: Leicester University Press.

Steel, L. 2004. Cyprus before History: *From the Earliest Settlers to the End of the Bronze Age*. London: Gerald Duckworth & Co.

Steel, L. 2013. *Materiality and Consumption in the Bronze Age Mediterranean*. New York: Routledge.

Stern, E. 1994. Dor, *Ruler of the Seas: Twelve Years of Excavations at the Israelite-Phoenician Harbor Town on the Carmel Coast*. Jerusalem: Israel Exploration Society.

Stern, E. 1998. The Relations between the Sea Peoples and the Phoenicians in the Twelfth and Eleventh Centuries BCE. In *Mediterranean Peoples in Transition: Thirteenth to Early Tenth Centuries BCE*, ed. S. Gitin, A. Mazar, and E. Stern, 345–52. Jerusalem: Israel Exploration Society.

Stern, E. 2000. The Settlement of the Sea Peoples in Northern Israel. In *The Sea Peoples and Their World: A Reassessment*, ed. E. D. Oren, 197–212. Philadelphia: University of Pennsylvania.

Stern, E. 2012. Archaeological Remains of the Northern Sea People along the Sharon and Carmel Coasts and the Acco and Jezreel Valleys. In *The Ancient Near East in the 12th–10th Centuries BCE: Culture and History. Proceedings* of *the International Conference Held at the University of Haifa, 2–5 May, 2010*, ed. G. Galil, A. Gilboa, A. M. Maeir, and D. Kahn, 473–507. AOAT 392. Münster:

Ugarit-Verlag.
Stiros, S. C., and R. E. Jones, eds. 1996. *Archaeoseismology*. Fitch Laboratory Occasional Paper no. 7. Athens: British School at Athens.
Stockhammer, P. W. 2013. From Hybridity to Entanglement, from Essentialism to Practice. *Archaeological Review from Cambridge* 28/ 1: 11–28.
Strange, J. 1980. *Caphtor/ Keftiu*. Leiden: E. J. Brill.
Strauss, B. 2006. *The Trojan War: A New History*. New York : Simon & Schuster.
Strobel, K. 2013. Qadesh, Sea Peoples, and Anatolian-Levantine Interactions. In *Across the Border: Late Bronze–Iron Age Relations between Syria and Anatolia. Proceedings of a Symposium Held at the Research Center of Anatolian Studies, Koç University, Istanbul May 31–June 1, 2010*, ed. K. A. Yener, 501–38. Leuven: Peeters.
Tainter, J. A. 1988. *The Collapse of Complex Societies*. Cambridge: Cambridge University Press.
Taylour, W. D. 1969. Mycenae, 1968. *Antiquity* 43: 91–97.
Troy, L. 2006. Religion and Cult during the Time of Thutmose III. In *Thutmose III: A New Biography*, ed. E. H. Cline and D. O'Connor, 123–82. Ann Arbor: University of Michigan Press.
Trumpler, C. 2001. *Agatha Christie and Archaeology*. London: British Museum Press.
Tsountas, C., and J. I. Manatt. 1897. *The Mycenaean Age*. London: Macmillan and Co.
Tyldesley, J. 1998. *Hatchepsut: The Female Pharaoh*. London: Penguin Books.
Uberoi, J. P. Singh. 1962. *Politics of the Kula Ring*. Manchester: Manchester University Press.
Unal, A., A. Ertekin, and I. Ediz. 1991. The Hittite Sword from Bogazkoy—Hattusa, Found 1991, and Its Akkadian Inscription. Muze 4: 46–52.
Ussishkin, D. 1987. Lachish: Key to the Israelite Conquest of Canaan? *Biblical Archaeology Review* 13/ 1: 18–39.
Ussishkin, D. 1995. The Destruction of Megiddo at the End of the Late Bronze Age and Its Historical Significance. In *Mediterranean Peoples in Transition: Thirteenth to Early Tenth Centuries BCE*, ed. S. Gitin, A. Mazar, and E. Stern, 197–219. Jerusalem: Israel Exploration Society.
Ussishkin, D. 2004a. *The Renewed Archaeological Excavations at Lachish (1973–1994)*. Tel Aviv: Tel Aviv University.
Ussishkin, D. 2004b. A Synopsis of the Stratigraphical, Chronological and Historical Issues. In *The Renewed Archaeological Excavations at Lachish (1973–1994)*, ed. D. Ussishkin, 50–119. Tel Aviv: Tel Aviv University.
Ussishkin, D. 2004c. Area P: The Level VI Temple. In *The Renewed Archaeological*

Excavations at Lachish (1973–1994), ed. D. Ussishkin, 215–81. Tel Aviv: Tel Aviv University.

Ussishkin, D. 2004d. A Cache of Bronze Artefacts from Level VI. In *The Renewed Archaeological Excavations at Lachish (1973–1994)*, ed. D. Ussishkin, 1584–88. Tel Aviv: Tel Aviv University.

Vagnetti, L. 2000. Western Mediterranean Overview: Peninsular Italy, Sicily and Sardinia at the Time of the Sea Peoples. In *The Sea Peoples and Their World: A Reassessment*, ed. E. D. Oren, 305–26. Philadelphia: University of Pennsylvania.

Van De Mieroop, Marc. 2007. *A History of the Ancient Near East ca. 3000–323 BC*. 2nd Edition. Malden, MA: Blackwell Publishing.

van Soldt, W. 1991. *Studies in the Akkadian of Ugarit: Dating and Grammar*. Neukirchen: Neukirchener Verlag.

van Soldt, W. 1999. The Written Sources: 1. The Syllabic Akkadian Texts. In *Handbook of Ugaritic Studies*, ed. W.G.E. Watson and N. Wyatt, 28–45. Leiden: Brill.

Vansteenhuyse, K. 2010. The Bronze to Iron Age Transition at Tell Tweini (Syria). In *Societies in Transition: Evolutionary Processes in the Northern Levant between Late Bronze Age II and Early Iron Age. Papers Presented on the Occasion of the 20th Anniversary of the New Excavations in Tell Afis. Bologna, 15th November 2007*, ed. F. Venturi, 39–52. Bologna: Clueb.

Voskos, I., and A. B. Knapp. 2008. Cyprus at the End of the Late Bronze Age: Crisis and Colonization, or Continuity and Hybridization? *American Journal of Archaeology* 112: 659–84.

Wachsmann, S. 1987. *Aegeans in the Theban Tombs*. Orientalia Lovaniensia Analecta 20. Leuven: Uitgeverij Peeters.

Wachsmann, S. 1998. *Seagoing Ships & Seamanship in the Bronze Age Levant*. College Station: Texas A&M University Press.

Wallace, S. 2010. *Ancient Crete. From Successful Collapse to Democracy's Alternatives, Twelfth to Fifth Centuries BC*. Cambridge: Cambridge University Press.

Ward, W. A., and M. S. Joukowsky, eds. 1992. *The Crisis Years: The 12th century B.C. from beyond the Danube to the Tigris*. Dubuque, IA: Kendall/ Hunt Publishing Co.

Wardle, K. A., J. Crouwel, and E. French. 1973. A Group of Late Helladic IIIB 2 Pottery from within the Citadel at Mycenae: 'The Causeway Deposit.' Annual of the British School at Athens 68: 297–348.

Weinstein, J. 1989. The Gold Scarab of Nefertiti from Ulu Burun: Its Implications for Egyptian History and Egyptian-Aegean Relations. *American Journal of Archaeology* 93: 17–29.

Weinstein, J. 1992. The Collapse of the Egyptian Empire in the Southern Levant. In *The Crisis Years: The 12th Century B.C.*, ed. W. A. Ward and M. S. Joukowsky, 142–50. Dubuque, IA: Kendall/ Hunt Publishing Co.

Weiss, H. 2012. Quantifying Collapse: The Late Third Millennium BC. In *Seven Generations since the Fall of Akkad*, ed. H. Weiss, vii–24. Wiesbaden: Harrassowitz.

Wente, E. F. 2003a. The Quarrel of Apophis and Seknenre. In *The Literature of Ancient Egypt*, ed. W. K. Simpson, 69–71. New Haven: Yale University Press.

Wente, E. F. 2003b. The Report of Wenamun. In The Literature of Ancient Egypt, ed. W. K. Simpson, 116–24. New Haven: Yale University Press.

Wilson, J. 1969. The War against the Peoples of the Sea. In *Ancient Near Eastern Texts Relating to the Old Testament,* 3rd Edition with Supplement, ed. J. Pritchard, 262–63. Princeton, NJ: Princeton University Press.

Wood, M. 1996. In *Search of the Trojan War.* 2nd Edition. Berkeley: University of California Press.

Yakar, J. 2003. Identifying Migrations in the Archaeological Records of Anatolia. In *Identifying Changes: The Transition from Bronze to Iron Ages in Anatolia and Its Neighbouring Regions. Proceedings of the International Workshop, Istanbul, November 8–9, 2002*, ed. B. Fischer, H. Genz, E. Jean, and K. Köroğlu, 11–19. Istanbul: Türk Eskiçağ Bilimleri Enstitüsü Yayınları.

Yalçin, S. 2013. A Re-evaluation of the Late Bronze to Early Iron Age Transitional Period: Stratigraphic Sequence and Plain Ware of Tarsus-Gözlükule. In *Across the Border: Late Bronze–Iron Age Relations between Syria and Anatolia. Proceedings of a Symposium held at the Research Center of Anatolian Studies, Koç University, Istanbul May 31–June 1, 2010*, ed. K. A. Yener, 195–211. Leuven: Peeters.

Yasur-Landau, A. 2003a. One If by Sea … Two If by Land: How Did the Philistines Get to Canaan? Two: By Land— the Trek through Anatolia Followed a Well-Trod Route. *Biblical Archaeology Review* 29/ 2: 34–39, 66–67.

Yasur-Landau, A. 2003b. The Many Faces of Colonization: 12th Century Aegean Settlements in Cyprus and the Levant. *Mediterranean Archaeology and Archaeometry* 3/ 1: 45–54.

Yasur-Landau, A. 2003c. Why Can't We Find the Origin of the Philistines? In Search of the Source of a Peripheral Aegean Culture. In *The 2nd International Interdisciplinary Colloquium: The Periphery of the Mycenaean*

World. 26–30 September, Lamia 1999, ed. N. Kyparissi-Apostolika and M. Papakonstantinou, 578–98. Athens: Ministry of Culture.

Yasur-Landau, A. 2003d. The Absolute Chronology of the Late Helladic IIIC Period: A View from the Levant. In *LH IIIC Chronology and Synchronisms. Proceedings of the International Workshop Held at the Austrian Academy of Sciences at Vienna, May 7th and 8th, 2001*, ed. S. Deger-Jalkotzy and M. Zavadil, 235–44. Vienna: Verlag der Österreichischen Akademie der Wissenschaften.

Yasur-Landau, A. 2007. Let's Do the Time Warp Again: Migration Processes and the Absolute Chronology of the Philistine Settlement. In *The Synchronisation of Civilisations in the Eastern Mediterranean in the Second Millennium B.C. III, Proceedings of the SCIEM 2000— 2nd EuroConference, Vienna, 28th of May–1st of June 2003*, ed. M. Bietak and E. Czerny, 610–17. Vienna: Verlag der Österreichischen Akademie der Wissenschaften.

Yasur-Landau, A. 2010a. *The Philistines and Aegean Migration at the End of the Late Bronze Age*. Cambridge: Cambridge University Press.

Yasur-Landau, A. 2010b. On Birds and Dragons: A Note on the Sea Peoples and Mycenaean Ships. In *Pax Hethitica. Studies on the Hittites and Their Neighbours in Honor of Itamar Singer*, ed. Y. Cohen, A. Gilan, and J. L. Miller, 399–410. Wiesbaden: Harrassowitz Verlag.

Yasur-Landau, A. 2012a. The Role of the Canaanite Population in the Aegean Migration to the Southern Levant in the Late Second Millennium BCE. In *Materiality and Social Practice: Transformative Capacities of Intercultural Encounters*, ed. J. Maran and P. W. Stockhammer, 191–97. Oxford: Oxbow Books.

Yasur-Landau, A. 2012b. Chariots, Spears and Wagons: Anatolian and Aegean Elements in the Medinet Habu Land Battle Relief. In *The Ancient Near East in the 12th–10th Centuries BCE: Culture and History. Proceedings of the International Conference Held at the University of Haifa, 2–5 May, 2010*, ed. G. Galil, A. Gilboa, A. M. Maeir, and D. Kahn, 549–67. AOAT 392. Münster: Ugarit-Verlag.

Yener, K. A. 2013a. New Excavations at Alalakh: the 14th–12th Centuries BC. In *Across the Border: Late Bronze–Iron Age Relations between Syria and Anatolia. Proceedings of a Symposium held at the Research Center of Anatolian Studies, Koç University, Istanbul May 31–June 1, 2010*, ed. K.A. Yener, 11-35. Leuven: Peeters.

Yener, K. A. 2013b. Recent Excavations at Alalakh: Throne Embellishments in Middle Bronze Age Level VII. In *Cultures in Contact: From Mesopotamia to the Mediterranean in the Second Millennium B.C.*, ed. J. Aruz, S. B. Graff, and Y.

Rakic, 142–53. New York: Metropolitan Museum of Art.
Yoffee, N., and G. L. Cowgill, eds. 1988. *The Collapse of Ancient States and Civilization*. Tucson: University of Arizona.
Yon, M. 1992. The End of the Kingdom of Ugarit. In T*he Crisis Years: The 12th Century B.C.*, ed. W. A. Ward and M. S. Joukowsky, 111–22. Dubuque, IA: Kendall/ Hunt Publishing Co.
Yon, M. 2003. The Foreign Relations of Ugarit. In *Sea Routes ... : Interconnections in the Mediterranean 16th–6th c. BC. Proceedings of the International Symposium Held at Rethymnon, Crete in September 29th–October 2nd 2002*, ed. N. Chr. Stampolidis and V. Karageorghis, 41–51. Athens: University of Crete and the A. G. Leventis Foundation.
Yon, M. 2006. *The City of Ugarit at Tell Ras Shamra*. Winona Lake, IN: Eisenbrauns.
Yon, M., and D. Arnaud. 2001. *Études Ougaritiques I: Travaux 1985–1995*. Paris: Éditions Recherche sur les Civilisations.
Yon, M., M. Sznycer, and P. Bordreuil. 1955. *Le Pays d'Ougarit autour de 1200 av. J.-C.: Historie et archéologie. Actes du Colloque International; Paris, 28 juin–1er juillet 1993.* Paris: Éditions Recherche sur les Civilisations.
Zaccagnini, C. 1983. Patterns of Mobility among Ancient Near Eastern Craftsmen. *Journal of Near Eastern Studies* 42: 250–54.
Zeiger, A. 2012. 3,000-Year-Old Wheat Traces Said to Support Biblical Account of Israelite Conquest; Archaeologist Amnon Ben-Tor Claims Find at Tel Hazor Is a Remnant of Joshua's Military Campaign in 13th Century BCE. *Times of Israel*, July 23, 2012, http:// www.timesofisrael.com/ 3000-year-old-wheat-corroborates-biblical-narrative-archaeologist-claims/ (last accessed August 6, 2012).
Zertal, A. 2002. Philistine Kin Found in Early Israel. *Biblical Archaeology Review* 28/ 3: 18–31, 60–61.
Zettler, R. L. 1992. 12th Century B.C. Babylonia: Continuity and Change. In *The Crisis Years: The 12th Century B.C.*, ed. W. A. Ward and M. S. Joukowsky, 174–81. Dubuque, IA: Kendall/ Hunt Publishing Co.
Zink, A. R., et al. 2012. Revisiting the Harem Conspiracy and Death of Ramesses III: Anthropological, Forensic, Radiological, and Genetic Study. *British Medical Journal* 345 (2012): 345: e8268, http:// www.bmj.com/ content/ 345/ bmj.e8268 (last accessed August 25, 2013).
Zivie, A. 1987. *The Lost Tombs of Saqqara*. Cairo: American University in Cairo Press.
Zuckerman, S. 2006. Where Is the Hazor Archive Buried? *Biblical Archaeology Review* 32/ 2 (2006): 28–37.

Zuckerman, S. 2007a. Anatomy of a Destruction: Crisis Architecture, Termination Rituals and the Fall of Canaanite Hazor. *Journal of Mediterranean Archaeology* 20/ 1: 3–32.

Zuckerman, S. 2007b. Dating the Destruction of Canaanite Hazor *without* Mycenaean Pottery? In *The Synchronisation of Civilisations in the Eastern Mediterranean in the Second Millennium B.C. III, Proceedings of the SCIEM 2000—2nd EuroConference, Vienna, 28th of May–1st of June 2003*, ed. M. Bietak and E. Czerny, 621–29. Vienna: Verlag der Österreichischen Akademie der Wissenschaften.

Zuckerman, S. 2009. The Last Days of a Canaanite Kingdom: A View from Hazor. In *Forces of Transformation: The End of the Bronze Age in the Mediterranean*, ed. C. Bachhuber and R. G. Roberts, 100–107. Oxford: Oxbow Books.

Zuckerman, S. 2010. "The City, Its Gods Will Return There . . .": Toward an Alternative Interpretation of Hazor's Acropolis in the Late Bronze Age. *Journal of Near Eastern Studies* 69/ 2: 163–78.

Zwickel, W. 2012. The Change from Egyptian to Philistine Hegemony in South-Western Palestine during the Time of Ramesses III or IV. In *The Ancient Near East in the 12th–10th Centuries BCE: Culture and History. Proceedings of the International Conference Held at the University of Haifa, 2–5 May, 2010*, ed. G. Galil, A. Gilboa, A. M. Maeir, and D. Kahn, 595–601. AOAT 392. Münster: Ugarit-Verlag.

찾아보기

고대 인지명

가나안 Canaan 12, 19, 20, 28, 36, 41, 43, 46, 49, 50, 54, 56, 58, 64~66, 68, 71, 72, 82, 95, 98, 100, 103, 113, 116, 132, 138, 140, 142, 143, 145, 147, 158, 160~163, 165, 166, 168, 170, 171, 180, 186, 190, 203, 204, 206, 209, 214~216, 256, 257, 272~275, 278, 282, 285, 295, 300, 301
가우가멜라 Gaugamela 268
가이세리크 Geiseric 297
갈대아 우르 Ur of the Chaldees 22
갈리폴리 Gallipoli 75
갈릴리 Galilee 255
게제르 Gezer 166
겔리도니아 Gelidonya 138, 179, 180
고니아 Gonia 224
그라니쿠스 강 Granicus River 268
기발라 Gibala 201, 253, 269
기자 Giza 42
길가메시 Gilgamesh 113

나람신 Naram-Sin 218
나우플리온 Nauplion 91, 94
나일 강 Nile River 19, 31, 41, 58, 43, 85, 166, 296
나하린 Naharin 혹은 나하리나 Naharina 67
네샤 Nesha 73
네샤이트 Neshite 73
네쉬 Neshian 73
네스토르 궁전 Palace of Nestor 244, 298
네페르-네페루-아텐 Nefer-neferu-aten 143
네페르티티 Nefertiti 61, 116, 117, 130, 143, 144

넵마아트레 Neb-Ma'at-Re 97
누비아 Nubia 56, 91, 109, 142
니브무아레야 Nibmuareya 104
니코리아 Nichoria 224
닉마두 Niqmaddu 2세 187
닉마두 Niqmaddu 3세 190, 192
닉메파 Niqmepa 146, 147
니푸루리야 Niphururiya 128
님루드 Nimrud 144
님무레야 Nimmureya 108

다나안 사람 Danaans 23
다누나 Danuna 19, 22, 23, 27, 30, 271
다뉴브 강 Danube 276
다르다넬스 Dardanelles 75, 268
다바 Dab'a 41 -〉텔 에드다바
다윗(왕) David, King 71
다하문주 Dahamunzu 127
데이르 알라 Deir 'Alla 203
데이르 엘바하리 Deir el-Bahari 61, 238
도리아인 Dorians 258, 259
동고트 Ostrogoths 297
두탈리야 Duthaliya 70

라 Ra 101
라르나카 Larnaka 235
라모스 Ramose 151
라스 바시트 Ras Bassit 200, 239
라스 샴라 Ras Shamra 185
라스 이븐 하니 Ras Ibn Hani 200, 239, 240, 270
라오메돈 84
라이온 게이트 Lion Gate 78
라치쉬 Lachish 169, 204, 209~214

라코니아 Lakonia 224
라타키아 Lattakia 201
라파누 Rapanu 189, 190, 192, 194, 261, 263
람세스 Ramses 2세 37, 147, 148, 149~152, 163~165, 249
람세스 Ramses 3세 19, 21, 23, 24, 27, 30~32, 122, 196, 197, 201, 202, 205~208, 211~213, 215, 219, 220, 223, 232, 237~239, 266, 272, 273, 296, 297
람세스 Ramses 4세 120, 206, 208, 211, 272
람세스 Ramses 11세 239
람세스 Ramses 비문 20
레 Re 52, 53, 97, 149
레테누 Retenu 46
레프칸디 Lefkandi 224, 246
렉마이어 Rekhmire 55, 56, 58, 59
로도스 Rodos 58, 96, 132
로마 Rome 13, 16, 89, 297, 302
루카 Lukka 29, 30, 33, 192, 286
룩소르 Luxor 28, 89, 148, 166
리디아 Lydia 160
리비아 Libya 12, 13, 28~32
리키아 Lycia 83, 192, 286

마나파 타르훈타 Manapa-Tarhunta 153
마네토 Manetho 42
마라샨티야 Marassantiya 강 222
마로니 Maroni 231
마르사 마트루 Marsa Matruh 58
마리 Mari 47, 48, 49, 50, 66, 103, 104
마리야누 maryannu 67
마사트 후육 Masat Höyük 221
마아-팔레오카스트로 Maa-Palaeokstro 231, 232, 234
마야 Maya 13, 278
맨 E Man E 238
메기도 Megido 26, 64~66, 103, 165, 168, 169, 204~209, 211, 213, 214, 246
메넬라우스 Menelaus 155

메넬라이온 Menelaion 224, 246
메디넷 하부 Medinet Habu 21, 23~27
메르넵타 Merneptah 28, 30, 31, 37, 165, 166, 188, 192, 203, 232, 236, 249, 250, 251, 266, 296, 299
메르신 Mersin 221, 271
메세니아 Messenia 94, 224
메소포타미아 Mesopotamia 10, 12, 14, 32, 47, 49, 50, 54, 74, 85, 97, 123, 142, 156, 161, 172, 188, 216, 218, 296, 300
멘케페레세네브 Menkheperreseneb 59
멘케페르레 Men-Kheper-Re 53
멤논 Memnon 88, 89
멤피스 Memphis 160, 161
모세 Moses 57, 71
몽골 Mongols 13
무르실리 Mursili 1세 37, 74
무르실리 Mursili 2세 37, 123~126, 131
무와탈리 Muwattalli 2세 147, 150, 153
무키쉬 Mukish 125
미네트 엘베이다 185, 186, 188
미노스 Minos 52, 53
미노아 Minoa 41, 42, 46, 47, 49~55, 57, 59, 81, 85, 86, 94~96, 98, 100, 116, 132, 144, 158, 159, 278, 282, 285, 295
미노아 문명 Minoan Civilisation 52
미노아식 궁전 Minoan Palace 94
미노아인 Minoan 41, 42, 47, 50, 51, 53~55, 57, 81, 85, 94~96, 98, 100
미노안 탈라소크라시 Minoan Thalassocracy 53
미노타우로스 Minotauros 52
미데아 Midea 224, 230, 246, 247
미케네 Mycene 20, 30, 51, 52, 76~82, 84, 86, 91, 94~100, 116, 130~133, 139, 140, 144, 145, 152~161, 174, 177, 179, 188, 192, 202, 206, 216, 222~225, 227~231, 234, 235, 239, 246, 247, 249, 255, 257~259, 264, 270, 273, 278, 282, 283, 285, 288, 289, 295, 298
미케네 검 76

미케네인 51, 52, 78, 81, 82, 95, 96, 100, 132, 133
미타니 Mitanni 15, 66~68, 86, 103~108, 110, 115, 116, 125, 126, 131, 153, 173, 174, 295
밀라와타 편지 Milawata letter 176
밀레투스 Miletus 153, 160, 177
밀크스톤 milk stone 51

바닥샨 Badakhshan 14, 143
바디림 Bahdi-Lim 49
바빌로니아 Babylonia 86, 91, 95, 116, 126, 131, 173~175, 302
바빌론 Babylon 49, 74, 103, 108~110, 116, 118, 123, 132, 153, 172, 173, 176, 216~218, 239, 295
바알 Baal 187, 192
반달 Vandals 297
밧세바 Bathsheba 71
베니 하산 Beni Hasan 43
베델 Bethel 168
베르바티 Berbati 224, 225
베이 Bey 185, 186, 188, 191, 196
베트 샨 Beth Shan 203
벨레로폰 Bellerophon 83
보이오티아 Boeotia 94, 174, 224
부르나 부리아쉬 Burna-Buriash 2세 105, 110, 111, 116, 217
불카리아 Voulkaria 호수 254
브라우론 Brauron 224
블레셋 171, 273, 300 ->필리스티아
비리디야 Biridiya 103
비리야와자 Biriyawaza 111
빈-야수바 Bin-yasuba 147

사라 Sarah 71 ->아브라함
사르디니아 Sardinia 19, 23, 30, 248, 273
사우쉬타타르 Saushtatar 68, 116
사카라 Saqqara 119
산토리니 Santorini 화산 167, 168
살무 Salmu 111

상이집트 upper Egypt 44, 45, 56, 119 ->이집트
샤르다나 Shardana 19, 22, 23, 24, 27, 29, 30, 271
샤우쉬가무와 Shaushgamuwa 175
샤티와자 Shattiwaza 126
샤프트 그레이브 shaft graves 79, 81
샬마네제르 Shalmaneser 1세 173
서고트 Visigoth 297
서로마 Western Rome 297, 299
선형문자B 52, 80, 159, 160, 161, 226, 273
세넨무트 Senenmut 55, 61
세드 Sed 56
세르덴 Sherden 29, 30
세웨세렌레 Seweserenre 52
세크넨레 Seknenre 43, 44, 45
세티 Seti 1세 163
세티 Seti 2세 203, 237
셈족 Semites 43, 162
셰켈레쉬 Shekelesh 19, 22, 23, 28~30, 266, 267, 271
소레크 Soreq 동굴 254
솔로몬 Solomon 71, 164
쇼셴크 Shoshenq 32
쇼슈 베두인 Shoshu Bedouin 148
수무르 Ṣumur 202
수사 Susa 218
수필루리우마 Suppiluliuma 1세 74, 75, 102, 118, 122~132, 147, 173, 179
수필루리우마 Suppiluliuma 2세 72~179, 188, 192, 231, 233, 250, 267, 268
수필루리우마의 조서 124, 126, 127, 128, 129
쉬샤크 Shishak 32
쉬킬라 Shikila 266, 267
슈타르나 Shuttarna 2세 116
슈트룩-나훈테 Shutruk-Nahunte 216, 217, 218
스카라베 scarabée 96, 98, 142~144, 203, 211, 212, 215
스파르타 Sparta 155, 303
스펠레오뎀 speleothems 254
시기누 Siginu 146

시나라누 Sinaranu 145, 146, 147, 150, 188, 189
시돈 Sidon 188, 191, 194
시칠리아 Sicilia 19, 23, 30, 248, 273
시킬 Sikil 271
신다 Sinda 231, 232
실로 silo 215
킬리키아 Cillicia 268, 269
십타 Siptah 196

아가멤논 Agamemnon 79, 83, 155
아니스 Anise 48
아다드-니라리 Adad-nirari 1세 173
아라드 Arad 160
아람 Aram 303
아르골리드 Argolid 179, 224, 229, 230
아르바드 Arvad 160
아르자와 Arzawa 22, 37, 108, 123, 268
아마게돈 Armageddon 26, 64, 204
아마르나 Amarna 53, 100~104, 106~110, 114, 115, 117, 140, 161, 162, 169, 172, 299
아메네모페의 용어집 Onomasticon of Amenemope 271
아멘호텝 Amenhotep 3세 15, 55, 62, 68, 89, 91, 95~101, 103, 104, 106~110, 114, 115, 122, 123, 127, 133, 153, 162, 187, 299
아모라이트 Amorite 71
아흐모세 Ahmose 46, 60
아무루 Amurru 22, 23, 37, 105, 148, 172, 175, 187, 188, 202
아문 신전 Temple of Amun 57, 59, 64, 151
아문 Amun 101, 150
아문 Amun 부대 148, 149
아바리스 Abaris 41~46
아부 심벨 Abu Simbel 148
아브라함 Abraham 22
아비도스 Abydos 148
아수르 우발리트 Assur uballit 1세 15, 37, 114, 116, 173
아수르 Assur 68, 173

아수와 Assuwa 63, 69, 70, 75, 76, 77, 82, 83, 84, 154
아쉬도드 Ashdod 214, 246, 271, 273, 274
아쉬켈론 Ashkelon 166, 214, 215, 271, 272, 273, 274
아이 Ay 115, 130, 131, 168
아이아스 Aias 83
아이오스 스테파노스 Ayios Stephanos 224
아카드 186, 189, 191, 218
아카드어 Akkadian 47, 70, 80, 82, 103, 127, 145, 146, 151, 159, 160, 161, 186, 189, 191
아케나텐 Akhenaten 53, 101,~103, 105, 107, 108, 110, 111, 114~118, 123, 125, 130, 143, 153, 162, 187, 299
아케타텐 Akhetaten 101, 102, 117
아코 Akko 203, 246, 252, 271
아크로폴리스 Acropolis 225, 247
아킬레우스 Achilles 79, 83, 89
아테네 Athen 226, 258, 303
아텐 Aten 101, 102, 143
아트레우스 Atreus 246
아티카 Attica 224
아페르-엘 Aper-El 162
아펙 Aphek 245
아포피스 Apophis 43, 44, 45
아히야와 Ahhiyawa 75, 77, 78, 82, 84, 153, 154, 172, 176, 177, 192
안크세나멘 Ankhsenamen 75, 122, 130
알라리크 Alaric 297
알라쉬야 Alashiya 22, 36, 63, 114, 160, 178, 190, 192, 194, 233, 267, 268
알라카 후윅 Alaca Höyük 221
알랄라크 Alalakh 41, 113, 125, 219
알리샤르 Alishar 221
암니사 Amnisa 94
암니소스 Amnisos 94, 95
암무라피 Ammurapi 187, 192, 195, 196, 250, 267
암미스탐루Ammistamru 1세 37, 187

암미스탐루Ammistamru 2세 37, 146, 147, 190, 191, 194
압 Ab 109
압디헤파 Abdi-Hepa 103
앗시리아 Assyria 15, 67, 68, 72, 86, 91, 103, 106, 114~116, 131, 132, 153, 172~176, 188, 191, 277, 278, 282, 295, 300, 302
앙카라 Ankara 22, 69
야노암 Yanoam 166
야딘 Yadin 256
야푸실리 Yapusili 151
야질리카야 Yazilikaya, 172
얍니누 Yabninu 189
에게 해 목록 Aegean List 90, 91, 92, 93, 96, 98, 100
에리트레아 Eritrea 62
에마르 Emar 191, 195, 197, 200, 251
에슈와라 Eshuwara 261
에우트레시스 Eutresis 224
에크론 Ekron 214, 215, 272, 274
에크웨쉬 Eqwesh 29, 30
에트루리아 Etruria 30
에티 Eti 62
에티오피아 Ethiopia 89
에프론 Ephron 71
에픽 사이클 Epic Cycle 154
엑소더스 Exodus 161, 167 -〉출애굽기
엔릴 Enlil -〉카다쉬만 엔릴 1세
엔릴-나딘-슈미 Enlil-nadin-shumi 174
엔코미 Enkomi 231, 232, 233, 246
엘 El 187
엘람 Elam 37, 174, 216, 217, 218
여리고 Jericho 169
여호수아 Joshua 168, 212
예부사이트 Jebusite 71
예수살렘 Jerusalem 103
예즈레엘 Jezreel 65, 204
오도아케르 Odoacer 297
오디세이아 Odyssey 89, 113

오르코메노스 Orchomenos 224
옥스하이드 잉곳 oxhide ingot 114, 137
와낙스 wanax 298
와슈카니 Washukanni 67, 68, 116, 125, 173
왕들의 계곡 King's Valley 64, 89, 92, 119, 120, 148, 163, 166
요셉 Joseph 163
요크네암 Yokneam 65, 66
욘 186, 195
우가리트 Ugarit 10, 32, 37, 50, 105, 106, 123, 138, 145~147, 150, 159~161, 177, 185~197, 200, 201, 206, 233, 239, 240, 244~246, 250~252, 259~263, 265~267, 269, 283, 286, 296, 298, 299
우가리트 상인 187, 189
우가리트어 185, 186, 187, 189, 191
우가리트학 187
우르테누 Urtenu 191, 193, 194, 195, 196, 251, 261, 263, 267
우리야 Uriah 71
우스나투 Ušnatu 194
우시마레 세테펜레 Usimare Setepenre 152
우세르-마아트-레 세테펜-레 User-maat-re Setep-en-re 164
울루부룬 Uluburun 136, 137, 138, 139, 140, 141, 142, 145, 146, 180
웨나문 Wenamun 보고서 236, 239, 271
웨세쉬 Weshesh 19, 22, 27
윌루사 Wilusa 154
윌루시야 Wilusiya 75, 76
유대인 Jews 152, 162, 163, 165, 170, 171
유프라테스 Euphrates 47, 48, 67, 68
이다다 Idadda 126
이리야 Iria 179
이비라나 Ibirana 191
이수스 Issus 268
이스라엘 Istael 10, 12, 19, 26, 28, 40, 41, 43, 46, 54, 71, 113, 138, 161, 162, 165~168, 170~172, 203, 204, 209, 212, 245, 254~256,

찾아보기 *381*

271, 300, 301, 303
이시 Isy 63
이집트 Egypt 138,
이집트 삼각주 26
이집트어 53, 80, 93, 127, 151, 160, 186
이집트인 9, 24, 28, 31, 41, 43, 46, 59, 63, 65, 66, 82, 90, 95, 101, 102, 117, 129
이집트학 91, 93, 97, 119, 122
인도유럽어족 Indoeuropean 67, 73
일리아스 Ilias 70, 83, 89, 113, 223
일리오스 Ilios 76, 84
입나두슈 Ibnadushu 267

자난자 Zannanza 122, 126, 129, 130
전염병 기도문 Plague Prayers 123, 131
제리코 Jericho 169--〉여리고
제케르 Tjekker 19, 22, 27, 271
주-아스타르티 Zu-Aštarti 194
지구리스 Zygouries 224, 225
짐리림 Zimri-Lim 47, 48

쵸운기자 Tsoungiza 224
쵸운타스 하우스 Tsounta's House 227
출애굽기 162, 163

카네쉬 Kanesh 73
카다쉬만 엔릴 Kadashman-Enlil 1세 108~110
카데쉬 Qadesh, 59, 147~152
카라오글란 Karaoglan 221, 246
카르낙 Karnak 28, 57, 64, 148, 151
카르케미쉬 Carchemish 68
카르투쉬 cartouche 96
카르멜 해안 Carmel Coast 271
카모세 Kamose 42, 45, 46
카브리 Kabri 41
카쉬카 Kashka 73, 220, 221, 277
카쉬틸리아슈 Kashtiliashu 4세 173
카스타나스 Kastanas 246
카시트 Kassite 74, 86, 95, 108, 109, 110, 116,

131, 173, 217, 218, 278
카이로 기둥 Cairo Column 28
카트 Khatte 22, 33, 219, 224
카파도키아 Cappadocia 73
카프토르 Caphtor 혹은 Kaptaru 49
칼라바소스-아이오스 디미트리오스 Kalavasos-Ayios Dhimitrios 231
칼케미쉬 Carchemish 22, 151, 188, 190, 191, 260, 261
캇삼바 Katsamba 53
케팔라 힐 Kephala Hill 51
케프티우 Keftiu 49, 53, 56, 57, 59, 63, 91, 93, 94
켈루 헤파 Kelu-Hepa 104, 107
켈리야 Keliya 104
코드 Qode 22
코라코우 Korakou 224, 246
코린티아 Corinthia 224
코모스 Kommos 139
콤엘헤탄 Kom el-Hetan 89, 93, 133
콰트나 Qatna 41, 113, 126, 113, 125, 126
쿠누사 Kunusa 94
쿠룬타 Kurunta 220
쿠리갈주 Kurigalzu 1세 108, 217
쿠리갈주 Kurigalzu 2세 116
쿠마르비 kumarbi 신화 113
쿠쉬메슈샤 kushmeshusha 192
쿠쿨리 Kukkuli 76
쿨라 링 Kula Ring 112
퀼테페 Kültepe 73
크노소스 Knossos 40, 51~54, 80, 91, 94, 100, 139, 159, 160
크니두스 knidus 160
크라티아 Kratia 53
크레타 Creta 24, 40, 41, 46, 47, 49, 50~58, 79, 81, 85, 93~96, 98, 100, 131, 139, 145~147, 150, 188, 234
클레오파트라 Cleopatra 61
키노스 Kynos 224, 246
키도니아 Kydonia 91, 94

키레니야 Kyrenia 141
키얀 Khyan 52
키주와드나 Kizzuwadna 22
키쿨리 Kikkuli 67, 68
키클라데스 Cyclades 제도 58, 131
키클로프 Cyclope 158
키테라 Kythera 91, 94, 95
키티온 Kition 231, 232
키프로스 Cyprus 19, 20, 22, 32, 33, 36, 54, 58,
    63, 86, 98, 100, 103, 106, 114, 116, 131,
    132, 139, 141, 142, 156, 158~160, 177~180,
    188~192, 196, 210, 231~236, 239, 240, 246,
    253, 254, 261, 268, 272, 273, 275, 278, 282,
    283, 285, 295, 296
키프로스-미노아어 Cypro-minoan 189

타나자 Tanaja 59, 82, 91, 93, 94
타두 헤파 Tadu-Hepa 107, 108
타루이사 Taruisa 75, 76
타르수스 Tarsus 221, 269
타르신 Tarsin 271
타르쿤다라두 Tarkhundaradu 108
타르훈타사 Tarhuntassa 220, 268
타아나크 Ta'anach 65, 66
타와갈라와 Tawagalawa 153, 154
탈라소스 Thalassos 53
탐무즈 Tammu 109
테네후 Tehenu 29, 31, 166
테레빈유 Terebinth resin 140, 142
테레쉬 Teresh 29, 30
테베 Thebes 14, 45, 80, 94, 97, 174, 224, 225,
    246
테살리 Thessaly 246
테오고니 Theogony(신통기) 113
테이코스 디마이온 Teikhos Dymaion 224
텔 도르 Tel Dor 271
텔 미크네 Tel Miqne 215
텔 미쉬리페 Tell Mishrife 125
텔 아차나 Tell Atchana 219

텔 알파카리예 Tell al-Fakhariyeh 67
텔 에드다바 Tell ed-Dab'a 41
텔 카브리 Tel Kabri 113
텔 카젤 Tell Kazel 202
텔 타이나트 Tell Ta'yinat 271
텔 트웨이니 Tell Tweini, ancient Gibala 201,
    253, 269
텔 에다바 Tell ed-Dab'a 85
텔 에스-사피 Tell es-Safi 24
텔 엘보르그 Tell el-Borg 167
텔 엘아마르나 Tell el-Amarna 101
투닙 이브리 Tunib-ibri 104
투드할리야 Tudhaliya 1세 /2세 37, 70, 75~77,
    122
투드할리야 Tudhaliya 4세 37, 172, 174~178,
    191, 194, 219, 233, 277
투쉬라타 Tushratta 15, 104, 105, 106, 107, 108,
    110, 125, 126
투스레트 Twosret 203, 237
투쿨티 닌우르타 Tukulti-Ninurta 37, 173, 174,
    191, 277
투키디데스 Thucydides 53, 258
투탕카멘 Tutankhamen 10, 115, 118
투트 Tut 75, 116, 118, 119, 120, 121, 122, 130
투트모세 Thutmose 41, 42, 46, 50, 53, 55, 56,
    57, 59, 60, 61, 62, 63, 64, 65, 66, 67, 68, 69,
    84, 85, 86, 93, 96, 118, 165
튜니프 Tunip 59
트로드 Troad 76, 154
트로브리안드 Trobriand 112
트로이 Troy 51, 70, 75, 76, 78~80, 82~84, 89,
    130, 152, 154~157, 160, 161, 219, 222~225,
    245, 246, 268, 278
티그리스 Tigris 47
티르 Tyre 160, 188, 191,
티린스 Tiryns 79, 80, 83, 157, 158, 159, 189, 224,
    225, 229, 230, 231, 246, 247, 258, 264
티이 Tiyi 96, 98, 118
티티 Tity 57

틸리 테숩 Tili-Teshub 151

파나기아 하우스 Panagia House 227
파리스 Paris 154, 155
파마후 Pamahu 111
파우사니아스 Pausanias 258
파이스토스 Phaistos 94
파카나나 Pa-ka-na-na 46
파피루스 하리스 Papyrus Harris 27
판관기(사사기) 168
팔레스타인 24, 214 -〉필리스티아
페니키아 Phoenicia 61, 160, 171, 186, 188, 272, 300, 301, 303
페니키아 문자 186
페니키아인 301
페루네페르 Peru-nefer 41, 42, 46
페르시아 Persia 195
페테르 네베 Peter Neve 73
펜타폴리스 Philistine Pentapolis, 214, 271
펠레셋 Peleset 19, 22, 24, 27, 271
펠로폰네소스 Peloponnesos 158
포키스 Phokis 224
폴렌 코어 pollen core 254
푼트 Punt 56, 61, 62
프레스코 Fresco 40, 41, 42
프로심나 Prosymna 224, 225
프로테우스 Proteus 83
프로피티스 엘리아스 Profitis Elias 246
프리암 Priam 154, 156, 157
피야마라두 Piyamaradu 153
피톰 Pithom 163, 165
필라-코키노크레모스 Pyla-Kokkinkremos 232, 234
필로스 Pylos 80, 139, 140, 145, 159, 160, 224, 225, 226, 227, 244, 246, 258, 298
필리스티아 Philistia 71, 214~216, 270, 271, 273~275, 300
필리스티아 5국 Philistia Pentapolis -〉 펜타폴리스

하누티 Hanutti 126
하니 Hani 127, 128
하니갈바트 Hanigalbat 67, 115
하이집트 Lower Egypt 41, 44, 56
하조르 Hazor 167, 168, 169, 170, 209, 214, 256, 257
하투사 지티 Hattusa-ziti 127
하투사 Hattusa 14, 67~70, 73, 76~78, 82, 127, 151, 153, 161, 172, 178, 219~221, 246, 268, 277, 299
하투실리 Hattusili 1세 37, 73, 74
하투실리 Hattusili 3세 37, 150, 151, 153, 176
하트셉수 Hatshepsu 61
하트셉수트 Hatshepsut 46, 50, 55, 56, 60, 61, 62, 64, 86, 93, 96, 118, 238, 295
하티 Hatti 104, 124, 147, 149, 151, 152, 166, 191
할라 술탄 테케 Hala Sultan Tekke 235
할리카르나수스 Halikarnassus 160
함무라비 Hammurabi 49, 74, 218
헤라클레스 84
헤라클리온 Heraklion 51
헤로도토스 Herodotos 258
헤시오도스 Hesiodos 113
헤카우 카수트 hekau khasut 42
헥토르 Hector 83
헬레나 Helen 155
헬리오폴리스 Heliopolis 28
호메로스 Homeros 23, 30, 70, 83, 84, 89, 144, 154, 155, 156, 223, 278
홍해 167, 168
후르리 Hurry 67, 159, 166
후르리어 186
후리그 수루지안 Hourig Sourouzian 93
히바이트 Hivites 71
히사를리크 Hisarlik 78, 156
히야와 Hiyawa 82, 192
히타이트 Hittites 10, 15, 20, 22, 59, 67~77, 80, 82~86, 91, 95, 102, 103, 106, 113, 116, 122, 123, 125~127, 130~133, 147~156, 158,

160, 172, 173~177, 179, 186~189, 191, 192, 194, 201, 219~222, 231, 233, 236, 249, 250, 260, 261, 267~269, 277, 278, 282, 285, 288, 295, 296, 300, 302
히타이트어 80, 186, 192
힉소스 Hyksos 41, 42, 43, 44, 45, 46, 52, 81, 85, 162

현대 인명

기븐, 에드워드 Gibbon, Edward 13
다이아몬드, 재러드 Diamond, Jared 13, 287
다크, 켄 Dark, Ken 288
데버, 윌리엄 Dever, William 301
데이비스, 잭 Davis, Jack 226, 298
도탄, 트루드 Dothan, Trude 215
되르프펠트, 빌헬름 Dörpfeld, Wilhelm 156
드레이크, 브랜든 Drake, Brandon 254, 255, 256, 281
드류스, 로버트 Drews, Robert 278, 281
랑, 마블 Lang, Mabel 225
렌프류, 콜린 Renfrew, Colin 276, 277, 278
루터, 제레미 Rutter, Jeremy 225
리베라니, 마리오 Liverani, Mario 279
리트, 토마스 Litt, Thomas 255
마란, 조셉 Maran, Joseph 229, 230, 298
마스페로, 가스통 Maspero, Gaston 35
마운트조이, 피넬로피 Mountjoy, Penelope 222, 223
말리노스키, 브로니슬로 Malinowski, Bronislaw 112
맥켄지, 던컨 Mackenzie, Duncan 52
몬로, 크리스토퍼 Monroe, Christopher 259, 260, 279, 280, 281, 301
물리, 제임스 Muhly, James 220, 266
미나트, 제임스 Minatt, James 79
미들턴, 기 Middleton, Guy 224, 248

미에루프, 마르크 반 데 Mieroop, Marc Van De 300
바스, 조지 Bass, George 137~139, 141, 143, 180
벤토르, 암논 Ven-Tor, Amnon 169, 170
벤트리스, 마이클 Ventris, Michael 80
벨, 캐롤 Bell, Carol 14, 258, 265, 285, 288, 289
보르크하르트, 루드비히 Borchardt, Ludwig 72, 117
브라이스, 트레버 Bryce, Trevore 222
브레스테드, 제임스 Breasted, James 25, 26, 66
브로델, 페르낭 Braudel, Fernand 15
블레겐, 칼 Blegen, Carl 80, 156, 157, 222, 223, 225, 226
비탁, 만프레트 Bietak, Manfred 41, 42, 85
빙클레어, 휴고 Winckler, Hugo 73
산타야나, 조지 Santayana, Jeorge 66
샌더스, 낸시 Sandars, Nancy 243, 276, 279
샹폴리옹, 장-프랑스와 Champollion, Jean-François 24, 164
섀퍼, 클로드 186, 190, 195, 196, 244, 245, 246
세이스 Sayce, A. H. 72
셰라트, 수잔 Sherratt, Susan 14, 263~266, 286
셸리 Shelley, Percy Bysshe 163, 164
셸튼, 킴 Schelton, Kim 98
슐리만, 하인리히 Schlieman, Heinrich 51, 78, 79, 155, 156, 229
스타델만, 라이너 Stadelman, Rainer 93
스태저, 래리 Stagger, Larry 216
스틸, 루이즈 Steel, Louise 234
싱어, 이타마 Singer, Itamar 250, 259, 267
아라비아의 로렌스 Lorence of Arabia 22
아이아코비디스, 스피로스 Iakovidis, Spyros 227, 228, 229
알렌비, 에드문트 Allenby, Edmund 66
앤드류, 로버트 Andrew, Robert 243
야딘, 이갤 Yadin, Yigael 169, 170, 203
야수르-란다우, 아사프 Yasur-Landau, Assaf 216, 268, 273, 274
에델, 엘마르 Edel, Elmar 94

에반스 경, 아더 Evans, Sir Arthur 50, 51, 52, 53, 54, 81
예너, 아슬리한 Yenner, Aslihan 219
오스트룀, 폴 Åström, Paul 235
올브라이트, 윌리엄 Albright, William F. 212
욘, 마그리트 Yon, Marguerite 186, 195
우시시킨, 데이비드 Ussishkin, David 205, 206, 208, 209, 210, 211, 212, 213
울리 경, 레너드 Wooley, Sir Leonard 22, 219
웨이스, 앨런 Wace, Alen 80, 81
웨이스, 하비 Weiss, Harvey 252
웨인스타인, 제임스 Weinstein, James 214
융, 라인하르트 Jung, Reinhard 202
제어, 위르겐 Seeher, Jürgen 73, 22
조엘릭, 로버트 Zoellick, Rbert B. 302
존슨, 네일 Johnson, Neil 285, 286, 287
주커만, 샤론 Zuckerman, Sharon 170, 256, 257
지비, 알랭 Zivie, Alain 162
춘타스, 크리스토스 Tsountas, Christos 79
카나본, 얼 오브 Carnarvon, Earl of 119, 120, 121, 122
카뉴스키, 데이비드 Kaniewski, David 252~254, 281
카라고르기스, 바소스 Karageorghis, Vassos 231~234
카터, 호워드 Carter, Howard 119~122
카펜터, 라이스 Carpenter, Rhys 248, 249
캄포, 엘리스 반 Campo, Elise Van 252
캔터, 헬렌 Kantor, Helen 83, 85
코베트, 아니 Caubet, Annie 240, 270
코프만, 만프레드 Kofmann, Manfred 156, 223
크냅, 버나드 Knapp, A. Bernard 235
크리스티, 아가사 Christie, Agatha 15
키친, 케네스 Kitchen, Kenneth 93
킬리안, 클라우스 Kilian, Klaus 229, 230, 264
테일러 경, 윌리엄 Taylor, Lord William 98
투프넬, 올가 Tufnell, Olga 212
페르니카, 에른스트 Pernicka, Ernst 156
페르디난트, 아르크튀크 Ferdinand, Archduke 131
페트리 경, 윌리엄 매튜 플린더스 Petrie, Sir William Matthew Flinders 166
펜들베리 Pendlebury, John Devitt Stringfellow 53, 54
풀락, 케말 Pulak, Cemal 143
프렌치, 엘리자베스 French, Elisabeth 228
프와로, 에르퀼 Poirot, Hercule 15
핀켈슈타인, 이스라엘 Finkelstein, Israel 255, 272, 273

기관, 단체

다트머스 대학 Dartmouth College 225
대영박물관 British Museum 103
독일 고고연구소 German Archaeological Institute (in Cairo) 93
동양박물관 Oriental Museum (in Chicago Univ.) 103
동양연구소 Oriental Institute 25, 206
라이커밍 대학 Lycoming College 301
로마 대학 University of Rome 279
록펠러 박물관 Rockefeller Museum 206
루브르 박물관 Louvre Museum 103, 218, 240
리딩 대학 University of Reading 288
리버풀 대학 The University of Liverpool 93
뉴멕시코 대학 University of New Mexico 254
반데어빌트 대학 Vanderbilt University 278
버클리 대학 UC Berkeley 98
본 대학 Universität Bonn 255
브린 모어 대학 Bryn Mawr College 225, 248
빈 대학 Universität Wien 202
셰필드 대학 University of Sheffield 14, 263
시카고 대학 University of Chicago 25, 103, 204, 205, 206, 219, 220
신시네티 대학 University of Cincinnati 80, 156, 222, 226, 298
애리조나 대학교 University of Arizona 301

아시아 박물관 103
애쉬몰리언 박물관 Ashmolean Museum 14
에딘버러 대학 University of Edinburgh 235
예일 대학 Yale University 252
옥스퍼드 대학 University of Oxford 14, 22, 285
존스홉킨스 대학 Johns Hopkins University 212
케임브리지 대학 University of Cambridge 80, 228, 276
코넬 대학 Cornell University 214, 259
콜롬비아 대학 Columbia University 300
텍사스 A&M 대학교 Texas A&M University 137
텔아비브 대학 Tel Aviv University 205, 250, 255, 272
툴루즈 대학 Université de Toulouse 252
튀빙엔 대학 Universität Tübingen 156, 223
펜실베니아 대학 University of Pennsylvania 220, 227, 266
푸시킨 박물관 Pushkin Museum 103
하버드 대학 Harvard University 216
하이델베르그 대학 Universität Heidelberg 229, 298
하이파 대학 University of Haifa 216, 265, 268
해양고고연구소 INA, Institute Nautical Archaeology 137, 140
히브리 대학 Hebrew University of Jerusalem 215, 256

고대 지중해 세계사
―청동기 시대는 왜 멸망했는가?

2017년 1월 10일 1판 1쇄

에릭 클라인 지음
류형식 옮김

기획: 문준형
펴낸곳 : (주)소와당笑臥堂 | 신고 번호 : 제313-2008-5호
주소 : (121-848) 서울시 마포구 월드컵북로 2길 65(동교동)
전화 : (02)325-9813
팩스 : (02)6280-9185
전자우편 : sowadang@gmail.com

저작권자와 맺은 협의에 따라 인지를 생략합니다.
값은 뒤표지에 적혀 있습니다.
잘못 만든 책은 서점에서 바꾸어 드립니다.

ISBN 978-89-6722-019-8 03900